LA
DÉMOCRATIE FRANÇAISE

SES RAPPORTS
AVEC LA MONARCHIE ET LE CATHOLICISME
SON ORGANISATION

(2e ÉDITION.)

PAR M. P. PRADIÉ.

PARIS
MAISON MÉQUIGNON JUNIOR
A. JOUBY, LIBRAIRE-ÉDITEUR, SUCCESSEUR,
7, Rue des Grands-Augustins.

1861

147

LA

DÉMOCRATIE FRANÇAISE

LA
DÉMOCRATIE FRANÇAISE

SES RAPPORTS
AVEC LA MONARCHIE ET LE CATHOLICISME

SON ORGANISATION

(2e ÉDITION.)

PAR M. P. PRADIÉ.

PARIS
MAISON MEQUIGNON JUNIOR
A. JOUBY, LIBRAIRE-ÉDITEUR, SUCCESSEUR,
7, Rue des Grands-Augustins.

1861

Paris-Vaugirard, imp. AUBRY et Cie, rue de l'Église, 6.

NOUVELLE INTRODUCTION.

Nous avons la liberté que nous méritons !

I. — La France désire et a raison de désirer la liberté, mais elle ne la mérite à aucun point de vue.

Au point de vue intellectuel et moral, la patrie de Bossuet et de Fénelon nous offre le spectacle peu rassurant de philosophes matérialistes, sceptiques, panthéistes ou athées, incapables de se gouverner eux-mêmes et voulant nous gouverner; — de moralistes nous enseignant la chasteté dans l'adultère (1), l'amour vrai dans la promiscuité (2), l'égalité et l'émancipation des sexes dans la femme libre (3), le progrès dans la réhabilitation de la chair (4), la religion dans l'homme divinisé ou repu d'égoïsme (5); — de littérateurs tenant dans le drame, le roman et le feuilleton, école publique de corruption sur une échelle qui embrasse, non-seulement comme autrefois la bourgeoisie et la noblesse, mais encore les masses populaires et jusqu'à l'enfant de l'atelier et à l'ouvrière des mansardes.

Au point de vue social, le Proudhonisme, faisant à la société l'application brutale mais rigoureusement logique de

(1) L'école de Georges Sand.

(2) Dans la série passionnelle de Fourier, la promiscuité entre comme un des éléments de l'harmonie du Phalanstère.

(3) L'école de Saint-Simon. (4) Même école.

(5) La jeune école Hégélienne de Feuerbach, Stirner, etc. Ce serait une erreur de croire que ces doctrines, tombées dans le ridicule, n'exercent plus aujourd'hui aucun empire. Désavouées en théorie, elles s'étalent impudemment dans la pratique, et constituent le fond des mœurs du demi-monde, et d'une grande partie, hélas! des classes ouvrières. On ne se dit pas fouriériste, saint-simonien, jeune hégélien; on n'affiche pas de pareilles livrées; mais on est tout cela, jusqu'au moment où on pourra, sans trop faire crier, formuler, sous une forme rajeunie, cette morale en dogmes et ces doctrines en Religion.

ces débauches de l'esprit humain, gagne tous les jours du terrain, minant tous sous nos pieds, propriété, famille, religion, en attendant l'occasion de mettre le feu aux poudres et nous faire sauter.

Au point de vue religieux, tous les échos du monde retentissent des querelles du sacerdoce et de l'empire, envenimées par la politique et le fiel des partis; et l'influence du prêtre, sous l'empire d'une situation démoralisante au suprême degré, va toujours s'affaiblissant. Depuis longtemps un schisme d'autant plus irréparable qu'il n'est pas déclaré, a de fait éclaté entre l'Église et la société civile généralement représentée par des philosophes. La classe ouvrière et la bourgeoisie, le grand et le petit commerce, l'industrie et la science, les académies, les universités et les conseils des gouvernements ne sont guère catholiques que de nom, là même où la sécession, comme disent les américains, n'est pas hautement affichée. Et comme si le divorce n'était pas assez profond, la question romaine, cette plaie du sacerdoce, est encore venue ajouter aux causes de la séparation. Emportés par deux courants en sens inverse, le clergé et les gouvernements, en France, en Italie, et bientôt en Autriche, c'est-à-dire partout, vont se trouver dans la situation d'ennemis condamnés à se faire une guerre à mort. Car à mesure que les peuples se laissent aller à la pensée que l'humanité subit, depuis 1789, une évolution irrésistible qui doit recevoir son accomplissement providentiel, le clergé dans toute l'Europe est entraîné dans le tourbillon de la réaction et de la résistance où toutes les vieilles dynasties viennent tour à tour s'engloutir. Fait grave que nous nous abstenons d'apprécier par respect, le soumettant humblement aux méditations intimes des parties intéressées à ne pas se faire illusion. La Société temporelle et la société spirituelle sont donc constituées anarchiquement vis-à-vis l'une de l'autre, ce qui rend la liberté religieuse et la liberté civile impossibles, le pouvoir ne se croyant pas assez fort pour oser affronter tout à la fois les orages de la réaction et ceux de la révolution. Situation déplorable que nous nous bornons à constater, nous réservant de porter ultérieurement un jugement sur ses causes, et qui, achevant la ruine des croyances, tend à déraciner la religion de l'âme des multitudes, outrées de voir les grands intérêts du christianisme sacrifiés à des considérations secondaires.

Au point de vue politique, la France est profondément divisée en partis ayant des prétendants, des drapeaux et des intérêts distincts, et constituant, par leurs tendances et sous l'hypocrisie des formes, autant d'oppositions secrètement factieuses. Oppositions impuissantes en temps normal mais pouvant se coaliser à un moment donné, ou s'effacer, comme en 1848, pour laisser passer la révolution en haine du Gouvernement; perspective redoutable dont la pensée seule est capable de glacer les aspirations les plus timides vers la liberté.

Ce pêle-mêle de partis se disputant le pouvoir en face d'une démagogie prête à se ruer sur une société intellectuellement, moralement, socialement et religieusement en décomposition, est peu propice à la liberté, et il est plutôt fait, il faut en convenir, pour tendre indéfiniment les ressorts de la centralisation et donner à l'autorité les formes de la dictature. Et il doit en être ainsi de tous les pays où la société étant moralement affectée, les partis visent non-seulement à des déplacements ministériels, comme en Angleterre, mais au déplacement de la souveraineté elle-même. La question qui se pose alors devient une question de vie ou de mort. Or les sociétés placées dans cette alternative ont toujours préféré vivre avec la dictature que mourir avec la liberté.

La France ne mérite donc, pour le moment, la liberté à aucun titre, n'étant, à aucun point de vue, dans les conditions voulues pour en jouir utilement et sans se nuire ou se détruire.

II. — Une chose cependant pourrait, en atténuant le mal, ouvrir un accès à la liberté, ce serait un esprit public inspiré par un sentiment patriotique et national, capable de dominer toutes ces causes de dissolution, en donnant à chacun le noble désintéressement de sacrifier au bien de la patrie ses aspirations égoïstes. Mais cet esprit nous fait complètement défaut. Et comment en serait-il autrement? Les grandes sources, où le patriotisme s'élabore avant d'éclater en actes d'abnégation et de vertu, — la morale, la philosophie, la religion — se trouvent entièrement taries; et la plupart des hommes publics qui se sont fait une illustration dans la politique, étant eux-mêmes animés des mêmes passions que le vulgaire, sont absolument impropres avec leurs idées contradictoires, à refaire le type d'une société sans principes, puisqu'étant eux-mêmes sans principes, ils sont faits à l'image de cette société aveugle, qu'aveugles ils ont vainement essayé de conduire. Incapables, sauf de glorieuses exceptions, de diriger et encore moins d'organiser l'Etat malgré leur talent incontestable, ils exercent à raison même de la supériorité de leur esprit, de l'étendue de leurs connaissances et de l'honorabilité de leur caractère, des influences qui, faute de criterium, se neutralisent en agissant en sens contraire, et deviennent une nouvelle cause de désorganisation et un nouvel obstacle à la liberté. En sorte que le génie et la vertu, comme l'ignorance et l'immoralité, conspirent à leur tour contre la liberté! Car Dieu nous garde de confondre les hommes distingués auxquels nous faisons allusion, avec cette foule d'hommes d'Etat manqués et d'empoisonneurs publics, dont nous avons dénoncé en commençant l'influence subversive et délétère, et qui se sont fait dans la presse incendiaire, dans les clubs, dans les sociétés secrètes, dans les romans, une célébrité retentissante! Nous ne citerons pas ces noms qui sont la honte de notre temps. Ils sont présents à la pensée de tous, et pour les châtier il nous suffit de dire qu'ils ont étouffé la liberté en la prenant sous leur patronage.

Oui, la liberté est une belle chose, la plus belle même des choses, dans une société ayant des mœurs et un esprit public se rattachant, sur les choses essentielles au moins, à des principes communs généralement acceptés. Elle ferait alors du corps social, affranchi du culte de la matière, un être collectif vivant de sa vie autonome ou de son *self-government*, de même que notre libre arbitre fait de chacun de nous autant de personnalités, vivant d'elles-mêmes avec noblesse et dignité. Mais la liberté serait une cause de dissolution prochaine pour notre société, résidu misérable de quatorze siècles de barbarie germaine et de corruption romaine, renforcés par soixante-dix ans de décomposition révolutionnaire et philosophique, si le christianisme, qui a fait si longtemps durer notre patrie et seul a fait sa gloire, ne parvenait enfin à se dégager et à nous dégager de ce cahos en nous plaçant dans les conditions d'ordre et d'harmonie qui constituent sa divine essence. Donner la liberté à une nation pétrie de contradictions et d'incapacité, tant qu'elle n'aura pas hautement confessé le Dieu du christianisme et brûlé ses vieilles et ses nouvelles idoles, c'est de nouveau lâcher la bride à la corruption de l'ancien régime, à la licence et à l'impiété de la révolution ; c'est mettre aux prises le Pouvoir avec les trois ou quatre factions qui se disputent la souveraineté, et investir finalement de la puissance tribunitienne les corrupteurs de l'atelier et les agitateurs de la plèbe.

III. — On a fait de l'esprit en disant que les décrets du 24 novembre, c'était la montagne en travail. On ne pouvait hélas! en faire un plus bel éloge. On nous a donné la liberté que nous méritons, et dans la mesure rigoureusement calculée de ce que nous pouvons porter *en ce moment*. Il ne faudrait pas croire en effet que l'exubérance de l'autorité centrale, qui a signalé l'avénement des deux empires, soit un effet sans cause. Sa cause, à ces deux époques anormales de notre histoire, a été d'opposer une digue à l'anarchie. Le remède aux excès de la liberté est ainsi devenu un obstacle à la liberté, et une impossibilité matérielle à ajouter aux impossibilités morales que nous venons de signaler.

Comment, en effet, l'établissement de la liberté, difficile partout, ne rencontrerait-il pas des difficultés presque insurmontables, dans un pays où tout étant centralisé entre les mains d'un seul, les corps intermédiaires qui pourraient diviser l'action du Pouvoir ont disparu ou sont faibles et impuissants, écrasés sous l'ascendant d'une démocratie de 35 millions de prolétaires et de paysans, jouissant tous des mêmes droits, indépendants par leurs bras ou seigneurs dans leurs terres, et pouvant de leur chaumière s'élever aux premières magistratures de l'Etat ?

La liberté en France étant l'image du cahos, et représentant la révolution en permanence ou la réaction à l'assaut du pouvoir et des places; la liberté en France n'ayant d'autre organe que des journaux généralement hostiles au Pouvoir, et d'autre armée à sa solde que les faubourgs d'une capitale de deux millions d'habitants délibérant dans la rue, comment un gouvernement qui se livrerait à elle sans garanties ne serait-il pas acculé, comme en 1830 et en 1848, à la redoutable alternative, ou de se laisser dévorer par l'émeute, ou de la prévenir par un coup d'état, en étouffant la liberté sous la pression d'une armée de cinq cent mille hommes dont il dispose souverainement?

Où le Pouvoir, en effet, pourrait-il trouver ailleurs que dans l'armée un point d'appui contre l'émeute, et où la Liberté pourrait-elle à son tour trouver, ailleurs que dans les faubourgs, un point de résistance contre le Pouvoir? Est-ce dans la noblesse? Elle n'existe pas. Dans les communes, dans les conseils-généraux, dans l'ordre judiciaire? Tous ces corps intermédiaires n'ont ni assez de vie, ni assez d'influence, tels qu'ils sont constitués, pour empêcher un coup d'état ou résister à une révolution. Nos douze changements de gouvernement, en soixante-dix ans, sont là qui en déposent. Est-ce dans le clergé, dans ses corporations religieuses et ses institutions charitables que le Pouvoir ou la liberté iraient se réfugier et retremper leurs forces? Mais l'esprit public est ainsi monté, que l'appui du clergé serait plus nuisible qu'utile à celui qui voudrait y risquer sa popularité. C'est là un fait incontestable, et de tous les faits, très-certainement, c'est le plus déplorable, comme signe du temps, et comme symptôme de la profondeur du mal dont la société civile et la société religieuse sont moralement atteintes.

IV.— La liberté est donc impossible en France, et cependant elle y est nécessaire. Nécessaire pour le Pouvoir, nécessaire pour l'Église, nécessaire pour ôter aux partis leurs illusions et leur manie d'opposition. Car, comment sortir du cahos, si la discussion ne peut en faire jaillir la lumière; si les gens honnêtes, exposant librement leurs idées, ne peuvent signaler au gouvernement les réformes à faire, les abus à corriger et les dangers à éviter; — si le prêtre, n'étant pas libre de remplir dignement sa mission, les politiques clairvoyants ne peuvent dire au clergé, si fatalement enlacé par un malheureux concours de circonstances dans les tripôts de la politique, ce qui le rend impopulaire et impuissant; — et aux partis, qu'ils nous mènent à toute vapeur au socialisme, en rêvant des révolutions au bout desquelles il est difficile d'entrevoir autre chose que la dissolution de la société?

Qu'espérer en effet des révolutions, dans un moment où les départements n'étant rien et Paris étant tout, cette métropole des sociétés secrètes, peuplée d'un million de prolétaires, renferme dans son sein, plus que doublé, une démocratie sans principes, où le comte de Chambord est complètement inconnu, où le comte de Paris est aussi impopulaire que les républicains honnêtes et modérés, où Ledru-Rollin lui-même est débordé, où Barbès tout au plus est accepté par les sages! Une démocratie dont les bas-fonds, toujours dans l'attente de ce mardi-gras révolutionnaire qu'ils ont entrevu aux éclairs du canon de juin, ne sont contenus, hélas! que par ce prestige militaire qui, entourant les Napoléon et l'armée d'une auréole de gloire, a seul la puissance de fasciner encore une multitude plus ignorante et plus trompée que coupable!

Ainsi la liberté, sans laquelle nous ne pouvons vivre, et avec laquelle nous sommes condamnés à mourir, est impossible en France, avec l'état cahotique des partis et des doctrines; avec nos institutions centralisées; avec les rapports anarchiques du pouvoir civil et du pouvoir religieux. Et, pourtant, elle est nécessaire, pour constater et analyser cette situation extraordinaire, et chercher, dans l'élasticité de la constitution et la réforme des mœurs, des remèdes propres à l'améliorer et à la modifier; nécessaire surtout pour contenir et contrôler le Pouvoir avec respect, quand il s'égare, et donner aux hommes de bien le moyen de s'unir et de se concerter légalement pour résister aux emportements populaires, et conjurer les sinistres éventualités de l'avenir.

V. — Mais comment sortir de ce cercle, car il faut en sortir ou périr? — On en sort en faisant de la liberté, qui nous a été mesurée d'une main singulièrement économe par les décrets du 24 novembre, un bon et noble usage, consistant, non à démolir et à diviser, mais à donner au corps social cette unité morale, ce culte des principes et cet esprit national et patriotique qui, en lui rendant la santé, peuvent seuls le mettre en état de supporter une dose de liberté qui le ferait en ce moment mourir. Si donc la liberté, élément nécessaire de tout État organisé chrétiennement, est en ce moment une utopie dangereuse, elle peut devenir une réalité bienfaisante, non en faisant disparaître, chose hélas! impossible, mais en atténuant sensiblement les causes du désordre moral, intellectuel, social, religieux et politique que nous venons de mettre à nu. Désordre dans lequel nous vivons depuis que nos pères ayant, en 1789, ébranlé, comme Samson, les colonnes de l'ancien édifice social, se sont ensevelis sous ses ruines, sans qu'il se soit produit des hommes capables de le relever, en indiquant d'une main ferme et sûre le plan sur lequel devait se réédifier la société nouvelle.

Tous les législateurs, tous les hommes d'état, si on peut leur donner ce nom, qui ont mis la main à la restauration sociale, depuis Sieyes jusqu'à M. Guizot, puisqu'il n'est pas permis de juger ceux qui sont en ce moment à l'œuvre, n'ont procédé que par tâtonnements, et ils ont été radicalement impuissants, ayant tous été plus ou moins compromis ou impliqués dans les idées et les passions de l'ancien régime, ou dans les idées et les passions de la révolution, tandis que le problème à résoudre était de fonder un édifice nouveau sur le modèle du christianisme.

Le christianisme, également éloigné des excès de l'ancien régime et de la révolution, et pur de leur impur contact, sa tendance invariable ayant toujours été de s'en dégager par ses hommes vertueux et ses Saints, pouvait seul en effet servir de base, et de base incontestée et incontestable, à la politique nouvelle, à la seule politique vraie, à la seule politique qui reste à essayer. Toutes les autres politiques, expression brutalement égoïste d'intérêts, de classes, de castes, de dynasties, de partis cherchant à s'inféoder au pouvoir au préjudice de la masse, ou à opprimer les nations au profit d'autres nations, ont misérablement échoué, faute d'avoir tenu un compte suffisant des principes d'égalité, de liberté et de fraternité inscrits à chaque page de l'Évangile, ou de n'avoir su les concilier avec les principes non moins évangéliques, de soumission, de respect, de hiérarchie, d'autorité. Principes d'ordre divin non moins respectables, et qu'on ne peut scinder sans déchirer le Livre, Dieu ayant placé sur la même ligne toutes les vérités sociales, en menaçant de châtiments exemplaires, peuples, papes ou rois qui viendraient à négliger, à transgresser ou à blasphémer quelqu'un de ces principes immortels, dont chacun aura à rendre à Dieu un compte d'autant plus sévère qu'il aura été plus élevé dans la hiérarchie des puissances.

Ce dont il s'agissait, pour inaugurer cette grande politique chrétienne, cette sublime inconnue, ce n'était donc ni de continuer le régime pourri des anciennes cours, ni de créer à neuf et tout d'une pièce un état imaginaire, avec des agioteurs et des dissipateurs pour organisateurs de nos finances; avec des idéologues pour législateurs, des révolutionnaires pour hommes d'état, des évêques apostats pour diplomates, des régicides pour ministres de la royauté en deuil, des romanciers tarés et des chansonniers en goguette pour moralistes, des socialistes et des Mormons pour précepteurs du Peuple. Ce dont il s'agissait, c'était de dégager et de faire resplendir une politique et une organisation véritablement chrétiennes, au-dessus de ces deux régimes, aussi coupables l'un que l'autre vis-à-vis des peuples et vis-à-vis de Dieu.

Car la vieille société des philosophes, des jansénistes, des traitants, de l'Œil-de-Bœuf, du Parc-aux-Cerfs, des nobles et des abbés de cour, des courtisans et des courtisanes, des concussionnaires et des dilapidateurs publics, des banqueroutes périodiques, des roturiers traitables et corvéables à merci, de l'inféodation de tous les priviléges, de toutes les dignités, dans les mains d'une caste corrompue jusqu'à l'impudence, et faisant étal de son ignorance, n'était certes pas moins criminelle que la nôtre, malgré ces vertus sublimes qui, brillant dans sa fange comme des perles dans du fumier, enfantaient, grâce au christianisme, de véritables grands hommes, des modèles de sainteté et des types chevaleresques d'une grande beauté. Il faut rendre, en effet, cette justice au christianisme : il a su tirer de ce fond misérable un nombre suffisant d'hommes justes pour préserver la société du supplice de Sodôme, que cette vieille dissolue avait cent fois mérité, pour des vices aussi repoussants que ceux de cette ville maudite. Qu'on ne nous force pas de les dévoiler !

La première chose à faire par les restaurateurs de la société moderne, c'était donc de vider au plus tôt ce cloaque. Mais Dieu ayant donné la puissance d'accomplir cette tâche odieuse aux philosophes de la sensation, transformés en révolutionnaires ; la seconde chose à faire, une fois leur mission remplie, c'était d'évacuer à leur tour ces exécuteurs des hautes-œuvres de Dieu, couverts de crimes et encore dégoutants du sang de leurs victimes, afin de correspondre de notre mieux aux décrets de la Providence, qui, après avoir détruit les passions par d'autres passions, et châtié les coupables par d'autres coupables, veut sans doute finalement ménager à la vérité ses triomphes, et des retours à ceux de ses amis qui voudront *sérieusement* entrer dans les voies nouvelles de sa miséricorde.

VI. — Si donc Dieu a laissé surgir le cahos de l'esprit d'impiété et d'insubordination de la Révolution, il lui a donné aussi la puissance d'extirper les abus de l'ancien régime jusqu'à leurs dernières racines, et il faut lui rendre cette justice qu'elle s'est parfaitement acquittée de la tâche. Mais quand il s'est agi de fonder, alors a éclaté son impuissance. Il s'est donc élevé des hommes et des pouvoirs, qui, entre les éclairs sillonnant le ciel sombre de la Révolution, ont entrepris courageusement la fondation de la société nouvelle. Des choses admirables ont été accomplies, qui feront du XIXe siècle un des plus glorieux, et le point de départ d'une ère véritablement nouvelle.

Notre système de perception d'impôts et de comptabilité,

— nous ne parlons pas des budgets sans contrôle; — notre organisation militaire; notre procédure civile et criminelle, dégagée des abus monstrueux et de l'atroce pénalité d'autrefois; la manière plus chrétienne de faire la guerre; les sentiments plus fraternels qui président aux relations de classe à classe et de peuple à peuple; nos institutions de secours mutuel et de bienfaisance; notre système de transport, de viabilité, de tarifs et de douanes; les progrès incontestablement réalisés dans l'ordre scientifique, industriel et agricole; et cette masse de méthodes perfectionnées, qui, en nous élevant si haut, ont fait descendre si bas au-dessous de nous les nations voisines, inféodées aux méthodes surannées de l'ancien régime, et qui en sont punies en ce moment par la perte de leur nationalité : tout cet ensemble de créations magnifiques constitue très-certainement la plus belle organisation matérielle dont l'histoire fasse mention; et nous comprenons que la Révolution et les révolutionnaires s'en fassent gloire. Mais, chose infiniment remarquable, et qui devrait leur ouvrir les yeux, rien de tout cela n'est contraire à l'Évangile de Jésus-Christ, et en est souvent une émanation visible, tandis que tout cela est contraire à l'esprit d'impiété et d'insubordination qui a constamment caractérisé l'esprit de la révolution. Aussi, la plupart de ces admirables productions de la pensée moderne ont-elles été réalisées par des pouvoirs qui, ayant trouvé le moyen de s'implanter dans les moments de lassitude, ont fortement réagi contre les révolutionnaires, qu'ils ont emprisonnés, exilés, déportés ou décapités, pour procéder en paix à la réédification sociale impossible avec eux.

Mais ces pouvoirs, après avoir fait quelque bien, ont tous été infidèles à leur mission, les uns pour avoir secrètement pactisé avec les iniquités du passé, et les autres avec le mauvais esprit des temps nouveaux. Aussi ils sont tombés, et en nombre suffisant pour qu'une analyse sévère puisse aujourd'hui mettre à nu la loi inexorable de la chute et de la durée des gouvernements modernes, et prédire à coup sûr l'avenir réservé à celui qui dispose en ce moment de nos destinées.

La mission du pouvoir, de nos jours, n'est pas seulement de doter la société d'une organisation matérielle irréprochable. Un beau corps, richement paré et ayant extérieurement toutes les apparences d'une santé florissante, est bien près de sa fin, s'il n'a une belle âme, une âme saine et vigoureuse qui le conserve et le protége contre toutes les influences délétères. Or, le meilleur moyen, selon nous, de correspondre à cette double mission du pouvoir, consistant à donner à la société un beau corps et une belle âme, c'est de fonder une organisation qui, ne participant ni aux vices de l'ancienne société, ni au mauvais esprit de la nôtre, emprunterait à nos ancêtres leur antique principe de moralité et de religion qui a fait leur gloire et leur force, et à nos modernes réformateurs cet organisme économique et matériel que les peuples nous envient.

VII. — Mais qui accomplira cette difficile et glorieuse tâche? Est-ce le pouvoir civil, est-ce le pouvoir religieux? Dans une démocratie ayant un esprit public et des mœurs, le pouvoir civil et le pouvoir religieux pourraient sans doute beaucoup si, étant unis, ils pouvaient combiner leur action sur les hommes et les choses de leur temps. Mais alors même qu'étant parfaitement unis ils seraient d'accord sur la marche à suivre, ils ne pourraient que fort peu de chose dans une démocratie sans esprit public et sans mœurs, où il existerait, en outre, une foule de partis et de divisions. Il faut donc les aider dans l'accomplissement difficile de leur tâche. Or, comment les aider, s'il ne s'élève au milieu de nous un parti national assez large et assez compréhensif pour dominer tous les autres, puisqu'il est impossible de les absorber; un parti d'hommes nouveaux, pénétrés du sentiment de l'ordre et d'un grand esprit de conservation, mais indépendants, désintéressés et sympathiques au peuple, aimant le pauvre autant que le riche, ou plutôt, comme le Christ, aimant d'un amour indulgent les grands et d'un amour de prédilection et de protection les faibles. Car, ce n'est que grâce à un parti composé de pareils hommes, s'inspirant aux sources pures du christianisme, qu'il sera donné à la France de voir disparaître ces détritus de l'ancien régime et de la Révolution qui nous obstruent, et qui, faisant haïr la liberté et la religion, rendent impossible toute autre espèce de gouvernement que des gouvernements anarchiques, ou des gouvernements dictatoriaux.

Mais comment constituer un parti national, aussi prompt à voler à la défense de l'Autorité menacée par l'émeute, que chatouilleux à l'endroit des franchises populaires; un parti qui soit le contre-pied des oppositions factieuses et incendiaires dont les gouvernements révolutionnaires en France nous ont donné de si curieux et de si effrayants échantillons? un parti qui, éloigné de tout sentiment courtisanesque et de tout esprit d'insubordination, ne soit ni le parti borne de M. Guizot, ni le parti turbulent de M. Thiers, ni le parti pompeusement et magistralement révolutionnaire de M. Odilon-Barrot, ni le parti an-archique de M. Proudhon? un parti qui n'aille pas non plus en contre-sens des événements, en contre-sens de l'opinion : toujours impopulaire, ruinant la religion au jeu dangereux des réactions, et s'étudiant comme à plaisir à s'annihiler, à se rendre impossible, à se faire détester, quand son rôle serait d'éclairer, de diriger et de soutenir tantôt les peuples contre d'odieux oppresseurs, et tantôt les pouvoirs légitimes contre les attaques injustes de la révolution? Comment constituer un parti s'étudiant à contenir et régler le mouvement, au lieu de le précipiter en l'irritant ou en l'encourageant; un parti sachant discerner le bien du mal, et combattre non l'industrie mais l'industrialisme, non la philosophie mais l'idéologie, non la démocratie mais la démagogie, non la science mais le matérialisme, non le pouvoir mais le despotisme, non la religion mais la superstition et le fanatisme?

Comment constituer un parti national préservateur de toute usurpation, quand l'État depuis longtemps est ainsi constitué que chaque faction en est encore à se flatter de pouvoir, par surprise ou autrement, mettre la main sur le grand ressort de la centralisation qui met en jeu toute la machine gouvernementale, comme cela s'est vu tant de fois depuis 1789? Comment constituer un parti national avec des caractères avilis ou insubordonnés, des idées renversées, et une presse inféodée aux ambitions les plus désordonnées, et quelquefois au plus rapace agiotage? Quand les écrivains religieux et honnêtes mourant de faim, un millier de romanciers et de folliculaires vivent en grands seigneurs de la corruption qu'ils infiltrent aux masses, comme les vers vivent de la corruption qu'ils engendrent sur les corps morts? Quand le Pouvoir est si peu honoré et respecté, qu'il est obligé, pour vivre et nous faire vivre, de nous réduire à la portion congrue; et quand tout se disloquerait et s'effondrerait, si le grand ressort qui nous fait jouer venait à être brisé?

Comment enfin fonder un parti national quand la religion, cette première nécessité des peuples, de l'avis de tous les philosophes, — je ne parle pas de nos philosophes, — est méprisée et bafouée publiquement, et quand les hommes religieux eux-mêmes ne peuvent, à raison de leur fausse position politique, la faire respecter, en donnant aux hommes, avec le spectacle de la dignité, celui d'une science supérieure discernant d'un œil ferme ce qui, dans les idées modernes, est ou contraire ou conforme aux éternels principes?

VIII. — Que d'impossibilités aux aspirations libérales de la France! — 1° Etat moral, intellectuel, social, religieux et politique au comble du désordre; — 2° conflit du Pouvoir civil et du Pouvoir religieux, et divisions acharnées des partis ayant des tendances essentiellement factieuses et subversives; — 3° organisation centralisée des Pouvoirs, chose excellente dans une certaine mesure, si elle ne coïncidait pas avec l'absence de corps intermédiaires pondérateurs, tels que communes, conseils généraux, corporations civiles et religieuses, corps judiciaires, universités et académies, puisant *dans leurs franchises* une force morale capable de servir de point d'appui au Pouvoir contre les empiétements de la Liberté, et à la Liberté contre les empiétements du Pouvoir; — et, 4°, pour tout intermédiaire entre le despotisme et la révolution, une presse image du cahos des partis, avec un corps législatif et un sénat ne pouvant, avec la meilleure volonté, suffire à tout (1); — 5° enfin, difficulté presque insurmontable de constituer un parti national ayant la force de dominer toutes les causes d'anarchie, ou de les atténuer assez pour donner à la liberté une assiette solide! Ajoutez la profonde inintelligence des libéraux, qui, témoins de tous ces ferments de dissolution, semblent s'étudier à les développer encore, en demandant la liberté à temps et à contre-temps, sans tenir aucun compte des conditions essentielles de son établissement, et qui la veulent, comme des fous, sans savoir ni pourquoi, ni comment, ni quand, ni de quelle manière il la faut.

Ce n'est pas qu'il faille attendre, pour inaugurer la liberté, que toutes ces causes de désordre aient cessé, car, à ce compte, on attendrait toujours. Mais, partisan sincère d'une liberté autrement large et vraie que celle des libéraux, nous la repoussons dans les conditions d'étranglement où ils ont cherché à nous la donner sans pouvoir y réussir, et, en attendant qu'elle devienne possible dans de meilleures conditions, nous ne demandons au Pouvoir qu'une latitude suffisante pour préparer à la liberté un champ digne d'elle, et en rapport avec les glorieuses destinées de la France.

Voulant faire pénétrer la liberté, la vraie liberté, la liberté chrétienne, non pas seulement dans l'officine des journaux, mais partout, jusque dans la plus petite commune de l'Empire et l'âme du dernier paysan élevé religieusement, nous avons donc conçu et exposé, dans notre *Démocratie*, un Idéal d'organisation pratique, propre à neutraliser, en les frappant d'impuissance, les foyers d'anarchie où la liberté révolutionnaire complote le renversement de tous les pouvoirs.

(1) Ceci n'est pas une critique des institutions qui nous régissent. C'est une exposition générale de la situation, telle que le gouvernement actuel l'a trouvée, et à laquelle il cherche à remédier de son mieux. Mais il n'y réussira complètement qu'en employant les *grands moyens* que nous avons indiqués dans notre *Démocratie*. Jusque là, il pourra bien nous donner l'ordre, la sécurité, la confiance, la prospérité et peut-être même la liberté, mais dans une mesure qui ne saurait satisfaire les justes aspirations de la France, bien que la sagesse conseille de se tenir également éloigné d'un optimisme trompeur et d'un pessimisme décourageant : disposition d'esprit dans laquelle nous nous trouvons personnellement, quoique nous soyons obligé, comme moraliste, de présenter dans toute leur nudité les plaies que nous nous proposons de guérir.

Cet Idéal d'organisation *pratique* que nous avons proposé, n'est pas une conception *chimérique.* C'est, au fond, la constitution même de la France, puisque nous le faisons consister dans la vaste synthèse de tout ce qui est resté debout de quatorze siècles de tâtonnements monarchiques et de soixante-dix ans de gâchis révolutionnaire. Cet Idéal, se composant ainsi de tous les éléments vivaces de notre société actuelle mieux organisés et plus largement développés, n'est donc pas une imitation ou une copie anglaise ou américaine, inapplicable à une nation élevée pendant quatorze cents ans, par le catholicisme, à la grande école de l'unité; c'est, au contraire, un original destiné à servir de modèle aux nations catholiques qui tournent dans notre orbite comme des satellites.

En vue de cet idéal magnifique, nous avons essayé de trouver, et nous croyons avoir trouvé une solution à toutes les impossibilités que nous venons de signaler. Mais, c'est dans notre livre, où nous les avons largement exposées, qu'il faut aller chercher ces solutions, qu'il serait trop long d'énumérer ici.

IX. — Ajoutons cependant que, sans la religion, toutes ces solutions et celles qu'on pourrait imaginer, seraient inefficaces et sans utilité pour l'établissement de la Liberté, qui est l'objet que nous nous proposons en ce moment. Sans la religion, en effet, tout est défectueux. Un homme qui n'est pas religieux est un homme incomplet, un gouvernement irréligieux est un gouvernement méprisable, et une démocratie sans religion est une horreur; et ce qu'on a de mieux à faire pour se préserver de ses atteintes, ce n'est certes pas de lui donner la Liberté, mais de lui passer la camisole de force au plus tôt. Or, voilà soixante-dix ans qu'on travaille à faire une démocratie sans religion! Quel aveuglement! Une monarchie, une aristocratie, une académie, un salon, une famille même sans religion, c'est déjà quelque chose de bien hardi. Mais une démocratie sans religion, y a-t-on bien pensé? Une démocratie sans religion, en France et à Paris où tout converge, c'est quelque chose de si audacieux, de si insolent, comme conception politique, que nous ne pouvons comprendre comment une pareille idée a pu germer dans la cervelle des hommes.

Un peuple sans religion est par cela même un peuple sans philosophie, sans sagesse, sans instruction, sans vertu, sans mœurs; car l'étude de la métaphysique et de l'esthétique étant au-dessus de sa capacité et de ses loisirs, on lui ôte tout si on lui ôte la religion. N'eût-elle à offrir aux croyances populaires que l'unité et la personnalité de Dieu, l'immortalité de l'âme et la morale de l'Évangile, la religion, nécessaire à tous, peut seule initier le peuple à la véritable sagesse, et mettre à sa portée, sous des formes augustes et parfaitement compréhensibles, la seule philosophie qu'il soit en état de comprendre. Oter la religion de l'âme du peuple, c'est le vouer à l'infamie ou au crime, c'est le ployer sous le joug abrutissant de la servitude, en lui ôtant la possibilité même d'être libre; c'est le placer dans l'impossibilité absolue de se régénérer, de s'élever; c'est le tromper indignement, c'est être son plus cruel ennemi; et c'est perdre la France en même temps!

La religion est l'âme de la politique, et elle est, sous peine de mort, nécessaire à la démocratie française. Il y a longtemps que nos amis le disent, et longtemps qu'on les prend en pitié pour l'avoir dit. Eh bien! rendons-leur pitié pour pitié à ces hommes politiques, à ces hommes d'État qui se croient quittes envers la religion quand, une fois dans le cours de leur vie, ils ont laissé tomber de leurs lèvres dédaigneuses, que la religion est une nécessité politique et sociale! Ah! ce ne sont pas là des hommes politiques, et encore moins des philosophes, mais des enfants, qu'il faut conduire par la lisière à la grande école de l'Ordre et de la Liberté.

X. — Un des hommes de notre temps qui pouvait le plus éloquemment faire ressortir cette nécessité, sous peine de mort, de la religion dans les démocraties, en montrant non pas la beauté, mais l'incurable misère de la démocratie américaine, justement pour avoir introduit dans son sein un élément contraire à l'esprit du christianisme, le père Lacordaire, a dit, dans son discours de réception à l'Académie française, que l'avenir appartenait incontestablement à la démocratie. Ce n'est pas seulement l'avenir qui appartient à la démocratie, c'est aussi le présent, et elle nous déborde même depuis longtemps, malgré les vaines apparences auxquelles se raccrochent encore, comme aux épaves du naufrage, les derniers survivants d'un monde qui s'en va.

M. de Tocqueville a vu et a analysé la chose; mais il s'en est allé tristement, sans pouvoir se rendre compte des moyens à prendre pour surmonter les difficultés et conjurer les périls. Avait-il la foi? M. Guizot, sans trop savoir où il allait, a marché droit et le front haut à la rencontre de la démocratie, le drapeau de la philosophie, le drapeau du protestantisme et le drapeau du catholicisme à la main; faut-il être malheureux (1)! Et, voulant enrayer le mouvement, il n'a trouvé d'autre expédient que de mettre une borne où il fallait une élastique. L'illustre publiciste espérait pouvoir contenir les masses dans les toiles d'araignée des fictions constitutionnelles. Il s'est trompé, et il a succombé, faute d'avoir recouru aux moyens les plus simples. Ces moyens, nous les exposons amplement dans notre *Démocratie*.

Or, de tous ces moyens, le moyen héroïque, le *grand moyen*, sans contredit, c'est toujours la religion, opposant une digue à l'anarchie des croyances et au fractionnement des partis. Le grand moyen, c'est le christianisme appliqué à l'état social, politique et international; le christianisme qui « voit tout dans l'unité (2) », et ramène tout à la charité. Le *grand moyen*, c'est l'Église du Christ avec ses *jésuites*, ses *capucins* et ses *ignorantins*, — que le *Siècle* nous le pardonne! — amenés, *par la force des événements*, à voir les choses comme elles sont, comme Dieu les veut et comme, au fond, ils les veulent eux-mêmes, à en juger par leurs hommes éminents, le P. de Ravignan, le Père Lacordaire,

(1) Voyez sa brochure du *catholicisme*, du *protestantisme* et de la *philosophie*, qu'il considère comme des éléments essentiels de la société française ayant droit aux mêmes respects. Il est revenu sur cette idée, qui lui tient à cœur, dans sa réponse au P. Lacordaire. Pauvre philosophie! pauvre politique! pauvre France!

(2) *Imitation*, chap. VII, v. 2.

le P. Gratry, des fils de Loyola, de Saint-Dominique et de l'Oratoire, qui, certes, ont autant de droits à la liberté, et font aussi belle figure dans leur patrie que ceux qui voudraient les en chasser. — Le *grand moyen*, (si Dieu le permettait, malgré les vœux les plus respectables et une auguste résistance,) c'est le pape brutalement dépouillé et jeté à la rue avec ses cardinaux, par le mouvement irrésistible (1) de la révolution, qui détruit tout, qui emporte tout; c'est le pape, réduit par cette impitoyable exécution à la condition des papes primitifs, à la condition de Jésus-Christ, n'ayant comme lui d'autre diadême qu'une couronne d'épines, et d'autre sceptre que la croix. Le *grand moyen*, c'est le pape à l'état d'holocauste, les mains élevées vers le ciel, implorant, sur les ruines de l'ancien monde qui s'effondre, non la colère de Dieu amplement satisfaite par cet immense écroulement, mais sa miséricordieuse indulgence; le pape ramènant ainsi, par ce spectacle émouvant si propre à frapper l'imagination des peuples, les nations et les communions dissidentes à l'unité chrétienne. Car il ne faudra rien moins peut-être que ce moyen d'action extraordinaire pour arrêter la décomposition d'une société entièrement blasée, et que les moyens ordinaires de prosélytisme laissent froide et indifférente; d'une société qui, livrée corps et âme à la passion du lucre, à l'ambition du Pouvoir et des dignités, et à l'amour immodéré des plaisirs et des jouissances, a besoin d'être fortement fouettée et secouée par cette grande image du pape, personnification vivante du Christ pauvre, nu, n'ayant pas même où reposer sa tête; du pape n'ayant d'autre appui que Dieu, et prêchant du haut de cet abaissement, avec chance d'être écouté cette fois, — non pas la liberté, comme des extravagants le voudraient, — mais ce qui fait la liberté, c'est-à-dire, le mépris des richesses, des honneurs, de la puissance mondaine; le détachement des affaires du siècle, l'amour des hommes, la concorde, la paix, l'unité. Car toutes ces choses, correctif nécessaire d'une démocratie empoisonnée par l'erreur et le sensualisme, peuvent

(2) Le général Garibaldi, dans une de ses lettres du mois de novembre, disait : « J'ai reçu de Dieu la puissance. » C'est le mot d'Attila : « Je suis le fléau « de Dieu. »

seules empêcher la science de dégénérer en matérialisme, l'industrie en industrialisme, le commerce en mercantilisme, la monarchie en tyrannie, la cour en école de dissolution, la liberté en licence, la démocratie en démagogie, la philosophie en impiété. Et nous ne savons encore, tant le mal est profond! si même ces moyens extraordinaires, que Dieu nous ménage peut-être dans sa bonté, seront suffisants pour remettre à flot une société assez criminelle pour vouloir tout renverser, rois, papes, dynasties, avec l'impudence hautement affichée de ne mettre à la place que des gens qui ne croyant à rien, sont aussi incapables de fonder des royaumes que ceux qui les possèdent sont incapables de les garder.

Espérons, toutefois, puisque la vie chrétienne est un mélange d'espérances et de craintes, que la décomposition européenne une fois à son comble, les populations effrayées, et ne sachant où se prendre, se rejetteront dans l'Église, réduite, par les nouveaux barbares, à sa plus simple expression, à l'expression apostolique. Espérons aussi que Dieu lui rendra alors, sous une autre forme et au centuple, les biens périssables qu'elle aura perdus, c'est-à-dire, l'éclat, la puissance, la vertu, la sainteté, l'efficacité irrésistible du Verbe évangélique, et généralement tout ce qui lui sera nécessaire pour accomplir sa mission, qui est de refouler toutes les mauvaises passions, en faisant rentrer sous terre la Révolution et ses hommes, une fois leur tâche de démolition accomplie. Car la mission du pape n'est pas de se mettre à la tête de la révolution, comme le lui conseillait M. de Lamennais, un fou; mais de marcher droit à elle, la croix et la parole hautes, sans pactiser avec les rois coupables, et sans rivaliser de luxe et de pompe avec les cours (1), afin de ramener rois et peuples au giron, s'il en est temps encore!

(1) On doit rendre à la plupart des papes qui sont venus après Léon X, ce glorieux témoignage que, non-seulement ils n'ont pas rivalisé de luxe et de pompe avec les cours, mais qu'ils ont vécu avec une édifiante simplicité, pratiquant les conseils de l'Évangile, et même quelques-uns les sévères austérités des ordres religieux d'où ils étaient sortis. Pie IX est un modèle en ce genre. Que serait-ce si nous faisions ressortir ici le divin contraste des papes primitifs, opposant à la dissolution de l'empire et à l'apothéose de l'esprit d'orgueil et de domination des empereurs, le touchant spectacle de l'humilité, de la pauvreté et de la simplicité évangéliques, qui ont sauvé une société qui ne valait certes pas mieux que la nôtre?

On voit combien nous sommes loin de vouloir l'inféodation au pouvoir des hommes de destruction, instruments inconscients de la providence divine, qui saura bien, s'ils ne deviennent meilleurs, les briser à leur heure, pour les remplacer par des hommes mieux appropriés à l'accomplissement de l'œuvre nouvelle.

XI. — Mais n'y a-t-il que cette alternative de possible : des écroulements sans fin, ou une organisation réellement et foncièrement chrétienne de la démocratie dans l'ère de laquelle nous sommes irrévocablement entrés? Hélas! il y a encore une autre alternative, celle que nous redoutons le plus, celle des replâtrages, des compromis, des transactions déshonorantes, où la religion au lieu d'aller se retremper dans son principe, ferait avec le monde des accommodements, où les rois offriraient au chef de l'Eglise et aux cardinaux des sénatoreries, des sinécures, de l'or, des dignités (1), à la place de la royale souveraineté qu'ils leur auraient ravie; où catholiques, dissidents et philosophes se donnant la main, chercheraient dans une paix plâtrée à s'arranger de leur mieux de l'état social actuel; où les Saints,

(1) M. de Cavour a fait offrir *cela* au Pape et aux cardinaux. Mais si, devant une force majeure tout à fait irrésistible, Pie IX venait à être chassé de son trône, ce ne sont pas des palais de roi, ce sont d'humbles retraites qui s'ouvriraient devant lui et devant ses cardinaux, comme devant les papes et les évêques de la primitive Eglise, en attendant que l'Italie pût, sous une autre forme, rouvrir ses bras au nouveau *Pierre*, entouré d'un nouveau collége d'*apôtres*. Car le Pape ne peut être que *Roi* ou *Christ*, toute situation intermédiaire ne pouvant, faute de grandeur, agir efficacement sur l'âme des peuples. Mais alors commencerait pour la Papauté une existence toute différente. N'ayant d'autre appui que Dieu, si *tous* les appuis humains, — c'est toujours notre hypothèse, — venaient à lui faire défaut, Pie IX, avec la sereine suavité de la majesté apostolique, adresserait aux Eglises mêmes dissidentes, non plus seulement des encycliques, mais des épîtres comme saint Jacques, saint Jean, saint Paul et saint Pierre. Et cette prédication puissante, sortant non d'un palais, mais d'un modeste asile, produirait sur les masses un effet irrésistible; et peut-être qu'alors il nous serait donné de voir la fin de la révolution et le retour à l'unité des nations dissidentes. Or Pie IX serait certainement au niveau de cette mission sublime si Dieu venait à la lui imposer, et il aurait l'âme assez haute pour repousser avec indignation un état fastueux qui ne serait pas en rapport avec sa nouvelle situation et ne servirait qu'à voiler sa dépendance. Il laisserait au *Roi* les palais et sa liste civile; il ne prendrait avec lui que la croix. Or avec cette croix il serait, à partir de ce jour, mille fois plus fort et plus indépendant que son spoliateur!

Le Pape et les évêques s'étant prononcé sur cette question, nous nous inclinons respectueusement devant leur opinion, mais si le dénouement était contraire à leurs désirs les plus chers, nous ne faisons qu'un vœu, c'est que Pie IX soit Pie IX jusqu'au bout. Or il le sera, ne serait-ce que pour porter

comme par le passé, protesteraient seuls contre cet applatissement universel des âmes! Applatissement d'autant plus irrémédiable, qu'une prospérité momentanée, conséquence de cette pacification menteuse, pourrait bien faire illusion sur les âmes faibles et simples. On aurait alors un *à peu près* de sécurité, de grandeur, d'ordre, de liberté, de Religion, comme depuis 1789; mais jamais une construction solidement assise, et un état vigoureusement constitué au physique et au moral. Rien ne serait perdu, tout miroiterait même à la surface. Nos grands hommes de la finance, pourraient, entre deux révolutions, continuer leurs opérations de bourse avec un calme suffisant pour les liquider fructueusement. Équipages, toilettes, fêtes, tout fleurirait, brillerait, resplendirait même pompeusement, comme sous les premiers césars le luxe proconsulaire. La France à son apogée et avant de déchoir jetterait surtout l'éclat d'un magnifique météore, et nous aurions pendant quelques centaines d'années une belle et superbe décadence.

Car voilà où nous mènent ceux qui, ne voulant pas mettre la réforme religieuse, la réforme des mœurs, à la base de

à la démagogie un coup dont elle ne se releverait pas, et pour déjouer les ennemis de la religion qui ne demanderaient pas mieux que de lui infliger un affront irréparable, en faisant du Pape un Daïri du Japon *, afin d'avilir le sacerdoce et d'achever la ruine des croyances. Ruine inévitable avec un *à peu près* de christianisme, qui nous ferait entrer dans cette ère de décadence dont nous parlons, où la religion étant sans autorité, les mœurs iraient toujours en déclinant, jusqu'au moment fatal où la société européenne s'effondrerait dans le Socialisme.

* Il y a deux souverains dans le Japon; un souverain temporel appelé Siogoun ou Koubo, et un souverain spirituel appelé Daïri. Toute la puissance reposait autrefois sur ce dernier. Elle lui fut contestée en 1180 et enlevée en 1585 par le Koubo. Le Daïri est encore adoré comme la représentation de la divinité, mais il n'a plus ni pouvoir ni liberté. (Voyez *Dict.* de Désobry et Bachelet au mot JAPON.) Retiré au fond d'un palais magnifique où rien ne lui fait défaut de toutes les aises de la vie et du faste des cours, le Daïri n'a d'autre fonctions, avec les bonzes ou les prêtres de la religion dont il est le souverain pontife, que de recevoir les adorations de ses sujets, tandis que le Koubo, moins pompeusement encensé, remplit toutes les fonctions utiles de la royauté. Or c'est la situation que M. de Cavour voudrait faire au Pape et au sacré collége en les dotant richement et en faisant avec eux le partage des palais de la ville éternelle. Dans de pareilles conditions, nous aurions sans doute encore une religion, mais une religion qui ne vaudrait pas mieux que la société en décadence qu'elle serait incapable de régénérer. Tandis que dans l'hypothèse où le Pape et les cardinaux seraient impitoyablement dépouillés, on aurait encore la religion du Christ, avec une vitalité suffisante pour mettre un terme à la dissolution sociale.

toutes les autres réformes, ont la prétention de nous conduire, de conduire une démocratie de trente-cinq millions d'hommes inquiets de leur lendemain, comme on conduirait des pantins avec les ficelles de la politique et de la diplomatie, ou avec ces tours d'équilibrisme parlementaire des derniers règnes à nous casser le cou, ou avec les mots à faire tourner la tête aux masses de Liberté, Égalité, Fraternité, s'exhalant des tabagies suspectes où les sociétés secrètes tiennent leurs réunions.

Que faire donc, et sur quoi s'appuyer? Sur l'ancien régime? mais il est en lambeaux partout! et les événements qui se pressent de toutes parts emportent en ce moment ses derniers restes. Demain peut-être, ce régime, à jamais flétri et condamné, n'aura plus un seul représentant debout, et il se sera accompli dans le monde une transformation du tout au tout, sans précédents dans l'histoire depuis l'avénement du christianisme; évolution radicale qui certes devrait ouvrir les yeux à ceux qui s'obstinent à les tenir fermés malgré l'évidence des faits.

Nous voilà donc acculés au pied du mur; forcés par Dieu même qui conduit ces événements, d'opter — entre le gouffre béant de la démagogie où nous pousse l'ancien régime révolutionnaire qui ne vaut assurément pas mieux que l'ancien régime vermoulu du passé, — ou bien une organisation politique et sociale sérieusement et radicalement chrétienne, telle à peu près que nous avons essayé de la formuler dans notre *Démocratie,* comme étant la seule capable de nous sauver. — A moins que nous ne préférions aller à l'Académie apprendre de M. Guizot, passé maître en fait de *conservation,* comment on peut faire vivre encore pendant des siècles, avec de faux grands airs et en *y mettant chacun du sien,* une société mollement bercée sur le Gouffre par les mains des panthéistes, des rationalistes, des déistes, des sensualistes, des matérialistes, des juste-milieu, des démocrates, des doctrinaires, des dissidents, des juifs, des catholiques, qui composent cette auguste assemblée, image en raccourci de notre malheureux pays et de la paix trompeuse qu'on lui promet pour l'endormir.

Qu'on ne s'imagine pas cependant que nous rêvions une société chimérique à force de perfection. Hélas! si nous pouvions nous abuser à ce point, notre fragilité ne nous avertirait que trop qu'on « ne doit pas être plus sage qu'il ne faut. » Ce mot est de saint Paul, et nous le rappelons souvent aux exagérés de tous les partis et à nos amis surtout. Mais nous repoussons avec indignation le pêle-mêle des doctrines, estimant que les rapports humains doivent être réglés sur la justice, la vérité, la droiture, la Religion, et non sur cette indifférence débilitante et cette religiosité délétère, qui servent de base à tous les pots-pourris de nos modernes replâtreurs.

XII. — La tâche que nous avons entreprise était difficile, hardie et au-dessus de nos forces, nous l'avouons, et ceux qui nous connaissent savent combien cet aveu est sincère. Aussi avons-nous fait un appel aux *hommes nouveaux*, aux hommes qui ne sont pas encore compromis dans les luttes passionnées des partis, et n'ont pas souillé leur jeunesse à leur contact impur. Notre société étant une démocratie à convertir et à organiser hiérarchiquement et chrétiennement avec les éléments monarchiques et catholiques de conservation qu'elle tient de ses traditions séculaires; avec ses corporations, ses corps constitués, son église; avec ses associations religieuses, civiles et de bienfaisance; il faut, pour accomplir cette œuvre capitale vraiment neuve et originale, non des hommes usés ou qui s'usent, mais des hommes jeunes et foncièrement intelligents; n'aimant pas seulement la liberté, mais en comprennent les conditions, afin de ne pas nous trouver acculés encore une fois aux abîmes où les libéraux nous ont si souvent précipités.

Puisse donc la jeunesse studieuse et intelligente, se méfier de ces pilotes inexpérimentés, qui ne nous sont connus que par leurs naufrages! Et puisse-t-elle comprendre aussi que l'avenir est aux jeunes hommes religieux et honnêtes qui, peu nombreux encore, sauront bien se faire respecter le jour où ils seront forts, et qui deviendront forts si, dans leur haute et fière indépendance, ils savent se concilier l'opinion, en étant dignes et respectueux vis-à-vis du Pouvoir et de la Loi, et dévoués surtout à la Religion, qui, ayant seule la puissance de transformer les individus, peut seule aussi transformer les tendances révolutionnaires de notre démocratie en tendances éminemment chrétiennes ou conservatrices. Le rôle que la jeunesse religieuse a à remplir, dans la France de l'avenir, n'est pas un rôle secondaire; elle doit avoir l'ambition d'être quelque chose par elle-même. Au lieu d'être la doublure honorable des partis, et de se traîner à leur suite, sa mission est de les dominer, puisque, hélas! il lui serait impossible de les absorber. Ayant une vie à elle, il ne lui manque que d'avoir conscience d'elle-même et de sa force pour constituer une autonomie puissante. Et cette autonomie, qui se traduira au dehors et dans la pratique de la politique et des affaires, en un parti infiniment respectable et bientôt prépondérant, il dépend d'elle de la constituer quand elle le voudra, puisque seule elle a une doctrine et des principes.

Ce qui se passe dans les régions du pouvoir ou du parlement est sans doute très-important, et répond aux nécessités du moment; mais tout cela est peu de chose, à côté de ce grand intérêt patriotique, consistant à assurer l'avenir de la nation en réformant ses mœurs, seul moyen de fortifier le pouvoir en ouvrant à la liberté un horizon sans limites: horizon que sans doute M. Troplong, dans son rapport au sénat, n'a pas voulu fermer devant nous, contrairement aux promesses de la constitution et aux intentions du gouvernement, hautement manifestées dans les circulaires de M. de Persigny.

Tout ce qui se fera en dehors de cette politique supérieure ne pouvant être que replâtrage ou paroles vaines, nous devons travailler, tant que nous sommes jeunes, à préparer l'avenir magnifique que la providence nous réserve, si nous savons le mériter par une conduite irréprochable et une grande pureté de principes, avantage inappréciable que nos ennemis ne sauraient nous disputer.

XIII. — Nous n'ajouterons qu'un mot en finissant cette nouvelle introduction, c'est que nous n'avons rien à changer à notre livre. Composé il y a un an, quand le roi de Naples, encore à la tête d'une armée de cent mille hommes, régnait paisible dans ses états, nous avons annoncé la chute de ce prince, et manifesté des inquiétudes sur le sort de la maison de Habsbourg; nous avons également pressenti que l'empereur Napoléon III serait forcément amené à faire quelques concessions libérales; nous ne voyons donc pas ce que nous aurions à retrancher ou à modifier, aujourd'hui que les événements se sont accomplis suivant nos prévisions.

XIV. — Il ne nous reste plus qu'à remercier nos amis de l'accueil qu'ils ont fait à ce livre. L'impression singulière qu'il a produit sur quelques-uns nous a d'autant plus encouragé, que nous ne saurions l'attribuer à notre mérite personnel, dont nous connaissons l'insignifiance mieux que personne, mais, à la force des idées que nous avons l'honneur de servir, et qui nous obsèdent et nous usent depuis vingt ans, depuis notre entrée dans le monde.

L'accueil chaleureux qui, malgré la forme peu séduisante d'un ouvrage où il est beaucoup question de morale (1), a été fait à ces idées par un élite de jeunes esprits, dont le pays aura bientôt à apprécier le talent distingué, nous donne la certitude qu'elles sont appelées à faire leur chemin. Aussi sommes-nous disposé à donner une explication, non sur notre défaut de courage personnel, car, Dieu merci, la bonne volonté ne nous a jamais abandonné, mais sur le profond découragement que nous inspire le public de notre temps, qu'on nous a accusé de juger sévèrement. Nous n'avons rien à retrancher de notre appréciation sur le peu de ressources qu'offrira jusqu'au bout la génération qui s'en va. Mais une partie notable de celle qui la suit sera meilleure, si nous en jugeons par ce qui se passe autour de nous; et nous espérons bien qu'encore cette fois nos pressentiments seront justifiés par l'événement.

Mais cette réserve faite, nous n'éprouvons aucun regret de la sévérité de nos jugements, et nous nous reprochons même notre indulgence. Vous faites table nette, nous dit-on, des illustrations politiques, philosophiques et religieuses

(1) « Je ne fais pas de la morale, me disait un de nos plus illustres écrivains; c'est si ennuyeux! »..... et si peu lucratif! ajoutai-je en moi-même.

qui honorent la France. Non, et nous faisons même à quelques-unes l'hommage du génie. Mais tout se trouvant sophistiqué dans notre pauvre société, et parfois même la religion, ces éminents esprits nous semblent lui ressembler un peu pour trop vouloir la courtiser et s'adorer en elle, comme ces ascètes de l'Orient adorant Dieu les yeux fixés sur leur nombril. De là cette éclipse totale du vieux bon sens français, depuis longtemps voilé sous l'épaisse fumée de cet encensement de soi-même dans une société vicieuse. D'autres, au contraire, les hommes de bon sens, les mécontents, les déchus, les dépouillés, qui vivaient grassement des privilèges et des abus du bon vieux temps, comme le rat de La Fontaine de son fromage de Hollande, maudissent, à tort et à travers, sans aucun souci des principes, sans distinction aucune, cette même société, assez peu marâtre pour traiter chacun de nous sur le pied d'égalité, comme une mère ses enfants. Tandis que d'autres, les *libéraux*, nous font un crime de vouloir que le prêtre affranchi, se tenant à sa place, — à l'autel, à l'école, au lit du malade, sur les libres Hustings de la tempérance, de la concorde et de la charité évangéliques, — le magistrat s'y tienne aussi, scrupuleux observateur des droits et des prérogatives du sacerdoce, afin de faire respecter, en le respectant tout le premier, le grand et fécond principe de la division des attributions, qui est à la politique ce qu'est à l'industrie le principe non moins fécond de la division du travail. Témoin de toutes ces confusions, et indigné de ces scandales, nous réagissons contre notre siècle. C'est notre droit, et, pour mieux décliner la responsabilité de ces folies, nous l'exerçons de notre mieux, sans en éprouver aucun remords.

Ah! nous sommes injuste envers les hommes politiques, et même quelquefois envers les hommes religieux de notre temps? Mais en connaissez-vous beaucoup, — je parle surtout des premiers, — ayant toujours l'Évangile à la main quand il s'agit de politique, sinon pour faire des entorses au texte sacré, si clair, si lumineux, si dépourvu d'ambages?

Vous possédez donc la vérité politique? Oui, puisque nous avons le courage de la dire à chacun, au risque de nous faire haïr de tous : toujours respectueux d'ailleurs, et jamais le courtisan de personne, et encore moins du parti auquel nous nous honorons d'appartenir. Il en a bien assez ! et nous croyons mieux le servir par notre droiture et notre indépendance, que d'autres par leur duplicité ou par leur servilisme.

Vous feriez peut-être mieux de vous taire? Sans doute. Mais comment se taire, quand, par idolâtrie ou par haine de ce qu'on appelle pompeusement *les idées modernes!* on érige en maximes d'état les paradoxes de Jean-Jacques, ou les visions rétrospectives de cette école du passé, s'épuisant en efforts impuissants pour conserver........ l'impossible, et restaurer........ le néant. Comment se taire, quand l'exagération courant les rues, c'est en vain qu'on y chercherait un homme doué de cette sagesse et de cette mesure du philosophe, qui faisait dire à saint Paul : « Que votre foi soit « raisonnable, et ne vous conformez pas au *siècle présent,* « mais qu'il se fasse en vous une *transformation* par le *re-* « *nouvellement de votre esprit,* afin que vous reconnaissiez la « volonté de Dieu, et ce qui est bon, parfait et agréable à ses « yeux. Aussi je vous exhorte tous........ à ne pas être « sages plus qu'il ne faut, mais avec sobriété. » (Rom., ch. XII, 1, 2 et 3.)

Vous possédez donc la sagesse? Pourquoi pas, puisque nous n'avons pas, comme nos modernes penseurs, la prétention d'être plus sage, ni autrement sage que l'Évangile?

Votre livre est plein de réticences contre l'insuffisance et l'inaptitude intellectuelle et politique d'une partie du clergé, d'ailleurs, selon vous, si intéressante, si distinguée et si digne de respect sous tant d'autres rapports. A qui la faute? Si elle est un peu au clergé, n'est-elle pas aussi à tout le monde, et surtout à ces hommes politiques qui aujourd'hui caressent le clergé, et pour cause! et qui, au Pouvoir, se sont de tout temps opposé comme les autres (1), à l'établissement de ses universités et de ses écoles?

(1) A l'exception de cette pauvre et innocente république de 1848, qui laissait tout faire, même le bien, et qui, par une inconséquence singulière, détruisait la république à Rome pour y rétablir la royauté! tandis que, par une inconséquence non moins singulière, c'est aujourd'hui une monarchie qui renverse cette même royauté, mais, cette fois, pour se mettre à sa place..... Encore un signe du temps et du gâchis où nous vivons.

Vous calomniez la société. Non; nous l'honorons, au contraire, à beaucoup d'égards, et autant qu'elle le mérite; mais, si on nous parle de sa philosophie et de sa religion, nous disons qu'elle a perdu la boussole, et, qui pis est, nous le prouvons. Et, tel est notre endurcissement à cet égard, que nons demandons chaque jour à Dieu de susciter un Tacite, flanqué d'un Juvénal chrétien, pour mettre à nu les travers d'un pays où tout le monde a du bon sens, et où pourtant chacun déraisonne, et surtout ceux qui tiennent école de sagesse, — littérateurs, savants, politiques, journalistes, moralistes, philosophes, — par ambition, par cupidité, par courtisanerie, par amour du plaisir et du luxe, par fainéantise, par soif de domination, par le désir de la vie facile et de la religion en pantoufles, par esprit de désordre et d'impiété s'étalant sans vergogne devant le peuple, notre seigneur et maître, qui tire les conclusions pratiques!!!

XV. — Nous venons de parler longuement de nous-même. Nous savons combien c'est malséant, mais nous tenions à cœur de répondre aux reproches de sévérité qu'on nous a adressés. Loin de convenir de nos torts, nous persistons dans notre manière, persuadé qu'elle est de beaucoup la plus propre à servir notre cause. Étant, avec quelques rares amis, les seuls en France qui voulions *sérieusement* et *sincèrement* la liberté, puisque nous sommes les seuls à la vouloir avec les conditions qui la rendent possible, nous avons pensé que ce qu'il y avait de mieux à faire c'était de procéder résolument à des exécutions sommaires.

On nous a reproché aussi, le croira-t-on! notre respect pour l'autorité et notre crainte des lois, pour n'avoir pu dire au Pouvoir qu'*une partie* de la Vérité. Mais notre conscience nous donne l'assurance qu'on ne doit jamais se repentir d'être respectueux, et que la crainte des lois, salutaire en tout temps, ne l'est pas moins dans celui où nous sommes. *Initium sapientiæ timor domini*, la crainte du *Maître* est le commencement de la sagesse, et elle ne porte d'ailleurs aucun préjudice à la Vérité, dans un pays où tout se comprend à demi-mot. Cependant, si, dans notre livre, nous n'avons dit au Pouvoir qu'*une partie* de la Vérité, nous n'avions pas à garder les mêmes ménagements vis-à-vis de nos contemporains. Aussi, voulant qu'ils se rendent dignes de cette liberté qu'ils désirent, comme des enfants, pour jouer avec le feu, nous leur avons dit franchement et crûment *toute* la vérité : puissent-ils nous le pardonner.

XVI. — Nous avons été quelquefois presque aussi franc pour nos amis ; mais ils sont trop sages et trop sensés pour ignorer que les sages ne sont pas impeccables, et que les plus sensés ne sont pas toujours les plus raisonnables. Nous les prierons, en outre, de vouloir bien considérer que, pour agir fortement sur les autres, la première condition est d'être sans pitié pour soi-même. Et, s'ils sont effrayés des sinistres pressentiments de notre pessimisme, nous aimons à espérer qu'ils trouveront un adoucissement à leur malheur, dans la pensée que nous ne vivons pas à une époque ordinaire, mais dans un temps où toutes les idées sont et doivent être renversées, et toutes les affections déjouées. Car, Dieu ayant surpris l'ancienne société en flagrant délit d'idolâtrie d'elle-même, l'a livrée aux exécuteurs de ses hautes-œuvres, pour lui faire expier ce crime irrémissible, en attendant qu'il fasse souffler sur la nouvelle le vent de sa miséricorde.

Vivons donc dans la crainte et la soumission, comme des victimes expiatoires ; mais, que des hauteurs de ce nouveau Golgotha, notre horizon agrandi, en rehaussant nos pensées, relève notre espoir et notre confiance !

Paris, 2 *Février* 1861.

PRÉFACE.

Un grand amour de la Vérité a présidé à cette composition, où nous nous proposons de dégager la Politique des préjugés qui l'obstruent et des passions qui la déshonorent. C'est dire que nous aurions peu de chance d'être goûté, si le sentiment religieux qui nous anime, ne nous donnait le droit de compter sur les sympathies des hommes généreux que le tableau d'une société organisée chrétiennement pourrait intéresser.

I. — La Révolution ayant détruit l'ancien ordre social, un nouvel ordre tend à se constituer sur ses ruines avec les éléments qui lui ont survécu. Ce qui a survécu en France, c'est le besoin vivement senti d'un pouvoir et d'une hiérarchie fortement constitués; c'est le désir persévérant d'une liberté sage et réglée; c'est un sentiment indomptable d'égalité basée sur le principe de la solidarité de toutes les classes et de tous les intérêts de la patrie; c'est, enfin, le catholicisme, religion du pays depuis quatorze siècles, et dont l'influence puissante a justement produit en nous cet Idéal d'autorité forte, de liberté tempérée, d'égalité et de solidarité chrétiennes qui fait l'originalité de la politique française.

Sans examiner ce qui convient aux autres peuples, nous voudrions prouver que, grâce à ces tendances attestées par toute notre tradition nationale, la France est essentiellement monarchique, démocratique et catholique. Elle est monarchique même quand elle fait des républiques, démocratique même quand elle fait des royautés, et toujours catholique même quand elle fronde la religion, obsédée qu'elle est de cet Idéal d'autorité, de liberté et d'égalité chrétiennes, qui constituent, avec leurs justes tempéraments, l'essence du catholicisme dans ses rapports avec la Société civile.

Nous venons ici, non pas affaiblir, mais fortifier ces trois éléments constitutifs de la Société française. Toute concession d'un élément à l'autre étant une cause d'affaiblissement, nous éviterons ce qui, de près ou de loin, pourrait ressembler à des transactions, à des palliatifs, ou à des replâtrages. Le Pouvoir, la Démocratie (1) et le Catholicisme ne seront jamais assez forts chacun dans sa sphère. Il faut donc les développer en bien fixant leurs attributions respectives et en les dégageant des attributions qui ne sont pas de leur ressort. Que chacun de ces éléments fonctionne librement suivant sa nature, son rôle, et sa destinée, et que l'état soit organisé de manière que leur concours soit le résultat de leurs libres allures. Cette organisation des trois éléments constitutifs dans l'état est ce que nous voulons essayer de formuler, promettant d'avance que si on veut nous suivre jusqu'au bout, chacun y trouvera son compte, notre intention étant de donner une juste satisfaction à toutes les aspirations légitimes, et une explication suffisante à tous les malentendus.

Depuis 70 ans, voilà douze Révolutions bien comptées ou douze changements de gouvernement accomplis sous nos yeux. Nous rechercherons la cause de cette soudaine versatilité d'un peuple qui a laissé vieillir et mourir sur le trône trente-six générations de rois du même sang, sans se donner, pendant quatorze siècles, le spectacle d'aucune Révolution radicale. Nous prouverons que ces fréquentes évolutions, symptômes de la maladie du corps social, viennent moins

(1) Afin d'éviter toute équivoque, nous avertissons ici, une fois pour toutes, que nous entendons par Démocratie, non telle ou telle forme de gouvernement, mais un état social où, comme en France, tous les hommes étant libres et égaux en droit, et où les classes ouvrières s'étant considérablement accrues par les progrès de l'industrie, c'est au fond l'opinion des personnes éclairées et les intérêts des masses qui doivent inspirer la politique et les Pouvoirs. Souvent aussi ce mot sera pour nous synonyme de civilisation.

de l'amour du changement que d'une situation, riche sans doute en éléments d'ordre, de conservation et de Religion, en même temps que de liberté et d'égalité, mais où rien n'est réglé, ni constitué suivant sa nature et ses attributions, où aucun élément social n'est vis-à-vis des autres dans des relations vraies et légitimes, et où enfin tout est a l'état d'antagonisme quand tout devrait être a l'état de concert pour concourir au même but.

Nous établirons que la Démagogie se prévaut de cet état d'antagonisme pour exploiter a son profit la Démocratie qui est, dans l'ordre matériel, la résultante obligée du mouvement scientifique, commercial et industriel moderne, et, dans l'ordre moral, le produit de l'influence séculaire de l'esprit du christianisme. Et nous en tirerons la conséquence que c'est jouer le rôle de dupes et sous peu celui de victimes, de ne pas organiser la Démocratie au profit de tous en faisant concourir les éléments dont nous venons de parler à la destruction de la Démagogie. Nous prouverons que Dieu est incontestablement entré dans cette voie d'organisation, a l'insu même des instruments dont il se sert, puisque toutes les corporations religieuses ou de bienfaisance qui se fondent en ce moment, sous l'impulsion visible de la Providence, ont, comme les anciens ordres réguliers, un but populaire éminemment propre a enraciner la Démocratie dans nos mœurs en lui imprimant un caractère profondément religieux.

II. — Avant de commencer nous prévenons nos lecteurs que, voulant en finir avec l'ancien régime, il pourra nous arriver de donner plus de développement a l'exposition de ses abus que de ses gloires et de ses bienfaits. Et il est possible que le même motif nous entraîne a donner plus d'extension aux gloires et aux bienfaits de notre nouvel état social qu'aux vices et aux corruptions qu'il entraîne a sa suite. Mais nous déclarons d'avance et une fois pour toutes, que ce défaut de proportion ne tiendra qu'aux entraînements de la polémique et nullement à un déni de justice. Voulant ramener, sur le terrain solide de la démocratie chrétienne, un grand nombre de catholiques égarés a la poursuite de vaines chimères, notre tâche est d'insister principalement sur ce qui les tient éloignés de la vérité. Or pour cela nous avons a leur parler beaucoup plus des défauts de l'ancien régime et des qualités du nouveau qu'ils semblent plus ou moins méconnaître, qu'a leur développer la thèse inverse qu'ils possèdent mieux que nous. Cependant bien que nous n'ayons rien a leur apprendre de l'éclat répandu par la Religion sur la période féodale et la période monarchique qui l'a suivie, ni sur les crimes de la Révolution et les abus de la période démocratique actuelle, nous ne manquerons jamais, toutes les fois que l'occasion s'en présentera, de rendre hommage a cette double vérité, que le christianisme a fait ce qu'il y a de beau dans l'ancien et le nouveau régime, tandis que les passions humaines ont fait ce qu'il y a eu dans l'un et dans l'autre de mauvais et de criminel.

CHAPITRE Ier

L'ANCIEN ORDRE SOCIAL. — LE NOUVEL ORDRE SOCIAL.

Causes des révolutions. — Des abus, des passions. — Rôle de la Providence dans les révolutions. — L'ancien régime, iniquité de ses priviléges. — Vice de ses institutions. — Son clergé, sa noblesse, sa cour. — Immoralité et impiété des princes et des grands. — Le nouvel ordre social, sa belle organisation matérielle. — Il est, à certains égards, fondé sur les principes du droit et de la justice. — Son esprit religieux est détestable ; l'ancien régime, sous ce rapport, lui était supérieur. — Ses relations sociales et internationales sont plus chrétiennes, et il est possible de rendre son esprit plus religieux

I. — Les Révolutions ont trois causes : Les abus qui résistent, les passions qui attaquent, et la justice divine qui laisse faire dans des vues de perfectionnement et de miséricorde. Une société sans passions et sans Révolutions est une chimère. Il n'y a rien de parfait où l'homme se trouve. Tout homme se passionne, qu'il commande ou qu'il obéisse (1). Il ne faut pas s'étonner que des hommes s'insurgent si le Pouvoir abuse. Mais l'iniquité des abus ne saurait couvrir l'iniquité des Révolutions. Les abus ne sont pas toujours en proportion des Révolutions ni les Révolutions en proportion des abus. Pour des abus insignifiants on a vu tout mettre à feu et à sang, et des peuples entiers croupir dans l'hébétement sous le poids d'abus monstrueux. Mais Dieu met ordre à ce désordre : tôt ou tard il châtie les passions par les passions. Il détruit les abus par les Révolutions, et si le but est dépassé, il fait tourner le châtiment au perfectionnement de la vertu. Son intervention a donc un double objet, celui de punir le méchant et de perfectionner le juste.

« L'univers est rempli de supplices très-justes dont les exécuteurs « sont très-coupables. » (M. de Maistre. Lettre 157). Nous ne comprenons pas autrement que M. de Maistre, l'histoire, tissu sanglant d'actions et de réactions, d'abus et de violences, produits de la liberté humaine du milieu desquels Dieu démêle son christianisme, ou son plan divin de perfectionnement de la société naturelle et surnaturelle par la souffrance et l'effort. Car, enfin, où et comment les passions, produit de la liberté des hommes, pourraient-elles se manifester avec plus d'éclat et d'évidence que dans les abus qu'elles enracinent et défendent avec une infernale obstination, et les violences et les crimes dont se rendent coupables les malheureux qui, par intérêt, envie ou cupidité, se sont imposés la criminelle tâche de tout bouleverser ? Et où et comment Dieu pourrait-il signaler avec plus de majesté et de magnificence sa divine intervention, qu'en venant guérir et cicatriser les plaies en temps opportun, après

(1) V. saint Aug. *Cité de Dieu*, liv. XIV.

avoir laissé jusqu'au bout à la liberté, c'est-à-dire aux passions, leur jeu indépendant ? Et c'est en effet ce qu'il fait.

La Révolution aura bientôt achevé son œuvre de démolition, et par conséquent épuisé ses victoires, et alors la puissance de nuire lui sera ôtée, jusqu'à ce que de nouveaux abus la rendent nécessaire. Car ainsi vont les choses, qu'il n'y a guère de trève pour personne, pas même pour Dieu, les abus et les révolutions se succédant périodiquement, et Dieu tirant de ce chaos, à chaque étape, des périodes chrétiennes de civilisation qui, il faut bien l'espérer, iront toujours s'agrandissant, jusqu'à ce que le mal reprenant définitivement le dessus, le monde finisse par sombrer dans une incurable dégradation. Les Révolutions entrent donc dans l'économie de la Providence, et sous ce rapport elles sont aussi nécessaires dans l'ordre politique et social que les hérésies dans l'ordre religieux (1).

On a cherché ailleurs la philosophie de l'histoire ; on s'est égaré dans de vains systèmes dont le siècle s'honore comme de son plus beau titre de gloire, parce qu'il est tellement dégradé dans l'ordre des conceptions morales qu'il prend le petit bout des choses pour leur grand côté. La véritable loi de la philosophie de l'histoire, celle qui les domine toutes, c'est la loi du perfectionnement par l'épreuve ou l'effort. Voir les choses de ce point de vue élevé, c'est les voir sous leur vrai jour. Et c'est se mettre à l'abri de toutes les surprises des évènements, que d'en prévoir ainsi la suite et l'enchaînement inévitables.

Après cette période de Révolutions que nous venons de traverser ou que quelques pays traversent encore, il faut donc s'attendre à une période de réparation, où les partis laissant tomber les armes de lassitude, se retourneront vers Dieu et la Religion qu'il a établie comme un terrain neutre prêt à les recevoir. Quand ce jour à jamais glorieux sera venu, tout le monde sera surpris de l'injuste méfiance dont l'Église a été l'objet, et chacun comprendra que n'étant solidaire d'aucune violence, son rôle, comme celui de la Providence, est de s'interposer, pour les réconcilier, entre ceux qui ont vécu de ces abus, et ceux qui sous prétexte de les extirper ont eu recours à des moyens révolutionnaires. Jour heureux, où à la paix matérielle, et à la paix intellectuelle, succédera la paix des consciences !

II. — Nous venons d'exposer les causes et le caractère des révolutions en général, mais la Révolution française a quelque chose de particulier : Elle a un mauvais esprit et elle déteste l'Église dont elle poursuit la ruine. « La Révolution française commençait à peine et « déjà son caractère était prononcé. La liberté prenait en naissant « une attitude sacrilége... elle agitait des poignards, elle montait sur « des cadavres pour se faire entendre de plus loin... c'est dans les

(1) Plus loin nous expliquerons en quel sens sont nécessaires les hérésies que l'Église a, non-seulement le droit, mais le devoir de proscrire.

« pourritures du patriciat, c'est parmi lees suppôts du philosophisme « qu'elle avait choisi ses apôtres... elle ne parlait que de vertu, de « probité, de patriotisme, de justice, et les sages consternés ne « voyaient sous ses étendards que des prêtres apostats, des chevaliers « félons, des sophistes impurs, des phalanges de bourreaux, un peu- « ple d'insensés, et l'assemblage hideux de tous les crimes qu'on peut « commettre sans courage. » (de Maistre, *discours à Mme de Costa Lettres et opuscules*, p. 159).

On énumère avec raison parmi les causes de la Révolution, la Réforme, le Jansénisme et le Philosophisme. « Le Calvinisme, dit Vol- « taire, (*Siècle de Louis XIV*,) devait nécessairement enfanter des « guerres civiles et ébranler les fondements des états. » M. de Maistre, dans ses lettres sur l'éducation publique en Russie, expose avec éloquence ces diverses causes de la Révolution. Mais on oublie les autres causes non moins profondes : la mollesse, l'orgueil, l'esprit de domination, le relâchement des mœurs et des doctrines, conséquences d'institutions anti-chrétiennes. Tout conduisait à la Révolution; impuissants contre leurs amis et leurs ennemis, l'Église et les Saints protestaient en vain par leurs paroles et leurs exemples, ils étaient emportés par le torrent. Il faut donc rattacher la révolution à toutes ses causes si on veut la juger sainement. Elle est le produit combiné de toutes les passions humaines et non pas seulement d'un ordre de passions, et, tout bien considéré, des sept péchés capitaux nous ne savons quel est celui qui a le plus contribué à la produire, si c'est l'avarice, la paresse, la gourmandise et la luxure des grands et des heureux de la terre, ou l'envie, l'orgueil et la colère des sectaires, des philosophes et des révolutionnaires. On a dit que le Passé était gros de l'avenir, on doit dire de même que l'ancien régime était gros de la Révolution. Les sectaires, les philosophes et les révolutionnaires n'ont fait que la déchaîner à son heure, en lui imprimant une impulsion qui a ébranlé la société dans ses fondements.

Expliquer différemment le jeu complexe des évènements accomplis depuis 1789, c'est fermer les yeux aux enseignements de l'histoire, c'est être un homme de parti et retarder indéfiniment le triomphe de la Vérité. Le Révolutionnaire n'écrit pas l'histoire autrement. Tout est empreint de mauvaise foi dans la manière dont il présente le Passé qu'il dénature, moins par ce qu'il dit que par ce qu'il ne dit pas. Il découvre avec indécence toutes les plaies du sacerdoce, l'ignorance, la grossièreté, les scandales, les malversations et les cruautés de l'ancien ordre social. Mais il cache avec soin les vertus innombrables, la piété, la science et l'excellent esprit qui animaient la société. L'histoire, ainsi faite, n'est qu'un pamphlet pour si sérieux qu'en soit le ton. Il n'est pas, jusqu'aux historiens les plus célèbres, qui n'aient présenté ces siècles, où tant de grandeur morale était jointe à tant d'imperfections matérielles, sous un jour déplorable, faute de ce sens des choses divines qui est l'attribut de l'homme religieux. Leur histoire n'est que l'histoire des guerres, de la diplomatie, des mœurs et de la civilisation, à un point de vue païen, quand la piété et la spiritualité chrétiennes jouaient un rôle dans les évènements, et que l'Europe était gouvernée du fond des sanctuaires et des couvents, autant que du fond des châteaux féodaux.

Il ne faudrait pas tomber dans un autre excès. Le meilleur moyen de rectifier les fausses appréciations de l'histoire et de faire tomber les calomnies, est d'être vrai et juste. Il ne faut pas combattre la Révolution en répondant à ses pamphlets par des apologies, et à ses apologies par des pamphlets. Que des sectaires animés d'un mauvais esprit se vantent et nous dénigrent, il ne faut pas les imiter. Il faut avouer ses torts, si on veut relever ceux des autres avec autorité, et dégager l'institution de toute solidarité compromettante. On ne saurait autrement venir à bout de la Révolution. On a essayé des apologies et des récriminations, et rien n'y a fait ; il faut essayer maintenant de la Vérité nue, et dominer la Révolution en se plaçant au-dessus des partis, des sectes et des préjugés. Avec quelle force Jésus-Christ a dénoncé les pharisiens, les publicains et généralement les abus de l'ancienne loi ! Les abus du passé mériteraient-ils plus d'égards ? Nous ne le croyons pas puisqu'ils s'opposent autant que les passions révolutionnaires au rétablissement de l'influence légitime de l'Église, dont ils terniraient la pureté, si elle pouvait avoir rien de commun avec la fragilité de ceux qui abusent de la religion dans des vues personnelles.

Travaillons donc avec courage à faire cesser cette horrible confusion. Plus de ces luttes à coup de poing dans l'ombre. Mais cherchons un point culminant d'où nous puissions écraser la révolution sans compromettre notre dignité. Ce n'est pas assez de se battre contre la révolution, il faut l'écraser en la dominant. Or le meilleur moyen c'est la loyauté et la franchise avec un amour de la vérité dégagé. Et c'est aussi la meilleure des apologies.

III. — Il n'y a pas de comparaison à établir entre l'ancien régime et la Révolution. L'ancien régime avait une constitution sociale et politique singulièrement défectueuse ; mais la Religion étant la base et le criterium de la société, devait user à la longue cette constitution et la transformer. L'ancien régime était donc guérissable et la Révolution ne l'est pas. Dépourvue de principes, elle compromet même ses propres améliorations, en cherchant à détruire la religion, qui seule pourrait les consolider en les empêchant de dégénérer.

Cependant l'ancien régime n'était pas suffisamment chrétien. La pauvreté évangélique, l'austérité des mœurs, l'esprit de sacrifice ne pouvaient régner avec éclat et dans toute leur pureté, au sein d'un clergé dont les hautes dignités et les riches bénéfices étaient le partage presque exclusif d'une noblesse infatuée de ses titres, et descendue aux plus bas degrés de la corruption morale. Dieu a condamné l'homme au travail, et tous les genres de travaux étaient sans honneur dans une société livrée aux priviléges de la naissance. Le cultivateur y était régulièrement exploité par les traitants, et l'institution royale qui aurait dû donner l'exemple d'une conduite irréprochable, était devenue sous la plupart des rois une école d'immoralité. Avec cela la philosophie, et Dieu sait quelle philosophie! avait pénétré jusque dans les boudoirs. Un pareil état social ne répondait pas évidemment à cet idéal que le christianisme a imprimé dans les âmes. Aussi Dieu l'a-t-il livré à la Révolution. Les vices étaient dans les institutions, partout l'injustice et l'inégalité présidaient aux distributions sociales. Si la vertu et le talent y recevaient leur légitime récompense, c'était une exception. Le roi y était une espèce d'idole, et tout, jusqu'à ses passions et ses faiblesses était non-seulement toléré, mais encore honoré. Hommes et femmes, tout se livrait à lui, avec l'assentiment d'une noblesse qui trouvait naturel chez lui ce qu'elle se permettait elle-même. « La mollesse, le plaisir, la vanité, la fureur des jouissances et du luxe ont abâtardi les antiques « races. » (Lettre de M. de Bonald à M. de Maistre). Vicieuse par son entourage et ses traditions, la royauté était donc sans cesse tournée à l'abus, faute d'un contrepoids suffisant. Tout la poussait à l'abîme et rien ne la retenait sur cette pente fatale. Aussi, il ne faut pas s'étonner que ces malheureux princes, livrés à tant de séductions, se soient laissés aller à des plaisirs que tout leur rendait faciles et qui allaient même au devant d'eux. La nature et l'institution étaient plus fortes que l'homme, il n'y a guère que des Saints, saint Louis, Louis XVI, qui aient pu résister aux influences délétères d'une situation anti-chrétienne, parce qu'elle était corruptrice. Un pouvoir sans frein et sans contrôle, adulé par des passions complices, est inévitablement un pouvoir corrompu et corrupteur, et il ne faut rien moins que des miracles de la religion, pour faire un honnête homme d'un prince placé dans une condition si misérable. Avec cela nous devons dire, pour être juste, que la Royauté ancienne a fait des choses admirables. Mais au fond l'ancien régime avait besoin d'être réformé. La Révolution s'est chargée de cette cure redoutable. Dieu l'a déchaînée comme il avait déchaîné Atila et ses barbares sur les corruptions de l'empire romain. Si la Révolution a été un immense crime, elle a été aussi un châtiment, et une préparation à un ordre meilleur.

IV. — L'organisation matérielle de l'ancienne Société n'était pas moins défectueuse que son organisation politique. La France était divisée en provinces, et ces provinces en pays d'état jouissant d'une sorte d'autonomie, tandis que d'autres pays étaient sous la direction plus ou moins directe du souverain. Tout point de contact était interdit entre ces provinces, qui s'administraient ou qu'on administrait d'après des usages et des procédés entièrement différents. La Bretagne, le Languedoc, la Bourgogne étaient des pays d'état ayant leurs priviléges, tandis que les intendants du roi administraient ailleurs avec des lois et des procédés différents, tout en s'immiscant aussi, et le plus souvent avec succès, dans les pays d'état. Au milieu de cette confusion, tout concert, et par conséquent toute autonomie étaient impossibles. Les priviléges et les coutumes variaient de clocher à clocher. Ici la juridiction seigneuriale avait été supprimée, là elle régnait encore. Il en était de même de la corvée. Telle ville, tel village relevaient du roi au milieu d'une baronie qui relevait du seigneur de la localité. Des abbés de monastère et des évêques, celui de Beauvais par exemple, avaient des serfs ou des vassaux, bien que le clergé eût donné l'exemple d'une grande douceur dans l'exercice de ses priviléges féodaux. Là même où le servage avait été aboli, une foule de droits seigneuriaux avaient survécu qui, sous le titre de corvée, de redevances, de four banal, de dîme, tenaient plus ou moins le paysan et sa terre dans la dépendance, puisque ses prestations devant se faire en nature, impliquaient un droit permanent d'intervention dans l'intérieur domestique. Avec cela le peuple était exploité par les fermiers et les collecteurs particuliers qui pressuraient l'impôt pour lui faire rendre au-delà de ce qu'il devait rendre, parce qu'ils avaient à satisfaire tout à la fois, leur cupidité et celle des fermiers généraux, alors tout puissants parce que c'étaient eux qui fournissaient aux prodigalités secrètes des princes et des favoris, et prêtaient au trésor, ou lui faisaient des avances sur de nouveaux impôts dans les moments difficiles. Avec cela la grande propriété, la propriété du clergé et de la noblesse, était affranchie de l'impôt territorial. N'ayant aucun moyen de se protéger contre tant de rapacité, la propriété roturière se faisait aussi petite, aussi pauvre que possible; elle se cachait honteuse d'elle-même. La misère publique était la conséquence d'un pareil état de choses, et en tout cas le développement et la prospérité du commerce et de l'industrie ne pouvaient se produire sur une grande échelle. Les maîtrises contribuaient encore à ce resserrement à contresens de la fortune publique que les lois doivent tendre à favoriser, et dont les impôts ne doivent jamais comprimer l'essor. On avait fait des maîtrises de véritables monopoles qui arrêtaient les progrès de l'industrie en étouffant toute concurrence sérieuse. L'industrie végétant, le commerce était languissant, et par conséquent aussi l'agriculture. La propriété mobilière, aujourd'hui aussi importante que la propriété immobiliaire existait à peine. Le prêt à intérêt était prohibé sous le nom d'usure. Aussi les capitaux manquaient à toute entreprise grande ou petite. L'État, livré corps et bien aux gens de finance qui l'exploitaient, se vengeait à son tour de leur rapacité en leur faisant banqueroute. Il ne jouissait donc d'aucun crédit, et il était obligé, pour vivre, de faire argent de tout, des offices de finances, des brevets de colonel, des charges de magistrature, et même, le croira-t-on, des titres de maîtrise! On sait qu'une des causes ou des prétextes de la Fronde fut la création par le surintendant Emeri, âme damnée de Mazarin, des charges de contrôleur de fagots, de jurés vendeurs de foin, de conseillers du roi crieurs de vin. Quelque temps après, en 1707, sous

Chamillard, ministre de Louis XIV, on inventa, pour faire finance, la dignité de conseillers du roi, contrôleurs aux empilements des bois, de barbiers perruquiers, de visiteurs de beurre frais et essayeurs de beurre salé. « Extravagances, dit Voltaire, dans le *Siècle* « *de Louis XIV*, qui font rire aujourd'hui et qui alors faisaient « pleurer. »

V. — Mais la plaie la plus honteuse de l'ancien régime, c'était l'origine de la noblesse et les abus que ses priviléges entraînaient à leur suite. Un moyen de battre monnaie était de vendre des lettres nobiliaires, notamment aux hommes enrichis dans les fermes ou le recouvrement des impôts, et c'était une des origines les moins impures; car bien d'autres reposaient sur l'adultère, la dilapidation, ou l'assassinat. On n'en a, hélas ! que trop d'exemples célèbres. Voltaire, dans le même ouvrage, fait justement remarquer qu'aucun des grands hommes de ce temps, si fécond en grands hommes, ne reçut des titres de noblesse, alors que tant de courtisans et de favorites furent faits marquis ou duchesses. Les plus nobles et les plus anciennes familles ont dû leur titre à la conquête, c'est-à-dire qu'elles se sont substituées par la violence et le meurtre aux anciens possesseurs du sol. Ajoutons, pour être juste, que la majeure partie de la petite noblesse de province, et quelques familles de la haute aristocratie ont une source plus pure; et que souvent les enfants, dessouillant leurs blasons, ont mérité, en s'illustrant, les titres que leurs pères avaient usurpés. Voilà pour les origines; voici pour les abus.

La noblesse, voulant tenir son rang et perpétuer dans sa descendance la considération avec la fortune, dépouillait les puînés au profit des aînés. Il fallait bien alors créer des bénéfices, des abbayes, des canonicats, pour donner une position à ces déshérités du privilége, et leur réserver le monopole des prélatures et des grades militaires. Ceci n'est pas une critique de l'ancienne société, c'en est l'exposition toute nue. Nous laissons à la conscience individuelle le soin de porter un jugement sur une société où tout était constitué sur le privilége et rien sur l'égalité des droits. La Société était donc parquée en deux camps, ceux qui souffraient de cet état, les roturiers; et ceux qui en profitaient, les possesseurs des riches bénéfices et des terres seigneuriales, les prélats, les abbés de cour, les officiers de terre et de mer, les traitants et les fermiers généraux, les courtisans et les favorites. Avec cela de grandes vertus dans le clergé, de beaux caractères et d'héroïques actions dans la noblesse, un grand nombre d'écrivains de génie, de loin en loin d'éminents capitaines et quelques rois excellents. Tel est l'ancien régime dans la vérité vraie, sans parler de l'impiété philosophique qui était de bon ton dans une aristocratie *pourrie* (1), et de l'esprit janséniste qui avait tourné la tête de la magistrature et l'avait rendue tracassière jusqu'au ridicule et cruelle jusqu'à la persécution.

(1) Ce mot est de M. de Maistre.

Il n'y avait pas, il ne pouvait y avoir là les éléments d'une organisation chrétienne. Et ce régime devait disparaître inévitablement le jour où la roture et la bourgeoisie seraient assez fortes pour s'en défaire. Mais la difficulté était dans l'impossibilité de s'entendre et de se concerter faute de moyens de communication et de publicité. Ce trifouillis de privilèges se soutenait donc par lui-même, grâce à l'isolement dans lequel il tenait ceux qu'il opprimait. Le monopole avait le pouvoir, il pouvait donc se protéger efficacement sur chaque partie de la France où il serait attaqué ; car il ne pouvait être attaqué que partiellement par les personnes intéressées à en finir avec lui. Toute plainte, toute résistance étaient immédiatement étouffées dans la localité même où elles venaient à se produire, parce qu'elles étaient isolées et sans écho. Il n'y avait pas alors de journaux à 500,000 lecteurs, il n'y avait pas de chemins de fer, il n'y avait pas d'assemblée où ces plaintes pussent se formuler et où le signal de l'affranchissement général put être donné. Les provinces étaient étrangères les unes aux autres, et il aurait fallu autant de temps pour s'entendre de deux villes voisines qu'on pourrait le faire aujourd'hui de Paris à Londres ou à Saint-Pétersbourg. Avec cela les us et coutumes étaient si différents, que la plainte de l'un ne pouvait ressembler à la plainte de l'autre. On ne se comprenait même pas de clocher à clocher, tant il y avait partout de rivalités qu'on tolérait et entretenait même soigneusement, il y avait la langue d'oc et la langue d'oil aussi étrangères entre elles que le grec et le latin. Comment le concert des citoyens aurait-il pu sortir de cette Babel ?

Faut-il s'étonner que le Privilége se soit montré si hostile à l'établissement des routes et des moyens de communication, à la diffusion de l'instruction, à la liberté de la Presse, à l'égalité civile et politique, au morcellement du sol et des provinces ? Sa raison d'être lui faisait une loi de laisser la roture et la bourgeoisie dans l'isolement et dans la confusion des usages et des coutumes, sans moyen d'entente, sous la dépendance d'une foule de maîtres qui avaient tous intérêt à empêcher leur affranchissement.

VI. — Ce n'est pas que le travail séculaire de la monarchie n'eut préparé des réformes, et que la Révolution sous certains rapports ne fut accomplie dans les idées longtemps avant de l'être dans les faits. Mais il y a des choses qui n'ont cédé qu'à la force. L'égalité des droits est de ce nombre, et c'était la principale. Tous les cahiers étaient unanimes pour introduire des réformes et supprimer des abus, mais on sait la résistance des deux premiers ordres encore puissants, à se fusionner avec le tiers-état. Il ne fallut rien moins qu'une révolution pour forcer les nobles à s'asseoir à côté des hommes du tiers. C'était quelque chose de si enraciné dans les mœurs de la noblesse et du haut clergé, qu'ils constituaient et devaient politiquement constituer des ordres à part, et avoir une législation et des tribunaux privilégiés, que Voltaire, incapable de sonder la profondeur de la plaie sociale, n'osait pas même aspirer à l'uniformité pour tous les ordres du droit et de l'administration, et ne la réclamait que pour chaque ordre en particulier. Il ne portait pas plus loin ses vues réformatrices, tant il paraissait alors impossible qu'on put soumettre à un même code civil le tiers-état, la noblesse et le clergé ! « Ce n'est pas qu'on prétende, dit Voltaire (*Siècle de Louis XIV*), « que les différents ordres de l'Etat doivent être assujettis à la « même loi. On sent bien que les usages de la noblesse, du clergé, « des magistrats, des cultivateurs, doivent être différents. Mais il est « à souhaiter sans doute que chaque ordre ait sa loi uniforme dans « tout le royaume ; que ce qui est juste et vrai, dans la Champagne, « ne soit pas réputé faux en Normandie. L'uniformité en tout « genre d'administration est une vertu ; mais *les difficultés de ce « grand ouvrage ont effrayé.* » Quoi ! les difficultés d'un si *mince* ouvrage comparé à ce qui a été fait, ont effrayé l'ancienne monarchie ! Quel aveu et quel libéral que Voltaire ! il aurait voulu sans doute que les nobles, coupables d'un crime capital continuassent à être respectueusement décapités, tandis que les roturiers et les bourgeois auraient continué à être mis à la torture, à être brûlés vifs ou roués, pourvu que tout cela eut été fait uniformément dans toutes les provinces ? Quel sentiment de la dignité humaine pour un philosophe qui aurait accepté, comme le *nec plus ultra* du perfectionnement social, ces injurieuses inégalités jusque dans le crime et la mort !

VII. — La Société a été retournée par la Révolution. Tous les priviléges ont été abolis, l'égalité des droits a été proclamée, les biens de la noblesse et du clergé, morcelés entre les mains du Tiers et des paysans, contribuent comme les autres aux dépenses de l'Etat, les maîtrises ont été supprimées, les douanes ont été reportées des limites des provinces à celles de la nation, ces provinces ont même été divisées en départements, ayant tous les mêmes droits, les mêmes magistrats, les mêmes assemblées, la même administration, la même force publique, et le même clergé. L'égalité a été établie partout dans les hommes comme dans les choses. Et afin que le rétablissement d'un régime abhorré fût désormais impossible, on a facilité le concert de tous les intéressés à la conservation du nouvel ordre social, par un vaste système de publicité et des moyens de communication expéditifs ; on a organisé des assemblées municipales, départementales et nationales ; on a largement prodigué l'instruction à toutes les classes : on a favorisé la formation d'une nombreuse petite bourgeoisie qui pénètre le peuple de toutes parts, qui a avec lui et la haute bourgeoisie des intérêts solidaires, qui compose l'armée et qui, quoiqu'il arrive, ne se laissera jamais enlever ce qu'elle appelle les conquêtes de la Révolution. A ces signes concordants, il est visible que la Providence ne met aucun obstacle à l'établissement du nouvel ordre social, afin sans doute, de faire passer d'une manière plus intime dans les relations civiles et internationales les principes du christianisme ; n'étant pas présumable que Dieu ait souscrit à la destruction de l'ancien régime dans l'unique but d'accumuler des ruines infécondes. Dieu tire la vie de la mort. S'il détruit, c'est pour mieux édifier. S'il a fait table rase de l'ordre ancien, c'est pour établir avec ses débris un ordre moins imparfait. C'est ainsi que de nos jours les guerres perdent de leur cruauté (1) et de leur durée, que, devenant de plus en plus rares, elles seront un jour généralement condamnées par la conscience publique, qui tend à substituer l'arbitrage des congrès au jeu sanglant des armes, et qui flétrit les princes qui sans une nécessité absolue en appellent à la force pour satisfaire leurs passions, leur ambition ou même simplement leurs idées. Les mots de justice, de droit, de civilisation, ne sont plus de vains mots dans les conseils des souverains (2). Le travail est honoré et quelquefois largement rétribué. Le mérite a le droit de prétendre à toutes les places et jusqu'aux plus hautes dignités dans l'administration, dans la magistrature, dans l'armée, dans l'Eglise. C'est déjà quelque chose que cela, et fort heureusement ce n'est pas tout. On s'occupe activement des classes souffrantes, des classes laborieuses. L'Europe se couvre d'institutions inspirées par le pur esprit du christianisme, et complétant celles dont il avait, depuis ses premiers âges, largement doté les classes malheureuses. Les rapports internationaux se multiplient, et par un heureux concours de circonstances, la civilisation pénètre dans les parties les plus reculées du monde, et s'impose aux peuples à demi-barbares qui jusqu'ici lui avaient refusé tout accès.

L'ordre est entré dans nos finances. Le recouvrement des impôts, autrefois source de tant de vexations, et leur assiette si arbitraire ne laissent rien à désirer. Les dépenses qui n'étaient qu'un vaste gaspillage entre les gens de cour, quand l'armée et les autres services publics manquaient du nécessaire, ont presque toutes un emploi

(1) Voyez les ordres atroces de Louis XIV à ses généraux, de piller, râser, brûler les villes, les châteaux, les hameaux, les fermes des pays conquis; et l'exécution impitoyable de ces ordres. Ainsi fut traité le Palatinat, où Turenne incendia deux villes et vingt villages. Plus tard, sur un ordre du même roi, signé Louvois, on réduisit en cendres ce qui avait échappé à la première dévastation.

(2) Le traité de la Sainte-Alliance, si calomnié par ceux qui ne le connaissent pas, n'avait qu'un unique objet, l'engagement des Souverains de Prusse, de Russie et d'Autriche « de ne prendre pour règle de leur conduite, « soit dans l'administration de leurs Etats, soit dans leurs relations politiques « avec les autres gouvernements, que les préceptes de la Religion : préceptes « de justice, de charité et de paix, qui, loin d'être uniquement applicables « à la vie privée, doivent au contraire influer directement sur les résolutions « des princes et guider toutes leurs démarches, comme étant le seul moyen « de consolider les institutions humaines en concourant à leur perfection- « nement. » Quelques années après, au congrès de Vérone, l'empereur de Russie faisait à M. de Chateaubriand une profession analogue. (V. le célèbre discours de ce dernier à la chambre des députés au sujet de l'intervention dans les affaires d'Espagne en 1823.)

public utile et avouable. Les tribunaux de privilége ont disparu, et la justice, égale pour tous, est généralement rendue avec une impartialité qui ne tient aucun compte des titres et des rangs, avec une entière publicité et toutes les garanties que l'innocence peut désirer. L'administration est partout occupée à rendre des services réels; l'industrie et le commerce sont protégés et encouragés; les grands travaux qui font la richesse et la puissance d'un état sont généreusement dotés; et tout cela fonctionne depuis un demi-siècle régulièment, sans que le jeu en soit troublé par les révolutions politiques qui se sont périodiquement succédées. Que conclure de là ? c'est qu'un ordre nouveau se fonde, quoique toutes les causes de Révolution subsistent encore, faute d'une organisation dont ce livre a pour objet de rechercher les bases. Et cet ordre social est plus chrétien parce qu'il est plus juste, plus régulier, plus conforme au véritable esprit du christianisme, qu'un ordre fondé sur des distinctions factices, sur une justice occulte où vénale, et quelquefois cruelle, sur un système financier spoliateur et sans contrôle, sur des classes privilégiées et corrompues, et sur une cour livrée à toutes les séductions de la puissance, de la flatterie et des plaisirs.

VIII. — Le nouveau régime a des défauts sans doute, mais au lieu de tenir à ses institutions, ils ne tiennent qu'à l'abus que les hommes en font, faute d'un bon esprit qu'il serait possible de leur donner; tandis que les abus de l'ancien régime tenaient au régime lui-même. C'est une chose bonne en soi que les charges et les avantages sociaux soient proportionnellement repartis et que la justice soit égale pour tous. C'est une chose mauvaise en soi que les charges les plus onéreuses et les moins honorables pèsent sur quelques-uns, et que tous les avantages de la société soient le privilége de quelques autres; c'est une chose mauvaise en soi, qu'il y ait autant de justices et autant de pénalités que de classes de citoyens. Le mal était donc encore plus dans les choses que dans les hommes, et c'est le contraire qui a lieu de nos jours.

La naissance et la faveur trouvent encore le moyen de se glisser partout au préjudice du mérite réel, mais c'est malgré l'institution et contre son esprit. Autrefois il en était différemment. Jadis le droit de maîtrise pour l'ouvrier était un privilége soumis à mille conditions vexatoires, aujourd'hui, il est la récompense de la valeur personnelle de l'homme. La concurrence sans doute fait des riches et des pauvres, mais elle met chacun à sa place, et guérit une partie des maux qu'elle fait. En multipliant les perfectionnements et en développant les richesses, elle élève le niveau moyen de la condition des classes populaires; et s'il y en a de moins heureux que d'autres ils ne peuvent le plus souvent que s'en prendre à eux, quand autrefois ils pouvaient avec raison s'en prendre aux priviléges et aux monopoles.

Il est sans doute des industriels barbares qui spéculent sur les forces de l'adulte et même de la femme et de l'enfant, mais c'est encore l'homme ici qui est en faute et non l'institution. Que si l'industrie fait des misérables, si elle donne lieu à des chômages meurtriers, si elle développe à côté de l'opulence la misère la plus hideuse, la société moderne vient au secours de l'industrie. Et, grâce à la sollicitude de la loi et du pouvoir, grâce aux concours des riches manufacturiers eux-mêmes, on voit le faible protégé dans ses heures de travail, dans la salubrité de son logement, et on s'ingénie à fonder une foule d'institutions de secours et de prévoyance pour prévenir ou corriger des conséquences fatales qui tiennent encore moins à la nature du régime industriel qu'à la misérable condition de l'homme ici-bas. La pensée chrétienne a donc présidé à la fondation de la plupart de nos institutions, et là même où elle semblerait avoir été étrangère, comme dans l'industrie et le commerce, elle intervient pour en atténuer les maux. Sous l'ancien régime c'était le contraire qui était vrai. La plupart des institutions et des usages étaient évidemment anti-chrétiens, mais la religion toujours attentive intervenait pour en adoucir les effets, et rendre chrétiens dans la pratique ceux qui auraient pu abuser de leur position privilégiée.

La tâche du chrétien est donc aujourd'hui, à certains égards, plus facile. Jadis, il ne pouvait, sans passer pour un révolutionnaire, désirer la réforme la plus inoffensive. Maintenant il n'a plus à poursuivre aucune réforme essentielle. Son œuvre est donc une œuvre de perfectionnement, de moralisation, et d'édification au lieu d'être une œuvre de destruction. N'ayant qu'à s'en prendre aux hommes et à leur mauvais esprit des maux qui déshonorent notre jeune civilisation, il peut faire le bien et annoncer la vérité sans porter ombrage à des classes hostiles à tout espèce de changement, et sans être la cause directe ou indirecte d'aucune perturbation. Avec cela, le champ qui s'ouvre devant lui est immense et encore inexploré, car si l'ordre matériel est organisé sur des bases rationnelles et chrétiennes, le désordre moral est à son comble, et de ce désordre naissent la plupart des abus que l'ordre matériel enfante. On abuse de nos jours des meilleures choses encore plus qu'autrefois des mauvaises.

Le crédit et l'industrie sont organisés sur des bases rationnelles, et des socialistes de la veille, loups cerviers du lendemain, se sont emparés de ce double instrument pour s'enrichir en quelques jours (1), en exploitant des dupes sur une échelle jusqu'ici inconnue. Faisant luire aux regards ébahis d'une foule de malheureux, le mirage prestigieux de primes et de dividendes factices, et provoquant des hausses artificielles qui étaient leur ouvrage, ils se sont approprié la fortune lentement amassée d'une foule de pères de famille. Plus riches en quelques instants que les fermiers généraux

(1) On a vu des hommes dont le nom est connu s'attribuer dix, quinze ou vingt mille actions de tel ou tel chemin de fer ou de telle entreprise à eux concédée par le Gouvernement, et par une hausse factice, réaliser en quelques Bourses dix à douze millions de bénéfices.

de l'ancien régime les plus malfamés, et éclipsant par leur opulence les maisons princières elles-mêmes, ils affichent un luxe insolent, et bientôt repus, vous les verrez solliciter les plus hautes positions de l'État pour cacher leur roture sous la chamarrure de leurs décorations. Et plaise à Dieu que ce ne soit pas encore là une nouvelle source de noblesse! Une foule de misérables entraînés par l'exemple toujours contagieux d'une fortune brusquement acquise, cherchent comme eux à s'enrichir, mais la contrefaçon ici est une duperie, et on les voit engloutir en quelques Bourses les économies d'une vie laborieuse ou le patrimoine de leurs pères. La matière ne manque donc pas au zèle du moraliste. Mais ce n'est guère le cas de s'en prendre à notre organisation financière des abus de ceux qui la font servir à l'assouvissement de leur insatiable cupidité. Mieux, et cent mille fois mieux vaudrait signaler aux hommes confiants les pièges qu'on leur tend, en faisant connaître à fond la rouerie de la haute finance, et en les tenant en garde contre ses fallacieuses manœuvres. Cela ne serait pas difficile peut-être. On n'est dupé ici que par ignorance. Si on faisait mieux connaître cette organisation financière au lieu de tant la décrier, son mécanisme une fois à nu on en verrait aisément les ficelles, et il n'y a que les badauds, victimes prédestinées de la spéculation, qui à l'avenir pourraient s'y laisser prendre.

Un autre reproche fait à l'industrie et aux sciences positives dont elle favorise le développement, c'est qu'elles matérialisent l'homme. Cela est vrai, mais il y a pour atténuer leurs fâcheuses tendances, « la religion, arôme nécessaire qui empêche l'industrie et la science « de se corrompre » (Bâcon). L'industrie et les sciences positives n'ont rien que d'honorable, elles ne sont pas autre chose que l'homme en action physiquement et intellectuellement, et le travail a toujours été une cause puissante de moralisation. Ce ne sont donc ni la science, ni l'industrie qui sont en faute, mais l'apreté au gain, et les tendances positives qu'il développe. Or, c'est toujours là la faute de l'homme et non celle des choses. Que faire donc? continuer à honorer le travail dans les sciences et l'industrie, mais en même temps placer, à côté et au-dessus de cet enseignement, l'enseignement hautement spiritualiste de la science chrétienne. L'industriel et le savant sont des hommes incomplets s'ils ne sont religieux. Que l'enseignement chrétien marche donc de front avec l'enseignement professionnel et littéraire.

Au fond, si l'on veut bien y réfléchir, tous ces abus tiennent moins à notre organisation matérielle, qu'au désordre moral et intellectuel que l'hérésie, la philosophie et la Révolution ont introduit dans les âmes. En faisant remonter à l'individu la source de tout droit individuel, politique et social, et en lui enseignant à ne tenir aucun compte des conditions que Dieu a placées à l'exercice de cette prétendue souveraineté dans l'ordre religieux et social, on a fait de tous les citoyens d'un même pays autant de révolutionnaires, ne prenant conseil que d'eux-mêmes et de leurs passions, ennemis de tous les pouvoirs, et se prêtant à tous les changements de gouvernement avec une indifférence stupide, ou en vue de satisfaire leur envie et leur ambition. Évidemment l'homme social du XIXe siècle a perdu sa boussole. Élevé sans principes par une philosophie sans principes, il ne sait ni ce qu'il veut ni ce qu'il ne veut pas; tour à tour content et mécontent des gouvernements qu'il se donne, il les défait avec la même facilité qu'il les fait, pour des motifs souvent futiles. Bien habile celui qui lui ferait comprendre où sont les principes, où est le droit, et qui pourrait lui apprendre qu'il y a des lois sociales aussi certaines que celles qui régissent les astres et l'ordre général de l'univers, bien que pouvant être méconnues et violées par le libre arbitre de l'homme ou ses passions.

Les hommes d'état de cette école où sont-ils? En est-il beaucoup dans notre siècle, dans notre France surtout, qui aient attribué à la religion le rôle social qu'elle devait jouer, et qui n'aient pas cherché à entraver et à amoindrir ce rôle, dans l'éducation et dans toutes les relations sociales? Des hommes politiques, engoués des idées de Voltaire et de Rousseau, n'étaient pas des hommes d'état, c'étaient des hommes de parti qui, subissant la destinée éphémère de leur parti, ont laissé, je ne sais combien de fois, la France sans gouvernement, livrée à la merci des factions, en attendant qu'elle put se reposer dans le gouvernement d'un seul; juste châtiment de sa folle prétention de vouloir que tout le monde gouverne, quand chacun est incapable de se gouverner lui-même!

On a donc habilement organisé l'ordre matériel, mais il reste à réorganiser l'ordre moral. Comment le pourra-t-on, si on n'a foi dans le christianisme? Dieu a ainsi fait la société qu'elle ne peut vivre en toute sécurité et longtemps, si on ne tient aucun compte des lois sociales qu'il a établies pour la conduire à sa fin naturelle. Or, une de ces lois sociales c'est que la Religion est encore plus nécessaire aux empires qu'aux individus. Elle est la directrice des mœurs et des opinions, elle calme les passions, elle inspire la résignation et la patience, elle donne la notion lumineuse du droit, et, à ces divers titres, elle soutient les états qu'elle honore et agrandit en les peuplant de citoyens d'une force de caractère et d'une beauté morale qui ne sauraient venir d'ailleurs. Un citoyen religieux est le plus riche type de la nature humaine régénérée, et le plus consolant spectacle qu'il soit donné à l'homme de contempler ici-bas. Toujours du parti de la justice, mais modéré dans les moyens à employer pour la faire triompher, s'il respecte le pouvoir il n'en est pas l'adulateur, et s'il prend le parti du faible ce n'est jamais avec ces formes désordonnées et tumultueuses si nuisibles aux justes causes. Convaincu de la faiblesse et de la fragilité des organes du Pouvoir, s'il demande un contrôle efficace et des garanties sérieuses, ce n'est jamais pour affaiblir le gouvernement mais pour le protéger contre sa propre fragilité. Il le veut d'ailleurs honnête et modéré, entouré d'une cour imposante et réglée, et ne donnant que de bons exemples, afin que la multitude, les yeux fixés sur elle, ne se retire contristée ou encouragée à mal faire. Il veut donc un pouvoir contenu, afin que les abus n'y soient que l'exception au lieu d'en être la règle. Mais tout cela c'est toujours le christianisme appliqué à l'état social. Or, cette application est impossible si le peuple sans foi et sans religion, est gouverné par une troupe d'ignorants, dépourvus eux-mêmes de toute règle de conduite.

CHAPITRE II.

LE MOYEN-AGE. — L'ANCIENNE MONARCHIE.

Il ne faut pas confondre le moyen âge et l'ancien régime qui en était la corruption. — Travail séculaire de la royauté pour dénaturer les éléments constitutifs de la société du moyen âge. — La noblesse féodale et la noblesse de l'ancien régime. — Raison des privilèges nobiliaires au moyen-âge. — Leur iniquité sous l'ancien régime. — Les corporations, les communes rurales, les municipalités des villes et les états-généraux au moyen âge et sous l'ancien régime. — La taille, la corvée, les cent cinquante charges et redevances féodales. — Iniquités de ce régime. — Corruption de l'aristocratie, de la démocratie, de l'Eglise de France et de la monarchie. — Dissolution de la noblesse et de la cour de France. — Preuve de la divinité de la Religion qui a pu traverser sans périr les iniquités et les souillures de la féodalité et du moyen âge. — Immensité des bienfaits qu'elle a rendus à la société à ces deux époques néfastes.

I. — Nous avons énoncé les vices de l'ancien régime, entrons dans les détails. Et d'abord ne confondons pas le moyen âge avec l'ancien régime qui en est la corruption. Le moyen âge portait en lui les principaux éléments d'un état démocratique, monarchique et catholique, capable de s'assimiler à la longue l'aristocratie féodale, comme en Angleterre, si les rois, à partir de Louis-le-Gros, n'avaient faussé ces éléments, en profitant de toutes les circonstances pour étendre leur pouvoir aux dépens de la démocratie, de l'aristocratie et de l'Église. Ce travail des rois, tantôt souterrain, tantôt à ciel ouvert, s'est révélé à toutes les périodes de notre histoire. Moins forte qu'en Angleterre, l'aristocratie féodale s'est encore divisée et la royauté a entretenu ces divisions avec soin. De là, ces interminables guerres intestines qui, au moyen âge, ont mis la France à deux doigts de sa perte, et ont ôté à cette période ce caractère de grandeur que le catholicisme lui avait imprimé. L'Europe était en travail de formation, et les éléments dont nous venons de parler fermentaient dans son sein, au milieu d'une affreuse confusion dominée par les principes éclatants de lumière, de foi, de liberté, de hiérarchie, de respect, de sainteté, que l'Église était parvenue à introduire avec peine, au sein de cette barbarie déjà corrompue par les vices de la civilisation romaine depuis longtemps en dissolution. La société n'a pu se constituer sur ces bases, devant les insurmontables obstacles des hommes et des évènements, mais cela n'empêche pas qu'il faut remonter à cette époque glorieuse pour l'Église, si on veut retrouver les principes généraux qui devaient présider à l'enfantement des sociétés européennes, et qui commencent à reparaître de toutes parts, à mesure que la Révolution achève son œuvre, libres et dégagés de ce caractère de confusion, d'immixtion et d'empiétement qui avait arrêté leur développement. C'est à cette tendance d'immixtion et d'empiétement que doit être rapportée l'entreprise séculaire de la Royauté, couronnée d'un plein succès sous Louis XIV, et dont l'objet, poursuivi avec une constance imperturbable, a finalement abouti, sous ce prince, à la subordination à la royauté, de la démocratie, de l'aristocratie et de l'Église de France, dont l'importance semblait se balancer au moyen âge, et qui auraient fini par se constituer et concourir, si la royauté à partir de ce moment, n'avait cherché à faire pencher la balance de son côté.

Tout a contribué à son usurpation, notamment le besoin d'un Pouvoir fort, invoqué encore aujourd'hui, et alors nécessaire pour soumettre les barons féodaux, constituer l'unité de la France, et la préserver des invasions des anglais, et plus tard des attaques de la maison d'Autriche et d'Espagne. Obligée de se tenir en garde contre les ennemis extérieurs et les révoltes de ses vassaux, environnée d'obstacles, et poussée par l'instinct national à constituer une patrie une et forte ; elle sut habilement profiter des découvertes et des progrès de la civilisation pour créer au centre du pays une force capable de dominer toutes les résistances. Les armées permanentes et les armes à feu ayant singulièrement contribué à assurer son ascendant, la décadence de la noblesse devint inévitable.

Devenue moins nécessaire, la noblesse acheva de devenir impopulaire, en voulant conserver des priviléges qui, à partir de ce moment, n'eurent plus de raison d'être. Il ne faudrait pas croire, en effet, qu'ils n'eussent originairement d'autre cause que l'arbitraire. Tout ayant sa raison, au moyen âge, on pouvait, sinon les justifier, du moins les expliquer. Ils étaient la conséquence du régime féodal et se rattachaient à la chevalerie. L'ancien ordre féodal, assemblage grossier de petites souverainetés, constituait à certains égards une sorte de république fédérative de princes avec la royauté pour couronnement. De là résultait une hiérarchie telle qu'elle. La noblesse n'avait donc pas alors de véritables priviléges, mais une part de la souveraineté, produit de la conquête. Elle avait la force et le pouvoir et elle en usait. Elle rendait la justice à ses vasseaux et à ses serfs, elle les jugeait et les faisait pendre, et les protégeait aussi contre les excursions de leurs voisins. Comme aux jours de l'invasion, elle se battait à leur tête pour eux et avec eux ; les servant ou s'en servant, en les dominant, les faisant vivre en leur distribuant des terres, ou mettant largement à contribution leurs récoltes et leurs bras.

Mais, comme vassaux, ils avaient aussi leurs devoirs envers le roi eur suzerain. Était-il en guerre avec un de ses puissants voisins ? le loi convoquait le Ban et l'arrière Ban. Les possesseurs de fiefs devaient aller combattre à leurs frais à ses côtés, entraînant avec eux leurs vassaux et leurs serfs. Il était donc naturel que les seigneurs fussent les officiers de leurs subordonnés. C'était là une organisation comme une autre, qui datait de la conquête, et avait sa raison d'être dans une aristocratie exclusivement militaire, composée de chevaliers toujours armés et toujours guerroyant, plus encore pour défendre leurs châteaux, ou s'agrandir aux dépens de leurs voisins, que pour mériter les hommages de leurs dames et protéger la veuve et l'orphelin. Mais la création par les rois d'armées régulières permanentes, avait tout changé ; et depuis longtemps le Ban et l'arrière Ban étaient tombés en désuétude.

Un fait peu connu du règne de Louis XIV vient à l'appui de ce que nous disons. Épuisé d'hommes et d'argent par les victoires de Turenne et de Condé, il appela sa noblesse, qui arriva du fond de ses manoirs avec ses vieilles armes rouillées, de mauvais chevaux, et presque sans argent. Elle composa un corps de 4,000 hommes montés et équipés différemment, sans expérience et sans discipline, et ne pouvant ni ne voulant faire un service régulier. Cette troupe commandée par le marquis de Rochefort, fut envoyée sur les frontières de Flandre, où elle ne fut bientôt qu'un embarras. Il fallut s'en défaire au plus vite, et depuis on ne songea plus à convoquer le Ban et l'arrière Ban. Que pouvait en effet désormais, après s'être fait battre si souvent, malgré les qualités guerrières de la nation et le courage personnel de ses chevaliers, cette glorieuse noblesse, avec sa folle témérité, ses bouillantes qualités et sa fière insubordination, en face d'armées obéissantes et disciplinées, depuis longtemps exercées à la guerre, vivant presque toujours dans les camps, pour mieux savoir mourir sur les champs de bataille ? L'institution était donc morte et bien morte, quand la Révolution est venue mettre une épitaphe sur sa tombe et le scellé sur ses manoirs, et faire couler à torrents le sang de ses enfants, cruauté d'autant plus criminelle qu'elle était inutile !

II. — Comme la noblesse féodale, les corporations du moyen âge ne tardèrent pas à se corrompre, et la Royauté contribua aussi à dénaturer leur caractère religieux et démocratique. C'étaient de petites associations réunies le plus souvent sous l'inspiration du clergé. Elles avaient un but religieux et un but de défense, à une époque où on ne pouvait se protéger contre les vexations des seigneurs qu'en se plaçant sous l'égide de la religion. C'étaient autant de petites autonomies dont la pensée, sous saint Louis, était de soutenir les ouvriers en les assistant, et en leur distribuant les consolations de la religion. Mais, en attendant que la philosophie et la révolution eussent dénaturé ce besoin d'association en rejetant les ouvriers dans la franc-maçonnerie et les sociétés secrètes, les rois avaient trouvé le moyen de fausser les corporations à leur profit. Ils en avaient fait des monopoles égoïstes en vendant les maîtrises, qui faisaient des patrons qui les avaient achetées, autant de petits seigneurs, disposant despotiquement de l'industrie, de ses méthodes, de la durée et des clauses de l'apprentissage, de la condition et des salaires des ouvriers : conséquence fatale de ce déplorable système de fiscalité dont nous allons parler, qui a perdu la monarchie française ; de même que le système de la fiscalité romaine avait perdu l'empire, en enlevant aux provinces, avec les ressources, la volonté et l'envie de résister aux barbares.

Devenues des monopoles, les maitrises et les jurandes étaient en harmonie avec les autres monopoles qu'elles étaient destinées à renforcer sous prétexte de prévenir les abus de la concurrence. Mais elles avaient un vice radical, elles paralysaient l'industrie en en faisant l'esclave de la routine. La liberté a cela d'avantageux qu'elle aiguillonne puissamment le génie. Elle développe l'énergie individuelle à un degré dont il est impossible de fixer les limites. L'homme libre, pour lutter avec avantage contre une concurrence illimitée, est obligé de faire des miracles et il en fait. Un perfectionnement est-il obtenu, il cherche à le dépasser par un autre. De là de nouveaux efforts pour n'être pas écrasé par ses rivaux. Il appelle tous les arts, toutes les sciences à son aide dans ce rude combat de la liberté. Il étudie ou il fait étudier la nature en tous sens, il analyse ses agents, il en recherche les propriétés ; il va ainsi de découverte en découverte, apprenant à gagner sur le temps, l'espace, la matière ; produisant le plus possible avec le moins de frais possibles ; appelant la terre, l'eau, la vapeur, l'électricité à son aide; afin d'aller plus vite, et répandre plus loin et en plus d'endroits ses produits ; les vendant moins cher en les multipliant, écrasant ainsi ses concurrents, mais au profit des consommateurs. Si l'industrie et le commerce, si les sciences et les arts ont fait des prodiges, en Angleterre, en France et dans quelques autres pays, on le doit à la liberté. Avec la liberté, l'homme fait des miracles, et il végète avec le monopole. L'ancien régime fondé sur le monopole à tous les degrés de la hiérarchie sociale ne saurait donc convenir à la société nouvelle, élevée à la forte école de la liberté, et lancée à toute vapeur dans la route des decouvertes et des perfectionnements à l'infini. On sait les abus du nouveau régime, mais, chacun étant libre de faire ce qu'il veut et comme il veut, ces abus tiennent à l'infirmité humaine qui laisse en route, sous les pas des plus forts et des plus vaillants, ceux qui doués de moins de génie ou d'activité ne peuvent parcourir jusqu'au bout la carrière. Or, ce défaut, qui tient à notre misérable condition, on s'applique tous les jours à l'atténuer. En somme il y a de l'occupation pour tous dans notre régime social, et les moins privilégiés de la nature ont toujours du pain à manger d'une manière ou d'une autre; et il est à présumer qu'à mesure que se développera la richesse générale, chacun pouvant dans les années prospères se procurer des aises en outre du nécessaire, il lui restera dans les années malheureuses la ressource du nécessaire si ces aises lui font défaut. Tandis qu'il n'en était pas ainsi dans l'ordre ancien où les pauvres ayant à peine le nécessaire en temps ordinaire, étaient réduits à la famine dans les années calamiteuses. Notre régime social d'ailleurs n'aura atteint sa perfection que quand il aura assez d'institutions de prévoyance et de bienfaisance, pour relever du champ de bataille de la concurrence les victimes de l'industrie, et quand, à la place des anciennes corporations dégénérées, il s'en sera fondé de nouvelles basées sur les anciens principes religieux et démocratiques. Ces institutions et ces corporations sont en voie de formation, et on ne saurait sans injustice établir un parallèle définitif entre l'ancien régime industriel, qui a donné ce qu'il pouvait donner, et le régime nouveau qui en est encore à son enfance.

Un autre vice des anciennes corporations, c'est que l'ouvrier ne pouvait s'élever à la maîtrise qu'après des épreuves longues et coûteuses qui semblaient être faites pour le décourager. Et encore il ne pouvait obtenir les grades qu'en se conformant religieusement aux traditions du métier, c'est-à-dire à une routine abrutissante. Son esprit était donc tourné en contre-sens de l'invention. Il ne pouvait produire que ce que son maître avait produit. C'était la condition de son agrégation. Une foi agrégé, sa fortune étant assurée, il n'avait qu'à jouir du fruit de son monopole sans redouter la concurrence. Il se bornait donc à recueillir ce qui lui venait sous la main sans se donner aucun souci. Toute découverte eut donc été impossible si de loin en loin des hommes de génie ne s'étaient élevés. Aussi on peut dire en toute vérité qu'il s'est fait plus de découvertes en ce siècle de liberté que durant les quinze siècles de monopole de la monarchie.

Pourquoi le maître aurait-il cherché à beaucoup produire et au meilleur marché possible? L'écoulement de ses produits lui était assuré dans un rayon donné qu'il ne pouvait d'ailleurs franchir faute de chemins, les privilégiés des classes supérieures étant intéressés à ce que les rapports de ville à ville, de province à province, fussent le moins multipliés possible. Plus leurs repaires étaient inabordables, plus leur souveraineté, et, à défaut de leur souveraineté, plus leurs priviléges étaient à l'abri d'un coup de main de la part d'un voisin puissant, ou du concert de la multitude qui, de guerre lasse, aurait bien pu mettre un terme à tant d'abus si elle avait pu combiner ses moyens d'action. Tout le monde croupissait donc dans le *statu quo* par goût, intérêt ou position. Des motifs semblables avaient multiplié les barrières de douanes ou d'octroi aux limites de chaque province, de chaque ville, de chaque seigneurie. Le commerce était donc nul ou se bornait à un trafic insignifiant de village à village. Tout concourait donc à l'étouffement du génie humain dans les voies commerciales et industrielles.

Grâce à ces causes et au régime fiscal dont nous allons parler l'agriculture était misérable. L'écoulement de ses produits étant singulièrement restreint, le paysan, dans les bonnes années, ne savait que faire de ses récoltes, et dans les années de disette, il mourait de faim à quelques lieux des pays où on était dans l'abondance. Vainement on a contesté les famines de l'ancienne monarchie ; elles étaient si fréquentes dans les derniers siècles et notamment au XVIIIe, qu'une des sérieuses préoccupations de la royauté était d'y pourvoir afin d'éviter des émeutes. Tous les dossiers des intendances sont remplis de ces préoccupations et du récit des troubles nombreux que la disette provoquait périodiquement et à peu d'années d'intervalle sur les divers points de la France. Nous trouvons une autre preuve de ces famines dans les efforts des cours de justice et de l'administration pour se renvoyer la responsabilité des désordres et de la misère du peuple. « Le gouvernement, par ses fausses mesures, « risque de faire mourir le pauvre de faim ; » c'est ainsi qu'à propos de la circulation des grains le parlement de Toulouse de 1772 se plaignait au roi qui lui répondait : « L'ambition du parlement et « l'avidité des riches causent la détresse publique. » On n'a qu'à lire dans Madame de Sévigné le récit des horribles souffrances du peuple dans une de ces disettes pour être convaincu que sous le grand roi la misère n'était pas moindre.

III. — On ne saurait reconnaître dans tout ceci ces principes éternels de justice, de liberté et d'autorité qui ont un moment brillé à l'horizon du moyen âge, et ont disparu comme des météores au milieu de cette horrible confusion créée par les divisions intestines de la royauté, de l'aristocratie, du clergé et des réformateurs, qui, dans toute l'Europe, ont faussé les véritables principes constitutifs des sociétés chrétiennes, en leur substituant les principes plus ou moins païens de la renaissance et de la philosophie cartésienne.

L'ancien régime n'a été qu'une sophistication et une mystification. Tout a été sophistiqué et mystifié par lui : la démocratie, l'aristocratie, le catholicisme, et, le croira-t-on, la monarchie elle-même et surtout la monarchie, qui s'était tellement corrompue, que Dieu a dû la détruire, afin de lui infliger un châtiment proportionné à la grandeur de son crime. Vainement Louis XVI, le mieux intentionné et le plus éclairé de nos rois, a essayé de rattacher aux principes du christianisme la tradition de la royauté depuis longtemps infidèle à ces principes ; il a échoué devant cette tâche impossible. L'édifice vermoulu en s'écroulant l'a écrasé et avec lui ceux qui voulaient le restaurer.

Le peuple n'a jamais été plus libre qu'au moyen âge. On est surpris, en lisant l'histoire des universités, des agitations qu'elles soulevaient dans le public éclairé du temps, et de tout ce que les clercs et les bourgeois pouvaient alors se permettre. Il en était de même des diverses corporations ouvrières et des paroisses démocratiques rurales où tout ce qui intéressait la communauté se faisait en présence du peuple assemblé, au son de la cloche, devant le porche de l'église. Les communautés rurales étaient administrées par des fonctionnaires nommés par le peuple qui délibérait dans des assemblées générales sur les affaires importantes. Il faut aller en Angleterre et même aux États-Unis pour retrouver quelque chose d'analogue dans les universités d'Écosse ou d'Irlande, ou dans les townships de la Nouvelle Angleterre.

Savez-vous ce qu'est devenue cette communauté du moyen âge quand le roi a voulu par ses intendants et leurs subdélégués faire les affaires de tous ? elle est devenue une enquête de *commodo* et *incommodo!* C'est-à-dire qu'on invitait le peuple à consigner son avis devant un notaire sur un registre ouvert à cet effet. Quelques affidés se présentaient pour la forme, et on traitait ensuite l'affaire dans les bureaux de l'intendant. Qui n'a été témoin de ces enquêtes et n'a vu consulter le peuple de cette singulière façon !

Dans les villes, le peuple et ses corporations ouvrières ont été successivement privés du droit d'envoyer des représentants à la municipalité. La bourgeoisie s'est prêtée à cette exclusion et s'est de tout temps entendue avec la noblesse pour obtenir de la royauté que le peuple fut écarté de la gestion de ses affaires. Au XVIe siècle les villes étaient encore administrées par un corps de ville présidé par le maire et nommé par l'assemblée générale des habitants qu'on consultait dans les grandes occasions et à qui on rendait compte de l'administration des affaires communales. Au XVIIIe siècle il n'était resté de cette organisation démocratique que le corps de ville, c'est-à-dire la bourgeoisie ou les notables. Ce corps était composé de fonctionnaires qui en faisaient partie de droit et de quelques délégués des corporations que l'on fit successivement disparaître du consentement de la bourgeoisie (1), afin d'en écarter entièrement l'élément démocratique. Les fonctions municipales devinrent de véritables offices souvent à vie, qui auraient même fini par passer sous la dépendance de l'intendant et de ses subdélégués (2), si la royauté ne

(1) On trouve dans les mémoires des notables aux intendants l'avis d'exclure les corporations de toute participation à l'élection des officiers municipaux.

(2) Il est curieux de lire dans M. de Tocqueville les efforts de l'ancienne royauté pour constituer et organiser dans toute la France un système d'administration dont la centralisation de Napoléon Ier est tellement la copie, qu'on peut dire, sans exagération, qu'il n'y a que les noms de changés. Le ministre de l'intérieur d'alors, c'était le contrôleur général ; le conseil d'état, c'était le conseil du roi ; les intendants des provinces, c'étaient les préfets ; les sublégués, c'étaient les maires, nommés par les préfets et administrant sous leur dépendance. Les attributions et les formes variaient sans doute, mais au fond c'était la grande machine administrative ou la grande armée des fonctionnaires publics, généralement choisis dans la bourgeoisie, et aux attributions desquels la royauté cherchait à rattacher tout ce qu'elle pouvait enlever au peuple, à l'aristocratie, aux municipalités et aux parlements. C'était déjà l'empire cherchant à se substituer à tous, mais n'ayant pas, comme ce dernier, ces libres et franches allures qui le distinguaient, dégagé qu'il avait été par la Révolution des restes de cette aristocratie féodale et de ce clergé politique, avec lesquels l'ancienne royauté était tenue de garder des ménagements. N'ayant plus même à compter avec les anciens parlements, le premier empire a pu réaliser d'un coup cet idéal d'autorité et d'administration souveraine que la Royauté poursuivait depuis si longtemps, et qu'elle avait été à la veille d'atteindre sous le grand roi.

les avait vendus aux municipalités, non pas seulement une fois, mais toutes les fois qu'elle avait besoin de faire finance, ce qui lui arrivait fréquemment (1). Les villes n'avaient donc conservé un simulacre de liberté que grâce à la pénurie constante du trésor. Ce qui était resté aux Français de franchises était donc une affaire de trafic ; aussi les communes rurales qui ne pouvaient trafiquer de leurs libertés faute d'argent en avaient-elles été dépouillées complètement.

La confiscation des libertés générales de la nation s'opéra d'une manière analogue. C'était en France, comme en Angleterre et généralement dans toute l'Europe chrétienne du moyen âge, une maxime qu'il n'y a de légitime que l'impôt librement consenti. Mais la royauté recourait à toutes sortes d'expédients pour se dispenser de convoquer les états généraux. Il fallait cependant bien s'exécuter dans les cas exceptionnels où les revenus ordinaires ne pouvaient suffire. Alors on convoquait les trois ordres, où le Tiers jouait un rôle autrement considérable que celui qu'il a joué depuis. La bourgeoisie libre et fière dans la commune ne l'était pas moins dans les assemblées de la nation, où elle faisait entendre aux autres ordres et au roi des vérités d'autant plus dures, qu'alors on appelait les choses par leur nom : ce qui blessait les deux ordres, qui faisaient aussi peu de cas que le roi de libertés qui leur attiraient des injures, et avaient en outre l'inconvénient de les faire participer aux subsides, bien que ces subsides fussent généralement votés dans des proportions plus fortes pour le tiers. Grâce à leur connivence, on vit donc leurs libertés et celles de la nation périr dans le même naufrage, et s'établir pour éviter la convocation des États, cet odieux système de fiscalité dont l'objet était de faire de l'argent de tout, et du peuple surtout seul taillable et corvéable à merci.

L'état se fit même faux monnayeur. Il altéra les monnaies, il vendit plusieurs fois aux mêmes personnes les mêmes charges et les mêmes franchises (2) ; il revendiqua sous prétexte d'inaliénabilité des immeubles vendus sans en rendre le prix ; et comme le paysan

(1) La royauté vendait aux villes le droit d'avoir des municipalités et des franchises. Elle vendait aussi aux officiers municipaux leurs charges, en retour d'une foule de privilèges, d'immunités d'impôts et d'exemptions du service militaire. Toujours le même système : couper la nation en deux, en vendant aux riches des immunités et des exemptions qu'on faisait retomber sur les pauvres, en augmentant la taille et le recrutement auxquels ils étaient seuls assujettis. Et nous ne savons pas si ceux-ci étaient plus à plaindre que les officiers municipaux, quand on songe au plat servilisme de ces magistrats écrivant aux intendants : « Nous vous prions très-humblement, Mon- « seigneur ; nous tâcherons de nous rendre dignes de votre bienveillance et » de votre protection, en obéissant à tous les ordres de votre grandeur. » « Nous n'avons jamais résisté à vos volontés, Monseigneur. » (Voir les dossiers des intendants.)

(2) Voyez dans les rapports de l'intendance et le mémoire des officiers municipaux d'Angers, le nombre de fois que la ville fut obligée d'acheter les offices municipaux, en 1694, 1723, 1728, 1733.

privé de toute intervention dans les affaires par la suppression des communes rurales, « était le mulet toujours prêt à recevoir toutes « charges, » on mit la plupart des impôts sur son compte. La noblesse et le clergé étant naturellement affranchis des charges ordinaires, la bourgeoisie trouva le moyen de s'en faire affranchir à son tour en achetant des offices, ou en se faisant anoblir. Il en fut de même de la plupart des fonctionnaires publics et des gens de finance, dont les offices au nombre de quatre mille, au dire de Necker, avaient le droit d'acheter la noblesse, ou ce qui revient au même de se faire dispenser des charges ordinaires pour les reporter sur le peuple. Car telle était, vers la fin, la seule utilité de la noblesse, dont l'unique rôle était d'avoir des priviléges et de jouir d'immunités et d'exemptions toujours aux dépens du peuple!

La conséquence de ce système c'est que les pauvres payaient l'impôt dont les riches étaient affranchis. Deux impôts surtout portaient un caractère d'iniquité sans précédent dans l'histoire, la Taille et la Corvée. Non que ces impôts ne fussent justifiables en principe, mais parce qu'ils étaient combinés de manière à faire supporter au peuple non-seulement les charges ordinaires, dont les deux premiers corps de l'état étaient presque entièrement affranchis (1); mais la plusgrande partie des charges extra-ordinaires dont ces deux corps devaient leur part. La noblesse et le clergé étaient exemptés de la taille sous prétexte que les nobles devaient faire la guerre à leurs frais et le prêtre servir l'État à l'autel. Mais la conscription, sous le nom de milice, fut bientôt établie, et la noblesse, au lieu de faire la guerre à ses frais la fit aux frais du peuple en se faisant, directement ou indirectement, rétribuer largement ses services. La conséquence est facile à tirer: le paysan taillable et corvéable à merci non-seulement paya de son argent, mais encore de son sang, et supporta ainsi tous les frais de la guerre dont la noblesse eut les émoluments et la gloire. Il était passé en principe tant cela paraissait naturel, et tant les sentiments de justice et d'équité chrétienne étaient obscurcis, que l'aisance seule pouvait exempter de la milice. M. de Tocqueville a eu entre ses mains des procès-verbaux de tirage de 1769 où il a vu figurer comme exempts du service: « un tel, domestique chez un « gentilhomme; un tel, garde d'un abbaye; un tel, valet d'un bour- « geois, parce qu'*il vit noblement.* » (*l'Ancien Régime et la Révolution*, p. 220). Et cela parce que, disaient les politiques du temps, la solde du soldat est si médiocre, et il est couché, nourri et habillé si misérablement, qu'en vérité il y aurait de la cruauté à envoyer dans la milice un autre homme qu'un homme du bas peuple!

Mais la taille eut bien d'autres conséquences odieuses. Elle devint la ressource de la Royauté dans les cas extrêmes et elle servit de base à la répartition des autres impôts, et même des impôts extraordinaires, des impôts en commun! La royauté, voulant éviter la

(1) Ils ne payaient que la capitation et les vingtièmes.

convocation des États, s'adressait donc toujours à la Taille qui, ne pouvant se plaindre *décupla en deux siècles* (M. de Tocqueville, p. 215.) Les taxes locales dont l'objet était une dépense communale devaient être réparties sur le peuple et la noblesse. Mais comme la taille servait de base à la répartition, le peuple supportait presque tout, le noble taxé arbitrairement trouvant ordinairement le moyen de se faire décharger, et il en était ainsi de la capitation. Les ministres se plaignaient même de la difficulté du recouvrement de la faible partie des impositions à la charge des privilégiés, « à cause des ménagements, dit le ministre de 1776, « que les percepteurs des Tailles se croient obligés d'observer à leur « égard. » Ainsi exemptions et priviléges de toutes sortes pour la noblesse, pas ou presque pas d'impôts, qu'elle trouvait même le moyen de ne pas acquitter, et, reciproquement, toutes les charges et tous les impôts sans aucun avantage pour le peuple, tel était le principal caractère de ce qu'on a osé appeler la constitution politique de la monarchie *très-chrétienne!* Mais ce n'est même pas une société païenne, cela, car au moins la servitude des anciens, c'était une franche servitude, sans hypocrisie, comme celle des États-Unis du Sud. La conscience humaine peut gémir de l'esclavage, mais elle n'est jamais aussi faussée que par l'hypocrisie d'une liberté pire que la servitude, et qui ne semble conçue, par ceux qui en profitent, que pour se mettre en règle avec le Dieu du Christianisme, tout en gagnant au change.

Les mêmes vices ou de plus criants étaient attachés à la corvée. Ce que les Corvées seigneuriales avaient de monstrueux, nous ne le dirons pas, nous nous bornerons à signaler les vices des corvées appliquées à la confection des routes et des chemins. Ces charges étant personnelles, les membres des corps privilégiés qui ne pouvaient se livrer à des travaux manuels, en étaient naturellement dispensés. La charge des routes et de leur entretien reposait donc sur les paysans. On les fit même, vers le commencement du XVIIIe siècle, travailler aux chemins du roi, en leur interdisant l'emploi de la corvée sur les routes de leur village ; et, afin de ne pas laisser tomber en désuétude le principe que les riches devaient jouir de toutes les exemptions, les ponts-et-chaussées qui existaient alors comme aujourd'hui, demandèrent un impôt particulier pour subvenir aux travaux d'art.

Le peuple taillable et corvéable à merci, fut donc non-seulement obligé de faire avec ses bras, mais encore avec son argent, les routes dont il ne profitait guère; et encore après les avoir faites et payées, on lui faisait acquitter un droit de péage pour les parcourir. On lui faisait transporter, avec une rétribution insignifiante, les matériaux nécessaires à la construction des ports et des casernes (Ord. de 1719), les forçats dans les bagnes, les mendiants dans les dépôts de charité. Et ceci n'était pas peu de chose, puisque en 1767 le duc de Choiseul voulant détruire la mendicité, fit arrêter d'une seule fois, dans ce *riche pays* de France, plus de cinquante mille mendiants qu'il envoya *aux galères* ou aux dépôts de mendicité. Les corvées s'appliquaient aussi au transport des troupes, ce qui ruinait les campagnes, plus fréquemment exposées que les autres à ce genre de transports, nouvelle inégalité de l'impôt sur la misère elle-même. Quelle accumulation d'iniquités!

On peut lire dans les feudistes du temps, dans Fréminville, qui écrivait en 1750, et Renauldon en 1765, l'énumération des exemptions, immunités et priviléges des nobles, et des impôts, redevances ou charges qui pesaient sur les paysans : taille, capitation, vingtième, cens (1), lods et ventes (2), terrage, champart, agrier, tasque, bordelage (3), marciage, dîmes inféodées, parcière, carpot, servage, corvées, banalités, ban de vendanges, droit de banvin, droit de blairie, péages, bacs, droits de Leyde, de chemins, d'eaux, de fontaine, de puits, de routoirs, d'étangs, de pêche, de chasse, de garennes, de colombiers, de justice, droits honorifiques, corvées seigneuriales, etc., etc. car les feudistes énumèrent quatre-vingt dix-neuf droits en outre de ceux-là! Beaucoup de ces droits avaient une origine avouable; ils étaient le prix de biens loyalement cédés par les seigneurs à leurs tenanciers, quoique primiti vementacquis par la violence. Et nous disons cela afin que Dieu soit justifié d'avoir permis que la violence des révolutions leur ait ravi ces droits de la même tmanière. Nous ajouterons même que les impôts proprement dits n'éaient guère plus exhorbitants ni plus injustes, en principe, que ceux qui existent de nos jours presqu'en aussi grand nombre. Et nous disons cela afin de rendre hommage à la justice, et de fermer la bouche aux avocats du privilége qui ne manquent jamais d'appuyer fortement sur deux considérations : le respect des contrats, et l'apparente modération des taxes. Mais ils devraient savoir que ce n'est pas là le reproche adressé à l'ancien régime. Ce reproche est bien autrement grave; on l'accuse, et c'est justice, d'avoir divisé la société en deux catégories, et d'avoir mis tous les droits et tous les avantages dans la catégorie des riches et des privilégiés, des bourgeois et des nobles, et toutes les charges dans la catégorie des paysans et des prolétaires. Aussi ces charges relativement peu élevées au total, étaient en réalité excessives et au-dessus des forces de ceux qui les supportaient, ceux qui les supportaient étant les misérables.

Les nobles, les ecclésiastiques, les clercs, les officiers de justice, les avocats, les médecins, les notaires, les banquiers, les notables, étaient exempts de la corvée; ils avaient donc le *droit* aux routes dont

(1) Redevance perpétuelle attachée aux terres d'origine féodale.

(2) Droits de vente payés au seigneur lors des mutations ett équivalan ordinairement au sixième du prix.

(3) Ce sont divers droits en vertu des quels le seigneur percevait une eparti des fruits des terres données à cens.

(4) Redevance due à la mort du seigneur.

les paysans avaient les *charges*. Les nobles avaient le *droit* d'établir des fours, des moulins et des taureaux banaux, et le paysan *devait* aller cuire à ces fours, moudre à ces moulins, et conduire ses vaches à ces taureaux. Le seigneur avait le *droit* de publier les bans de vendange, de cueillir sa récolte un jour avant les autres, et de vendre son vin avant les paysans qui *devaient* attendre pour ne pas faire concurrence au seigneur. Le seigneur percevait des *droits* de péage sur les ponts, rivières, chemins et les paysans *devaient* les payer. Les nobles avaient le *droit* de chasse et de pêche; le droit de chasse était même tellement personnel que les nobles ne pouvaient permettre à un roturier de chasser. Les nobles avaient encore le *droit* exclusif de garennes et de colombiers, et les paysans *devaient*, sous des peines sévères et quelquefois atroces, souffrir que le gibier, les lapins et les pigeons du seigneur dévorassent ses récoltes. Le seigneur avait *droit* même aux eaux pluviales que les paysans riverains *devaient* respecter s'il plaisait au seigneur de les conduire dans ses prés. Le seigneur, haut justicier, avait le *droit* de faire creuser à son bon plaisir un étang dans les terres de ses justiciables qui *devaient* le souffrir, et n'avaient pas même le droit d'en creuser dans leurs terres sans y être autorisés par lui. Le seigneur percevait les *droits* de justice que le paysan *devait* payer. On était donc associé, comme on l'est dans ces sociétés industrielles, si communes de nos jours, où les actionnaires apportent tous les fonds nécessaires à l'entreprise dont les gérants perçoivent tous les émoluments. On a appelé cela un régime de Mandrins; le mot n'est pas poli, mais il est juste. Le plus doux des hommes, M. de Tocqueville, est même allé jusqu'à dire qu'un particulier n'aurait pu échapper aux arrêts de la justice « s'il « avait conduit sa propre fortune comme le *grand* roi, dans toute sa « gloire, menait la fortune publique. » (page 180.) La noblesse en s'affranchissant des charges féodales qui pesaient sur elle au moyen âge, et en retenant ses droits pécuniaires et honorifiques, avait forfait la première à la loi sacrée des contrats, et elle avait agravé ses iniquités, quand, de complicité avec la royauté et la bourgeoisie privilégiée des villes, elle avait fait établir sur le peuple, la taille, les corvées et la milice dont elle avait trouvé le moyen de s'affranchir sous de misérables prétextes.

Il était donc arrivé que, par dérogation au système féodal, le paysan qui n'était d'abord tributaire que du seigneur, était devenu tributaire du roi, comme si on ne l'avait affranchi du servage que pour mettre sur ses épaules tout le fardeau de l'État, c'est-à-dire les charges générales et les charges féodales. Voilà à quel prix il avait acheté sa liberté! Aussi tous les feudistes s'accordent à dire que la condition du paysan, même et surtout à l'avénement de Louis XVI, la veille de la Révolution, était plus misérable que lorsqu'il était serf de la glèbe. La mesure était comble, et cependant nous n'avons pas tout dit: il était aussi la proie des fermiers et des traitants; loups-cerviers de l'époque, qui lui faisaient rendre le peu que lui avaient laissé l'impôt du roi, la dîme du curé, et les redevances du seigneur. Indépendamment de ces charges directes dues au roi, au clergé et au seigneur, il y avait en effet des taxes indirectes perçues par les fermiers ou les compagnies qui traitaient à forfait du recouvrement des impôts. C'étaient des taxes sur tout ce qu'il plaisait au gouvernement d'imposer suivant les temps. On conçoit les abus d'un pareil mode de perception et les nombreux conflits qui devaient être la conséquence de la rapacité de ces agents. Or le gouvernement fermait les yeux, parce qu'il avait besoin des traitants, qui lui escomptaient les taxes non encore perçues, et lui faisaient des prêts dans toutes les circonstances difficiles. Et nous passons sous silence les pots de vin aux favorits et aux favorites, avec l'assentiment des ministres et du roi. C'était un moyen peu coûteux de s'acquitter de bien des complaisances. Le peuple payait ces pots de vin, et enrichissait de ses sueurs ces misérables dont le roi faisait des barons, des comtes ou des marquis suivant qu'ils fournissaient plus abondamment à ses plaisirs et à son faste; et c'était une des origines les plus fécondes de la noblesse française.

Nous avons dit que ce régime de loups-cerviers était aussi un régime de castes. L'un était la conséquence de l'autre. La royauté pénétrée de la maxime de Machiavel qu'il faut diviser pour régner, travaillait depuis Louis-le-gros et surtout Louis XI, non à unir les classes, mais à les désunir. Un des expédients les plus efficaces, c'était d'ouvrir la noblesse à la bourgeoisie. Il semble au premier abord qu'une noblesse *ouverte* est un moyen de fusionner les classes comme en Angleterre, et c'est ce que ne manquent jamais de faire valoir les avocats de l'ancienne noblesse française. Mais le système des priviléges et des exemptions parait à cet inconvénient de la fusion. La noblesse jouissant d'une foule d'immunités, les priviléges tournaient à son avantage, alors qu'en Angleterre s'il y avait des exemptions d'impôts c'était au profit des classes malheureuses : exemption de l'impôt des portes et fenêtres pour ceux qui n'en ont que six à leur maison ; exemption de la taille et des vingtièmes pour celui qui n'a qu'un jardin ; tandis que le noble était imposé pour ses voitures, ses chevaux, ses valets, son droit de chasse, impôts dont le peuple était affranchi. Et, ce qui est plus significatif, le riche et le noble payaient et payent encore une taxe pour venir au secours du pauvre. C'est le système fiscal de l'ancienne France renversé. Aussi l'aristocratie dans ce pays, est une véritable aristocratie, une aristocratie fusionnée, une aristocratie populaire et non une caste ; une aristocratie qui, au lieu de s'ouvrir pour se trier comme en France, s'ouvre pour mieux se fusionner, en s'alliant avec les autres classes, à ce point qu'il est souvent difficile de discerner où la bourgeoisie finit et où l'aristocratie commence. Tel est le phénomène qui se serait inévitablement produit en France, si le fusionnement chrétien, qui était dans les tendances et les idées du moyen âge, n'avait pas été empêché par les efforts séculaires de la monarchie, et l'orgueilleux aveuglement de l'aristocratie à vouloir être un corps privilégié, au lieu d'être un corps utile, un organe du gouvernement et un membre de la grande famille chrétienne.

« Assurément, l'aristocratie d'Angleterre était de nature plus al« tière que celle de France, et moins disposée à se familiariser avec « tout ce qui vivait au-dessous d'elle, mais les nécessités de sa con« dition l'y réduisaient. Elle était prête à tout pour commander. On « ne voit plus, *depuis des siècles*, chez les anglais, d'autres inégalités « d'impôts que celles qui furent successivement introduites en fa« veur des classes nécessiteuses. Considérez, je vous prie, où des « principes politiques différents peuvent conduire des peuples si « proches! Au XVIIIe siècle c'est le pauvre qui jouit, en Angleterre, « du privilége d'impôt; en France, c'est le riche! Là, l'aristocratie « a pris pour elle les charges publiques les plus lourdes, afin qu'on « lui permit de gouverner; ici, elle a retenu jusqu'à la fin l'immuni« té d'impôts pour se consoler d'avoir perdu le gouvernement. » (Tocqueville. p. 174.)

IV. — En Angleterre fusion, en France séparation : ce mot résume tout. Et ce qui était plus révoltant que l'iniquité de notre système fiscal, et le mépris qu'il semblait faire de la dignité de l'homme, c'était l'impudence des nobles à se croire au-dessus des exigences du fisc, au-dessus des observances de la loi et des atteintes de la justice. Tout, sous l'ancien régime, concourait à blesser la juste susceptibilité du peuple, entouré d'une masse de nobles désœuvrés, ignorants (1), pétris de vices, bouffis d'orgueil, et qui, au lieu de se faire pardonner leurs priviléges par une conduite décente et des rapports de bienveillance en se mêlant comme en Angleterre aux autres classes, et en se faisant un honneur de patroner et de présider toutes les œuvres démocratiques, professaient pour les *vilains* et les *gens de rien*, c'est ainsi qu'ils appelaient les paysans et les bourgeois, un mépris insolant, qui se traduisait toujours par une morgue insupportable et souvent par des voies de fait criminelles.

(1) Henri IV disait d'Henri I duc de Montmorency : « Avec mon compère « qui ne sait ni lire ni écrire, et mon chancelier qui ne sait pas le latin, il « n'y a rien que je ne sois en état d'entreprendre. » (*Chantilly* par R. Leroy p. 45) Il paraît que cette ignorance était, comme la galanterie, héréditaire dans la noblesse. On lit dans les mémoires de Bourienne, à propos de la nomination du baron Louis au ministère des finances de la Restauration, ce mot du marquis de Bonnay : « Je ne suis pas fâché de voir auprès du roi « quelqu'un qui sache un peu ce que c'est qu'une lettre de change, car pen« dant les vingt-trois ans de l'émigration aucune des personnes qui ont « approché sa majesté ne l'a su. » Ceci n'empêche pas que la noblesse n'ait eu de grands ministres et même de grands écrivains. Mais en général elle ne s'est pas distinguée par ses lumières, et, toute proportion gardée, la bourgeoisie a eu plus d'hommes distingués, surtout dans l'Église et les lettres, bien que la noblesse eut dû en avoir davantage, si les grandes facilités qu'elle avait de s'illustrer n'avaient été paralysées par les vices de son institution.

C'étaient des ducs et pairs faisant, pour un mot, un geste, un rien, rouer à coups de bâton par leurs laquais, les gens de vile condition qui avaient eu le malheur de leur déplaire. C'était le marquis de..... empoisonnant avec des cantharides, dans une orgie, je ne sais combien de malheureuses femmes dont il voulait abuser en les excitant ; c'était le duc de... allié à la cour par la bâtardise, déchargeant son fusil sur un couvreur afin de juger de l'effet de sa chute sur le pavé, et à qui le roi faisait grâce avec ce mot que l'on trouve charmant, et qui n'est que la dérision de la justice : « Je lui fais grâce à condition que si jamais on le tue je ferai grâce à son meurtrier. » (1) Car c'était encore un privilége de la noblesse de pouvoir commettre impunément des méfaits qui conduisaient le peuple à la torture, à la potence ou sur la roue. Le noble payait de sa tête, il est vrai, quand il avait eu le malheur de déplaire à quelque personnage influent ou au roi, mais il en était quitte ordinairement pour quelques mots de repentir, un exil dans ses terres, ou un emprisonnement de quelques mois à la Bastille. Ainsi se pratiquait la justice sous le bon plaisir du roi.

Les parvenus à la noblesse surtout se distinguaient par leur morgue, et les hobereaux (2) par leur rapacité. La haute noblesse était généreuse jusqu'à la prodigalité, le roi payant souvent ses dettes. C'est une étude de mœurs digne de Théophraste que madame la maréchale de.... faisant la cour à la marquise du Barry, et lui arrachant, à chaque caressante adulation, quelques billets de mille francs, régulièrement remboursés par le roi. On a été scandalisé, sous ce pauvre Louis-Philippe, de l'affaire Teste et Cubières, mais ces manœuvres se pratiquaient ouvertement et impunément à la cour par les plus grandes dames et les plus grands seigneurs du temps, qui auraient été bien surpris si on leur avait dit qu'ils avaient forfait à l'honneur. Leur haute intervention pouvait-elle se payer trop cher ?

Une ligne de démarcation profonde, un abîme, séparaient donc le peuple de la noblesse. Et ce qui creusait encore cet abîme, c'était la parfaite inutilité de cette institution, mise en regard des emplois qu'elle occupait et des dignités dont elle était comblée, toujours par privilége, dans l'administration, la magistrature, l'armée, l'Église ; alors que le peuple et la bourgeoisie depuis longtemps enrégimentés dans la milice, ou formés aux affaires, étaient aussi en état qu'elle de soutenir bravement l'honneur et la gloire du drapeau, de commander les armées, et de faire aussi bonne figure dans les diverses charges de l'État. La noblesse, devenue une caste, n'était plus, comme l'auraient voulu de Maistre et de Bonald, le plus ferme soutien de l'État.

(1) Nous taisons les noms propres par respect pour les familles qui pourraient les porter, mais tous ces faits et une foule d'autres aussi révoltants sont consignés dans les mémoires du temps.

(2) Nom que le peuple leur avait donné. Le hobereau étant le plus petit oiseau de proie, ce mot était une peinture.

Objet d'impopularité et d'antipathie nationale, elle devait tôt ou tard entraîner la monarchie dans sa ruine.

V. — Qu'on vante avec cela les grandes choses que la Royauté a accomplies, en faisant servir à ses vastes desseins d'unification et d'agrandissement de la plus puissante nation du monde, les qualités et les vices de cette noblesse frivole, mais brave, généreuse et pleine d'honneur, malgré son ignorance, sa fatuité et son incurable corruption, nous souscrirons volontiers à ce jugement de l'histoire. Mais qu'il nous soit permis, après cet hommage désintéressé, de dire à cette race royale qui a fait notre belle patrie, qu'après avoir tout corrompu : la démocratie, la bourgeoisie, l'aristocratie, elle a cherché à corrompre aussi l'Église de France, en voulant en faire, comme de la noblesse, un instrument servile. Ici, elle n'a pas réussi au même degré, car elle avait à opérer sur un élément autrement résistant par nature. Mais elle l'a corrompue autant qu'il dépendait d'elle, non-seulement en la gallicanisant, mais en l'inféodant à une noblesse dont le contact ne pouvait être que pernicieux, du moment où les nominations, prenant le caractère de priviléges, venaient fausser les vocations et introduire dans l'Église des évêques indignes et des abbés scandaleux. Le propre d'une institution vicieuse est de vicier ce qu'elle touche.

Une des gloires de l'Église de Rome a été de résister en tout temps aux nominations et aux investitures des prélatures et des abbayes par les laïques. Elle a cédé quelquefois dans les concordats, crainte d'un plus grand mal. Au fond, elle a toujours voulu que la hiérarchie ecclésiastique fît elle-même ses choix. Si on l'avait écoutée on aurait eu beaucoup moins d'évêques titrés, beaucoup moins d'abbesses de haute lignée, étalant leur luxe et leur vanité à la tête de leur communauté, beaucoup moins d'abbés de ruelle et de salon, mais quelques Bossuet, quelques Huet de plus. Les véritables voccations, les Fénelon, les Bérulle, les Beaumont, les François de Salles, que la noblesse nous a donnés, auraient toujours trouvé le moyen de se faire jour, mais nous aurions perdu peut-être cet évêque, comte de Noyon, François de Clermont-Tonnerre qui, courtisan fanatique, adorait Louis XIV, comme un mage de Darius, et dont la maison, suivant saint Simon, « était remplie de blasons jusqu'aux plafonds et « aux planchers ; de manteaux de comte et pair dans tous les lambris, « sans chapeau d'évêque ; de clés partout qui sont ses armes, jusque « sur le tabernacle de sa chapelle ; de ses armoiries sur la cheminée en « tableau, avec tout ce qui se peut imaginer d'ornements, tiares armu« res, chapeaux et toutes les marques d'offices de la couronne ; dans « sa galerie, une carte que j'aurais prise pour un concile, sans deux « religieuses aux deux bouts, (c'étaient les premiers et les succes« seurs de sa maison) ; et deux autres grandes cartes généalogiques « avec ce titre ; *Descente de la très-auguste maison de Clermont-Ton« nerre des empereurs d'Orient,* » et à l'autre « *des empereurs d'Oc« cident.* » Tout étant vicié autour de l'Église de France faut-il s'étonner qu'elle se ressentit de la contagion générale? Aussi la Religion au XVIIIe siècle semblait avoir perdu toute sa vertu et elle ne fut jamais plus près de sa perte.

VI. — Mais après avoir tout corrompu, ou, si on nous trouve trop sévère, après avoir tout laissé dégénérer, la Royauté a fini par se corrompre elle-même. Cela devait être, la corruption engendrant la corruption d'après une loi providentielle invariable. La monarchie s'est corrompue! Nous sera-t-il permis de le dire? ou plutôt nous sera-il possible de le dire?

Formé à l'école du privilége, chef de la noblesse, le roi en avait épousé les préjugés, et il s'était bientôt persuadé que les races royales étaient d'une autre condition que la condition humaine. Les adulateurs avaient contribué à fausser son jugement et à le maintenir dans cette illusion. Que de mots historiques on pourrait citer, qui prouveraient que réellement les rois avaient de leur personne et de leurs droits une opinion exagérée. Tout le travail de la Royauté, pendant XIV siècles a été d'arriver à une de ces positions exceptionnelles qui font tourner la tête. Après avoir détruit ses grands vassaux qui auraient pu traverser ses projets ambitieux, elle a sous les Valois, sous Richelieu, sous Mazarin, soutenu des guerres civiles impitoyables, faisant assassiner, pour abaisser les grands, tantôt le chef des catholiques, le duc de Guise, tantôt les chefs des protestants, jusqu'à ce qu'enfin Louis XIV ait pu dire fièrement : l'État, c'est moi; mot qui dépeint l'homme et l'institution et justifie l'étrange conduite de ce prince, grand d'ailleurs à tant de titres, mais dissolu de mœurs, pour qui tout était légitime et digne d'honneur, même ses royaux adultères. C'eut été pourtant un homme de sens dans une autre position. Mais un pouvoir illimité, et l'adoration d'une cour dont le sens moral était aussi perverti que le sien, lui avaient donné le vertige. Aussi comme Henri IV, il voyait dans ses adultérins un sang auguste et sacré, et il poussa la dépravation jusqu'à vouloir en faire les légitimes héritiers de sa couronne. Et cependant, la cour de Louis XIV fut un modèle de retenue et de pudeur comparée à celle du Régent et de Louis XV. L'institution était faussée. Ce n'était plus cette belle royauté chrétienne de saint Louis, aux devoirs austères, si éloquemment tracés par Bossuet dans sa *politique*. Le roi de France, depuis longtemps n'était pas un roi, c'était un Dieu. Aussi, après avoir tenu tête à la noblesse, aux parlements, aux états généraux, il voulut tenir tête à Rome. Il encouragea les gallicans dans leurs entreprises qu'il avait lui-même commandées; et on vit le moment où, sous les Valois, la France allait devenir hérétique, et sous Louis XIV, schismatique, grâce à cette déification de la royauté, dont on faisait remonter les droits à Dieu, et qui, à ce titre, était l'égale de la Papauté.

Jusqu'à Louis XIV, la Royauté n'était guère plus corrompue que ce qui était autour d'elle, mais à partir du régent, le débordement des mœurs dépassa toutes les limites connues dans l'histoire. Une cour dont la seule occupation était la galanterie, prosternée, comme les cours des Empereurs romains devant les vices de ses rois, devait entraîner ces princes à des excès qui auraient fait rougir Tibère. On vit donc des crimes sans nom dans aucune langue : une fille aidant son père, un premier prince du sang, à commettre avec l'emploi de la violence, un de ces crimes (1) ; un autre prince, un roi, entretenir à grands frais une sorte d'institution d'enfants, offertes par leurs parents ou enlevées de force, et qui en sortaient flétries (2). Et comme cette institution et une favorite en titre ne suffisaient pas aux assouvissements du prince, des pourvoyeurs de la noblesse lui recrutaient de pauvres créatures qu'il renvoyait le lendemain. Des états trouvés après sa mort établissent qu'il consomma, sous son règne, à ce commerce, plus de trois cent millions de francs, quand tous les services publics étaient en souffrance, et l'État à la veille d'une banqueroute qui devait faire sombrer la monarchie dans la Révolution. Mais Dieu est juste : ce roi au sortir d'une orgie, trouva dans un embrassement une mort digne d'une telle vie. (3)

Or, nous disons que tout cela n'a pu être que le produit d'une institution vicieuse et corrompue, comme la royauté du XVIIIe siècle, fonctionnant au milieu d'une bourgeoisie et d'une aristocratie, formées à ses exemples et à la lecture des livres du temps, des *histoires galantes* d'un Bussy de Rabutin des *mémoires* de J.-J., de la *Pucelle* de Voltaire, du livre du marquis de.... qu'on n'ose toucher des doigts, des productions philosophiques de Diderot, d'Helvétius, de d'Holbach; habituées par les jansénistes et les parlements à se moquer des prêtres, des religieux ; dénonçant le christianisme comme une *infame* superstition, c'était le mot d'ordre, et se précipitant tête baissée et de gaieté de cœur dans la Révolution qui devait les dévorer l'une et l'autre. Car il fallait une révolution pour laver tous ces crimes.

La Royauté qui pouvait tout, qui était tout, et sur laquelle nous faisons retomber la plus grande partie de la responsabilité, puisque l'*Etat c'était le Roi*, avait donc aussi ses complices dans les gallicans, les jansénistes, les parlements, les philosophes, les Arétins du temps. La Société de l'ancien régime était donc une société pourrie, que Dieu, faute de Huns et de Vandales, dût sauver par le peuple, par la démocratie, par un déchaînement d'expiations et de crimes également sans nom. Car si elle n'avait pas été pourrie, cette société, si brillante et si polie extérieurement, est ce que des faits aussi notoires

(1) Art. 332 du Code pénal.

(2) Même art. et art. 333 et 334.

(3) Art. 334. Frappé comme par la foudre, il mourut le lendemain ou le surlendemain avec sa complice, dont la mère plus coupable que les deux mourants, reçut les imprécations dernières; pendant que le prince expirait, non pas dans les bras, — cela était impossible, — mais à côté de ses filles, des saintes, qui eurent seules le courage de braver la contagion et ce cri de leur père : « Dieu pourra-t-il me pardonner ? » C'est un des grands châtiments providentiels de l'histoire.

auraient pu se consommer sans qu'il s'élevât, du sein des masses, un cri de réprobation qui aurait fait rentrer en eux-mêmes, en les rappelant à la pudeur des sentiments humains, des rois qui, par faiblesse et une connivence universelle, se laissaient aller à de pareils débordements? La vieille société française était donc usée à la fin du XVIIIe siècle. Il n'y avait plus de ressort moral en elle. Si aujourd'hui la centième partie des crimes, qui s'étalaient alors à la cour et au grand jour de la publicité, venaient à se produire dans l'ombre, l'opinion publique se soulèverait, et ce n'est pas le clergé seul qui dénoncerait ces scandales à la conscience publique, mais les classes elles-mêmes les moins portées à la pruderie, car elles auraient à protéger ici, non pas seulement l'honneur de leurs femmes mais de leurs filles, livrées enfants aux brutales passions d'un misérable.

VII. — Avec cela, la Royauté française a été un modèle comparée à la Royauté anglaise. Elle ne s'est pas dévorée elle-même, elle ne s'est pas abreuvée de son propre sang, comme la Royauté anglaise. Si on en excepte la race des Mérovingiens encore barbare, et quelques meurtres isolés et quelques crimes, commis dans les ténèbres, elle n'a pas été cruelle pour les autres et elle s'est aimée elle-même. Mais il n'en a pas été ainsi des races royales de l'Angleterre. Ici, tout fait rougir, tout fait frémir, vices et cruautés :

« C'est Guillaume, dit M. Paul de Saint-Victor, qui faisait crever les yeux de quiconque tuait un sanglier ou un cerf, « aimant autant « les bêtes fauves, suivant la chronique, que s'il eût été leur père. » C'est Henri Beauclerc, livrant ses petites-filles à un baron qui leur arrachait les yeux et le nez. C'est Henri II, le meurtrier de saint Thomas, avec son gros ventre et ses yeux bleus injectés de sang, qui, dans ses accès de colère, mordait ses pages et rongeait la paille qui couvrait le plancher de sa chambre. C'est Jean, qui, pour extorquer de l'argent aux juifs, leur arrachait les dents une à une. « L'u- « sage, dans notre famille, disait Richard Cœur-de-Lion, est que les « fils haïssent le père ; du diable nous venons, et nous retournons « au diable. » Geoffroi, son frère, disait aussi : « Il est dans la des- « tinée de notre race que nous ne nous aimions pas entre nous. « C'est là notre héritage, et aucun de nous n'y renoncera jamais. »

« L'inceste et le parricide sont les traditions des rois de cette dynastie. Leur histoire n'est qu'une tuerie domestique. Le meurtre, pour ces êtres de viol et de violence, semble être un besoin physique, et comme un appétit bestial développé par la fréquentation des forêts où ils passent leur vie à la chasse. Ce sont les Atrides du Nord, des Atrides difformes et parfois grotesques.

« En avançant dans cette âpre histoire, sans sortir du cercle du trône, quelle mêlée de forfaits et de trahisons! Quel amas de têtes et de couronnes tombées du même coup! Édouard II est tué avec une barre de fer rougie au feu par sa femme Isabelle. Richard II est assommé par la massue des assassins de Henri de Lancastre. Henri VI est égorgé par Richard de Glocester ; son fils Édouard est abattu par le gantelet de Clarence. Clarence lui-même est noyé par son frère dans un tonneau de Malvoisie, comme pour fêter par ce supplice bachique les vendanges sanguinaires de la maison d'York. A cette série de régicides, ajoutez tout un *massacre des Innocents* de la couronne : Edouard « le martyr, » tué à la chasse comme un faon au milieu des bois, le prince Arthur, immolé par le roi Jean, sur la Seine, entre le ciel et l'eau ; les deux enfants d'Edouard, étouffés, comme deux oiseaux au nid sous l'oreiller fraternel. Ajoutez encore des processions de lords et de seigneurs passant à la file cette « porte des traîtres » de la tour, *Traitor's gate*, que des pieds vivants ne repassaient jamais ; des races vouées à l'échafaud par droit de naissance, des princes dont le supplice était la mort naturelle, les maisons de Buckingham, de Sommerset, de Norfolk, de Suffolk, de Northumberland, décimées de génération en génération par coupes régulières.

« L'apaisement des guerres civiles de la Rose blanche et de la Rose rouge n'arrête pas cette barbarie historique ; elles ne fait que quitter l'allure de l'assassinat pour prendre les formes de la procédure. La loi saxonne, « cette vieille qui mâche un frein rouillé, » comme dit Shakspeare : *the rusty curb of old father antic the law*,, tue selon les règles, en latin. Henri VIII, appuyé sur elle, coupe la tête de ses femmes ; Marie Tudor décapite Jeanne Gray, une enfant de seize ans qui a rêvé qu'elle est reine ; Elisabeth martyrise Marie Stuart ; enfin, d'échafaud en échafaud et de bûcher en bûcher, cette montagne d'oblations dressée contre le ciel reçoit pour couronnement le billot de Charles Ier. »

VIII. — Mais pourquoi, nous dira-t-on, dénoncer tous ces actes? Pourquoi surtout dévoiler les turpitudes de la race de nos rois, de cette illustre race qui nous a fait ce que nous sommes? Pourquoi? Parce qu'aucun catholique n'ayant osé les dénoncer, la justice crie depuis un siècle de ce silence, qu'on nous impute comme un acte de solidarité et de complaisance, pour un régime où de telles énormités ont pu se produire impunément, en face d'un clergé tout-puissant, mais servile presque jusqu'au schisme, quand il s'agissait du Roi, de l'Idole, mais sachant bravement expier sur l'échafaud, en l'honneur de sa foi, ses tristes condescendances.

Nous dénonçons ces faits ; pourquoi? Pour justifier la Providence de ce qu'elle a fait si cruellement expier à la royauté les crimes de ses derniers représentants. Oui, il ne fallait rien moins qu'une longue suite d'innocentes victimes, à commencer par Louis XVI, pour couvrir les fautes de la race, et il fallait encore que le dernier et non le moins noble et le moins à plaindre de cette antique race, vit se fermer devant lui la perspective d'une descendance directe, comme si Dieu avait voulu tarir dans ses veines un sang qui avait coulé dans celles d'un Louis XV !

Nous dénonçons ces faits ; pourquoi? Pour répandre un rayon de lumière sur les véritables causes de la Révolution, qu'il est impossible de comprendre si on ne sait au juste ce qui la rendue nécessaire. Pourquoi encore ? Par patriotisme, pour atténuer dans la mesure du juste et du vrai le crime de nos pères, quand, l'indignation et la rage au cœur, ils se sont soulevés comme un seul homme et se sont rués sur un régime qui leur pesait depuis des siècles, et qui est une des hontes de notre nation. Pourquoi encore ? Parce que le seul moyen d'arracher les gens religieux et honnêtes aux préoccupations du passé, et les rattacher aux labeurs d'un présent non moins difficile et non moins triste à certains égards, c'est de leur montrer ce passé dans toute sa nudité, et toute sa laideur. Pourquoi enfin ? Pour avoir le droit d'être exigeants, quand, après avoir signalé, comme nous nous proposons de le faire, les vices et les corruptions du présent, nous ferons à nos contemporains un appel pressant en faveur de la Religion, dont la mission dans tous les temps a été de planer au-dessus de toutes les corruptions.

Comment, en effet, pourrions-nous espérer d'obtenir de la société actuelle tout ce que nous nous proposons de lui demander, si nous lui laissions le droit de soupçonner que nous avons au fond du cœur la pensée de la trahir, pour revenir à des institutions souillées de tant de crimes. Or ce soupçon pèse sur les catholiques depuis la Révolution, ce soupçon injurieux qu'ils ont pour l'ancien régime de secrètes sympathies. Ce soupçon nous venons de le faire tomber, en ce qui nous concerne. Que les autres nous imitent, et nous serons forts contre nos ennemis. On ne nous calomniera plus. On ne nous accusera plus de connivence pour un régime abhorré. Et alors, après avoir présenté sous son jour le plus triste notre société, comme celle qui l'a précédée, nous serons en droit de demander à cette société, qu'elle nous vienne en aide, qu'elle nous accorde toutes les libertés dont nous avons besoin pour travailler à sa régénération.

Que les catholiques ne s'y trompent pas. Ils sont dans un cercle vicieux. Ils demandent ce qu'on ne peut leur donner parce qu'on se méfie d'eux et de leurs prétendues affinités politiques. « Vous réclamez la liberté, leur dit-on de toutes parts, mais c'est pour l'étouffer, en la retournant non pas contre nos vices, comme vous en avez le droit, mais contre nos institutions. » C'est là une situation équivoque d'où il faut sortir à tout prix. Il faut être logique. Ou l'on veut entrer dans les institutions de la France, dans sa Démocratie, dans sa Monarchie, dans son enseignement, dans son université, dans ses académies, partout enfin, afin de tout *informer* et vivifier par l'esprit catholique ; ou bien on veut rester dans cette situation précaire, subordonnée, mystique, qui tient les hommes religieux éloignés de toutes les positions politiques et sociales, de tous les postes savants. Nous avons beau chercher, nous ne voyons que ces deux alternatives, ces deux hypothèses : faire de la religion la reine de la démocratie, l'institutrice de la société, l'âme des institutions, ou bien une succursale de la police dans le for-intérieur, chargée d'enseigner aux enfants et aux femmes du peuple le catéchisme, et à quelques adolescents de l'aristocratie ou de la bourgeoisie pieuse les rudiments de la grammaire latine ; entrer résolument dans la vie publique, dans la vie générale de la société, ou régner simplement sur les consciences privées des âmes dévotes. Il n'y a donc pas de milieu, il faut opter entre ces deux hypothèses. Mais la dernière hypothèse est une insigne lâcheté et un crime de lèse-majesté sociale, car nous prouverons que la démocratie française, telle que la royauté et les Révolutions l'ont faite, est condamnée à périr et avec elle la Société tout entière, si le catholicisme ne la sauve en la pénétrant de part en part, dans l'ordre public et dans l'ordre privé. Or nous disons qu'obligés d'opter pour la première hypohèse, pour l'hypothèse de la religion *informant* la Démocratie, les catholiques ne sauraient se flatter de réussir dans une entreprise aussi difficile qu'en brûlnt leurs vaisseaux. Voilà pourquoi, osant demander ce qu'aucun catholique même des plus osés, n'oserait demander : l'autonomie complète de l'Église, c'est-à-dire, non-seulement sa liberté et son indépendance, mais encore sa souveraineté dans l'ordre des choses divines, nous avons, dans notre humble sphère, voulu donner l'exemple d'un esprit dégagé, afin de mieux faire tomber les méfiances, et rompre plus aisément le cercle vicieux dans lequel les événements ont placé les catholiques parmi nous, et qui, comme un charme jeté sur eux, les tient sous la dépendance, et les force à être plus modestes que ne le comporte leur haute position.

Voulant, pour être plus clair, la séparation du civil et du religieux ; la transformation du salaire des prêtres en une dotation équivalente en rentes sur l'État ; la nomination de l'épiscopat par le clergé suivant le mode canonique ; la suppression de toute immixtion et de toute confusion du spirituel et du temporel, et par conséquent l'abrogation des décrets, ordonnances, lois, usages et institutions, qui sont pour le pouvoir civil et le pouvoir religieux une source de conflits interminables : voulant les écoles libres et en outre l'intervention efficace, et sous une forme convenue, du catholicisme dans l'enseignement officiel : voulant la fondation de grandes universités catholiques, vraiment savantes, où on enseignerait les lettres, les sciences et les arts à un point de vue large et élevé : voulant, en un mot, faire concourir la Religion avec la Société, avec ses progrès, ses améliorations, ses idées libérales, et sauver la démocratie française d'une dissolution inévitable, en mettant ses institutions en harmonie avec le catholicisme, et en empêchant sa science, son industrie, et sa civilisation de se corrompre : voulant tant et de si grandes choses, nous avons pensé que cette société avait, en retour de ces hautes prétentions, le droit d'exiger de nous que nous fussions entièrement à elle. Témoigner à la véritable liberté, à la liberté chrétienne, à l'égalité évangélique, à la hiérarchie des fonctions publiques fondée sur le mérite, aux sciences, aux lettres et à la civilisation, un amour supérieur à celui que la Société leur porte, nous a semblé être le meilleur moyen de trancher le nœud gordien, de mettre un terme à l'éternel conflit. Mais vouloir que la Société se livre à vous corps et âme, quand, d'un air sournois on lui dirait : nous sommes à vous, tandis que sous main on pactiserait avec toutes les vieilleries du passé, cela est impossible ; il y a ici antinomie. Se faire petits, bien petits, se contenter d'un peu de liberté, avec l'arrière pensée de se glisser peu à peu au cœur de la place, alors qu'il faudrait afficher hautement ce que l'on veut, et où l'on tend; alors qu'il s'agirait, non pas de complaire à la Société, mais de tonner contre elle, contre ses vices et ses corruptions, serait indigne d'hommes à qui Dieu a donné, dans les Tertullien, les Ambroise, les Augustin et les saint Bernard, des modèles incomparables d'abnégation, de hardiesse, de courage et d'indépendance.

Nous avons donc pensé qu'il était digne de la liberté et de la loyauté chrétiennes de se montrer franchement libéral pour avoir le droit de se montrer franchement catholique, et pouvoir attaquer sans ménagement la Démagogie et la Révolution. Or cela ne saurait se faire avec quelque chance de succès, qu'en donnant à la Société, de laquelle on exige tant et de si grandes réparations, toutes les garanties qu'elle pourrait désirer de nous. Or la première de toutes les garanties à offrir incontestablement, c'est de rompre avec un passé qui lui fait horreur, en termes tellement tranchés et résolus qu'elle ne puisse suspecter de notre part aucune arrière pensée.

CHAPITRE III

L'ÉGLISE AU MOYEN AGE ET SOUS L'ANCIEN RÉGIME.

Divinité de la religion traversant sans périr la barbarie du moyen âge et la corruption de l'ancien régime. — Ses miracles de transformation. — Son influence sur la noblesse qu'elle transforme en chevalerie. — Son architecture, ses services en tout genre. — Ce que serait devenue la société sans elle. — Vice de notre état social, ses dangers si la religion ne modifie son mauvais esprit.

I. — Un autre motif nous a porté à dénoncer ces énormités. Ce motif est de montrer qu'une religion divine a pu seule traverser, sans se perdre, ces cloaques impurs, alors que les vices des institutions autant que les passions des hommes conspiraient à sa ruine et au pervertissement de toutes les consciences. Que dis-je? La Religion a fait surgir de ces bas fonds des prodiges de vertu et de gloire. Car c'est à cela que nous voulions en venir afin de glorifier l'Église, qui, mêlée à tous les évènements et à toutes les crises du moyen âge et du régime qui l'a suivi, en est sortie brillante de lumière et de pureté, rajeunie par les épreuves, toujours avec son magnifique cortége de saints même dans les époques les plus tristes de nos annales.

Ayant à faire prévaloir les mœurs douces de l'Évangile, elle s'est trouvée, du ve au xvie siècle, aux prises avec des mœurs grossières et quelquefois féroces. La violence, les champs-clos, le meurtre, décidaient de tout, les guerres de château à château, qui n'étaient que des déprédations et des brigandages déguisés, ne laissaient pas un moment de répit à l'Église. La passion de tout décider par la force était telle qu'elle dût même transiger. Elle proposa et fit accepter les jours de paix, les jours de Dieu, si mal observés, et que les seigneurs passaient à fourbir leurs armes; et c'est avec ces barbares qu'elle fit ses chevaliers sans peur et sans reproche, dévoués à la veuve et à l'orphelin, aussi religieux que braves. Les beaux temps de la chevalerie, d'ailleurs si mêlés d'abus, sont un des beaux triomphes de l'Église. De Francs, de Visigoths, de Huns, ou de Vandales, sortis des forêts de la Germanie ou des hauts plateaux de l'Asie, faire des chevaliers, des preux, des Arthur, des Roland, des Alfred, des Duguesclin, des Bayards, quelle énergie intime il a fallu à la religion pour opérer de ces métamorphoses! Les matériaux du moyen âge étaient une matière brute, l'Église les a façonnés. Elle a fait des artistes de ces sauvages et quels artistes, que ceux qui ont bâti les cathédrales de Cologne, de Strasbourg, de Milan, Saint-Pierre de Rome, et ont décoré leurs fresques! La chevalerie ayant dégénéré, la noble fierté des preux étant devenue de la morgue et de l'insolence, et la galanterie des chevaliers de la dissolution, l'Église s'est occupée à guérir cette plaie, et elle a peuplé les châteaux d'hommes irréprochables et les monastères de pénitents. Elle a fait plus, la lèpre d'institutions vicieuses ayant gagné des membres de l'Église, les plus saints de ses papes ont réformé courageusement le clergé et les abbayes, luttant pied à pied contre les envahissements de la corruption souvent plus forts qu'eux.

L'ignorance était profonde. Les lettres grecques et latines avaient péri sous cette avalanche de conquérants barbares. On sait ce que l'Église a fait. Elle a sauvé des vers les livres des anciens, et elle a fondé des universités dont l'éclat attirait des disciples venus de toutes les parties du monde alors connu. On faisait, malgré la difficulté et le danger des communications, deux ou trois cents lieues pour aller écouter, pendant quelques années, un Albert le grand, un saint Thomas. On allait de Padoue à Paris, de Paris à Salamanque ou de Salamanque à Cologne pour obtenir le titre de clerc ou le bonnet de docteur, comme aujourd'hui, avec le chemin de fer, on va d'Orléans ou de Pontoise s'asseoir sur les bancs de l'école de droit ou de la Sorbonne. Quel éclat, quelle réputation, quelle influence, quelle puissance devaient avoir sur leur temps des écoles capables d'attirer la foule de si loin! Or c'était l'Église qui avait fondé ces écoles, l'Église aujourd'hui si dépouillée de grands maîtres, si pauvre d'universités vraiment dignes de ce nom. Tout le moyen âge n'était donc pas barbarie, violence, corruption! Je le crois bien, l'Église était là. Mais ôtez l'Église, quel temps et quelles mœurs! ôtez l'Église, il vous reste les guerres d'extermination, les champs clos, des mœurs dissolues, les chefs-d'œuvre de la Grèce et de Rome à jamais engloutis dans l'oubli, des châteaux informes pour tout art, et ces châteaux devenus de véritables repaires de brigands, car qu'attendre de Huns, de Francs et de Vandales?

Sont-ce donc ces barbares qui auraient sauvé les lettres, remis en honneur l'agriculture et l'industrie, que les moines sauvèrent aussi en donnant l'exemple des plus belles cultures, en bâtissant des ponts et ouvrant des chemins partout? Sont-ce ces barbares qui auraient élevé nos cathédrales et fondé nos universités? Sont-ce ces chevaliers de rapine, huchés dans leurs manoirs sombres et informes, qui auraient inspiré nos artistes, et auraient formé cette bourgeoisie ingrate qui doit à l'Église tout, jusqu'aux lumières dont elle se sert pour la couvrir d'injures et d'outrages? Car c'est aussi l'Église qui a élevé les officiers municipaux, les magistrats des villes, les parlements. C'est elle, en un mot, qui a fait tout ce qu'il y a eu de vrai, de beau et d'utile dans ces siècles à jamais ténébreux sans elle. Oui, elle a tout fait, elle a tout pétri, tout transformé avec des éléments informes et ingrats, et aujourd'hui on a le courage de lui reprocher ces éléments, comme si c'était elle qui avait fait les Goths et les Visigoths, les Gaulois et les païens, et leur sauvagerie, et leur civilisation pire que leur sauvagerie! Mais quel parti n'a-t-elle pas su tirer de cet affreux mélange de violence, d'ignorance et de corruption, malgré toutes les résistances? Car elle a rencontré des résistances. Les Henri VIII alors étaient communs qui voulaient changer de femme comme on change de vêtement. Quel malheur si les excommunications n'avaient pas eu plus d'autorité que de nos jours! Le mariage aurait disparu et avec lui la famille. Une Église sans autorité eût été une Église sans force, et le monde eût péri sans les Innocent et les Grégoire qu'on invective aujourd'hui quand il faudrait avec l'Église les vénérer sur nos autels.

On parle de l'inquisition, nous verrons plus loin que ses excès furent le résultat des passions, et son institution le produit d'une situation exceptionnelle.

L'Église a donc fait de l'ancienne Société ce qu'elle a pu jusqu'à transformer en lieux d'édification, les cours des rois dont elle a fait des saints, oui, des saints avec des rois! Que vouliez-vous qu'elle fit de plus? Et qu'on ne s'imagine pas que nous voulons ici attaquer la Royauté pour relever l'Église. Non, nous disons simplement que l'Église a fait des saints avec des rois féodaux, et plus tard, ce qui était autrement difficile, avec des princesses et des princes élevés à la cour de Louis XV! Le Roi de l'Évangile, image du Christ, serviteur du peuple, comme lui, n'a rien à faire avec ces rois gothiques auxquels pourtant saint Remi a pu dire: Courbe la tête; et que l'Église a pu souvent renouveler et sanctifier malgré les vices d'une institution à demi payenne et barbare. Oui, le catholicisme a eu énormément à faire et on ne lui en a su aucun gré. Il a eu à lutter contre tout, même contre ses propres ministres sortis du milieu de ces éléments bruts, et on lui fait un crime de ce qui a été le crime des temps et des passions.

Ah ! si on voulait nous permettre de dire toute notre pensée, de sonder les plaies hideuses de l'humanité, en ce temps, comme nous le ferons pour le nôtre, librement, loyalement, quelle glorification résulterait pour la Religion de cet examen ! Nous prouverions, pièces en main, qu'il n'y a pas une de ces plaies que la Religion n'ait sondée, et à laquelle elle n'ait porté remède. Mais qui ôserait toucher à un livre ainsi composé ? La pudeur et la honte le laisseraient tomber des mains. On ne veut pas qu'on signale ces horreurs, et pourtant c'est le triomphe de l'Église de les avoir réprimées ou étouffées. Que de pénitences infligées et à quels crimes ! La Société se maintenait pourtant grâce à la Religion, qui était reine des cœurs et des consciences, délaissée quelquefois, mais toujours maîtresse et reprenant tôt ou tard le dessus. Où ne serait-on pas allé sans elle, puisque étant souveraine elle a été quelquefois impuissaute ? On ne veut pas que nous soulevions le voile de l'histoire ! on ne veut pas que nous présentions de l'Église une défense péremptoire, que nous la glorifiions, que nous réduisions ses ennemis au silence ! Eh ! bien soit, nous nous tairons. Pourtant nous avons là les matériaux d'une apologétique sans réplique, puisés à des sources certaines, qui prouveraient que l'Église a fait ce que jamais puissance humaine n'aurait pu faire d'une Société misérable au delà de tout ce qu'il est possible d'imaginer. L'Église a fait des miracles de cette Société, car il n'y a que des miracles qui auraient pu faire ce qu'elle en a fait. Mais comment prouver qu'elle a fait ces miracles, si on nous empêche de dévoiler des plaies que des miracles seuls pouvaient guérir ? Ah ! pourquoi ne pas nous laisser à nous-mêmes, à cette pente qui nous porte à dévoiler ces bas fonds ? Nous rencontrerions peut-être dans notre indignation cette éloquence qui nous manque, cette éloquence fille des franches allures et que glace la crainte et le respect ! Cette éloquence du libre récit si nécessaire à une époque démocratique, où tout se dit et s'écrit, à cent mille exemplaires, où tout se sait et se voit comme dans une maison de verre, et où les catholiques seuls demeurent plongés dans les ténèbres.... par respect !

On n'a dit ni assez de bien ni assez de mal de l'ancien régime. Tout le monde a été dans le faux, les apologistes comme les détracteurs. On ne saurait jamais dire assez de mal du diable, ni assez de bien de Dieu. On a cru que l'ancien régime n'avait qu'une âme et qu'un esprit, l'âme et l'esprit de l'Église. De là les détracteurs de l'Église ont dit de ce régime tout le mal possible en en déguisant *plus ou moins* le bien, tandis que les apologistes en ont dit tout le bien possible en en déguisant *plus ou moins* le mal. Erreur des deux côtés et erreur fatale. Il y a toujours deux âmes, deux esprits dans la société, et dans la société de l'ancien régime comme dans les autres. Toujours et partout le diable est à côté de Dieu. C'est ce que Zoroastre appelait les deux esprits, Ormuzd et Ahriman. Si donc on veut en finir avec les ennemis de la religion, on a un moyen bien simple : on leur passe tout le mal qui a été réellement fait et on le met sur leur compte, car de près ou de loin les détracteurs de la religion appartiennent au mauvais esprit, et on garde pour soi tout le bien, ce qu'on est parfaitement en droit de faire, puisque la religion représente le bon esprit ou le bien et le vrai en soi. Et alors cesse toute confusion à la grande confusion des ennemis de Dieu. Voilà la seule méthode, la seule apologétique digne d'un chrétien et d'un homme loyal.

Oui, l'Eglise a fait tout le bien. Elle a tiré un parti admirable d'une époque essentiellement vicieuse. Elle a fait les grands papes, réformateurs des mœurs, propagateurs de l'Évangile et de la civilisation; elle a produit les grands hommes du temps : Charlemagne, saint Bernard, Suger, saint Louis, Jeanne-d'Arc. Elle a sauvé l'Europe d'une nouvelle invasion, de l'invasion de l'islamisme, qui aurait fait de notre pays ce qu'il a fait du Levant, un pourrissoir de vices et d'ignorance et une impossibilité sociale. Les croisades ont échoué, elles n'ont pas doté l'Europe de cette terre classique de la convoitise européenne, conquise par les Grecs, par les Romains, par les Croisés, par Napoléon, à toutes les périodes de la vie du genre humain, comme la grande route du monde, aujourd'hui encore disputée à l'islamisme par l'industrie, les chemins de fer et les canaux, qui ont hâte de relier, par le chemin le plus court, l'Orient à l'Occident. Mais si les croisades ont échoué, c'est que les croisés, sourds aux avertissements de l'Église, à ses préceptes, à ses prédications, à ses plaintes et à ses gémissements, se divisèrent entre eux, oublieux de la discipline, volant, pillant, violant sur leur chemin, abusant de l'hospitalité reçue, se détournant de leur entreprise, séduits par les richesses et les plaisirs de Constantinople, périssant misérablement enfin; quand, s'ils avaient écouté la voix de la Religion, ils auraient doté l'Europe du tombeau de Jésus-Christ et de la grande route de la civilisation du monde.

Tout ce qu'il y a eu de grand et de beau, on le doit à la Religion, et tout ce qu'il y a eu de vil et de méprisable aux vices des hommes et des institutions. Le miracle a été complet. Avec les instruments les plus défectueux, les plus admirables merveilles ont été accomplies. Quel autre qu'une Religion divine aurait pu réaliser ce prodige de faire avec ces éléments une des plus belles époques, la plus belle peut-être, s'il était possible de ne voir que ce que l'Église a fait directement ou indirectement par son esprit, et de fermer les yeux, avec quelques apologistes, sur ce que l'autre esprit, l'esprit du monde, a fait. L'Église avait à opérer sur les races dissolues de Rome païenne et sur des conquérants grossiers et barbares, Chilpéric, Frédégonde, Clotaire, Childebert, assassins de leurs femmes, de leurs neveux, de tout ce qui s'opposait à leurs brutales convoitises. Et avec cela elle a fait une Europe qui a produit les caractères, les héros, les génies, les saints les plus grands qui aient honoré l'humanité et l'Église, tandis que tout est tombé en lambeaux autour d'elle en Afrique et en Asie. Seule elle a vécu d'une vie de développement et de progrès. Pourquoi?

parce qu'elle était catholique et uniquement catholique. Quel homme a jeté quelque éclat qui n'ait été animé de la grande âme du catholicisme? Otez le catholicisme du moyen âge, que reste-t-il ? Où est sans lui le lustre de ses héros, de ses rois, de ses illustrations en tout genre? Mais replacez le catholicisme à la tête de cette société, quelle gloire! Otez le catholicisme de l'Europe du moyen âge, nous ne serions pas même des musulmans, car il y a des lambeaux de l'Évangile dans le Coran. Que serions-nous donc, grand Dieu? Nous serions, en fait de société, ce je ne sais quoi dont parle Bossuet, qui n'a de nom dans aucune langue. Nous serions une pourriture païenne mêlée à la grossièreté et à la cruauté des Francs, des Goths et des Vandales.

II. — L'élément payen et barbare avait jeté de si profondes racines dans nos mœurs que le catholicisme n'a pu l'extirper entièrement. Il a survécu à nos révolutions. Elles ont emporté ce qui était resté du moyen âge, mais en s'inoculant cet élément. Dieu sait s'il y a eu des païens et des barbares en 93! L'œuvre du catholicisme n'est donc pas finie. S'il en a fini avec l'ancien ordre social, il a à recommencer avec le nouveau. Des abus ont été détruits, d'autres leur ont succédé et ont fleuri sur leur ruine.

Les institutions ou ce que nous appelons l'état social de l'ancienne société étaient vicieux, mais longtemps l'esprit général a été excellent. C'était l'esprit de l'Église, qui dominait l'autre esprit, l'esprit païen et barbare, et vivifiait tout ce qu'il touchait. Qui n'a entendu parler par son vieux grand-père ou sa vieille grand'mère de ces seigneurs de village bons et doux, qu'on encensait au banc d'œuvre, et qui étaient les pères de leurs serfs? Ils étaient le bon exemple de la paroisse. Leurs femmes et leurs filles en étaient les aumônières et les sœurs de charité. Idoles de leurs paysans, leur pont-levis n'était jamais hissé et laissait un libre accès à toutes les plaintes, à toutes les misères. Ces nobles châtelains étaient les conseils et les arbitres plutôt que les juges de leurs justiciables. C'était la justice gratuite avec ses plus doux tempéraments. Tous les alentours du château se ressentaient des vertus qui y étaient pratiquées. C'était sans exemple qu'une jeune fille eût forfait à la pudeur et un jeune homme à l'honneur. Les champs, les vignes, les plus riches prairies étaient cédés à un paysan pour des redevances insignifiantes, pour quelques journées de labour ou quelques gerbes de blé, pour une paire de poulets, moins que cela, pour un hommage. Qui ignore que la fortune de la roture n'a souvent d'autre cause? Qui ne sait que tel bois, telle prairie, telle vallée, a enrichi telle maison de paysan pour une de ces redevances? Tout n'était donc pas abus dans ces abusives institutions où le servage et la corvée avaient d'abord été le droit, mais où la pratique chrétienne tempérait et adoucissait ce que ce droit avait pu avoir de rigoureux. Mais à qui reporter l'honneur de ce miracle de la nature humaine meilleure que les institutions, et faisant tourner leurs vices à la félicité du plus grand nombre? Au catholicisme seul. Oui, le catholicisme a fait une chose au-dessus de la nature : il a vaincu les passions favorisées par les institutions ! Ce serait déjà beaucoup qu'il eût vaincu les passions avec de bonnes institutions, encore plus qu'il eût vaincu les passions avec des institutions ni bonnes ni mauvaises, mais c'est un miracle qu'il ait vaincu les passions avec de mauvaises institutions et malgré ces mauvaises institutions. Il n'y a que Dieu qui ait pu opérer ce prodige. Le catholicisme est donc une religion divine.

Un élément nouveau a été introduit dans la société avec le catholicisme. C'est un élément de transformation de ce qui est mal en ce qui est bien : c'est la vérité, c'est la justice, c'est la pureté. Qu'on ne dise donc pas qu'il y a eu de mauvais prêtres, des moines scandaleux, des papes pervers, ambitieux, désordonnés, et pourtant irréprochables doctrinalement ; ce n'était pas là le catholicisme, parce que ce n'était pas la vérité, la justice, la pureté ; c'était le paganisme, c'était la barbarie, c'était le mauvais esprit qui avait fait irruption dans le clergé de Dieu. Ce moine qui, dans je ne sais quelle ville du Nord, tortura, lacéra, brûla un malheureux par fanatisme, l'accusant de sorcellerie dont il était innocent, n'était pas un moine de Dieu, un inquisiteur de Dieu, c'était un moine, un inquisiteur du diable.

« Il serait prudent, nous dira-t-on, dans l'intérêt du succès de votre ouvrage et parconséquent de la cause que vous défendez, de parler moins des abus, des privilèges et des vices de l'ancien régime. C'est déjà de l'histoire ancienne, et de plus un état de choses qui fut le *nec plus ultrà* de la perfection pour de bons catholiques, qui ne vous liront pas parce que vous vous efforcez de détruire leur idole. On pourrait tout au plus attaquer ce qui dans l'ancien régime était hostile à l'Église, car l'on peut et l'on doit, quand on fait de la politique chrétienne, attaquer tout ce qui dans n'importe quel régime est anticatholique. »

Quand on est chrétien et qu'on fait de la politique chrétienne, on doit attaquer tout ce qui est faux et exalter tout ce qui est vrai ; car le christianisme, c'est la vérité quand même dans la politique comme dans la philosophie et dans les sciences. Toutes les vérités ne sont pas bonnes à dire sans doute, et nous connaissons ce vers de Térence : *Obsequium amicos, veritas odium parit.* Mais on doit dire à ses amis toutes les vérités qu'il est utile qu'ils entendent au risque de leur déplaire, au risque de n'être pas lu par eux. N'est-ce pas toutefois leur faire injure que de les supposer incapables d'entendre et de comprendre la vérité toute nue ? Les privilèges et les abus sont de l'histoire ancienne, mais c'est du soin de les voiler que vivent certains apologistes, et du soin de les divulguer que vivent les détracteurs de la religion. Si donc les abus sont de l'histoire ancienne, c'est de l'histoire faite par les contemporains, car les abus ont toujours été et seront toujours à l'ordre du jour de la politique, la politique ne vivant que d'eux, que ce soit pour en profiter ou les maudire.

Les ennemis de la Religion vivent des abus du passé, et, avec un soin naïf, certains apologistes les déguisent et les voilent, quand ils ne peuvent les nier, comme pour ménager un facile triomphe à leurs adversaires, qui ne cessent de leur crier : Vous êtes des ignorants, ou des gens de mauvaise foi, ou des fanatiques de ne pas voir ou de nier ce que tout le monde voit. Mais il y a dans le fait de ces apologistes beaucoup plus de candeur que d'habileté, et surtout de fausseté. Aussi on doit les traiter avec indulgence. Il y en a qui croient sincèrement que tous les seigneurs ressemblaient au seigneur dont nous avons esquissé le portrait tout à l'heure, et qui s'imaginent que tout était pour le mieux dans le meilleur des mondes possibles, au temps où saint Louis rendait la justice sous son chêne, et où Henri IV voulait que chaque paysan mît sa poule au pot le dimanche. Mais on oublie bien des choses, on oublie entre mille que ce bon roi Henri IV donna le premier l'exemple de l'indifférence religieuse, et se rendit encore plus célèbre par ses galanteries que par les heureuses saillies de son caractère. On oublie les atrocités des Mérovingiens, les guerres civiles plus machiavéliques que religieuses des Valois, qui mirent le catholicisme à deux doigts de sa perte, et l'inconduite, la faiblesse et le peu de lumières de la plupart des Bourbons, race que le martyre et l'exil ont si cruellement éprouvée. Mais qui a fait ces martyrs, qui a fait Louis XVI, une des plus belles figures de l'histoire, l'idole des cœurs chrétiens, parce qu'il eût la volonté sinon le pouvoir de réaliser un roi chrétien en sa personne? Mais qui a fait ce Martyr, sinon le catholicisme? Qu'on loue donc et qu'on célèbre tout ce qui est digne d'honneur et de louanges, nous applaudissons d'avance, car nous savons que tout cela c'est le catholicisme ; mais qu'on dise la vérité, toute la vérité, rien que la vérité, car la vérité, c'est le catholicisme ; nous ne le comprenons pas autrement. Nous l'aimons, nous le vénérons, nous mourrions pour lui au besoin, s'il est la vérité ; nous le mépriserions, nous lui jeterions de la boue s'il était le mensonge. La vérité, toujours la vérité : voilà le catholicisme, voilà notre profession de foi.

Nous estimons donc faire honneur à nos amis en les croyant capables de supporter la lumière en tout sans cligner, sans préjudice du respect que l'on doit à ces vénérables personnes qui, ayant vécu du passé ou dans le passé, se sont laissées inoculer dès l'enfance l'idolâtrie de ce passé ; qui, profondément imbues de tout ce qu'il avait de réellement beau et même de sublime, se sont attachées à lui comme à une relique sainte; qui, l'aimant d'amour, lui sont fidèles comme à la compagne chaste de leur vie, et se feraient tuer pour lui en signe de leur bonne foi parfaite. Ah ! honorons ces personnes, mieux que cela, vénérons-les! Elles ont résumé en elles tout ce qu'il y avait de pur et de parfait dans le régime de leur choix. C'est la vertu, c'est l'honneur personnifiés ; ce sont enfin nos modèles, ceux à qui nous voudrions ressembler. Mais ces hommes, qui ont toutes les vertus, ont aussi de l'indulgence, ils ne trouveront donc pas mauvais que nous fassions de l'histoire, dussions-nous froisser un peu leurs nobles illusions, leurs respectables préjugés. Mais, hélas! ceux-là ne nous liront pas, et c'est le plus grand des malheurs. Oui, l'objection à laquelle nous répondons est fondée. On ne nous lira pas ; car, que sommes-nous ? Un pauvre ami de la Vérité froissant un peu tout le monde.

Mais que d'autres fassent entendre la vérité, on les écoutera. De ce qu'on a de la vertu, s'en suit-il qu'on ne puisse entendre la vérité ? Qui donc pourra l'entendre si le juste lui ferme les oreilles? Les abus sont de l'histoire ancienne ! pourquoi donc s'appuyer sur eux, pourquoi ne pas arracher cette arme perfide à des adversaires qui ne vivent que d'eux et resteraient bouche close, s'ils n'avaient des abus pour matière à leurs déclamations ? L'ancien régime ne saurait être l'idole d'aucun bon catholique, d'un catholique clairvoyant. Son organisation, presque sans distinction, agricole, industrielle, commerciale, financière, nobiliaire et monarchique, était mauvaise; et la preuve, c'est que tout cela a été sapé et détruit pièce à pièce, d'une manière ou d'une autre, par le christianisme pendant quatorze siècles, et finalement par une révolution dont les résultats économiques, sociaux et même politiques, ont été généralement acceptés par la masse de la nation. Qui voudrait aujourd'hui rétablir le droit d'aînesse, les substitutions, les majorats? Personne. Parce que tout le monde verrait que les priviléges des places et des emplois dans l'armée, l'administration, la magistrature et l'Église, au profit des puînés des familles nobiliaires, en seraient directement ou indirectement, sous une forme ou sous une autre, la conséquence forcée. Si donc de bons catholiques ont fait de l'ancien régime l'idole de leur âme, nous ne leur faisons certes pas l'injure de croire qu'ils en adorent les priviléges et encore moins les abus, suite inévitable des priviléges, et qu'ils voudraient revoir l'âge doré des abbés et des abbesses sans vocation, des prélats de cour, ou des officiers sans instruction, sans discipline, sans mérite, résultat fatal propre à déconsidérer le clergé et à faire descendre notre armée au niveau des anciennes armées, au risque de compromettre notre prépondérance et de mettre en péril notre nationalité.

III. — Nous avons dit ce qu'il y avait de bien et ce qu'il y avait de mauvais dans notre ancienne société ; mais nous avons ajouté, pour être juste, que la société actuelle vaut encore moins sur un point capital, sur l'esprit qui la dirige. Le catholicisme était l'âme de la société ancienne malgré tous ses abus, tandis que l'esprit philosophique ou révolutionnaire est l'âme de la société nouvelle malgré tous ses perfectionnements. De là l'infériorité morale de notre état social. De là ses révolutions suspendues sur nos têtes. Matériellement et socialement nous sommes mieux que nos ancêtres, le bien-être est plus généralement répandu parmi nous. Les relations de classe à classe, de patrons à ouvriers, d'industriels à commerçants, de receveurs à imposés, d'administrés à administrateurs, de juges à justiciables, de gouvernés à gouvernants, sont plus logiques et plus naturelles, et peuvent mieux se défendre au point de vue du droit et de la justice. Ces mêmes relations sous l'ancien régime ne sauraient soutenir un examen sérieux. Mais jusqu'au XVIIIe siècle on était religieux, et la religion corrigeait bien des vices, tandis qu'aujourd'hui on est toujours sur le qui vive, sans être assuré du lendemain, et par conséquent malheureux avec les meilleures institutions sociales, parce qu'on n'est pas religieux et qu'on a peur de la révolution. Le catholicisme *n'informe,* ne vivifie, n'anime plus la société. Elle est morte religieusement et moralement ; elle ne se soutient qu'à force de gendarmes, de commissaires de police et de baïonnettes. Or, ni la force matérielle, ni les progrès industriels, ni le bien-être physique, ni une savante et habile organisation de tous les services publics, ni même le génie ne peuvent, en dehors du catholicisme, faire vivre une nation, et encore moins une dynastie, car rien ne vit sans âme, pas plus les sociétés que les individus.

Ce qui manque donc à la nouvelle Société pour être supérieure à l'ancienne sous tous les rapports, c'est le catholicisme qu'elle n'a pas et que l'autre avait. Mais avec le catholicisme et la savante organisation qu'èlle possède et que l'ancienne n'avait pas, elle offre un idéal à tous égards supérieur et auquel on ne saurait rien comparer dans le passé. Que cet idéal se réalise, que notre société redevienne catholique, et alors elle aura fait un pas immense dans le chemin de la perfection. Nous disons que la nouvelle société n'est par informée, vivifiée et animée par le catholicisme, ce qui la rend vicieuse radicalement, malgré la perfection de son organisation matérielle et sociale. Voyez en effet, notre code et nos administrations sont pénétrés de l'esprit de séparation par excellence, et en s'appuyant sur les lois et les ordonnances qui n'ont pas été abolies, un empereur moins clairvoyant et moins catholique pourrait devenir un Julien. La loi non-seulement tolère, mais reconnaît tous les cultes. On adresse des circulaires ministérielles aux évêques catholiques, comme aux pasteurs protestants et aux rabbins juifs. Un évêque, dans des affaires qui touchent au culte, peut être obligé de traiter, de composer avec un administrateur juif, ou protestant, et il ne peut faire planter un clou dans certaines églises sans suivre une filière de formalités sans fin. Nous ne dirons ici rien de l'enseignement. Longtemps ceux qui, plus que tous les autres, avaient le droit d'enseigner ne le purent sans enfreindre la loi. Sous l'ancien régime l'enseignement appartenait presque tout entier aux ordres religieux et au clergé. Dans l'administration des hôpitaux, un nombreux personnel absorbe une partie du bien des malheureux et embarasse plutôt qu'il n'aide les religieuses chargées du soin des pauvres et des malades; et il en est de même de l'organisation d'autres œuvres de bienfaisance dans lesquelles on se passe le plus possible du prêtre.

Ce n'est donc pas le catholicisme mais la philosophie qui pénètre et inspire la société moderne. Or, la philosophie c'est toujours la révolution. Et cependant, ce ne sera pas la révolution, mais le catholicisme qui dégagera de tout impur alliage nos modernes institutions et leur donnera la stabilité. Quoiqu'on en dise et qu'on fasse, quelles que soient la gloire, les richesses et les forces dont on est si justement fiers, on n'empêchera pas que tout cela ne soit ruineux sans religion. En dehors du catholicisme il n'y a pas de *véritable* ordre, de *véritable* civilisation, de *véritable* progrès, de *véritable* liberté. Il n'y a que les apparences de tout cela, et, au fond, la révolution couronnée, ou désordonnée, ou organisée. La révolution, quelque soit sa forme, ne fonde rien de stable, et si elle détruit des abus elle en entraîne à sa suite de plus graves. Elle détruit des préjugés, mais elle ne pose pas des principes, parce qu'elle n'en à pas, ou plutôt elle introduit dans le monde, je ne sais quels principes prestigieux mais faux, qui nous feraient rétrograder jusqu'à l'état sauvage, si le catholicisme par son action cachée souvent au vulgaire n'en neutralisait les funestes influences.

C'est donc au catholicisme de nous faire vivre de notre vie moderne. Nous sommes justement fiers de notre état social, si nous voulons le conserver et le développer adressons-nous donc au catholicisme. Il a fait des prodiges avec l'ancien état social à tant d'égards défectueux, que ne fera-t-il pas du nôtre relativement si supérieur? Le catholicisme fera plus que des miracles si nous voulons nous confier à lui. Qui sait, il réalisera peut-être bien d'utopies, devant lesquelles celles de Platon, de Campanella, de Thomas Morus, de Bacon, de l'abbé de Saint-Pierre, de Fénelon, n'étaient que des ébauches informes. Oui, nous avons assez de confiance dans le catholicisme, dans la vérité nette, pour espérer que de là peut sortir à la longue un miracle de société, une société idéale, une société type. Que l'on dise que nous sommes des utopistes, si l'on veut, nous avons foi dans le Christ et dans son Église, ou dans la vérité nette et sans mélange d'abus, de faussetés et de bassesses. Cependant si nous avons cette foi, nous ne sommes pas assez sot pour oser espérer que les mauvaises passions ont dit leur dernier mot. Mais l'essentiel est de leur faire la part la moins grande possible, de les restreindre et les traquer de tous côtés avec la religion et de bonnes institutions. Le catholicisme est de taille à régénérer la société moderne, à la développer, à la conserver. Qu'on ne porte donc pas ses regards en arrière, mais qu'on les fixe sur l'avenir. Là seulement est le salut, car il n'est pas même dans le présent.

On veut en finir avec les ennemis de la Religion, le moyen est facile, qu'on prenne sur eux l'avantage, en étant justes et vrais en tout. Mais qu'on ne prête pas le flanc à leurs coups en défendant ce qui est insoutenable dans l'ancien régime social, et en attaquant ce qui est réellement digne de notre approbation dans le régime actuel. Laissons à nos ennemis cette misérable tactique qui consiste à tout décrier ou à tout préconiser, vrai ou faux, suivant leurs intérêts ou leurs passions. Cette tactique est une tactique fausse et dangereuse, qui ne peut manquer de perdre ceux qui ont le malheur d'en faire usage. Dominons-les en les écrasant sous les traits de la vérité pure. Que l'implantation du catholicisme dans notre jeune société, dans notre industrie, dans notre science, dans nos arts, dans notre philosophie, dans notre politique, ne soit autre chose que l'implantation de la vérité pure en tout et partout. C'est le seul moyen d'en finir promptement, victorieusement, sans aucune résistance possible, avec nos ennemis sur lesquels nous serons supérieurs en tout, industriellement, scientifiquement, philosophiquement, politiquement. Car ayant tout ce qu'il y avait de bien dans l'ancien régime et tout ce qu'il y a de bien dans le nouveau, nous aurons ce qu'ils ont et tout à la fois ce qui leur fait défaut.

CHAPITRE IV.

LA DÉMOCRATIE.

Notre état social est démocratique. — Il est la conséquence de trois siècles d'hérésies, de philosophie et de révolutions, et le produit nécessaire de la liberté, de l'égalité des citoyens, de la division de la propriété mobilière et immobilière, de la science, de l'industrie, du commerce, des grands travaux de l'État, du crédit, de la publicité à bon marché, etc.

L'Europe se trouve irrévocablement engagée, depuis la Réforme et la renaissance des lettres, dans une phase de civilisation aboutissant forcément à la démocratie. Notre intention n'est pas de faire après tant d'autres le tableau du développement historique de la Démocratie. Notre état social étant le résultat de trois siècles d'hérésies, de philosophie et de révolutions, sans parler de l'action séculaire du catholicisme et des luttes de la monarchie contre l'aristocratie, nous ne pourrions présenter d'une manière saisissante ce développement extraordinaire, sans embrasser dans son ensemble l'histoire complète de la civilisation moderne. Ce qui nous forcerait à suivre l'humanité, partant du christianisme et passant successivement de la phase de l'esclavage à celle du servage, des jurandes et des maîtrises, pour aboutir à la liberté et à l'égalité : progression parfaitement logique et liée dans toutes ses parties et qui, à ces divers titres, offre tous les caractères d'un mouvement providentiel. Mais comme ces considérations historiques nous entraîneraient trop loin, nous nous bornerons à examiner, d'abord, sous les auspices de quels principes et de quels hommes la Démocratie s'est introduite parmi nous, et ensuite, comment elle a pénétré partout, dans nos lois, nos mœurs, notre gouvernement, notre propriété, notre famille, notre industrie, notre commerce, notre agriculture, notre éducation.

I.—La Démocratie française a un caractère profondément radical; beaucoup plus que la démocratie anglaise. L'Angleterre nous a devancé dans ses révolutions sans doute, et elle s'est jetée dans le schisme et l'hérésie, mais elle a fait passer le christianisme ainsi refait dans ses institutions. La France, au contraire, rompant fièrement avec la religion, s'est jetée brusquement des mains des prêtres dans celles des philosophes, avec le dessein hautement avoué de poursuivre sa carrière sous la direction d'une philosophie séparée de toute religion positive. La première Révolution anglaise, celle de Cromwell, s'est accomplie au nom du puritanisme chrétien, et la seconde, celle de 1688, a fait à l'Église anglicane une position officielle, qui dénote de la part des politiques d'alors un reste de pudeur religieuse. En France, au contraire, la Révolution s'est faite au nom de Voltaire et de Rousseau contre l'Église, avec la prétention de refaire la société à neuf sur les principes abstraits de la philosophie. De là notre radicalisme démocratique.

En nous enseignant à nous passer de Religion en philosophie, Descartes nous a donné l'idée de nous en passer en politique. Les doctrines de Mably, Rousseau, Condorcet, Syeyes, n'ont été que l'application à la politique de la méthode cartésienne. Or, cette méthode dangereuse en théorie est encore plus dangereuse en pratique, où les passions jouant un rôle plus considérable que la raison ont besoin d'être contenues.

Les publicistes de la Révolution n'ont tenu aucun compte des passions de l'homme et de la nécessité d'un enseignement extérieur pour inculquer au peuple, sous une forme appropriée à sa nature religieuse, les préceptes de la morale et la philosophie des mystères. Négligeant le fait social d'un sacerdoce dix-huit fois séculaire, ayant une origine infiniment respectable et une autorité qui lui donne le droit de parler au nom de Dieu, à un peuple qui ne peut s'en passer, ils ont opéré sur l'homme et la société comme sur une matière inerte. Et avec leurs principes purement abstraits, ils ont constitué un État imaginaire, incapable de se tenir debout, chancelant depuis soixante-dix ans comme un homme ivre, qui tombe à chaque pas et se relève pour retomber encore. Douze révolutions consommées sans compter les insurrections avortées, en soixante-dix ans et dans un seul pays, c'est assez pour démontrer que l'œuvre de ces hommes repose sur une base ruineuse. Nous aurons donc à prouver que la Démocratie, où nous ont conduit tous les courants de l'histoire, entraînerait inévitablement la ruine des sociétés modernes, si on ne les arrachait des mains de ces faux apôtres pour les placer sous celle du christianisme. Mais avant de fournir cette preuve, il importe d'établir que, si la théocratie et la féodalité ont été la forme essentielle du moyen âge, et la monarchie et l'aristocratie celle de l'ancien régime, la Démocratie est incontestablement celle des sociétés modernes. Et cela est vrai surtout de la France, où tout est constitué démocratiquement, même la monarchie.

Nous croyons avoir prouvé surabondamment que les efforts constants de la Royauté, sous l'ancien régime, avaient tendu à l'affaiblissement de l'aristocratie en en facilitant l'accès à la bourgeoisie et aux hommes de la finance, en maintenant soigneusement ses privilèges, ses exemptions et ses droits honorifiques, et en la tenant éloignée de la politique et des affaires : triple tactique dont l'effet inévitable devait être de faire de la noblesse une caste odieuse au peuple et très-peu redoutable par conséquent. Mais la Royauté a été punie par où elle avait péché, un autre résultat de cette séparation de la nation en deux camps hostiles, devant infailliblement affaiblir la monarchie elle-même. La noblesse ainsi parquée dans ses priviléges avait cessé, à vrai dire, de faire partie de la société, car ce n'est pas être associé à quelqu'un que de l'exploiter de toutes les façons.

L'aristocratie ou plutôt la noblesse, car ce corps avait depuis longtemps perdu le caractère d'une aristocratie, était donc devenue une cause de faiblesse et de désordre, loin d'être une condition de force, de liberté, de bonne harmonie et de stabilité pour l'État. Elle ne tenait donc à rien, pas même à la bourgeoisie où cependant elle se recrutait largement, mais qu'elle méprisait. C'était une plante parasite, une sorte de chancre social au moment où la Révolution a éclaté. Aussi loin d'être un point d'appui elle n'a été qu'un embarras pour la monarchie, et il ne lui est plus bientôt resté qu'à fuir ne pouvant tenir nulle part. Expatriée qu'elle était déjà depuis longtemps au sein même de la patrie, elle s'est trouvée moins étrangère à Coblentz et à Londres, où elle a rencontré des sympathies, qu'à Paris et dans les provinces où elle était cordialement détestée.

La noblesse ayant donc disparu au premier coup de vent de la Révolution, il n'est plus resté de l'ancien régime que cet édifice en sous œuvre, que la monarchie avait déjà monté de toutes pièces, et qui fonctionnait tant bien que mal, en concurrence avec les parlements, les seigneurs et les pays d'État. Nous voulons parler du système de la centralisation que la Révolution avait détruit, et que Napoléon Ier a rétabli en le perfectionnant. Or, nous prouverons que ce système, même modifié, ne saurait coexister avec une aristocratie proprement dite.

Qu'on le veuille ou non, le résultat des efforts combinés de la monarchie et de la révolution a donc été de nous constituer en démocratie, et une démocratie d'autant plus radicale que le système de Louis XI, poursuivi patiemment pendant des siècles par ses successeurs, et par le roi Louis-Philippe en dernier lieu, et qui consistait à s'appuyer sur la bourgeoisie, est désormais impraticable, cette bourgeoisie dut-elle s'allier, au risque de se perdre, à une aristocratie, vouée fatalement à l'impopularité de XIV siècles de monopole et de priviléges. Il ne reste donc en France que le Peuple, et deux hiérarchies fortement constituées, la hiérarchie ecclésiatique ayant le Pape à sa tête, dans l'ordre religieux, et la hiérarchie des fonctionnaires publics dont l'Empereur est le chef, dans l'ordre politique, avec des corporations civiles et religieuses, les unes relevant de ces deux hiérarchies et les autres indépendantes. Et nous démontrerons que ces éléments constituent un état démocratique parfaitement caractérisé, et peuvent suffire amplement à l'organisation d'une société stable et durable, sans le concours d'une aristocratie privilégiée.

Mais avant il importe de mettre hors de toute contestation cette vérité que tous les éléments aristocratiques de l'ancienne France ayant été radicalement extirpés de la nouvelle, tout est profondément démocratique chez nous : la propriété, l'industrie, la famille, les idées, les mœurs, le caractère.

II. — Parlons d'abord de la propriété. On se figure communément que le morcellement de la propriété est le résultat de la Révolution. Il nous serait aisé de prouver que ce phénomène avait déjà pris de larges proportions sous l'empire des lois et des coutumes antérieures à 1789. Vingt ans avant cette époque on trouve des comices agricoles, exprimant leurs doléances sur l'excessive division des héritages. Turgot et Necker se plaignaient de l'*immensité* des petites propriétés rurales dont le nombre allait toujours en augmentant; et M. de Tocqueville, assure, qu'ayant cherché à reconstruire le cadastre de l'ancien régime, il avait trouvé, en le comparant au nôtre, que dans certains villages le nombre des propriétaires fonciers « s'élevait à la moitié et souvent aux deux tiers du nombre « actuel.» (*L'ancien régime et la Révolution*, p. 60). Cependant, quoique la plupart des acquéreurs des biens nationaux, fussent déjà propriétaires, on ne saurait contester que la Révolution, en dépouillant les nobles et le clergé d'immeubles d'une grande étendue, n'ait, avec la loi des partages et la facilité des mutations, ajouté aux causes de morcellement. Tout tend donc à augmenter en France le nombre des paysans, qui, affranchis de tout lien féodal de dépendance, sont aussi maîtres dans leurs chaumières que les nobles de l'ancien régime dans leurs châteaux; la conséquence de la propriété libre, dans un pays où chacun ne relève que de la loi, étant de faire de tous les possesseurs du sol des hommes libres, et de tous les citoyens des égaux. Et ce que nous venons de dire de la propriété immobilière est tout aussi vrai de la propriété mobilière. Soumise à des causes analogues de morcellement, sa nature est encore plus susceptible de se diviser en une quantité innombrable de petites coupures représentant, avec l'épargne de millions d'ouvriers industrieux, autant d'hommes indépendants.

On sait l'importance de la propriété mobilière. La rente seule dépasse sept milliards, et ce n'est pas aller au-delà de la vérité que d'évaluer notre capital mobilier à plusieurs centaines de milliards, en y comprenant les Valeurs industrielles, les marchandises et les créances de toute espèce. La France se trouve donc aujourd'hui composée d'un nombre indéfini et qui va toujours croissant de petits propriétaires et de petits rentiers également libres et égaux. Première cause et cause extrêmement puissante du développement de la démocratie, mais de la bonne démocratie, la démocratie de l'épargne et de la propriété par opposition à la mauvaise démocratie ou la démocratie socialiste.

Quelques personnes, pleines de bonnes intentions, mais confondant l'état économique qui convient aux sociétés démocratiques avec l'état économique qui convenait aux sociétés aristocratiques et monarchiques de l'ancien régime, ont déploré ou déplorent encore le morcellement extraordinaire de la propriété immobilière. Nous les supplions instamment de faire attention à deux choses : la première, qu'ils sacrifient un intérêt social et un intérêt moral d'un ordre supérieur à l'intérêt purement matériel et plus ou moins problématique de la grande culture ; la seconde, qu'ils ajouteraient à la mauvaise démocratie, à la démocratie socialiste, un élément de force de plus en augmentant, par l'extension des grands domaines, le nombre des salariés dont l'esprit est généralement mauvais.

Augmenter le nombre des salariés et diminuer le nombre des petits propriétaires serait dangereux, dans une société où l'industrie et le commerce tendent à multiplier indéfiniment les classes ouvrières des villes et des manufactures. Il est d'ailleurs contestable, même au point de vue économique ou matériel, que la grande culture puisse produire, avec ses machines et ses salariés, des résultats supérieurs aux résultats obtenus par les efforts combinés de petits propriétaires travaillant pour leur propre compte, avec plus de suite et de persévérance. Il n'est pas en outre sans exemple de voir de petits propriétaires s'associer entre eux pour s'entr'aider, ou avoir en commun de ces machines agricoles, qui augmentent les produits en réduisant les frais de la main-d'œuvre. Et nous connaissons tel pays où jusqu'aux paysans tout le monde commence à entrer franchement dans la voie des méthodes perfectionnées. Nous verrons même bientôt que le moyen âge, toujours fécond en leçons de toute espèce, a eu des associations agricoles florissantes, véritables communautés qui supposaient des mœurs antiques dans la classe des cultivateurs et des sentiments chrétiens de bienveillance mutuelle, qui donnent à penser que des associations aussi parfaites seraient aujourd'hui impossibles. Mais l'esprit religieux n'est pas épuisé , Dieu merci, et le génie humain peut trouver d'autres formes d'associations propres à atténuer les mauvais effets du morcellement des terres dans la classe si nombreuse et d'ailleurs si intéressante des paysans.

Nous ne voyons donc pas ce que la France aurait à gagner en puissance si, à la place de ces innombrables hameaux qui couvrent notre sol et regorgent de populations saines, laborieuses et prospères, on voyait s'élever de grandes exploitations agricoles clairsemées, appartenant à quelques riches habitants des villes, et exploitées par quelques mercenaires et domestiques salariés occupés à faire fonctionner des machines.

III. — La science est une autre cause du développement de la démocratie. La science est descendue des régions de l'abstraction dans celle des procédés techniques. Nous n'énumérerons pas les nombreuses industries qui doivent à la mécanique, à la physique, à la chimie, à la minéralogie leurs produits, leurs procédés et leurs méthodes. Il n'est pas jusqu'à l'art de la guerre qui n'emprunte à la science ses engins redoutables, qui ont si fort étonné l'armée autrichienne dans la dernière guerre et ont tant contribué à nos triomphes.

La seule chose que nous voulions établir, c'est qu'à chaque invention de la science correspond une invention dans l'industrie et la fondation d'une entreprise nouvelle qui appelle de nouveaux bras pour son exploitation. De là ce personnel démocratique innombrable qui, de nos écoles des mines et de manufacture, de nos arts et métiers, de nos établissements polytechniques, se propage dans nos ateliers et nos maisons de commerce, s'étend sur tout notre réseau de chemins de fer et envahit jusqu'aux campagnes. Les grands travaux entrepris par l'État contribuent singulieremeut aussi au développement de ce personnel. Paris agrandi compte, sur ses deux millions d'habitants, cinq cent mille prolétaires vivant de la science, de l'industrie, ou des travaux du gouvernement.

L'économie politique, qui a la prétention d'être une science exacte, en popularisant les principes du libre échange et en mettant en lumière les procédés ingénieux des banques et du crédit sous mille formes, a imprimé aux transactions commerciales une impulsion qui a encore accéléré le développement du personnel démocratique. Le luxe et la richesse n'ont pas moins contribué a ce développement en multipliant les grandes et les petites industries qui en vivent, et en augmentant le nombre des serviteurs à gages, qui va toujours croissant à mesure que les services et les besoins des riches se compliquent. Les sociétés par actions ont concouru au même résultat dans de larges proportions, en couvrant le pays de petites autonomies démocratiques, ayant un intérêt capital aux progrès et au développement de l'industrie et du commerce, qui les font vivre et prospérer.

IV. — Le personnel démocratique se compose donc, d'une part, des paysans, des petits rentiers, des petits industriels et des boutiquiers, et de l'autre, de la population ouvrière des villes et des grands centres manufacturiers, et il se trouve que l'envie et l'ignorance de ces classes, d'ailleurs si intéressantes, sont indignement exploitées par une foule de mauvais auteurs, sans conscience qui, n'ayant pas un talent capable de remuer les instincts nobles et élevés de la multitude, s'adressent à ses plus vils instincts pour se faire une clientèle et vivre aux dépens de sa moralité. Cette foule de mauvais auteurs vient donc renforcer le personnel démocratique et accroître ses dangers en lui donnant un drapeau et des chefs. On conçoit combien il est facile à ces auteurs d'égarer ce malheureux public. La classe ouvrière est sans religion, avec une instruction primaire suffisante pour lire ce qui la flatte et l'amuse, mais insuffisante pour lui faire discerner ce qui la pervertit et la corrompt. Élevé à l'école de ces corrupteurs de la moralè publique, et n'ayant pas même un jour dans la semaine pour se soustraire à leur influence et élever ses pensées vers Dieu, le travailleur tout entier se trouve livré sans défense à ses passions et à ses appétits. Ses délassements, sauf de nombreuses et honorables exceptions, ne sont que des orgies et ses émotions politiques que les révoltes de la rue ou le sac des palais et des églises. Est-ce à dire que le personnel démocratique, à prendre les hommes individuellement, soit plus mauvais que ne l'est l'espèce humaine en général? Non. Mais il est sous l'empire de passions développées en lui par un enseignement détestable dont il lui est impossible de se défendre, faute d'une éducation sociale, politique et religieuse appropriée à sa situation. Nous verrons plus loin ce qu'il y aurait à faire pour lui donner cette éducation, notre seule intention ici étant de constater le mal.

V. — Ainsi, liberté civile, égalité des droits, engagements libres des domestiques et gens salariés; morcellement de la propriété immobilière; développement indéfini de la propriété mobilière, des petites coupures de la rente, des chemins de fer, des obligations; application des sciences positives à l'industrie; labeur incessant des savants et des industriels à la recherche de nouvelles inventions; facilité des communications et des échanges; extention de l'industrie et du commerce provoquée par toutes ces causes et par les besoins du confort et du luxe; développement de la richesse générale; organisation des banques et du crédit pour faciliter et accélérer cet immense mouvement; et avec cela trente-cinq millions de paysans, de domestiques, de prolétaires *libres*, *égaux*, *indépendants*, ne relevant que d'eux-mêmes, sachant manier les armes et faisant partie de la conscription. Voilà la situation, si on ajoute, que ce personnel essentiellement démocratique tend à se développer et à s'accroître à chaque morcellement du sol, à chaque progrès de la science, à chaque création de l'industrie à chaque construction d'un chemin de fer, à chaque accélération du mouvement commercial sous l'empire du libre échange: causes puissantes qu'il est impossible de supprimer. Car il en est de naturellement insurmontables, tandis que, chose étrange! celles que l'on pourrait conjurer auraient pour effet d'accélérer dans un autre sens le mouvement démocratique! Il y a là un fait brutal qui se produit fatalement comme l'invasion des barbares dans le monde antique. Au lieu de la barbarie c'est l'invasion de la démocratie, non moins puissante que les barbares. Les dernières guerres l'ont prouvé. Avec cela, cette Démocratie a une âme, et un drapeau. Cette âme et ce drapeau, c'est la philosophie, c'est la Révolution, c'est l'humanité se divinisant elle-même, se faisant Dieu, et prêchant aux masses populaires leur propre Autonomie; c'est la presse, la mauvaise presse, c'est la bibliothèque des mauvais romans, s'insinuant par notre immense réseau, sur tous les points de la France; c'est le colportage au fond des campagnes, des livres à un sou; c'est la prédication des doctrines anti-sociales dans les cafés, dans les mauvais lieux, dans les sociétés secrètes; et avec cela l'absence ou l'insuffisance évidente de l'enseignement religieux, de l'enseignement de l'économie politique, de l'enseignement de la vraie science sociale. Voilà la situation: une mer immense de masses populaires sur laquelle flotte la Religion et le Pouvoir, balottés par le souffle de la Révolution, séparés l'un de l'autre et allant à la dérive!

VI. — Cette situation est le produit de causes offrant dans leur ensemble un caractère systématique, impossible à méconnaître. Elles sont le résultat non de la volonté des hommes, mais de la force des choses. Tout se tient et se combine dans ce mouvement de civilisation, où tout arrive en contre sens des prévisions et souvent de la volonté des hommes, qui coopèrent à son développement en voulant l'empêcher. La science, l'industrie, le commerce, l'économie politique, le crédit organisé, la centralisation administrative concourent au même résultat, et toutes les créations du génie humain contribuent à la consolidation d'une situation, contre laquelle ont vainement tenté de lutter les pouvoirs, les plus forts et les partis les plus habiles. On a essayé de tout, de la liberté, de la force pour arrêter le mouvement et tout a contribué à le précipiter. Il a usé de grands hommes, des Dynasties puissantes, et il s'attaque en ce moment fortement à la Papauté. Qui l'arrêtera, qui pourra donc l'arrêter? nous le dirons plus tard. Bornons-nous à constater maintenant le fait de son irrésistible ascendant.

CHAPITRE V.

LA CIVILISATION.

Irrésistible ascendant de la civilisation. — Puissnce de ses méthodes perfectionnées. — Est-elle un bien, est-elle un mal? — Impuissance des nations atardées pour contenir la Révolution à l'intérieur et à l'extérieur. — Cause de leur ruine. — Il faut avancer ou périr. — Malheureuse condition de l'Autriche et de Naples.

Cet ascendant de la civilisation moderne qui renverse tout ce qui cherche à lui faire obstacle, tient aux éléments de force et de richesse que la science porte avec elle, et qui donnent aux peuples, qui ont suivi la civilisation dans sa dernière évolution, une incontestable supériorité sur ceux qui se sont obstinés à rester à la même place. L'effet de la science est de faire marcher de front tous les progrès matériels en introduisant partout la lumière, et en faisant passer ses progrès dans toutes les branches de l'activité sociale. Les progrès matériels réalisés par l'Angleterre et la France nous en donnent la preuve palpable.

I. — L'Angleterre est la première nation qui ait connu et mis en pratique le mécanisme du crédit, et qui soit largement entrée dans les voies de l'industrie et du commerce perfectionnés, et accélérés par les procédés techniques. Elle est la première qui ait connu les principes véritables de l'économie politique et s'y soit conformée; la première enfin qui soit entrée dans la carrière du libre échange. Nous savons le mal qui la ronge, mais nous voulons en ce moment prouver une chose, une seule chose, c'est l'influence prépondérante dans la politique et le cours des événements de la richesse et des moyens perfectionnés de la civilisation. Il est donc arrivé une chose, la plus dramatique de l'histoire du genre humain, c'est le spectacle de cette nation aux prises, de 1799 à 1815, avec le plus puissant peuple du globe, centralisé, et commandé par le génie de la guerre ayant sous sa main la force militaire de la moitié de l'Europe, et usé à la longue par son ennemie implacable alors même que les saisons et les éléments n'auraient pas concouru à sa perte. Tandis que sans elle et sans ses dix ou douze millards de dépenses et de subsides aux nations belligérantes, ses alliées, ces nations n'auraient pu résister sur aucun point, incapables de se procurer des sommes aussi considérables pour entretenir et recruter leurs armées! C'est un fait historique notoire que sans les richesses de l'Angleterre, la Prusse, l'Autriche et la Russie, ne seraient jamais venues à bout, non-seulement de renverser le colosse, mais de soutenir avec lui, faute de ressources matérielles, une guerre de quelque durée, malgré les millions de soldats qu'elles pouvaient livrer en coupe réglée au fer de leur vainqueur. On sait en outre, que si Napoléon a pu soutenir ses interminables guerres, il l'a dû à la réorganisation savante de ses finances, et aux moyens habiles qu'il avait su employer pour augmenter ses ressources.

II. — L'exemple de la France actuelle n'est pas moins frappant. Armée de la centralisation qui est l'instrument le plus puissant de force et de prépondérance pour une nation initiatrice, campée au milieu de peuples qui la suivent tout en la jalousant, elle a perfectionné son mécanisme administratif, financier et militaire, de manière à placer entre les mains d'un seul toutes les ressources, en hommes et en argent, d'une nation de près de quarante millions d'hommes. Et chose singulière, c'est la Révolution qui, autant que les traditions monarchiques de l'ancien régime, a armé le Pouvoir de cette prépotence destinée à l'enchaîner et à rendre à beaucoup d'égards impossible la liberté politique. En fait d'organisation financière, de l'assiette et du recouvrement des impôts, on peut dire que la France a atteint la perfection. Aucun denier ne peut sortir des mains des contribuables pour entrer dans les caisses publiques, passer d'une caisse dans une autre ou dans les mains d'un créancier de l'État, sans que la légalité de sa perception, la régularité de ses mouvements et la légitimité de son emploi ne soient constatées par des agents responsables, vérifiées judiciairement et sur pièces par des magistrats inamovibles, et définitivement sanctionnées dans des comptes législatifs.

L'organisation judiciaire de la France mérite, à beaucoup d'égards, les mêmes éloges que son organisation financière. L'organisation administrative n'a guère qu'un défaut, c'est d'être trop centralisée en bien des points que nous aurons l'occasion de signaler plus loin. Son organisation militaire passe avec raison pour ne rien laisser à désirer. La France a même dépassé la tactique du premier empire, tandis que les autres nations, appelées en face ou à côté d'elle sur les champs de bataille de la Crimée et de l'Italie en étaient encore à la tactique de 1815. Elle a fait profiter ses formidables engins de destruction de tous les progrès des sciences, et elle a encore manifesté en ce genre une écrasante supériorité sur ses ennemis, vaincus autant par l'étonnement que sous la pression et l'élan irrésistible de ses bataillons. Elle a encouragé les sciences, l'industrie, le commerce, l'agriculture; fondé une foule d'écoles techniques; entrepris et exécuté des travaux gigantesques, et tout cela après avoir été battue, ruinée, décimée en 1815, et avoir payé un milliard et demi de subventions de toute nature à la coalition et un milliard d'indemnité aux émigrés. Voilà comment elle a mis à profit ses quarante ans de paix; et elle est arrivée aujourd'hui à ce degré de puissance qu'il dépend d'elle et de l'Angleterre réunies de dicter des lois à l'univers. Ces deux nations ont tellement augmenté leurs ressources financières, et fait subir à l'art militaire et à l'art maritime de tels perfectionnements, qu'elles ont mis la guerre au-dessus de la portée des nations attardées, en la rendant si coûteuse que ces nations sont incapables de la soutenir avec succès pendant seulement quelques mois. Ce sont là autant de faits éclatants que les dernières guerres ont mis hors de toute contestation.

La civilisation perfectionnée dispose donc en maîtresse absolue des destinées du monde moderne. C'est elle qui procède à l'exécution en forme des nations attardées incapables de se protéger et de protéger leurs établissements politiques, faute d'avoir su mettre à profit, après une éclatante victoire, ces quarante ans de paix si bien mis à profit par la France révolutionnaire.

III. — La Révolution a ainsi continué à faire son chemin, toujours victorieuse et toujours maîtresse du terrain, malgré quelques échecs passagers qui n'ont été que des haltes. Et afin que son effort fût plus décisif et son exécution plus prompte, en même temps que la France et l'Angleterre révolutionnaires se trouvaient investies de la puissance la plus formidable qui ait jamais été placée entre les mains de l'homme, il est arrivé que l'Autriche, qui a voulu opposer une digue au torrent, était frappée d'impuissance, minée sourdement elle-même par la Révolution, incapable de se protéger contre ses sujets révoltés, toujours sur le qui vive et s'épuisant en résistances et en répressions inutiles.

Ah! ce n'est pas nous qui dirons du mal de l'Autriche, cette satellite obligée de notre système politique, le jour où la question italienne ayant été vidée, il ne restera plus à la France et à l'Autriche, qu'à former un faisceau compact contre les envahissements de la Russie et du chisme grec en Orient, sans parler des autres peuples hérétiques, chacun aussi puissant que nous, et contre lesquels ce ne sera pas trop des nations catholiques, groupées autour de la France appuyée sur les mers, les Pyrénées, les Alpes et le Rhin. Ce n'est donc pas nous qui dirons du mal de l'Autriche, destinée à être dans un avenir éloigné notre ferme appui. Nous ajouterons même qu'elle est moralement dans une situation meilleure que la nôtre, si sous d'autres rapports elle est à la veille d'une dissolution matérielle. Sa bourgeoisie est mauvaise et son aristocratie corrompue et sans patriotisme, mais ses populations sont saines généralement; le virus philosophique et révolutionnaire n'a pas été infiltré aussi profondément dans ses veines que dans celles de la France; et, si ses provinces composées de races diverses menacent son unité, il n'est pas non plus impossible que la vie, les libertés et les franchises de ces provinces n'assurent un jour son salut, en la préservant de la centralisation exagérée qui nous étouffe. Oui, avec son admirable organisation matérielle, sa prospérité et sa richesse, la France, minée sourdement par des doctrines détestables, est peut-être, à un autre point de vue, aussi près d'une décomposition que l'Autriche pauvre et travaillée par ses difficultés intérieures; car il n'y a qu'un pas d'une centralisation excessive à la dissolution, quand on se trouve menacé par le développement non moins exagéré d'une démocratie aussi forte que le pouvoir et qu'aucun frein moral ne retient.

Qu'on nous permette donc de sonder les plaies de l'Autriche avec toute la liberté et l'indépendance chrétiennes, afin qu'elle puisse les guérir et devenir un jour notre ferme et solide alliée.

IV. — Les finances de l'Autriche sont dans un état à faire craindre une catastrophe. Nous allons en donner la preuve en groupant quelques chiffres extraits de documents authentiques.

La dette autrichienne se divise en ancienne et en nouvelle. L'ancienne dette, qui remonte à l'année 1703, s'élevait, en 1811, à 658 millions de florins, et la dette flottante à plus du double. La circulation du papier monnaie était d'un milliard de florins. En 1815 la situation n'étant plus tenable, on donna aux créanciers de l'État 57 florins pour 1,000 florins de *Bancos!* A la paix générale on essaya de réparer en partie cette banqueroute. Le chiffre total de l'ancienne dette portée à 488 millions de florins ne dépasse pas aujourd'hui 250 millions. La dette nouvelle provient des emprunts postérieurs à 1815 et s'élève au chiffre fabuleux de 2,605,000,000 de florins, soit plus de six millards et demi de francs, en y comprenant les déficits approximatifs de ces deux dernières années. L'Autriche a donc employé ses quarante ans de paix à faire plus de six millards et demi de dettes, dépassant huit fois son revenu annuel, et représentant le quart de la fortune mobilière de tout l'empire. En onze années sa dette s'est accrue de près de 150 pour 100. Et au moment même où nous écrivons ces lignes elle a essayé de négocier un nouvel emprunt de 200 millions de florins, sur lequel on n'a voulu lui prêter que 76 millions! Quelle incurie, si ce n'est quel affreux gaspillage!

La Banque de Vienne, détournée de ses attributions primitives, consistant à créditer le commerce et l'industrie, n'est plus qu'une planche à assignats, chargée de fournir du papier au lieu d'argent au trésor, et de soutenir à tout prix les titres de la dette publique.

Le contre coup de cette grave situation se fait sentir sur les grands établissements financiers issus de la paix de 1855, le Crédit mobilier, la Banque hypothécaire et les divers chemins de fer qui sillonnent l'empire; et la torpeur des grandes entreprises coïncide avec le fâcheux état des finances.

V. — Les difficultés politiques que l'Autriche subit depuis longtemps et contre lesquelles elle semble lutter vainement ne sont pas moins grandes. Elles résultent en première ligne, des résistances opposées par les nationalités nombreuses, réunies sous un même sceptre, à l'œuvre de centralisation poursuivie par l'administration impériale. La conservation d'antiques priviléges, l'établissement d'une langue officielle ou le maintien des idiomes particuliers, créent à chaque instant des malaises ou des hostilités que les patentes et les décrets impériaux sont impuissants à guérir ou à vaincre.

VI. — La situation religieuse de l'Autriche est tout aussi embarrassée. Le concordat conclu avec la cour de Rome en 1855, et qu'on ne saurait assez louer d'avoir porté le dernier coup au joséphisme a, sous d'autres rapports, soulevé une telle répulsion que le gouvernement a reculé devant son application. Les protestants de la Hongrie résistent ouvertement à la patente impériale, qui place la surveillance et l'instruction en matière religieuse entre les mains de l'administration; immixtion de l'état dans les affaires religieuses toujours dangereuse, et en opposition avec toutes les tendances modernes. Et cependant la patente renferme des dispositions libérales, à en croire un homme qui n'est pas suspect, M. Barthelemy de Szemere, président du conseil des ministres de la Hongrie sous le gouvernement de Kossuth. Elle remet les protestants dans la possession de leurs anciens droits, et ils se trouvent ainsi dotés d'une charte religieuse, « admirable, basée sur le suffrage universel, et unissant dans une « belle harmonie l'ordre le plus parfait avec la liberté individuelle « la plus large. » (*La question hongroise* Paris 1860). Et cependant *ces belles garanties*, si propres à séduire des hommes qui professent la doctrine du libre examen, ne les ont nullement tentés. Ils ont pensé que toute liberté octroyée est par cela même précaire, surtout quand l'État se réserve d'intervenir, et prend à sa charge le traitement d'une partie du clergé. On voit que la doctrine de la séparation du spirituel et du temporel n'est pas particulière à la France, et prend de plus en plus un caractère général, qui lui assure dans un avenir peu éloigné un tiomphe définitif. Ainsi sans parler même de la Vénétie, où l'Autriche abhorrée ne peut se maintenir que par la prison ou le sabre, le trouble est partout, dans ce malheureux pays ; et on dirait avec cela que des hautes sphères administratives on a pris à tâche, par des tentatives de réforme aussitôt avortées, d'entretenir l'inquiétude et le découragement et d'ôter aux rouages qui fonctionnent jusqu'à l'apparence d'une forme régulière.

L'Autriche serait donc menacée d'une ruine prochaine, si le gouvernement, trouvant dans le moral de ses habitants un moyen de régénération, et renonçant à de vains palliatifs qui ne servent qu'à aggraver le mal au lieu de le guérir, ne recourait hardiment aux moyens héroïques. Un parlement national pourrait seul établir quelque cohésion entre ces membres épars de l'empire qui sont à la veille de se disloquer. Et si le jeune empereur avait l'intelligence de sa situation, il comprendrait que le système de compression et de rigueur employé jusqu'ici ne fait qu'ajouter à la désaffection générale, et que le meilleur moyen de rétablir ses finances, d'avoir de belles armées et un matériel de guerre imposant, serait d'entrer résolument dans les voies de la civilisation perfectionnée, qui a fait la prospérité matérielle de la France et de l'Angleterre. Une révolution sans cela est imminente, et il est malheureusement à craindre que ces peuples n'aient besoin de recourir à cet expédient extrême pour se sauver, si ceux qui les gouvernent, ouvrant enfin les yeux, ne deviennent plus sages : ce qui dans les vieilles dynasties, est excessivement rare (1).

VII. — Mais ce qui n'a pas été moins fatal à l'Autriche, c'est le malheureux génie de sa diplomatie, et de sa politique extérieure, dont son homme d'État le plus illustre, le prince de Metternich, a été la haute personnification. Se confiant à ce mauvais génie, elle a entrepris des

(1) Ceci était écrit depuis longtemps, quand François-Joseph a pris, le 19 avril 1860, une détermination de la plus haute gravité et qui prouve deux choses : la première qu'il est vivement préoccupé de la malheureuse situation de son pays ; la seconde, que ses idées de réforme ne sont, comme nous le disions tout-à-l'heure, guère arrêtées dans son esprit et celui de ses conseillers. Les lettres impériales du 19 avril sont en effet un revirement complet de sa politique, et l'abandon de son système d'absorption de toutes les provinces et de toutes les races de la monarchie dans l'unité d'administration ou de centralisation progressive. François-Joseph, effrayé de l'agitation croissante de la Hongrie, semble vouloir abandonner la politique unitaire du prince de Schwarzenberg « pour introduire dans tous les pays « de la couronne » le principe qu'il applique à la Hongrie, et dont l'objet est de constituer « l'autonomie des communes, districts et comitats, représentés « par des diètes et des députations permanentes. » Système fécond, et qui différerait assez peu de celui que nous proposerons dans ce livre, si le jeune empereur, achevant d'affranchir ses sujets des priviléges nobiliaires dont la charge était si lourde avant 1848 (*), faisait aboutir les députations diétales permanentes à une véritable représentation nationale au lieu d'un gouvernement simplement consultatif, qui ne ferait qu'aggraver le mal au lieu d'y remédier. Mais il ne paraît pas, malheureusement, que telles soient ses intentions, à en juger par le froid accueil que reçoivent ses projets de réforme.

Tous les événements qui s'accomplissent journellement viennent donc à l'appui de ce que nous disons ; et la mort de M. de Bruck et la démoralisation profonde de l'administration impériale dont ce suicide est un symptôme, prouvent que nous n'avons rien exagéré du triste état des affaires de l'Autriche.

(*) C'est une chose inexplicable que l'engouement du public pour l'ancienne constitution hongroise. Jusqu'en 1848, elle n'a fonctionné qu'au profit de quinze cent mille privilégiés qui votaient l'impôt dont ils étaient affranchis, et qu'ils faisaient payer, comme en France sous l'ancien régime, aux treize ou quatorze millions composant les autres classes de la société. La confiscation était encore un droit odieux reconnu par cette constitution, et depuis elle a été largement appliquée par le gouvernement contre la noblesse qui s'est insurgée en 1848, au nom de cette même constitution.

choses au-dessus de ses forces : elle a convoité l'Italie, et elle a voulu régner sur elle par l'influence et les interventions. Et afin de la maîtriser plus facilement elle a imposé aux dynasties qui régnaient pour elle, l'obligation d'arrêter tout développement intérieur d'organisation matérielle et militaire, au risque de les faire chasser en les rendant tout à la fois impopulaires et incapables de se défendre contre leurs sujets révoltés. Pour comble d'aveuglement, qui prouve sa bonne foi, elle s'est imposé à elle-même ce déplorable système d'infériorité. Ainsi, pendant que la France, sa rivale en Italie, savait profiter des loisirs d'une longue paix pour être en mesure à un moment donné de faire tomber, en quelques batailles, l'incroyable échafaudage politique éclos dans le cerveau du Prince de Metternich, on voyait l'Autriche allant au secours des autres, quand elle ne pouvait se tenir de bout par elle-même : se ruinant au jeu des interventions, sans moyen de crédit, obérée avant même d'entreprendre la lutte, fournissant une carrière de deux mois de guerre et obligée de s'arrêter sous peine de faire banqueroute, ignorant les progrès de l'art militaire, comme elle ignorait tous les autres, ayant une armée, une administration, une organisation financière du vieux temps, et osant avec toutes ces faiblesses se mesurer avec la Révolution armée de tous les engins et de toutes les ressources d'une civilisation avancée ! Quelle imprévoyance et quelle responsabilité ! On n'a pas voulu des progrès matériels, on n'a pas voulu de la conscription, de paysans maréchaux, de l'organisation du crédit, du développement indéfini de la richesse mobilière, d'une administration intelligente, d'une perception financière irréprochable ; qu'on subisse donc les conséquences de cet étrange système d'administrations désordonnées, d'armées commandées par le droit du sang et des titres, d'une organisation financière en délabre, d'une industrie et d'un commerce entravés sous toutes les formes, d'un art militaire dans l'enfance.

Ah ! quel compte sévère ils auront à rendre à Dieu ceux qui, chargés d'arrêter le flot de la révolution, s'y sont pris de cette singulière manière d'être inférieurs en tout à ceux à qui ils avaient la prétention de résister ! Pendant qu'un immense mouvement social s'opérait dans l'ordre matériel et économique de la société, ils ont fermé toutes les portes pour ne pas en être envahis, confiant leur destinée aux hommes de la routine, aux incapables, aux aveugles, opposant la misère à la richesse, les caisses vides au crédit, les ornières aux chemins de fer, la protection et l'étouffement à la liberté des échanges, la faiblesse à la force, et c'est ainsi qu'ils ont entendu nous protéger, nous hommes de la conservation sociale, nous hommes religieux, nous les victimes d'un ordre écrasant par sa puissance matérielle ! Vous adressez au ciel des pières, malheureux que vous êtes, mais vous n'avez rien fait pour mériter d'être exaucés. L'empire du monde est une balance de forces. Les peuples appartiennent à ceux qui les font grands et puissants, ils échappent à ceux qui, les laissant dans la misère et la faiblesse, se trouvent à un moment donné incapables de les protéger contre la révolution. Délaissés, ils se jettent dans les bras de la Force armée et de la civilisation.

La conservation de l'ordre contre la Révolution est le premier besoin des sociétés. Dans le siècle de fer où nous sommes le pouvoir doit avoir la force de maîtriser la révolution et de protéger la société contre les révolutionnaires. Or un des meilleurs moyens c'est une bonne armée soutenue par de bonnes finances. « L'argent dans les temps « d'industrie, dit M. de Lamartine (hist. de la restaur. p. 161, v. 7, « Paris, 1852) est le fond des choses humaines. Les grands fana- « tismes religieux ou politiques sont les héroïsmes des temps et des « pays pauvres. » Il y a du vrai dans cette parole. Que les hommes d'ordre se réveillent donc de leur longue torpeur, qu'ils prennent le contre-pied de ce qu'ils ont fait jusqu'ici dans l'ordre matériel, s'ils veulent conserver leur empire dans l'ordre religieux et moral; qu'ils deviennent forts et redoutables s'ils veulent se faire respecter, et que pour cela ils demandent à tous les progrès cette puissance physique qui leur fait complétement défaut. Ils le peuvent et ils le doivent avec d'autant plus de raison qu'eux seuls, avec leurs idées morales et leur enseignement divin, peuvent introduire dans cette organisation matérielle des temps modernes, cet esprit d'ordre et de religion qui peut seul l'empêcher de dégénérer en dissolution.

On nous dirait que le roi de Naples (1) et l'empereur d'Autriche ont été emportés dans un orage populaire que nous n'en serions nullement surpris. Comment le serions-nous? C'est la révolution et les révolutionnaires sans doute qui les auraient emportés, comme ils nous ont emportés tant de fois pour n'avoir pas su leur résister nous-mêmes. Et c'est ce qu'on ne manquerait pas de dire pour

(1) Depuis que nous avons écrit ces paroles, a éclaté l'insurrection de la Sicile qui a exigé un déploiement de forces considérable au moment même où on agitait la question de savoir si le roi de Naples n'irait pas au secours du Saint-Père! Quelle situation que de vivre ainsi au jour le jour, toujours à la veille ou au lendemain d'une insurrection! Voici un fait capable de donner une idée de la manière dont le royaume des Deux-Siciles est administré au point de vue des progrès matériels. C'est le 28 avril 1860, après l'explosion de l'insurrection de la Sicile, que le jeune roi de Naples s'est décidé à promulguer un décret sur les chemins de fer! On sait que jusqu'à ce jour il n'avait été livré qu'une seule ligne à la circulation. Le roi promet dans ce décret un réseau de chemins de fer pour Naples et un autre pour la Sicile. Quelques concessions de voies ferrées déjà faites et qu'on avait entravées sous mille prétextes, ayant été retirées par le gouvernement, il se trouve donc que les réseaux des chemins de fer du royaume des Deux-Siciles vont être mis à l'étude, quand déjà presque toutes les nations de l'Europe et de l'Amérique ont terminé les leurs! N'est-ce pas triste de voir des nations catholiques se nuire à elles-mêmes et travailler de leur mieux à leur déconsidération et à leur ruine, alors que, par la communauté de nos croyances, elles auraient droit à toutes nos sympathies? Nous sommes profondément désolé de cette situation, et, malgré l'armée relativement bien organisée du jeune roi, nous avouons n'avoir aucune confiance dans l'avenir de sa dynastie s'il ne se hâte de modifier son système d'administration, et surtout sa police.

pallier leur défaite. Mais pourquoi se laisser ainsi emporter? Pourquoi depuis tant de siècles que leur dynastie gouverne ces contrées n'ont-ils pas amassé assez de force pour protéger les gens honnêtes contre les attaques de la révolution? Pourquoi sont-ils si faibles quand d'autres sont si forts? Pourquoi surtout ne sont-ils pas en état de tenir tête à leurs ennemis du dehors, sans craindre d'être renversés par leurs ennemis du dedans? Des ennemis au milieu d'eux, des ennemis autour d'eux, et une faiblesse de moyen pitoyable, qu'espérer de leur bon vouloir?

VIII. — Et pourtant ce ne sont pas les exemples qui leur manquent, à côté d'eux, — qu'on nous permette encore dans l'intérêt de la cause que nous défendons de faire l'éloge de ce peuple dont nous réprouvons, sous beaucoup de rapports, l'esprit et les tendances, — à côté d'eux un petit peuple est surgi de derrière le rideau des Alpes. Foulé, de 1793 à 1815, sous les pieds de nos soldats, et courbé depuis sous le joug des anciennes méthodes de gouvernement, il s'est avisé un jour de sortir de cette ornière. De ce jour ce petit État est entré dans le conseil des grandes puissances; gouverné déplorablement au point de vue religieux et moral mais admirablement au point de vue politique, il a fait faire en quelques années de tels progrès à son organisation financière et militaire, qu'il a pu fournir une armée, recrutée sur son propre sol, aux deux puissances de l'occident, dans une guerre lointaine; prouvant ainsi qu'il était maître de la révolution à l'intérieur, quand le roi de Naples, ayant une population deux ou trois fois plus considérable, était avec ses régiments de mercenaires et son armée de cent mille hommes, à peine capable de se protéger contre ses propres sujets. Le roi de ce petit peuple, développant son ambition dans la proportion de ses ressources, se trouvait bientôt en mesure de figurer noblement et de combattre, avec une armée de près de 100,000 hommes assez bien équipée et commandée, à côté des plus vaillantes et plus belles troupes du monde, se couvrant de gloire avec elles, et faisant mordre la poussière à son plus cruel ennemi. Et ainsi victorieux, grâce à nous et à sa politique, il se trouvait en même temps avoir un crédit suffisant pour payer la plus riche rançon du plus beau fleuron de la couronne d'Autriche, réalisant en quelques jours des emprunts énormes, tandis que son ennemi riche d'une population décuple serait non-seulement incapable d'emprunter quelque chose, mais encore de payer ce qu'il doit s'il fallait en croire ses ennemis. Quels rapprochements!

IX. — Oui les preuves aujourd'hui sont faites, les anciens procédés de gouvernement sont tout aussi impuissants que les procédés révolutionnaires pour conduire les peuples modernes à leur destinée. Ils ne sauraient dans tous les cas les protéger contre le flot de la démocratie, qui va toujours montant, à mesure que les classes ouvrières se multiplient et se corrompent, faute d'un enseignement religieux capable de les saisir vivement par la grandeur des exemples, autant que par le savoir, l'intelligence et le bon sens de ceux qui devraient le lui distribuer dans des conditions essentielles au succès. Les anciens procédés ne sauraient donc nous protéger efficacement. Tout cela est suranné, usé jusqu'à la corde; tous les expédients des anciens partis sont percés à jour. Il nous faut deux choses pour nous protéger efficacement : la religion, et la force; mais la religion intelligente et la force perfectionnée de la civilisation moderne. Pour parler encore plus clairement, il nous faut un pouvoir civil armé de toutes les forces vives d'une société riche et puissante par le progrès des sciences, des arts, de l'industrie, du crédit et du commerce ; et un pouvoir religieux servi par un clergé libre, formant, dans son indépendance, *et dans sa sphère spirituelle*, une autonomie à lui, se régissant, par ses propres lois, mais profondément pénétré du sentiment des besoins modernes. Un clergé, ayant dépouillé le vieil homme, l'homme suranné, l'homme impuissant, l'homme faible, l'homme sans virilité des civilisations décrépites, pour revêtir l'homme fort, l'homme énergique, l'homme intelligent des sociétés démocratiques, l'homme enfin capable de tenir tête à la révolution, en lui prouvant par sa conduite encore plus que par ses paroles qu'il la comprend. Et, si on veut nous laisser dire un dernier mot tout bas de peur que le gouvernement ne l'entende, il nous faut encore, comme couronnement, c'est le mot consacré, un peu de liberté, mais pas trop, afin de nous rendre dignes d'en avoir un jour beaucoup. Il y a donc dans la civilisation moderne, malgré les abus monstrueux que nous allons signaler, et qui tiennent moins à elle qu'au mauvais esprit qui la corrompt, tout un ensemble logique d'institutions, de développements et d'améliorations, qui décèle le cours obligé des choses et l'action cachée de la providence, contre laquelle il serait puéril et criminel de lutter. L'organisation matérielle de la France notamment repose sur des données scientifiques parfaitement claires et certaines. Sa puissance militaire et financière le prouvent suffisamment, et il n'est pas jusqu'à l'abus qu'on en a fait peut-être qui ne vienne à l'appui de ce que nous disons. L'exagération des dépenses nous conduirait même à la ruine, que cela pourrait prouver contre l'insuffisance du contrôle politique, et nullement contre la solidité de notre organisation financière considérée en elle-même.

X. — Les événements se pressent avec une telle rapidité, depuis l'impression des pages qui précèdent, que nous sommes obligé d'ajouter ce paragraphe pour nous remettre au courant de la situation de l'Autriche et de Naples, que leurs souverains, mieux éclairés sur leurs véritables intérêts, semblent vouloir modifier dans le sens de nos idées. Rome leur avait déjà donné l'exemple, en dotant les états de l'Église de voies ferrées, en améliorant sa marine, son industrie et son commerce, et en appelant à la tête de ses armées un général français, connu pour ses opinions démocratiques. A peine quelques mois se sont écoulés depuis nos appréciations sur l'Autriche et sur Naples, et aujourd'hui, 20 mai 1860, elles se trouvent toutes confirmées par les événements. Nos appréciations en effet se résument dans ces deux considérations, 1° que le roi de Naples et l'empereur d'Autriche se trouvent dans une déplorable situation, et 2° qu'ils sont obligés, autant par devoir que par la force même des choses, d'introduire de grandes réformes dans leurs États. Or notre manière de voir se trouve aujourd'hui pleinement confirmée sur ces deux points. Le roi des deux Siciles n'a d'autre planche de salut que dans la fidélité de son armée, devant ses peuples insurgés, qu'il cherche à ramener en décrétant des réseaux de chemin de fer, en prenant des mesures commerciales libérales, en annonçant le prochain envoi en Sicile du comte de Trani avec la qualité de vice-roi, et en promettant une amnistie, de grands travaux d'amélioration et des concessions importantes; ce que les siciliens, en un mot, demandent à leurs rois depuis tant d'années! La conduite du jeune empereur d'Autriche est la même. Les plus magnifiques promesses sont faites, c'est presque l'autonomie qu'il fait entrevoir à la Hongrie, avec ses anciennes lois et ses anciennes franchises; et il s'adresse aux protestants en termes pleins de bienveillance, révoquant tous ses anciens décrets et leur donnant une liberté presqu'illimitée. L'empereur d'Autriche va trop loin! oui, trop loin sous quelques rapports; car, sous d'autres, il résiste, voulant donner et conserver tout à la fois. L'empereur d'Autriche allant trop loin en fait de libéralisme, quelle plus éclatante preuve de la vérité de la politique que nous préconisons et à laquelle tous les peuples, tous les rois, et le Saint-Père à leur tête, viennent tour à tour rendre hommage! Ceci n'a rien d'étonnant: cette politique, c'est la politique chrétienne, la politique éternelle, celle qui finit toujours par avoir raison, même quand elle est défaite et battue. Que les souverains de Vienne et de Naples, le danger conjuré et se croyant plus forts que jamais, s'arrêtent dans leur voie et retirent leurs promesses; la politique chrétienne, comme tant d'autres fois, aura sans doute reçu un échec, mais ce ne sera qu'en apparence. Confiant dans leur force, ces princes négligeront le développement intérieur de leurs peuples et ils seront bientôt emportés par la désaffection de leurs sujets ou écrasés sous les pas des nations voisines, et en tout cas ils auront à réprimer périodiquement des insurrections qui, comme les têtes de l'hydre, se renouvelleront sans cesse, jusqu'au moment où ils tomberont misérablement et cette fois d'une manière définitive; ou bien, ils persévéreront dans leurs bonnes intentions et alors leurs peuples leur en sauront gré, s'ils peuvent avoir en eux quelque confiance, et ils surmonteront peut-être les obstacles que des siècles d'impéritie ont accumulé sur leurs pas. Mais on se demande s'il n'est pas déjà trop tard, et si, étant en retard d'un siècle sur leurs puissants voisins, qui continuent à progresser, ils pourront jamais les rattraper en force et en puissance matérielles; problème redoutable que nous soumettons humblement à nos amis!

Quoiqu'il en soit, c'est d'un très-mauvais augure pour le jeune roi de Naples que d'être tenu ainsi en échec par ses peuples et un millier de réfugiés siciliens et de garibaldiens, alors qu'il peut leur opposer une armée de plus de cent mille hommes bien équipée ; car le dernier roi a consacré ses plus grandes ressources à avoir une bonne armée, ce qui est une des conditions d'une bonne organisation matérielle, si elle était en même temps accompagnée de toutes les autres conditions nécessaires. Nous ignorons ce qui sortira de ces événements, mais en tous cas nous osons prédire qu'aucun des principes de la politique chrétienne n'en souffrira, le triomphe du roi de Naples ne devant être qu'un ajournement de sa chute s'il retire ses promesses, ou un hommage rendu à cette politique, si, contrairement aux royales traditions de sa famille, il reste fidèle à sa parole. *Hœc est veritas* !

CHAPITRE VI

LA DÉMOCRATIE CATHOLIQUE. — LA DÉMOCRATIE RÉVOLUTIONNAIRE.

Si l'état matériel de la France laisse peu à désirer, il n'en est pas de même de son état moral. — Du nivellement social. — Inutilité des résistances au développement de notre état démocratique. — Détruire cet état serait détruire la société. — Le remède est ailleurs. — Le peuple aime les pouvoirs forts. — Son idéal d'autorité est un idéal catholique. — Le démocrate catholique aime l'ordre et est soumis à la loi. — Le personnel démocratique est composé de révolutionnaires et de conservateurs. — Danger de Paris. — La France isolée dans les départements est sans initiative et sans force. — Insuffisance du Pouvoir civil et du Pouvoir religieux pour la protéger contre un peuple dont on a divinisé les passions et les vices. — La prochaine révolution serait socialiste. — Nécessité du concours de tous pour sauver la société.

I. — L'organisme matériel de la France est donc sain et vigoureux et il promettrait de fournir une longue et brillante carrière, si son âme n'était pas mortellement affectée. Enivrée de l'orgueil et de la vanité de ses succès, la France s'est séparée de Dieu, croyant se suffire à elle-même. Aussi tout se corrompt sous sa main, même cette magnifique organisation matérielle dont elle a raison d'être fière. Tout devient pour elle une cause de démoralisation et de ruine. Son organisation financière, dégénère en agiotage, sa science en matérialisme, son industrie et son commerce en luxe et en sensualisme, sa liberté en licence, sa tolérance en impiété, sa démocratie en démagogie. Pourquoi ? Parce que ses idéologues, ses romanciers et ses folliculaires l'ont privée de ce fanal divin de la religion qui, planant au-dessus d'elle, aurait pu seul la diriger dans ses voies providentielles. Voilà le mal, et il serait mortel s'il était incurable. Qu'on se demande ce que deviendrait notre savante organisation, fruit du génie de Napoléon Ier, le lendemain d'une Révolution sociale. Où sont les garanties ? où sont les points de résistance ? Quel langage ferions-nous entendre aux passions pour les contenir, une fois déchaînées ? Le langage de la science ? Le peuple est ignorant. Le langage de la politique ? La politique du Peuple, c'est la loi agraire.

Le langage de la religion? Il n'en a pas, vous la lui avez ôtée. Le langage de la liberté? Il en ferait usage pour vous dépouiller. Celui de la gloire? Vous l'avez matérialisé, il vous répondrait qu'il en a assez, qu'il a assez versé de sang sous les deux empires, et que, pour lui, il est temps de jouir. L'avez-vous trouvé passionné pour la gloire en 1848? Non, mais pour le droit au travail beaucoup.

L'âme de notre admirable organisme social est donc singulièrement malade, plus malade que l'âme de cette pauvre Autriche dont l'organisme nous fait pitié. On a fait une démocratie de 35 millions de paysans et de prolétaires indépendants, et pour toute instruction on leur a appris...... à lire; c'est-à-dire qu'on les a livrés avec leur ignorance à toutes les séductions de l'erreur et de peintures voluptueuses ou obscènes. Et pour les contenir on a imaginé, quoi? la force, la centralisation armée, le système de Hobbes, sans autre garantie. Voilà la situation au vrai que la philosophie nous a faite en retranchant la religion du système social.

Mais à quoi voulez-vous que les peuples se prennent si vous les livrez à eux-mêmes, sans placer au-dessus d'èux une force morale qui les préserve et vous préserve de leurs emportements? Les plus belles conceptions du genie humain sont frappées de stérilité et ne peuvent se soutenir sans Dieu. On le verra bien si on veut encore une fois tenter l'expérience. Ce qui fait la force de l'état social c'est l'état moral des populations. Autant vaut le peuple, autant valent les institutions. L'organisation qui maintient en ce moment réunis les quarante millions de francais est une organisation purement artificielle, si la Religion ne vient prêter à cette organisation sa force de cohésion. Prouvons-le.

II. — L'abolition du servage, des redevances féodales et des maîtrises ayant affranchi le paysan et l'ouvrier, le nivellement de l'état social a été la conséquence de ce double affranchissement. Faute de hiérarchie dans l'état des personnes et dans la constitution de la propriété et de l'industrie, tout intermédiaire a disparu entre le pouvoir et le peuple. La bourgeoisie et l'aristocratie n'existant plus que de nom, le dernier des paysans et des prolétaires est devenu l'égal d'un Montmorency. Aussi, la Société n'est plus aujourd'hui divisée qu'en deux classes : ceux qui vivent de leurs revenus et ceux qui vivent de salaires, les capitalistes et les prolétaires; et encore que de capitalistes qui ont besoin de travailler pour vivre! Sur quarante millions de français, il y en a trente-neuf peut-être vivant de leur travail. Le grand ressort des Sociétés démocratiques, c'est donc le travail. Dans les Sociétés aristocratiques, les hautes classes, ayant une existence assurée sans rien faire et redoutant le développement dès populations ouvrières, tendent directement ou indirectement à diminuer la somme du travail national, en entravant par une foule de mesures restrictives, les échanges, les transactions et les progrès de l'industrie, parce qu'elles comprennent instinctivement que le travail national développe la richesse, la richesse la bourgeoisie, et la bourgeoisie le peuple.

Il se produit dans la Démocratie un phénomène diamétralement opposé. La bourgeoisie et le peuple, éprouvant la nécessité de travailler pour vivre et établir leurs enfants, poussent au développement de l'industrie, du commerce, de la science, des méthodes perfectionnées, des relations internationales, c'est-à-dire à l'extension constante et graduelle du personnel et de l'état démocratique. Cet état repose donc sur un ensemble de faits et d'intérêts qui s'enchaînent et se soutiennent mutuellement, tellement que pour s'en défaire, il ne faudrait rien moins que mettre nos codes au feu et détruire toute notre organisation agricole, industrielle, commerciale, financière, administrative, judiciaire, militaire et politique. Et on n'aurait encore rien fait ; il resterait à changer les mœurs et les habitudes de 40 millions d'hommes. On s'imagine pouvoir modifier cet état au moyen de je ne sais quelles mesures anodines sur la propriété, sur le mode des partages, sur les moyens de communication et les échanges, sur la presse et l'organisation des pouvoirs politiques. Ce ne sont là que des palliatifs, qui, ne pouvant changer le fond des choses, seraient plus dangereux qu'utiles. Charles X a péri à ce jeu des palliatifs, et il en serait de même de tous les gouvernements qui s'attaqueraient à une situation, où se trouvent aujourd'hui engagés les intérêts, les passions, les habitudes et les forces vives de la nation.

Les deux Napoléon ont été populaires parce qu'ils ont compris que l'empire c'est le travail national, encouragé sous toutes les formes et la démocratie favorisée dans ses intincts légitimes. La gloire a été sans doute pour beaucoup dans cette popularité, mais la profonde intelligence des besoins de la démocratie moderne y a été aussi pour quelque chose ; et la preuve c'est que la glorieuse campagne d'Italie n'a rien ajouté à la popularité de Napoléon III. La Restauration au contraire a été impopulaire parce qu'elle a été hostile au développement légitime et naturel de la démocratie, et le gouvernement de 1830, parce que l'ayant comprise il s'est montré égoïste pour elle. Or, le peuple déteste encore plus l'égoïsme que l'hostilité. Le personnel démocratique s'est d'ailleurs considérablement accru depuis 1848, et surtout depuis le 2 décembre. Le gouvernement impérial ne semble fonctionner que pour développer ce personnel. Plus on marche donc et plus les anciens partis s'enfoncent dans l'histoire, car, plus on marche et plus ils deviennent impossibles. Est-ce à dire qu'étant déjà revenus deux ou trois fois, ils ne renaîtront pas sous une autre forme? Sans doute ; car en France on ne doit désespérer de rien. Mais s'ils reviennent ils ne pourront se maintenir qu'en cessant d'être ce qu'ils ont toujours été.

Tout Pouvoir infidèle à sa mission est condamné à périr. La mission du pouvoir, en France, est de conduire et non de détruire la démocratie. Détruire la démocratie serait détruire l'organisme même de la Société, tel que le temps et les événements l'ont fait. Mais si le pouvoir doit conduire la démocratie il doit aussi la contenir. La démocratie est comme un fleuve que les barrières font déborder au lieu de l'arrêter. Le seul moyen d'empêcher ses ravages c'est de creuser son lit et non de l'obstruer. Il faut de même faire à la démocratie un lit large et profond dans le christianisme, pour mieux la contenir.

III. — Accepter courageusement et loyalement l'état démocratique, sorti du développement logique et rationel de la civilisation moderne, mais le diriger et le contenir, tel est donc le rude labeur que la Providence a imposé aux générations nouvelles. Démocrate de la veille, nous sommes résolu, en ce qui nous concerne, à subir les destinées de cet état social ; mais, catholiques de naissance, nous sommes en même temps fermement décidé à prêter notre faible concours à ceux qui ont entrepris la tâche ingrate et difficile de le renfermer dans les bornes légitimes que Dieu lui a tracées. Diriger et contenir la démocratie, coûte que coûte, avec la religion et le pays organisé, s'il se peut, et avec le fer, si la religion et le pays ne peuvent suffire, tel est le but et tels sont les moyens. Mais tout homme raisonnable doit penser que le premier moyen est infiniment préférable, tranchons le mot, infiniment supérieur et surtout plus efficace. Former des convictions est toujours mieux que de s'imposer par la force. Tout catholique doit donc son concours désintéressé et dévoué mais libre et indépendant, à tout pouvoir, sans acception de noms propres, qui se propose, non de détruire notre état social démocratique, le seul ordre désormais possible, mais de le conserver en le dirigeant, le réglant et le contenant. Créer un parti conservateur dans la démocratie et un parti capable de faire entendre sa voix et de se faire respecter, n'est pas chose facile, nous le savons, mais la chose n'est pas impossible, et il est, en tout cas, glorieux de la tenter. La Religion et la force, le catholicisme et le pouvoir, soutenus par le pays organisé, c'est-à-dire par les communes, les départements, les corporations, les corps constitués, largement dotés des libertés, des franchises et des attributions qu'ils comportent, nous semblent devoir être les bases essentielles du programme politique de ce parti. La liberté se développera ensuite dans la mesure exacte des progrès de l'esprit public dans les voies de l'ordre et de la conservation sociale.

Cet esprit public n'existe pas, il faut le produire. L'enseignement catholique est un moyen singulièrement propre à produire cet esprit d'ordre et de conservation. Le peuple comprendra cet enseignement. Le catholicisme est une des gloires séculaires de notre tradition nationale, et il a imprimé dans l'âme des multitudes un idéal d'autorité qui sied admirablement au respect des pouvoirs établis, premier besoin de l'état démocratique. Là où la démocratie a passé son niveau, la loi est la seule garantie de la liberté, de la propriété et de la vie des hommes. Or, la loi est sans force et les gouvernements sans racine et sans durée si le respect des masses ne les soutient. Le catholicisme qui fait de ce respect un devoir de conscience est donc un des éléments nécessaires d'une démocratie bien ordonnée. Le peuple, le vrai peuple, élevé depuis XIV siècles à cette grande école de respect, n'a jamais compris et ne comprendra jamais l'état désordonné des sociétés anarchiques, dont M. Proudhon lui a présenté le tableau. Le peuple comprendra le plus concentré, le plus despotique des gouvernements, la Convention, la Montagne avec la République une et indivisible et la centralisation de ses comités sanguinaires, il comprendra même la commune de Paris et sa terreur, mais jamais une démocratie sans un pouvoir fortement constitué : 1848 et 1851, en sont la preuve, et personne n'ignore qu'alors M. Proudhon, qui représente la démocratie sans pouvoir, était comme aujourd'hui le plus impopulaire des Révolutionnaires et presqu'un traître aux yeux de son parti. C'est que le catholicisme a imprimé dans l'âme de la France XIV siècles de respect pour l'Autorité concentrée.

L'autoirté concentrée, toutes les fois qu'elle a été exercée dans l'intérêt des classes populaires et au préjudice de l'aristocratie a été l'idole de la France. La popularité de Richelieu, de Louis XIV et des rois de l'ancienne race n'a pas d'autre cause que leur haine, d'ailleurs égoïste de la féodalité. Le Peuple a donc son idéal d'autorité et cet idéal loin d'être contraire au catholicisme, en est un des produits. Il y a donc encore, même en plein XIXe siècle, même après deux cent ans de philosophie et de révolutions hostiles à la religion, une entente possible entre le peuple et le catholicisme. Que les classes moyennes aient tourné ailleurs leurs pensées et aient entraîné dans leur défection les classes ouvrières des villes, qu'importe, s'il nous est resté dans les saines populations des provinces, la grande masse de la nation ? Qu'importe, si le pouvoir, comprenant ses véritables intérêts, veut se prêter à cette résurrection de l'esprit religieux, qui peut seul faire de la démocratie un abri sérieux pour les honnêtes gens et pour lui ? Tout n'est donc pas désespéré puisqu'il nous reste la France. Mais il n'y a pas de temps à perdre. Les mauvaises doctrines s'infiltrent insensiblement dans le corps social tout entier. Les communications sont si promptes et si faciles, et la presse révolutionnaire si active que bientôt il ne serait plus temps. Examinons donc sérieusement ce qu'il y a à faire, la situation que nous venons de décrire étant donnée.

IV. — Nous disions dans un ouvrage publié il y a deux ans (1) : « Encore quelques années du gouvernement impérial, et la démo- « cratie, *qui coulait à pleins bords* (2) sous la restauration, aura acquis « une telle extension qu'elle débordera même les classes moyennes. » Il ne faut pas prendre ceci en mauvaise part. Nous avons voulu dire qu'il se formait, grâce au développement extraordinaire des travaux publics, et à l'impulsion vigoureuse imprimée par le gou-

(1) *Le philosophe devant le Cosmos*, *p.* 389. Jouby rue des Grands-Augustins, 7,

(2) Ce mot est de M. de Serre.

vernement au commerce et à l'industrie, une petite bourgeoisie de plus en plus nombreuse d'entrepreneurs, de boutiquiers, de chefs d'atelier, d'ouvriers et de paysans enrichis et de prolétaires intelligents et capables, qui étaient naturellement acquis à la démocratie, et qui, par leur importance et leur voisinage immédiat avec les masses, tendaient à supplanter insensiblement les classes moyennes en se substituant à leur influence sur le peuple. Or, si nous nous trompons, nos prévisions se trouvent aujourd'hui à peu près réalisées, à Paris du moins, où cette classe domine complétement la bourgeoisie, qui ne serait pas longtemps à s'en apercevoir si elle revenait jamais aux affaires, et si elle prétendait gouverner comme autrefois avec ce qu'elle appelait le pays légal. La classe dont nous parlons constitue ce que nous appellerons l'état major de la démocratie. C'est elle qui, de concert avec les masses, a donné à l'Empereur cette imposante majorité, qui a tant étonné la haute bourgeoisie en lui faisant cruellement sentir son isolement. Or, tout semble indiquer que cette classe est de toutes les classes sociales la plus conservatrice peut être, par intérêt autant que par instinct. C'est la classe non des parvenus mais de ceux qui parviennent; pas assez lettrée pour aspirer aux fonctions élevées de l'État, et trop nombreuse pour avoir une grande ambition politique. Il y a donc là un élément précieux de conservation sociale dont il faut savoir tirer le parti qu'il mérite. Cet élément est essentiellement désintéressé et l'ordre est la condition à laquelle sa fortune est attachée. On peut en dire de même des classes agricoles en général; restent donc les prolétaires où les ouvriers des villes qui n'ayant fait encore aucune économie vivent exclusivement du produit de leur travail.

Cette classe où se recrute principalement le parti socialiste et révolutionnaire est généralement mobile et portée à céder à tous les emportements de la passion. C'est là surtout que les prédications incendiaires exercent leur ravage. Composée en partie d'une jeunesse ardente au plaisir et éloignée de sa famille, elle fait de la lecture des plus mauvaises productions sa pâture habituelle, quand elle ne consacre pas ses loisirs aux orgies de la taverne et des mauvais lieux. Mais il y a de nombreuses et d'honorables exceptions au milieu d'elle. Individuellement l'ouvrier n'est pas mauvais, mais il se pervertit en commun, et soit l'effervescence de la jeunesse, soit l'ignorance, soit la déplorable habitude de travailler le dimanche, il est presque universellement dépourvu de Religion. Là est le mal, et là le danger de la démocratie. Modifiez la condition morale de l'ouvrier des villes, ou neutralisez sa fâcheuse influence en créant dans cette classe un parti démocratique conservateur; et, grâce aux populations agricoles et à la petite bourgeoisie dont nous venons de parler, vous aurez les éléments principaux d'ordre et de conservation que vous cherchez, et le problème social se trouvera à moitié résolu.

V. — C'est une chose effrayante de penser que le Pouvoir pourrait, à un moment donné, dans l'hypothèse où des revers ou des fautes l'auraient dépopularisé, se trouver tout à coup à la merci des masses populaires d'une capitale de deux millions d'âmes, en grande partie composée d'ouvriers, dont le nombre s'accroît sans cesse en raison directe de l'extension de l'industrie, du commerce, des grands travaux publics, et de la centralisation, en cet endroit, de tous les mouvements, de toutes les communications, et de toutes les forces vives de l'empire. Il y a là une éventualité qui fait frémir, si l'on songe qu'il suffirait à la démagogie de mettre la main sur le principal ressort de cette centralisation exagérée pour qu'il ne restât de la France qu'un troupeau d'hommes, sans points d'appui ni de résistance nulle part, errant à l'aventure dans le vide des institutions à la merci d'une populace ignare et cruelle. Deux fois, en 1830 et en 1848, le triste spectacle nous a été donné de voir la machine tomber entre les mains du Peuple. Heureusement que la démagogie n'a pas été assez forte alors pour écarter entièrement les classes conservatrices et s'emparer du gouvernement au profit de ses passions, de ses spoliations et de ses exécutions sanglantes. Mais il y a eu progrès : en 1815 l'aristocratie, en 1830 la haute bourgeoisie, en 1848 la petite, se sont emparées du Pouvoir, et, à la prochaine étape, qu'on ne s'y trompe pas, ce serait la démagogie ; et nous nous réveillerions en pleine Convention, si nous ne savions profiter du temps d'arrêt que la Providence nous a ménagé en ce moment pour nous organiser fortement.

Ce progrès dans la culbute est facile à expliquer. Chaque fabrique, chaque établissement industriel ou commercial qui se fonde, fait surgir cinq ou six prolétaires vivant exclusivement du produit de leur travail, pour un chef d'atelier ou un patron faisant partie de cette petite bourgeoisie girondine, qui a un intérêt capital, autant à la conservation de l'ordre qu'à celui de la démocratie. La progression du personnel démagogique est donc en raison directe du temps et du développement industriel et commercial, surtout si l'on fait attention qu'à ce double phénomène correspond le développement également progressif de la propagande révolutionnaire. Nous n'hésitons pas, on le voit, à sonder la plaie dans toute sa profondeur. Nous voudrions, si nos paroles avaient assez d'autorité, effrayer le Pouvoir religieux, le Pouvoir civil, et le pays tout entier, afin qu'ils s'entendent et avisent au plus tôt. Leur division c'est leur mort ; quand les gros se divisent les petits passent entre. C'est le mot des ateliers. Le jour où le dernier roi a eu contre lui le clergé et le peuple, l'armée ne lui a été d'aucun secours, l'atelier est passé entre, et la bourgeoisie a laissé faire. L'histoire de nos 70 ans de révolutions ne nous a pas épargné les leçons. Mais il n'en est pas une dont nous ayons su profiter.

VI. — Notre société est ainsi constituée qu'il n'y a que deux puissances debout pour résister à la Révolution, la Religion et la Force, l'Empereur et le Pape. On a beau chercher au tour de soi, on ne trouve que ces deux puissances. Or la Révolution est si forte que ces deux puissances, fussent-elles réunies, ne sauraient lui résister longtemps. Que dire encore pour désespérer celui qui possède? Insister sur cette vérité effrayante, la prouver. Nous insistons et nous prouvons. L'Empereur et le Pape peuvent beaucoup, mais ils ne peuvent pas l'impossible. Ils ne peuvent même rien si on ne les aide. On accuse le Pape de ne pouvoir contenir la Révolution dans ses États, quand en France, le roi, avec 500,000 baïonnettes, n'a pu la contenir. C'est la destinée des rois d'être emportés par la Révolution. La Religion seule est indestructible ; mais elle n'est le ciment des trônes que si elle a les peuples pour complices comme au moyen âge. Ce qui fait la force des trônes dans les États démocratiques, ce ne sont pas les aristocraties, ce sont les peuples, mais les peuples religieux. Les aristocraties, qui ne se font pas peuple, sont des obstacles plutôt que des appuis, là où la Révolution est en permanence. Or la Révolution est en permanence dans les sociétés purement industielles et commerciales. Les rois qui sont encore debout seront donc emportés à leur heure, s'ils ne savent retremper leur force là où est la force des sociétés démocratiques. Qu'ils ne se flattent pas d'être plus forts que le Pape. S'ils n'ont pour eux que le droit et la justice, ils sont perdus! Il faut encore qu'ils aient le peuple, et ils ne peuvent l'avoir parce qu'il est à la Révolution.

La Révolution, c'est le Christianisme travesti, et le peuple s'est laissé prendre à ce travestissement. On l'a flatté, on l'a divinisé, on lui a dit qu'il était le Droit, et il l'a cru. Et afin qu'il fût bien entendu qu'il n'y avait en dehors ni au-dessus de lui rien autre chose que lui, on lui a fait croire qu'il était le Christ, qu'il était Dieu, qu'il était sa religion, son prêtre, son roi, son Pape, et il l'a cru. On a divinisé ses passions! On s'est prosterné devant ses vices! On les lui fait adorer tous les jours dans des romans obscènes, sous le nom d'amour, de volupté, de bâtardise, d'adultère réhabilités. On lui a répété de mille manières que le dernier mot de la vie c'était le plaisir, c'était le confort, et il l'a cru ; on est allé jusqu'à lui dire qu'il dépendait de lui de se faire riche, heureux, immortel ; et il l'a cru. Nous en concluons que ni roi, ni empereur, ni pape, unis ou divisés, ne sauraient diriger ni contenir un peuple ainsi élevé, quand toutes les barrières ayant été ôtées, tous les corps intermédiaires abolis et tous les points de résistance supprimés, ils se trouvent à découvert, seuls, face à face avec le monstre de la Révolution. On parle de l'armée, mais l'armée c'est aussi le monstre puisqu'elle a reçu la même éducation dans le même milieu. L'honneur et la discipline restent, cela est vrai, comme en 1830 et en 1848 !

VII. — Où voulez-vous donc en venir, nous dira-t-on ? Nous sommes donc perdus ! Oui, et sans ressource. Voilà notre dernier mot. Mais attendez un peu, nous n'avons pas fini.

Nous demandions à un ouvrier d'un excellent esprit combien dans son atelier ils étaient qui pratiquaient la religion ; il nous répondit : Deux. — Sur quel nombre? — Sur cent cinquante. —

Combien, en dehors de ces deux, qui soient animés de sentiments religieux? — Un. — Et le surplus? — Un quart environ est socialiste, une moitié est composée de bons enfants susceptibles de subir toutes les impressions bonnes ou mauvaises, et le dernier quart d'ouvriers abrutis par la débauche et incapables de résister à un entraînement populaire.

Allons à l'Institut, où sont les catholiques; où étaient-ils il y a quelques années? Quelle coalition pour faire passer un évêque, un moine contre un romancier, un vaudevilliste, que sais-je?

Allons dans l'Université, dans les facultés, dans les officines des journaux, dans les librairies, partout enfin, que voyons-nous? une immense conspiration de la société contre elle-même. Et vous voulez que le Pouvoir et la Religion, même unis, puissent résister à tant d'attaques combinées, qui les minent sourdement ou audacieusement, à mots couverts ou le verbe haut? Que faire d'une société ainsi faite? La réduire; mais avec quoi? Avec l'armée; mais l'armée c'est elle. Avec la Religion? Mais elle s'en moque. Et avec cela elle a des prétentions... des prétentions à la liberté!!! quand elle devrait demander, si elle se connaissait, qu'on lui mît le boulet et les chaînes. Et cette société est si malade, que si ce que nous écrivons ici pouvait tomber sous ses yeux, elle ne se reconnaîtrait pas au tableau que nous en faisons et crierait à l'exagération et à la calomnie!

En quoi pourtant exagérons-nous? Tous les partis ont régné, tous les partis ont gouverné, avec l'armée, avec un budget d'un milliard et demi, avec une administration fortement concentrée, avec une organisation judiciaire dévouée, avec le concours du clergé et de l'aristocratie sous la Restauration; avec le concours des philosophes et de la bourgeoisie sous le gouvernement parlementaire; que sont-ils devenus, et que leur a servi ce superbe mécanisme matériel si puissant, si admirablement combiné *par le génie humain* pour donner de la force au pouvoir, pour le rendre invincible? C'est qu'il n'y avait pas dans la société une âme qui répondit à ces efforts, ou, si cette âme existait, c'est qu'elle était hostile, c'est qu'elle était malade, tranchons le mot, c'est qu'elle était dépravée. Oui, l'âme de la France est dépravée. Ce qui fait l'âme d'une société, c'est son esprit public, et l'esprit public se compose de tout ce qui se dit et se pense; or, ce qui se dit et se pense en France en fait de pouvoir, de légalité, de moralité, de mariage, de religion, c'est une horreur.

VIII. — La situation est donc désespérée: d'une part, le personnel démagogique qui va toujours croissant, de l'autre un esprit public détestable, qui entretient sa corruption et l'augmente. Que faire? Supprimer la science, l'industrie, le commerce, fermer les ateliers, les usines, les manufactures, détruire les chemins de fer? Le remède serait violent, s'il était praticable. Supprimer les mauvaises doctrines, assainir l'âme du peuple, substituer, en un mot, un excellent esprit à un esprit détestable? A la bonne heure! nous y voilà. Mais cela est-il possible? oui et non. Oui, avec le concours du pouvoir civil et du pouvoir religieux, combinés avec celui des classes saines de la nation dont nous avons parlé et qui ont un intérêt direct et personnel au bon ordre de la société. Non, si l'un ou l'autre de ce concours nous fait défaut ; et encore cela ne suffira pas, car il faudra mettre le peuple tout entier dans le complot en lui prouvant qu'il est le plus intéressé à la tranquillité publique, à la bonne harmonie et à la force des deux pouvoirs, que Dieu a institués pour gouverner les hommes, dans l'ordre civil et l'ordre religieux. Est-ce tout? Non. Car après avoir refait l'esprit public de la nation, il restera encore à fortifier le pouvoir civil et le pouvoir religieux, trop faibles en ce moment. Oui, le pouvoir religieux est trop faible faute de liberté pour lui-même, et le pouvoir civil faute de liberté pour les autres. Mais n'anticipons pas. Il s'agit en ce moment de l'éducation qu'il convient de donner au peuple avec le concours combiné du gouvernement, du clergé et de tous les gens honnêtes. Plus tard, nous verrons ce qu'il y a à faire pour donner de la force au pouvoir et à la société en organisant le pays, par et dans la liberté, au moyen des corporations civiles, religieuses et de bienfaisance qui existent dans son sein.

CHAPITRE VII.

DE L'ÉDUCATION DU PEUPLE.

Le travail du dimanche rend l'éducation du peuple impossible. — Il est un vol pour celui qui travaille et qui vend, et pour celui qui ne peut ou ne veut travailler ou vendre. — Il viole le principe de la liberté religieuse. — Impôt sur le travail du dimanche au profit d'une caisse des invalides. — Se faire un parti dans les masses. — Pas de mysticisme. — Institutions de bienfaisance, de prévoyance et de secours mutuels, cours d'adultes sur l'histoire, l'économie politique, la morale, la religion. — Organiser la démocratie en aristocratie en prodiguant les priviléges à ses institutions, et en en faisant autant de points de résistance contre la Révolution et le despotisme. — Le travail de tous et même des oisifs pour le peuple est la loi des démocraties. — Le travail moral et religieux doit être en rapport avec le travail matériel.

I. — Et d'abord, il faut renoncer à donner au peuple une éducation sociale en rapport avec la grandeur de ses devoirs dans une démocratie, s'il n'a un jour par semaine où il puisse se recueillir devant Dieu, et prêter l'oreille à un enseignement propre à élever son âme, et à lui faire comprendre ce que le travail même manuel a de noble, quand il est accepté comme un moyen d'expiation et de perfectionnement moral. Le repos du dimanche est le premier besoin d'une société démocratique, alors même qu'il ne serait pas le premier devoir de l'homme envers Dieu. On ne refuse pas le repos à la bête. Pour la démocratie révolutionnaire, l'homme est pire que la brute ; il doit travailler toujours pour rester toujours brute. L'ouvrier est à ses yeux un mécanisme industriel, un producteur de richesse, et pas autre chose. Il est l'esclave de l'industrie ou de la science, comme le serf l'était de la glèbe. Il doit rester attaché à la fabrique, à l'atelier. Il en est un rouage essentiel, toujours en fonction, afin que la diminution des produits n'affecte en rien la richesse générale. Or, les salaires, d'après une loi de l'économie, se proportionnant aux besoins, l'ouvrier reçoit la même somme, qu'il travaille six jours ou sept jours de la semaine; car, ayant besoin pour vivre de ce qu'il gagne en sept jours, il faudrait bien qu'on lui paie une somme égale s'il ne voulait travailler que six jours. Faire travailler l'ouvrier sept jours de la semaine, c'est donc une exploitation du travail par le capital, c'est un vol manifeste. Oui, si le travail du dimanche est une impiété, il est aussi un vol.

Et il n'est pas seulement un vol fait à l'ouvrier qui travaille, il est encore un vol à l'ouvrier qui ne peut ou ne veut travailler. Le travail, fut-il un capital inépuisable, et de nombreux chômages prouvent le contraire, il serait toujours vrai qu'on l'avilit en le prodiguant. Plus l'offre du travail est considérable par rapport à la demande, plus le salaire est avili. Travailler sept jours au lieu de six, c'est avilir les salaires d'un septième, quand la demande du travail est supérieure à l'offre, et dans l'hypothèse inverse, c'est l'avilir aussi, les salaires tendant généralement à s'équilibrer avec les besoins. Il y a donc deux voleurs ici : un voleur dans celui qui travaille et un voleur dans celui qui fait travailler le dimanche. Celui qui fait travailler l'ouvrier le vole, et l'ouvrier à son tour vole celui qui ne veut pas ou ne peut pas travailler sans prendre du repos. Or, dans ce dernier cas, le cas de l'invalide, le vol peut être un meurtre. Quelque chose d'analogue a lieu pour les marchands. On ne vend pas davantage qu'on ouvre six jours ou sept jours sa boutique. Ceux qui l'ouvrent volent donc ceux qui ne l'ouvrent pas de ce qui aurait été acheté chez eux la veille ou le lendemain. Il y a donc quelque chose d'impie, d'immoral, d'antidémocratique, d'antichrétien à ne pas observer le dimanche. Aussi nous ne sommes pas étonné que les démocrates révolutionnaires, dont la raison d'être repose sur l'abrutissement des masses, entrent en fureur contre tout gouvernement qui manifeste l'intention de mettre un terme à cet abus monstrueux.

II. — Un autre principe est violé par l'inobservation du dimanche, c'est le respect et la liberté des cultes et des consciences. Nous avons dit que nous étions pour la liberté, pour la tolérance, en voici la preuve. La liberté de conscience consiste, pour celui qui a une conscience, à exiger des autres qu'ils la respectent et n'insultent pas sa croyance en faisant des choses qui la révoltent et l'outragent. Nous sommes révoltés et outragés de votre cynisme : cessez votre cynisme. Vous faites une chose immorale, cessez cette chose immorale. Vous exploitez le peuple, ne l'exploitez plus; vous le volez, ne le volez plus; vous insultez Dieu, ne l'insultez plus; voilà la liberté, voilà la démocratie. Vous êtes des tartuffes de démocratie, vous êtes des tartuffes de libéralisme, des tartuffes de tolérance, quand vous venez troubler l'office divin par le bruit de vos marteaux et de vos forges, quand vous nous interdisez toute manifestation extérieure de religion, quand ce n'est pas sur ceux qui troublent le culte public que vous frappez, mais sur nous, quand vous venez enfoncer les portes de nos églises pour y enterrer vos actrices ou vos philosophes!

III. — Mais il serait facile de mettre à l'épreuve les sentiments démocratiques de ces adulateurs du peuple. Voici une proposition que nous faisons et qu'ils accueilleront sans doute par acclamation, puisqu'ils sont sincères. Nous proposons donc la fondation d'une caisse de secours pour les invalides du travail. Les fonds de cette caisse seraient alimentés au moyen d'une journée de travail acquittée par ceux qui feraient travailler le dimanche et par chaque ouvrier qu'ils occuperaient ainsi indûment; un impôt analogue serait établi sur ceux qui ouvriraient leurs magasins. Rien de plus juste, de plus loyal, de plus démocratique, de plus chrétien. Liberté absolue, d'ailleurs, de sanctifier ainsi le jour du Seigneur. Travailler pour ceux qui souffrent et ne peuvent travailler est la plus belle prière. Et à défaut de toute croyance, la charité est un devoir. Nous verrons bien si les démocrates et les libéraux accepteront notre projet de dotation des invalides du travail.

Ils ne l'accepteront pas. Ils ont trop d'intérêt à tenir le peuple courbé vers la terre. Il leur échapperait le jour où il prierait, le jour où il leverait la tête vers le ciel, le jour où il travaillerait pour ses frères mourant de faim; il leur échapperait le jour où la véritable démocratie, la démocratie chrétienne, la démocratie catholique serait fondée, le jour où il fréquenterait l'Église au lieu de fréquenter les tavernes, le jour où il écouterait les enseignements du prêtre, au lieu de livrer son âme aux sociétés secrètes et son cœur aux romans obscènes. Tout, absolument tout, serait perdu pour eux le jour où le peuple n'aurait plus son bandeau sur les yeux. Aussi ils le tiennent dans l'ignorance la plus profonde, dans l'abrutissement le plus absolu, dans la matière pure, dans le travail de sept jours sur sept. Travaille, misérable, et surtout travaille le dimanche, brute, et quand tu auras travaillé docile et souple à notre voix, nous te donnerons de temps à autre quelques heures de loisir et de délassement! On fabrique pour toi du vin aux barrières, et nos presses gémissent pour récréer ton âme aux doux enchantements de l'amour et de la volupté!

Coûte que coûte, il faut conquérir le peuple à la démocratie chrétienne et l'arracher à la démagogie en lui donnant, avec une même quotité de salaires, un jour de repos par semaine. Mais il faut enlever le peuple avec des arguments qui lui conviennent. Il veut de la démocratie, il faut lui en faire et lui en donner tant et plus, mais de la bonne. Faites-vous donc un parti au sein des masses; là est le salut. Faites-vous un auditoire dans le peuple, dans l'atelier, dans la rue. Ne lui prêchez pas mysticisme, il n'y comprendrait rien. N'oubliez pas qu'on l'a abruti, qu'il est matière et rien que matière, qu'il est plongé dans l'ignorance, que les passions le dévorent, et enfin qu'il est exploité, indignement exploité par les démagogues, qui en font le marchepied de leur ambition ou s'enrichissent en lui vendant leurs poisons littéraires et politiques. Le mysticisme est hors de saison quand il s'agit de plonger au fond des masses d'une société exclusivement démocratique, c'est-à-dire industrielle, commerciale, positive, pratique. Parlez au peuple le seul langage qui lui convienne, le langage de la raison, du bon sens. Parlez lui de l'autorité, des commandements, des devoirs, des droits, il vous comprendra ; de toutes les classes de la société la classe populaire est celle qui comprend le mieux l'Évangile. Aux autres classes, le haut enseignement, la philosophie des mystères ; aux écoles, aux initiés, les arcanes sublimes de la théologie ; au peuple, l'Évangile. Et pourtant il ne faudrait pas se faire illusion, et s'imaginer qu'on va enlever le peuple. Non. La chose est plus difficile qu'on ne pense, et ce ne sera pas trop de tous les moyens, de tous les concours et de toutes les institutions de prévoyance, d'assistance, de bienfaisance. Il faut enserrer le peuple dans un réseau de bienfaits, et l'inonder de lumière en mettant l'instruction à sa portée sous toutes les formes. Et encore on ne l'enlèvera pas tout entier, car il y aura toujours des passions et de l'ignorance dans cette classe, et par conséquent un parti puissant pour la démagogie ; mais on enlèvera la partie saine, la partie flottante, *la plaine*, si je puis m'exprimer ainsi. Or, ayant avec soi l'aristocratie, la haute bourgeoisie, la petite bourgeoisie, les classes agricoles et la partie saine des classes ouvrières, avec un pouvoir fort et un clergé honoré, la société sera sauvée ou du moins en voie d'être sauvée ; car nous verrons tout à l'heure ce qui lui manque encore politiquement pour assurer et consolider dans l'avenir cette œuvre de restauration sociale.

IV. — Il faut enlever la partie saine du peuple ; il faut bien laisser quelque chose aux démagogues. On aurait beau faire d'ailleurs : les passions sont là ; on ne les a jamais extirpées, on ne les extirpera jamais. On aura toujours des brutes humaines. Ce sera le lot de la démagogie. Mais les intelligents, mais les rangés, mais les bons enfants, et ils seraient plus nombreux qu'on ne pense, si on voulait les dégager de la masse, il faut qu'ils soient à nous. Il faut qu'ils soient de notre parti ; qu'ils travaillent avec nous et à côté de nous à la grande œuvre de la régénération sociale, associés à nous dans les sociétés de bienfaisance, de Saint-Vincent-de-Paul, de Saint-François-Régis, de secours mutuels, dans les asiles. Qu'ils fassent partie des conseils supérieurs de ces sociétés, qu'ils les président même, s'ils en sont dignes, la croix d'honneur sur la poitrine, s'ils ont mérité cette haute distinction par leurs vertus, par leur dévouement, par un talent hors ligne et des services signalés. Que des cours publics gratuits s'élèvent de toutes parts pour enseigner au peuple les saines notions de l'économie politique ; qu'on lui fasse connaître le mécanisme des institutions et des pouvoirs publics, les conditions essentielles d'ordre et de liberté dans un État. Qu'on lui fasse comprendre que de toutes les classes sociales le peuple est celui qui perd le plus, de beaucoup, à toutes les perturbations ; que la régularité et l'accroissement des salaires dépendent des travaux commandés, et ces travaux de la confiance, de la tranquillité publiques. Qu'il lui soit clairement démontré qu'il n'a pas de plus cruel ennemi que les démagogues, que ceux qui inquiètent le capital et le forcent à se cacher. Qu'il s'élève aussi à côté des universités de haut enseignement, de véritables universités populaires, avec un grand jour de repos par semaine pour donner à la partie intelligente du peuple le moyen de les fréquenter, pendant que l'autre partie, le contingent de la démagogie, ira aux barrières, aux sociétés secrètes, aux mauvais lieux. Il faut faire la part du feu. Il faut qu'il y ait des démagogues, des brutes, pour qu'il y ait des démocrates chrétiens, des ouvriers capables, rangés et intelligents, de même qu'il faut qu'il y ait des hérésies pour qu'il y ait des catholiques solides.

Rien de tout cela n'est impossible, car tout cela se trouve à peu près réalisé en Angleterre « où les classes ouvrières, dit M. Prevost « Paradol, sont bien mieux préparées que les nôtres à la vie publi- « que et bien moins étrangères aux notions élémentaires de l'éco- « nomie politique. Cette différence tient à plusieurs causes : la dif- « fusion prodigieuse des publications périodiques à bon marché et « animées pour la plupart des plus saines doctrines ; l'intervention « continuelle et bienfaisante de l'aristocratie dans les intérêts, dans « les débats, dans les affaires et même dans les plaisirs des classes « ouvrières ; l'usage fréquent des coalitions autorisées par la loi, et les « habitudes d'ordre, de discipline et de légalité que cet usage en- « traîne ; enfin, un vif sentiment de la justice et ce respect de l'équité, « ou, pour mieux dire, du franc jeu (*fair play*) qui se retrouve à « tous les degrés de la vie nationale, depuis la Chambre des lords « jusqu'à l'arène du pugiliste, voilà les principales garanties que « possède l'Angleterre pour attendre une bonne conduite et une cer- « taine modération de ses ouvriers. »

V. — Puis, privilégiez toutes ces institutions populaires, car voilà la véritable aristocratie dans les états démocratiques, l'aristocratie utile, l'aristocratie qui fonctionne pour le peuple et dans l'intérêt du peuple et non dans l'intérêt de quelques familles et de leur vanité. Prodiguez les franchises à toutes ces sociétés utiles ; qu'elles aient le droit de se réunir librement pour le bien, de parler, d'écrire, de figurer dans les cérémonies publiques, qui sait ? car il y a mille choses à faire pour créer des points de résistance contre la révolution et le despotisme.

Quant à l'aristocratie, à l'ancienne, son rôle est de plonger dans les masses et non de s'en isoler. Comme la haute aristocratie anglaise elle doit se faire peuple, présider les assemblées du peuple, organiser ses associations, ses écoles, ses plaisirs. Son privilége est de servir non plus dans les armées, mais dans le peuple, dans les ateliers, partout où il y a du bien à faire. Elle a tout perdu, elle n'a rien à gagner à continuer son rôle impopulaire, son rôle insignifiant, sa nullité. Sans trop se donner de peine elle peut se mettre au niveau de la bourgeoisie en fait d'intelligence et de savoir, et la surpasser en moralité et en popularité en se rendant utile. La haute et la petite bourgeoisie ont aussi leur mission à remplir. A elles d'assainir et de moraliser le commerce et l'industrie. Il n'est pas jusqu'aux princes qui ne puissent, en élevant le moral de leurs cours à une hauteur moyenne, faire oublier les scandales des anciennes cours, et contribuer ainsi, par leur exemple, à faire l'éducation du peuple au lieu de l'avilir.

VI. — Mais ce qui contribuera surtout à cette éducation c'est le gouvernement, c'est le prêtre. L'aristocratie, la bourgeoisie, les ouvriers intelligents peuvent beaucoup, sans doute, mais leurs efforts seraient impuissants s'ils n'étaient soutenus par les lois, par le gouvernement, et ce double concours serait encore insuffisant sans le prêtre. Ainsi, vont les démocraties, que tout le monde doit y travailler du matin au soir, à sa manière, et encore plus ceux qui n'ont rien à faire que les autres. Car la loi des démocraties c'est le travail du berceau à la tombe pour tous sans exception. Les corporations religieuses aussi doivent descendre dans le peuple et le pénétrer en tout sens, dans les écoles, dans les ateliers, dans les rues, dans les associations de bienfaisance, de prévoyance, de charité. Le travail moral ne doit jamais rester au-dessous du travail manuel. L'esprit ne doit pas être au-dessous de la matière, mais la dominer, gagner du terrain quand elle en gagne, lui commander toujours. A chaque avancement de la civilisation doit correspondre un avancement de la Religion, à chaque effort scientifique ou industriel qui nous courbe vers la terre, un effort spirituel qui nous élève vers le ciel. Le désœuvrement en démocratie est un suicide, un crime, *Sobrii estote, laborate et vigilate*. Ce mot de la liturgie est évidemment à l'adresse des sociétés démocratiques des temps modernes. On ne veut pas travailler, on trouve la vie dure, à cette condition, eh ! bien, soit qu'on laisse aller les choses, on aura bientôt le repos, le repos du tombeau.

VII. — Il ne faut pas se flatter de gouverner des hommes libres, comme on gouvernait des esclaves, des serfs, ou même des roturiers et des vilains. Donner la liberté à l'homme du peuple, proclamer son égalité, c'était prendre sur soi une rude tâche et une terrible responsabilité, celle de l'élever, de l'instruire, de le former à la vie civile et sociale, d'en faire un citoyen. On n'a à donner à l'esclave aucune explication, on commande il obéit, *sit pro ratione voluntas*. On gouverne alors par l'autorité. Il n'en est pas de même de l'homme libre, on ne peut le gouverner que par la liberté, une fois le bandeau ôté, il veut voir de ses yeux et se rendre compte de la position qu'on lui fait. De là l'obligation rigoureuse de l'éclairer pour lui prouver qu'on est juste et même bienfaisant à son égard. Autre temps, autres mœurs, autre éducation; son affranchissement matérie entraîne forcément son affranchissement moral. Vous ne pouvez par ler de la même manière à un homme *sui juris*, qui a son self-government, à qui vous avez accordé la noble prérogative de se constituer un petit état, une petite autonomie dans sa propriété et sa famille libres, qu'à un homme qui est sous la dépendance d'une aristocratie, qui est attaché à la glèbe ou qui dépend d'un patron, ayant sur lui des priviléges. Car s'il vous tournait le dos et se moquait de vos leçons, que feriez-vous pour le retenir et lui faire entendre raison ? Cela est vrai, surtout de l'inseignement religieux. Si on prétend l'imposer il devient impopulaire et s'en est fait de l'influence du prêtre. S'il s'adresse à la raison, s'il est persuasif, bienveillant, et convaincu, il persuade, il ravit les multitudes, et, en formant des convictions, il assure au prêtre un empire durable.

CHAPITRE VIII.

LES DEUX POUVOIRS. — LEUR FAIBLESSE. — LEUR FORCE.

Le Pouvoir est impopulaire en France. — Danger des divers prétendants, dans un pays non organisé pour résister aux factions. — Il en est autrement en Angleterre où une révolution est presque impossible. — Le clergé est impopulaire dans les classes lettrées et parmi les ouvriers. — Causes de sa faiblesse. — Ce qu'il devrait faire. — Il devrait dominer les classes cultivées par son instruction et son intelligence ; fonder des universités, des académies et exercer sur Paris, d'où descend l'opinion, une influence en rapport avec son importance dans les provinces. — Le clergé doit prévenir les abus de la science et de la civilisation, en les dirigeant l'une et l'autre par sa supériorité. — Sa popularité et sa puissance sont à ce prix. — Le salut est dans l'union du pouvoir civil et du pouvoir religieux avec la société, et réciproquement. — Nécessité de la science, de la philosophie et de la religion dans l'enseignement. — Droits du clergé à cet enseignement, du moment où il est pénétré des besoins des sociétés modernes.

Tout est donc à faire ou à refaire moralement dans notre pauvre société française, depuis que la révolution a tout jeté à terre, ne laissant debout que l'individu isolé et perdu dans la masse. Nous avons dit que le pouvoir civil et le pouvoir religieux divisés ou unis étaient trop faibles devant cette masse inorganique. Que peuvent contre 40 millions d'hommes libres, l'Empereur et le Pape, si la double hiérarchie dont ils sont les chefs pour si puissante qu'on la suppose n'a rien où se prendre et s'appuyer sur cette mer populaire ?

I. — Qui est-ce qui s'intéresse au Pouvoir en dehors de ceux qui en vivent ? Où sont les associations, les corporations assez dévouées pour descendre dans la rue et lui faire un rempart de leur popularité et de leurs corps, le jour où il sera menacé ? On la dit cent fois, le Pouvoir, en France, n'est pas longtemps populaire. On l'accepte avec engouement d'abord, et bientôt on cesse de l'aimer. On s'en moque même dans les salons, et quand on ne peut l'attaquer ouvertement dans les journaux et les écrits on le mine sourdement par des allusions et des réticences, tandis que de plats courtisans le rendent ridicule en l'exaltant jusqu'à l'apothéose.

Comment en serait-il autrement? Chaque intérêt social, chaque souvenir, chaque sympathie a son prétendant, et il n'y a qu'à déplacer un homme sur un point et à un jour donnés, pour régner à sa place. La machine est ainsi organisée, que celui qui peut aller coucher un soir aux Tuileries est maître de la France. De là tant de prétendants, de là tant d'ennemis. Chaque parti a son candidat, et, chose singulière, ses chances! a-t-on jamais vu pareille chose? En Angleterre, où la démocratie s'est pourtant développée à l'ombre et avec le concours d'une aristocratie du moyen âge singulièrement capable, intelligente et surtout avisée, il y a des partis qui se disputent le ministère, mais pas un qui aspire à la souveraineté. Aussi voyez l'embarras dans lequel se trouverait un prétendant. Le Pouvoir dans ce pays n'étant nul part parce qu'il est partout, dans le peuple, dans la bourgeoisie de la cité, dans les communes, dans la chambre des lords, dans la Royauté, dans les comtés, dans les vieilles universités, dans le jury, comment s'y prendre pour s'emparer de la souveraineté, et par où commencer? Par les communes? Mais le jour où les communes ne seraient plus, les lords, la Royauté, les comtés, les universités, les cours judiciaires, les corporations, la cité auraient-ils cessé d'être? L'embarras serait le même si on s'emparait de la Royauté par surprise. Le pouvoir le plus fort est donc celui qui repose, non sur une individualité royale et sa popularité éphémère, car l'individu n'a aucune force et ses volontés sont changeantes, mais sur les mœurs, les usages, les institutions, les corporations; sur toutes les classes et les intérêts de la société, surtout si ces classes et ces intérêts sont organisés.

En France rien de pareil. Le Pouvoir est-il populaire? tout est au mieux, il est fort, beaucoup trop fort, car alors il nous dupe, il confisque nos libertés. Qu'on se souvienne des pouvoirs populaires. Le Pouvoir affaibli par ses excès devient-il impopulaire? Un phénomène diamétralement opposé se produit, le gouvernement s'énerve, et le pays tombe bientôt sous la dépendance des faubourgs, ou du parti qui, gagnant ses adversaires de vitesse, met le premier la main sur le grand ressort. C'est l'histoire de nos 70 années de changements de décoration politique. Pourquoi donc insister? Qu'on se souvienne de 1851, et des menées des prétendants, et des solutions proposées ouvertement, dans les journaux, et aboutissant toutes à la même conclusion : aller coucher aux Tuileries.

II. — Le pouvoir religieux est tout aussi faible en France, que le pouvoir civil. Son admirable hiérarchie est sans racines, non dans les masses agricoles où ses prêtres et ses associations religieuses plongent profondément, mais dans les classes lettrées et les classes ouvrières des villes et des grands centres manufacturiers. Il a perdu son influence sur ces classes, et par conséquent sur Paris où elles dominent. Or, comme Paris, métropole de la Révolution et foyer actif de propagande socialiste, donne le ton aux provinces, son mauvais esprit descend peu à peu et s'insinue dans les campagnes par les livres et les journaux. Le pouvoir religieux se trouve donc miné petit à petit même là où il a conservé le plus d'empire, là où il était naguère populaire, et où il est encore apprécié et respecté, sinon adoré.

Le prêtre ne joue donc pas en France un rôle proportionné à son importance réelle. Il semble le maître du pays à voir les multitudes qui le suivent par millions dans les hameaux, dans les villages, partout où il y a un autel, une croix, un pèlerinage. Et cependant son influence sur l'opinion générale est à peine saisissable. Ce n'est plus lui qui fait l'opinion, pas même dans les choses de la pensée, pas même, triste aveu ! dans les choses de la religion. Son haut enseignement n'existe plus. Lui aussi il s'est laissé déborder par la science ou plutôt on la dépouillé de tout moyen d'action, dans les sphères supérieures de l'enseignement. On l'a dit hostile à la science, et les classes cultivées l'ont cru ; et comme la science est la reine du monde en ce moment puisque c'est elle qui fait nos chemins de fer, nos vapeurs, nos télégraphes, nos manufactures, notre industrie, notre art militaire, notre système financier et économique, notre société en un mot, on est parvenu a dépopulariser complétement le clergé dans le pays lettré et parmi les ouvriers qui vivent de la science et de ses découvertes. Et il s'est laissé dépopulariser, tout en protestant de ses bonnes intentions, incapable qu'il a été de réorganiser, faute de sujets, faute de liberté, ses universités, ses académies, ses cours de haut enseignement.

Il faut dire aussi pour être franc, qu'il a vu d'un mauvais œil le développement de la science, non à cause de la science en elle-même, mais du matérialisme qui devait en être la conséquence. En cela il ne s'est pas trompé. Raison de plus pour réagir contre ce matérialisme, en élevant, en face des chaires consacrées à cet enseignement technique, qui rabaisse les âmes en les tenant exclusivement courbées vers la terre, des chaires savantes, où ces mêmes sciences étudiées jusqu'ici par leurs bas côtés, par les côtés où elles plongent dans la matière, seraient enfin étudiées par leurs côtés supérieurs, par les côtés où elles se rattachent à Dieu. *Spiritualiser* les sciences qu'on à *matérialisées*, mais sans changer leur méthode expérimentale, voilà le but ; le moyen c'est l'indépendance de l'Église, c'est le réveil de l'esprit scientifique dans le clergé et ses corporations religieuses, c'est la fondation de chaires de haut enseignement, c'est la création d'universités catholiques, où toutes les sciences si honorées de notre époque et qui font tant de mal faute d'élévation et de profondeur, seraient cultivées à la grande manière et développées surtout par leurs côtés religieux. Alors le clergé, redevenant populaire à Paris, dans les classes lettrées, dans les académies, les facultés et jusque dans les ateliers, reconquerrait, à la face du pays, le rôle supérieur qui lui convient, et il exercerait sur l'opinion générale, qui va du centre aux extrémités, l'influence qui lui revient de droit.

Au nom du ciel et par amour pour nous sinon pour lui, par amour pour le peuple, pour la patrie, pour l'humanité, sinon pour la religion, que le clergé nous sauve : il le peut. La situation est évidente, et la conduite à tenir aussi. Il exerce encore un certain prestige dans le fond des campagnes, mais il n'est pas au rang qu'il devrait occuper dans les hautes sommités de l'intelligence, dans les classes lettrées et dans le peuple des villes, de Paris surtout. Là doivent donc tendre tous ses efforts pour reconquérir sa place à la tête de la société. Mais comment le pourrait-il s'il se tient à l'écart de la science, qui est la clef de voûte, et l'organe essentiel des sociétés industrielles et commerciales des temps modernes? Tout se fait par la science dans ces sociétés, tout jusqu'à ces engins redoutables de destruction inventés par le génie de la guerre, qui portent la mort dans l'air à deux lieues et demie de distance. C'est la science qui pèse le métal qui leur sert de corps, c'est la science qui analyse les éléments qui les composent pour s'assurer de leur plus grande résistance possible; c'est la science qui les raye, c'est la science qui analyse dans ses creusets leurs substances explosibles, qui donne à leurs boulets la forme ronde ou conique; c'est la science, en un mot, qui nous conduit ainsi, par des voies opposées, à ce résultat éminemment chrétien, que bientôt les guerres seront impossibles, tant les moyens de destruction seront coûteux et tant ils seront infaillibles.

La civilisation armée de la science est le soleil levant des peuples modernes; elle les conduira à la mort si vous ne venez à leur secours : resterez-vous sourds à leur appel? C'est une chose monstrueuse comme résultat moral, que la civilisation et la science se développant sans vous. Jusqu'à quand resterez-vous ainsi spectateurs impassibles d'une évolution inévitable qui nous conduit à la dissolution? Pourquoi vous attacher toujours, comme des hommes qui se noient, aux roseaux fragiles du rivage? La force, l'avenir ne sont pas dans ceux qui sont faibles et ignorants par système, qui se perdent et se perdraient avec vous. L'avenir et la force sont dans ceux qui se confiant aux principes certains de la science, en extraient logiquement et par conséquent légitimement tout un ordre nouveau de force et de prospérité matérielles, destiné à vous écraser jusqu'au dernier, si vous vous obstiniez à vouloir résister encore avec ceux qui depuis longtemps ne peuvent résister. Laissez l'Autriche, laissez Naples se sauver ou périr si elles veulent périr, mais ne compromettez pas la Religion et l'existence de vos écoles libres et de vos associations religieuses, reconquises au prix de 70 ans de lutte, en donnant à vos adversaires le prétexte banal que vous êtes les amis des ennemis de la civilisation. Aimez la France. Apportez votre concours à ses savants en dégageant des sciences les principes certains qui les rattachent à Dieu, tandis que les savants en dégageront les conséquences techniques applicables au bien-être de l'homme. Alors, avec des buts divers mais placés sur le même terrain, vous redeviendrez populaires même dans les classes lettrées et les classes ouvrières qui vous dédaignent. Et cette popularité de bon aloi vous rendra votre force, votre légitime influence partout. Vous serez adoré des grands et des petits. Vous serez l'idole des masses, parce que vous en serez les bienfaiteurs à un double titre, en moralisant, réglant et ordonnant une civilisation à laquelle elles tiennent passionnément, et en contribuant ainsi indirectement à son développement et à sa prospérité, par l'inappréciable concours de vos lumières et de votre vertu. Grâce à cette sage ligne de conduite vous retrouverez, je ne dis pas votre influence du moyen âge, elle est trop au-dessous de votre sublime mission, et vous savez qu'elle vous était contestée sous toutes les formes, et était, au point de vue politique, beaucoup plus apparente que réelle ; mais vous retrouverez l'influence qui convient à des ministres, à des envoyés de Dieu, l'influence morale invincible, irrésistible de la science unie à la religion.

III. — Ainsi, nous trouvons le pouvoir civil et le pouvoir religieux beaucoup trop faibles. Pour les rendre plus forts nous voudrions les voir s'incarner dans la société, et voir la société s'incarner en eux pour vivre noblement et largement de la vie du corps et de l'âme, d'après les méthodes perfectionnées qui sont, pour la vie du corps, la Civilisation, et, pour la vie de l'âme, la Religion. Il faut que le corps social prête sa force aux deux pouvoirs ; qu'ils vivent tous de la même vie : la science humaine, la science divine. La science humaine sans la religion, c'est la mort. La science divine sans la civilisation, c'est l'impuissance ; c'est la défaite toujours et partout, c'est l'impopularité systématique, et sans raison valable, c'est le dépérissement graduel de l'influence du Prêtre et du Religieux dans les masses ; c'est la ruine de la Religion enfin. Que le Religieux et le Prêtre plongent donc dans les classes lettrées, dans la bourgeoisie, dans les populations ouvrières, industrielles et commerciales, comme dans les classes rurales et aristocratiques. Là est le salut. Que de nouveaux ordres religieux se fondent, s'il est nécessaire, pour cette extraordinaire destination, ou que les ordres anciens s'approprient et approprient leurs sujets à cette tâche immense. Qu'ils sauvent la Société, la civilisation, la science d'elles-mêmes.

Avec ces larges et libérales idées, avec ces purs et nobles sentiments, le clergé trouvera plus de sympathies qu'il ne pense, là où peut-être il en attend le moins. Il sera soutenu, encouragé par les hommes intelligents de ces classes où ils est aujourd'hui impopulaire ; il aura même l'appui et le concours du gouvernement, s'il fallait s'en rapporter à un livre bien connu où nous avons retrouvé des idées à quelques égards analogues à celles que nous exposons en ce moment (1). Et il aura l'insigne honneur d'avoir contre lui les démagogues, c'est-à-dire ceux qui, pour mieux exploiter le peuple, voudraient toujours tenir un bandeau sur ses yeux, les étouffeurs de la pensée religieuse, les corrupteurs des masses, les em-

(1) V. les ouvrages de Napoléon III.

poisonneurs des jeunes filles de l'atelier. Quoi de plus propre à stimuler son zèle? Il aura contre lui toutes les ignorances, tous les préjugés, toutes les passions, toutes les souillures sociales, et pour lui tous les hommes sensés et intelligents du pays! Que pourrait-il désirer encore? Dieu? Il l'aura, et il combattra pour lui et avec lui.

IV. — Un autre moyen de vous assurer le concours bienveillant des classes cultivées, c'est de redevenir ce que vous étiez au moyen âge et jusqu'au XVIIe siècle : les promoteurs de la pensée, des philosophes, et souvent des hommes de lettres supérieurs. Les lettres modernes nous pervertissent, purifiez-les, assainissez-les, comme le faisaient Bossuet, Pascal, Fénelon. La philosophie, séparée de la Religion, incomplète, insuffisante alors même qu'elle n'est pas fausse, ou impie, nous tue, complétez-là, montrez tout ce que peut l'esprit humain éclairé des lumières de la foi. Dépassez, vous le pouvez aisément, de toute la hauteur de l'enseignement chrétien, l'enseignement terre à terre des universités, et des académies modernes. Le peuple est avec les forts, il suit ceux qui dominent. Ne vous traînez pas dans les ornières, dominez, et après avoir réorganisé votre haut enseignement et avoir produit des esprits véritablement supérieurs, capables de lire un livre de haute métaphysique comme on le lisait, sous Descartes, sous Malebranche, avec passion jusque dans les salons; après avoir ainsi ressuscité, sous toutes les formes, le haut enseignement, après avoir fait faire des progrès réels aux sciences positives et morales du côté où elles confinent à Dieu; après avoir développé l'ontologie, la psycologie, comme la cosmologie; après avoir bien mérité, en un mot des philosophes et des savants, comme au temps jadis, alors présentez-vous avec confiance aux classes lettrées et offrez leur votre concours dans l'enseignement à tous les degrés, et vous serez acceptés par tous avec reconnaissance, et avec la distinction qui vous est due. L'éducation entre les mains d'un clergé et de corporations religieuses, modèles de vertu, de science et de littérature; une partie, une grande partie de la solution du problème politique et social est dans ces quelques mots.

C'est le caractère des sociétés démocratiques que chacun y conquière son rang et sa place au grand jour et de haute lutte. La victoire seule couronne là ses élus; et on y est tous les jours obligés de faire ses preuves. Là l'autorité tant religieuse que civile n'est acceptée loyalement et sans arrière-pensée, que lorsque la conscience populaire est profondément convaincue de son utilité; toute méfiance quelconque y est un sujet d'éloignement, et toute fonction y doit être en rapport avec les besoins. 1o On a besoin de science dans l'industrie et le commerce; 2o on a besoin de littérature, de philosophie, de poésie, d'art, dans les classes cultivées; il faut répondre, à sa manière et largement, à ce double besoin, au lieu de disputer à son siècle, son concours dans un ordre de faits, d'idées et d'institutions irréprochables en soi, mais qui peuvent précipiter la Société dans les abimes du matérialisme, si on n'ouvre à cette direction des esprits les hautes perspectives du monde divin. De quel droit condamner la science, la philosophie, les lettres, c'est-à-dire l'homme, l'humanité, l'industrie, le génie, si vous pouvez, et vous le pouvez, imprimer à tout cela une direction morale et religieuse, une direction plus élevée, plus décisive, avec les lumières divines dont vous avez le monopole. Mais ce monopole, c'est un crime de le garder, puisqu'il ne vous a été donné que pour le communiquer. Dominer les hommes par vos lumières et vos vertus, voilà votre mission. Elle a été comprise par beaucoup d'entre vous et par les plus intelligents et les plus illustres ; elle le sera bientôt par tous. On ne voudra pas toujours se laisser traîner à la remorque des événements, et toujours résister pour toujours se laisser emporter ; aller toujours en contre-sens du mouvement nécessaire des choses ; être toujours battu forcément, fatalement, au lieu de s'emparer hardiment de la situation et la dominer. Or, on ne domine les hommes qu'en leur étant supérieur.

V. — La haute direction de l'esprit public qui conduit l'opinion et fait la force des États démocratiques, n'appartient pas en France aux catholiques, et elle devrait et pourrait leur appartenir, car ayant pour eux les masses des campagnes, ils pourraient avoir pour eux les masses des villes en se rendant utiles et en se mêlant, avec une incontestable supériorité de vues, au courant d'idées qui gouvernent ces masses. Malheur à eux s'ils tiennent sous le boisseau la lumière qui est en eux. Ils périront avec ces classes industrielles et ces classes lettrées s'ils se refusent de les diriger dans les voies particulières où elles se trouvent engagées bon gré mal gré. Nous nous trouvons tous aujourd'hui, petits ou grands, riches ou pauvres, irrévocablement engagés dans ces voies par une force irrestible, indépendante de nous et contre laquelle nous ne pouvons rien. Toutes les fortunes grandes ou moyennes, toutes les existences de la plus haute à la plus humble, dépendent du développement normal et régulier de la science, de l'industrie, du commerce, des méthodes agricoles perfectionnées. C'est donc pour nous une question de vie ou de mort de ne pas rester inférieurs aux peuples voisins qui se développent et qui, sans un développement correspondant, nous envahiraient bientôt par leurs produits comme autrefois par leurs armes. Toute halte ici c'est la mort. En industrie comme en vertu, ne pas avancer, c'est reculer. Nous sommes condamnés à progresser toujours, toujours, matériellement, si nous ne voulons être subjugués par nos voisins.

L'industrie et le commerce réprésentent en ce moment par milliards des intérêts supérieurs peut-être à ceux de la propriété territoriale, laquelle, à raison de la connexion et de la complexité de tous les intérêts, dépend elle-même de la prospérité de la propriété mobilière. Les classes agricoles échapperont donc aussi aux catholiques, et elles commencent à leur échapper, s'il n'y prennent garde. Il n'est rien d'intelligent comme les intérêts, et toutes les religions du monde seraient inévitablement emportées, si leurs ennemis parvenaient à persuader aux peuples qu'elles sont nuisibles à leurs intérêts. Il ne saurait en être ainsi. La religion ne saurait être une cause d'appauvrissement, une cause d'infériorité. Elle ne saurait être surtout une cause de dépendance nationale, elle ne saurait; sans se perdre elle-même, conduire à la perte des nationalités. Or, c'est ce qui arriverait infailliblement si, les autres nations se développant dans les voies de la science, de l'industrie, du commerce, des méthodes perfectionnées, on restait soi-même stationnaire. Tout est relatif. On devient pauvre tous les jours même en s'enrichissant, si d'autres à côté vous dépassent ; l'argent alors n'a plus la même valeur, et on est bientôt absorbé par ceux qui, possédant plus, ont des moyens de communication, d'échange, de production, de perfectionnement supérieurs aux vôtres. La perte de la nationalité et avec elle de la souveraineté est la conséquence de cette infériorité relative, ou si ces biens restent encore, ils deviennent ce qu'ils sont devenus en Turquie et dans quelques autres États, quelque chose de précaire, d'incertain, de nominal, quelque chose qui dépend de tous et de tout, des ennemis du dehors, des révolutionnaires du dedans. Il faut mourir alors faute de n'avoir su vivre de la vie commune, de la vie solidaire, de la vie des autres, de la vie générale du genre humain, et on disparaît de la carte, comme disparaissent en ce moment, devant les envahissements de la civilisation, les peuples de l'Afrique et de l'Asie, et comme ont disparu, devant une civilisation supérieure, les nations aborigènes de l'Amérique.

Que les catholiques se réveillent donc de leur inexplicable torpeur s'ils ne veulent mourir. Il en est temps encore. Il ont fait preuve d'une grande vitalité en défendant les intérêts de leur enseignement avant 1848 et les intérêts temporels de la papauté en 1860, qu'ils en montrent autant pour se préserver d'une ruine complète et préserver les autres avec eux, et ils seront sauvés et tous seront sauvés avec eux. Or, ils ne sauraient obtenir ce résultat en se laissant dépasser, mais en dominant au contraire les nations hérétiques, schismatiques ou révolutionnaires ; et en éclipsant à force de lumière les facultés, les universités et les académies profanes. Pour arrêter la révolution il faut s'élever au-dessus d'elle, s'emparer hardiment des instruments qui ont fait sa puissance, les retourner contre elle, et servir ainsi la religion en préservant la civilisation, la science et la démocratie de leurs propres excès.

On aurait tort cependant de se méprendre sur notre pensée, et croire que nous voulons détourner la Religion de ses voies. Le rôle de la Religion, nous le reconnaissons volontiers, n'est pas de faire de la science pour la science, de la civilisation pour la civilisation, de la démocratie pour la démocratie, cela, étant l'affaire du génie de l'homme et l'affaire de l'humanité, ne la regarde qu'indirectement. Mais son rôle est de faire de la science, de la civilisation et de la démocratie pour mieux les contenir, les éclairer, les diriger, en imprimant à leurs développements une direction morale et religieuse au lieu de la direction matérialiste et irreligieuse que les passions humaines tendent sans cesse à leur imprimer. La solution est là, n'est que là et ne peut être que là.

V. — En résumé, clergé, pouvoir civil, classes conservatrices, tous ont beaucoup à faire dans les sociétés démocratiques, où tout se fait au concours, et où tout est le prix de la lutte et la récompense de l'effort. Voilà pourquoi ces sociétés, bien comprises et bien dirigées, constituent un type social supérieur aux sociétés purement monarchiques ou aristocratiques, parce qu'elles sont forcément chrétiennes, le christianisme, tranchons le mot, le catholicisme pouvant seul les diriger et les faire durer. Le but de la démocratie doit être en effet de tendre à la perfection des relations civiles et internationales, à la moralité et au bien-être des masses, à la solidarité et à la félicité de tous les membres de la cité. Or l'homme ne pouvant par lui seul atteindre cette perfection, il faut bien recourir à l'action divine de la religion pour prémunir l'État contre l'esprit de domination des uns et d'insubordination des autres, et produire et entretenir, par de fortes croyances et des mœurs austères, dans les gouvernants et les gouvernés, ce désir de perfection inhérent à cette forme sociale.

Ce besoin de religion, cette nécessité de religion, condition essentielle de l'existence des démocraties modernes, est ce qui assure au clergé le premier rôle dans l'État, quand il saura le comprendre et le remplir, non-seulement dignement comme tout ce qu'il fait, mais avec une réelle supériorité dans tout ce qui lui manque encore. Il lui faut sa liberté, son autonomie, ses franches coudées, pour bien faire; il lui faut l'éducation, l'enseignement. Il lui faut tout ce qui fait la force des sociétés démocratiques, un sentiment éclairé de la science et de la civilisation, une intelligence parfaite des besoins de son siècle et des conditions des sociétés industrielles et commerciales de l'avenir. Avec cela, c'est à nous de prendre de lui ce qu'il possède éminemment, le sens profond des choses divines, sa morale et ses vertus surnaturelles, son idéal d'autorité, de hiérarchie et d'ordre social que les sociétés schismatiques, hérétiques et révolutionnaires ne sauraient avoir au même degré. Il a ce qui nous manque, ce qui manque à la liberté, ce qui manque à l'Europe. Oui, avec ces justes tempéraments qui font l'objet de cet ouvrage, l'Idéal social du clergé est infiniment supérieur à tous les autres idéaux. Oui, ce n'est pas assez que la démocratie soit chrétienne, il faut qu'elle devienne catholique, en s'appropriant hardiment, dans l'ordre religieux comme dans l'ordre civil, cet idéal séculaire d'autorité et de hiérarchie que le catholicisme porte supérieurement en lui-même et qui est une des conditions de la liberté dans les États populaires. Le problème de la liberté dans l'autorité est difficile et il y a quatorze siècles qu'on en cherche la solution. Il appartient au catholicisme de la donner, et il la donnera, comme nous le prouverons, si l'on veut bien nous suivre jusqu'au bout.

CHAPITRE IX

DES CONDITIONS DE LA LIBERTÉ.

Des éléments sociaux essentiels et immuables : la liberté, le pouvoir, la Religion. — Une aristocratie privilégiée n'est pas un de ces éléments. — La noblesse française était une institution artificielle sans force comme protection, plutôt nuisible qu'utile à la liberté. — Il faut chercher ailleurs les éléments fondamentaux de la constitution de l'Etat. — Ces éléments constitutifs sont, les associations, les corporations utiles, les corps constitués, le clergé, les ordres religieux. — Etendre leurs franchises et leurs privilèges, dans l'intérêt de la liberté et de la conservation sociale. — Voilà la véritable aristocratie, et les véritables points de résistance contre les révolutions et le despotisme.

Mais pour contenir et diriger efficacement une démocratie, reposant sur les principes de l'égalité civile, de la liberté politique et de la liberté religieuse, ce n'est pas assez du concours du gouvernement, du clergé et de toutes les volontés particulières bien intentionnées, en y comprenant même les associations bienfaisantes, les corporations religieuses et les compagnies industrielles et financières, naturellement intéressées à la conservation sociale. Il faut en outre que l'organisation des pouvoirs dans l'État soit combinée de manière à concourir à son tour avec toutes les forces vives de la nation, et à faire de la Société tout entière une autonomie puissante ayant le même esprit, avec des moyens convergents pour accomplir sa destinée dans l'ordre humain comme dans l'ordre divin. Or, il nous semble, qu'il y a beaucoup à faire en France sous ce rapport. Tout en rendant justice à ce qui est, il est facile de reconnaître qu'il nous manque encore bien des choses. Mais reprenons la thèse de plus haut.

I. — Il y a dans toutes les constitutions une partie muable et une partie immuable. Toutes supposent un pouvoir et par conséquent des volontés ou des libertés particulières que ce Pouvoir a pour objet de diriger, de contenir ou de préserver. Là où il n'y aurait pas de liberté et où les hommes se conduiraient fatalement il ne serait besoin d'aucun Pouvoir pour les conduire. L'essence de la Société, c'est donc la liberté dont le Pouvoir est l'instrument, *instrumentum libertatis auctoritas.* Ce sont là deux éléments qui se supposent, et là où l'un des deux vient à manquer, la société étant viciée dans son essence, on a un monstre social et non un corps véritablement organisé. L'anarchie ou le despotisme sont de véritables monstruosités sociales. A ces deux éléments, un troisième se trouve toujours associé, la Religion. On a beau matérialiser l'espèce humaine, on ne peut l'abrutir au point de la faire renoncer à toute idée de survivance, ou d'immortalité. L'homme ne veut pas mourir. C'est une de ses plus violentes répugnances. Il éprouve donc l'invincible besoin de se rattacher à une autre existence, et comme il voit que tout moyen personnel de se raccrocher à la vie lui échappe au moment de la dissolution de ses organes, il reporte instinctivement ses pensées vers Celui qui lui a donné l'Être, afin qu'il le lui conserve sous une autre forme. Il y aura toujours des matérialistes, des panthéistes et des athées. On ne peut empêcher ce crétinisme phénoménal, mais la conscience humaine protestera toujours, par son horreur de la mort, contre ces théories d'anéantissement. Elle personnifiera, quoiqu'on fasse, Celui qui a fait les choses avec tant de puissance, d'intelligence et de bonté, et, avant de disparaître de cette scène qui passe, elle éprouvera le besoin d'invoquer cette Bonté souverainement intelligente et puissante, pour qu'elle protége et conserve sa créature.

On a vu des hommes, étrangers toute leur vie aux préoccupations divines, se rapprocher de Dieu en mourant. L'histoire est pleine de ces exemples. En voici deux des plus mémorables. Le premier mouvement du maréchal Ney, condamné à mort au moment où on lui annonça la visite de monsieur le curé de Saint-Sulpice, fut de repousser ce vénérable ecclésiastique, en disant *qu'il n'avait besoin de personne pour savoir mourir*. Mais quelques heures de réflexion suffirent pour lui prouver que la Religion n'est pas de trop dans ce moment suprême même pour *les braves des braves* : « Voilà mon dernier so-« leil, camarade, dit-il à un jeune garde du corps, son gardien, ce « monde est fini pour moi, ce soir je coucherai dans une autre « étape. Je ne suis pas une femme, mais je crois à Dieu et à une « autre vie, et je me sens une âme immortelle.... On m'a parlé de « préparation à la mort, de consolation de la Religion, d'entretien « avec un prêtre charitable. Est-ce la mort d'un soldat ? Voyons que « feriez-vous à ma place ? » Et sur l'observation du jeune officier que les soldats à l'ambulance aimaient à mourir entre les mains d'un ministre de Dieu, le héros faisait entrer le curé de Saint-Sulpice. Après une vie non moins héroïque, Napoléon Ier, pour qui la Religion ne fut longtemps qu'une institution politique et qui disait au général Bertrand : « Je pourrais vous échapper par le suicide, « mes principes religieux ne me gênent nullement, » changea complétement de sentiments quelque temps avant de mourir. L'apologétique n'a peut-être pas de plus belles pensées que les siennes sur Dieu, sur l'immortalité, sur le christianisme, et sa mort fut calme et religieuse autant que sa vie avait été indifférente et agitée.

Il est donc vrai, la Religion est notre espérance et notre consolation, et le complément obligé de notre destinée. Elle est donc, au même titre que la Liberté et le Pouvoir, un élément constitutif de tout état bien ordonné.

Mais ces éléments ont revêtu diverses formes suivant les temps et les lieux, et des formes presque toujours vicieuses à raison des passions humaines, qui pour se satisfaire se sont servies tour à tour de ces formes en les dénaturant. L'histoire serait donc un enseignement trompeur si au lieu d'y voir des leçons et des enseignements on n'y voyait que des exemples à suivre et à copier servilement. Les traditions politiques sont sans doute très-respectables pourvu qu'elles soient fondées sur la nature et la raison et non sur des abus et des priviléges injustes, soutenus par des institutions purement artificielles.

II. — L'ancienne constitution française, si on peut lui donner ce nom, était remplie de ces artifices parce qu'elle couvrait des abus et des priviléges injustes. Nous ne sommes pas les ennemis de l'aristocratie, de la bonne aristocratie; de l'aristocratie qui sort du peuple et rentre dans le peuple, de l'aristocratie démocratique, tirant son origine non de vains titres mais de la valeur personnelle et de l'illustration. « Plus le service en tout genre prévaut sur les titres, plus un État est « florissant, » a dit Voltaire (*Siècle de Louis XIV.*) De cette aristocratie, il en faut, surtout dans les provinces, car le mal c'est qu'avec notre organisation, il n'y a guère que Paris qui puisse produire des illustrations, tandis qu'il en faudrait dans les départements pour balancer l'influence de la capitale et lui faire diversion. Les avocats, les jurisconsultes, les magistrats, les écrivains, les hommes de guerre, les agriculteurs, les industriels, les marchands qui se sont illustrés, qui ont rendu de véritables services à leur pays composent cette aristocratie de bon aloi. Or, dans les démocraties il faut de cette aristocratie. Aussi rien de triste comme l'ostracisme des grands citoyens d'Athènes, qui faisait dire à Phocion marchant au supplice et consolant Emphylète : « Pourquoi vous étonner ? C'est la fin des citoyens illustres. »

Nous ne sommes pas non plus les ennemis de l'ancienne noblesse, de la noblesse des souvenirs, vivant de la vie commune et employant ses loisirs à se rendre utile. Il est même convenable qu'il y ait dans l'État des hommes et des femmes de haute distinction, ne s'occupant que des choses de l'âme et de l'intelligence, pour donner le ton à la société en servant de modèle aux classes inférieures. Nous dirons même, à la gloire de la noblesse française, qu'elle semble, de nos jours, comprendre ses devoirs de cette manière. Mais il n'en était malheureusement pas ainsi de l'ancienne aristocratie. Nous avons vu qu'elle n'était avant la Révolution qu'un corps privilégié auquel la Royauté avait ôté les moyens de rendre à l'État des services. Considérée comme une décoration inutile et une superfétation onéreuse, la Révolution l'a supprimée. Elle n'était en effet bonne à rien, qu'à maintenir les distinctions blessantes de vilains et de roturiers, auxquels elle faisait payer la dette de sang en s'arrogeant le droit de les commander. La Société moderne a pensé que ces distinctions étaient plus nuisibles qu'avantageuses; que l'armée n'en serait pas moins solide si elle était composée d'hommes libres, commandés par le mérite ou l'ancienneté; que le clergé ne pourrait que gagner en considération, si les fonctions sacerdotales étaient remplies par d'autres que des fils de famille, souvent exemplaires, mais quelquefois sans vocation et vivant à la cour et dans la société des femmes. La justice mieux rendue, l'armée mieux commandée, et l'Église mieux servie ont donc pleinement donné raison à la Société quand elle a dépouillé la noblesse de ces fonctions que d'autres remplissent aussi bien qu'elle incontestablement. Or, c'est là tout ce qui était resté de la noblesse française, la veille de la Révolution.

Non-seulement elle n'avait pas su donner la liberté au peuple qu'elle avait constamment maintenu dans la dépendance et le mépris, mais encore elle s'était laissé dépouiller de toutes ses prérogatives politiques ; elle s'était prostituée au Pouvoir, avec ses filles et ses femmes, et elle n'avait gardé de son antique puissance que des offices de cour, véritable domesticité déguisée sous la pompe des titres et des décorations, et dont le seul effet était de flatter sa vanité et exciter la jalousie. Tout était donc artificiel et odieux dans ce corps qui n'était plus qu'un instrument de servilisme et souvent hélas ! de corruption, dont de glorieux services individuels ne pouvaient pallier les scandales. La noblessse était en effet frivole et déréglée. Son moral était descendu au niveau de celui des cours, et, pour tout dire, elle était incrédule et impie. La noblesse était donc devenue par son servilisme, sa corruption, ses mauvaises mœurs et ses mauvaises doctrines une cause de dissolution, au lieu d'être une cause de conservation comme c'était son rôle. Elle a donc péri et c'était justice. Il ne faut donc pas s'étonner si de toutes les ruines de la Révolution c'est la seule qui non-seulement n'ait laissé aucun regret dans la nation, mais qui ait provoqué des feux de joie. Cette noblesse n'était pas une aristocratie dans le sens politique du mot. Individuellement elle donnait quelquefois des magistrats incorruptibles, des officiers braves et intelligents et des généraux consommés, des abbés et des prélats d'une haute vertu, mais en somme, le corps judiciaire, l'armée et l'Église étant aujourd'hui mieux recrutés, tout a été bénéfice pour la Société dans la suppression d'une noblesse infidèle à son origine, à sa mission et à ses devoirs.

La noblesse vaut beaucoup mieux aujourd'hui qu'elle ne valait alors, moralement et intellectuellement, et si dans l'intelligence pratique de la politique et des affaires, elle n'est pas à la hauteur de la bourgeoisie, elle l'a dépassée en sens moral et religieux, surtout dans les provinces. Cette classe en ce moment est infiniment digne d'être honorée. Elle a expié ses torts sans aucun doute. Et elle a à jouer dans les sociétés démocratiques modernes, si elle sait le comprendre, un rôle utile et glorieux où elle sera soutenue par les sympathies et le concours de tous les catholiques. Qu'elle se serve de l'influence de son illustration, de sa considération et de sa position pour contenir la démocratie dans l'ordre et le Pouvoir dans la liberté, et elle rendra à la Société de plus grands services que jamais elle ne lui en a rendus.

Mais comme corps privilégié elle ne saurait constituer un élément essentiel dans l'État. Et la preuve c'est que bien des sociétés existent sans elle tandis qu'il n'en est aucune qui existe sans Pouvoir et sans religion. La liberté elle-même a ses organes nécessaires dans toute société chrétienne. L'organe de la liberté religieuse c'est l'Église qui garantit l'indépendance de toute conscience catholique; l'organe de la liberté civile, ce sont les individus, les associations libres; l'organe de la liberté politique, c'est la presse, la commune affranchie, la représentation nationale. Mais on ne voit pas que la noblesse soit l'organe essentiel de quoi que ce soit excepté des priviléges de ceux qui en profitent. Ce n'est pas qu'accidentellement la noblesse ne puisse devenir l'organe de la liberté publique contre les empiétements du despotisme, mais cette fonction, que MM. de Bonald et de Maistre, considéraient comme une fonction nécessaire à la société, n'est en réalité qu'une fonction accidentelle. On a même toujours vu le corps nobiliaire, singulièrement âpre et chatouilleux à l'endroit de ses prérogatives, beaucoup plus attentif à tenir le peuple dans l'asservissement, qu'à retirer les hommes de leur vile condition et à les élever à la dignité de citoyens en les faisant libres et égaux. On peut même dire que le peuple n'a jamais été plus esclave que dans les aristocraties. Ce qui explique pourquoi la Royauté a cessé d'être populaire, quand, s'étant affranchie de l'aristocratie, elle a voulu en faire un instrument servile de despotisme. A partir de ce jour, l'ancienne Royauté a dû subir le sort de la noblesse à laquelle elle avait associé sa destinée, et périr avec elle.

Tout corps privilégié par le seul fait de la naissance est une institution artificielle alors même qu'elle ne serait pas une usurpation odieuse. On a vu cependant de ces corps dans tous les états, mais c'était moins une conséquence de la nature qu'un effet de l'ambition, là même où la conquête n'avait pas servi de marchepied à l'aristocratie. L'avidité et la vanité humaines sont ingénieuses. Drappées sous les grands mots d'intérêt public, de dignité, de représentation nationale, elles ne manquent pas de prétextes et surtout d'occasions, dans les sociétés à demi barbares ou peu avancées dans la civilisation, pour se créer des positions exceptionnelles, qui deviennent bientôt héréditaires par la connivence ou la faiblesse du pouvoir central. Aux causes que nous avons déjà données de l'origine de la noblesse en France, il faut en effet ajouter la faiblesse des rois des deux premières races. Ne pouvant contenir leurs vassaux et même leurs officiers, ces rois se virent obligés de subir leurs prétentions et jusqu'à l'hérédité des offices royaux qu'ils leur avaient confiés. Sitôt que les rois eurent un peu de force, et à partir de Louis-le-Gros, la royauté réagit contre ces empiétements et finit par dépouiller la noblesse, non-seulement de toute participation à la souveraineté, mais encore de toute attribution politique pour ne lui laisser que ses droits réels et honorifiques. Il faut donc chercher ailleurs des points de résistance solides contre les mouvements populaires et les empiètements du despotisme. MM. de Maistre et de Bonald, en faisant dépendre la conservation de la Société d'une institution essentiellement périssable, ont été infidèles, selon nous, à leur principe essentiellement vrai et fécond que les constitutions doivent sortir des entrailles de la Société et non du cerveau des hommes pour si habiles qu'on les suppose. Tout corps nobiliaire privilégié, son origine se perdit-elle dans la nuit des temps, est une de ces institutions de main d'homme. Leur théorie leur faisait donc une loi de le repousser au lieu de chercher à le rétablir. Mais leurs préjugés, leur éducation politique, leur position, leurs liens de famille les ont mal inspirés en cette circonstance et ont obscurci leur jugement si profond et leurs intentions si droites. Ils ont vu la vérité, ils lui ont rendu hommage, ils ont dévoilé les vrais principes de l'ordre social, mais, au lieu de se servir des éléments en germe que les sociétés nouvelles leur mettaient sous la main, pour les développer et en faire la base de la nouvelle constitution politique, ils se sont rejetés dans l'utopie d'institutions rétrospectives qui n'existaient plus, qui ne pouvaient plus exister et qui, au fond, n'avaient été elles-mêmes qu'un accident depuis longtemps dénaturé par la royauté. Aussi, on ne s'expliquerait pas l'insistance de ces deux grands esprits à poursuivre des plans chimériques, si on ne savait sous l'empire de quels sentiments et de quelles circonstances MM. de Maistre et de Bonald écrivaient leurs principaux ouvrages. On était en pleine révolution. Persécutés et exilés, leurs biens étaient confisqués, et ils appartenaient à cette noblesse française qu'ils honoraient par leurs vertus et leur talent, mais dont ils partageaient les préjugés et les privilèges. Ils avaient soixante ans à la chute du premier empire. Tout les rattachait donc à l'ancien régime; et ils s'étaient fait un point d'honneur de rester fidèles non-seulement à ses principes monarchiques, mais à ses institutions aristocratiques pour le rétablissement desquelles ils combattirent vainement. De tous les gouvernements, le plus faible sans contredit a été celui qui a exprimé le moins imparfaitement leurs tendances, et Charles X est tombé non pour avoir adopté leurs théories, mais pour n'avoir pas su démêler à quels éléments de notre état social elles étaient applicables. Et ce n'est pas, après 70 ans d'un développement démocratique qui n'a pas été interrompu un seul instant, qu'on pourrait espérer le rétablissement d'institutions que ces illustres esprits ont été impuissants à faire revivre, malgré la profondeur et l'élévation de leur génie, et la haute considération qu'inspirait leur caractère.

Au surplus, ils n'avaient eux-mêmes qu'une foi médiocre au succès de leur entreprise. La publication récente des lettres et opuscules inédits de M. de Maistre, où l'on trouve plusieurs lettres remarquables de M. de Bonald, prouve que ces publicistes ne se faisaient pas illusion sur les difficultés de leur politique. Leur bon sens reprenait le dessus dans l'intimité. Leurs confidences étaient pleines de tristesse et de découragement quelquefois. Les éléments leur faisaient défaut. « Il n'y a plus de grands en Europe, me dites-vous,... je suis « de votre avis. C'est la noblesse qui manque partout, les grands « seigneurs en ont détruit l'esprit. » (Lettre de M. de Bonald à M. de Maistre.) Ils voulaient rétablir le corps politique de la noblesse et ils n'avaient pas de nobles ! Ils se plaignaient surtout de leurs amis ; tout leur faisait défaut même le Roi. Sur qui donc auraient-ils pu compter pour la réalisation de leurs plans de gouvernement ?

Aussi, ils étaient singulièrement embarrassés quand, obligés de passer de la théorie à la pratique, on les sommait de produire ces plans. Leur beau système de restauration de l'ancien régime se réduisait alors à quelques palliatifs insignifiants, qui, ne rétablissant rien d'essentiel, compromettaient la Royauté en la rendant impopulaire. Les impossibilités, qui depuis n'ont fait que s'accroître, placeraient ceux qui voudraient renouveler la même tentative dans une situation encore plus difficile. Il nous est donc impossible de croire que des hommes sérieux songent encore à rétablir l'ancien régime. Aussi, nous pensons que cette accusation cache un malentendu, que cette publication contribuera peut-être à faire disparaître. La preuve de ce malentendu, c'est que ceux qu'on accuse de vouloir réaliser cette restauration irréalisable, ne cessent de protester contre cette imputation.

Nous croyons donc rendre service à l'École de MM. de Bonald et de Maistre, en dégageant les théories de ces deux publicistes de toute préoccupation rétrospective, pour les faire entrer dans le domaine de la réalité, sous la forme qui convient à notre nouvel ordre social.

Nous ne saurions, en effet, nous contenter de ces moyens artificiels de conservation imaginés par ces philosophes. Nous estimons qu'il faut être plus exigeant en fait d'ordre et de stabilité, et il y aurait folie, selon nous, à donner pour abri à un état démocratique ces fragiles constructions que les passions produisent et que le temps emporte. Nous ne confierions pas vingt-quatre heures, en plein XIXe siècle, notre liberté, notre vie, notre fortune, notre femme, notre enfant à une Société reconstituée sur les bases de l'ancien régime, fût-elle gouvernée par ce qu'elle avait de plus dévoué, par les Blacas, les Polignac, appuyés sur les marquis et les duchesses de l'ancienne cour, avec leurs abbés, leurs ducs et pairs, leurs officiers mousquetaires, leurs suisses et tout ce qu'on avait de plus fort et de plus solide en ce genre. Autre temps autres mœurs. Il y a de nos jours trop de lumières, et un pareil échafaudage qui a pu durer des siècles, grâce à la bonhomie de nos aïeux, aujourd'hui bafoué par la multitude, serait tout aussi peu durable que les établissements éphémères de la Révolution.

C'est donc ailleurs qu'il faut aller chercher les principes constitutifs de notre nouvelle France, si nous voulons sortir de la Révolution et fonder autre chose que des châteaux de carte.

On voudrait d'ailleurs reconstituer une aristocratie, qu'on serait tout aussi impuissant que Napoléon, qui, après une tentative infructueuse finit par comprendre que la chose était impossible. « Où voulez-« vous, disait-il, que je trouve une aristocratie que la pairie exige? « Les anciennes fortunes sont renversées. Plusieurs des nouvelles sont « honteuses (cela est encore plus vrai aujourd'hui qu'alors). Cinq ou « six noms historiques ne suffisent pas. Sans souvenirs, sans éclat, « sans grandes propriétés, sur quoi ma pairie serait-elle fondée? Celle

« d'Angleterre est toute autre chose. Elle est au-dessus du peuple, « mais elle n'a pas été contre le peuple. Ce sont les nobles qui ont « donné la liberté à l'Angleterre. La grande charte vient d'eux. Ils « ont grandi avec la Constitution *et font un avec elle*. Mais d'ici à « trente ans, mes champignons de pairs ne seront que des soldats ou « des chambellans. On ne verra en eux qu'un camp ou une anti- « chambre. » (Paroles de Napoléon au comité de Constitution de 1815.)

III. — Mais les sociétés peuvent vivre, Dieu merci, sinon sans illustrations, du moins sans un corps nobiliaire privilégié par le droit de la naissance et du sang. Nous n'en dirons pas de même des corps constitués de l'État, de la magistrature, des municipalités, de l'armée, des universités, des académies, de l'Église, des ordres religieux, et des corporations de bienfaisance, de prévoyance et de charité. Ces éléments, essentiels à toute Société chrétienne, sont éminemment propres à remplir politiquement le rôle de médiateurs entre le pouvoir et le peuple que M. de Bonald, dans sa célèbre théorie du Pouvoir, des Ministres et des Sujets, attribuait à la noblesse. Ces divers corps, fonctionnant chacun à leur manière, et investis de droits et de prérogatives, sont fondés sur la nature des choses. Parfaitement avouables en théorie et en pratique, ils sont, en outre, nécessaires, ayant toujours existé chez tous les peuples sous une forme ou sous une autre. Mais ils sont sans vertu et sans force pour protéger la Société en France quand le pouvoir est menacé ou emporté par les révolutions. Dépourvus d'initiative et de liberté, et dépendant souvent du gouvernement, ils n'ont aucune virtualité individuelle capable de le contenir dans ses excès, le soutenir dans sa faiblesse, ou le relever dans sa chute.

Qu'on confère donc des droits et des *priviléges*, oui, nous avons lâché le mot et nous ne le retirons pas, — qu'on confère donc des droits et des priviléges, non à des hommes et à des familles comme autrefois, mais à ces institutions utiles et respectables pour en faire la base d'une constitution qui reposerait, alors, non sur de vains artifices, mais sur quelque chose d'essentiel, de vital, tranchons le mot, d'indestructible ; et qu'on fasse entrer ces droits et ces priviléges dans la constitution écrite afin de les faire participer à l'inviolabilité attachée aux lois fondamentales de l'État.

Et alors ces corps étant intéressés à la conservation de leurs franchises, se porteraient mutuellement secours s'ils venaient à être attaqués. Ayant leur garantie dans la constitution et le patriotisme des intéressés et étant solidaires les uns des autres, on ne pourrait porter atteinte à un de leurs membres sans provoquer une émotion générale capable de faire réfléchir les ennemis de la paix ou de la liberté publiques.

Quelque chose de semblable existait sous une autre forme, mais d'une manière imparfaite, dans l'ancienne monarchie. Le corps judiciaire, sous le nom de parlement, avait ses priviléges. Ils étaient exhorbitants, parce qu'il en avait de politiques. Mais ne pourrait-on en conférer de tout aussi importants sans être aussi dangereux, au corps judiciaire actuellement existant, celui, par exemple, de connaître de la violation des droits et des franchises des associations et des corporations? Les communes avaient leurs priviléges, les universités, les ordres religieux, les institutions charitables et les corporations d'arts et métiers aussi. Il n'était pas jusqu'à l'armée qui, dans le connétable, conservé en Angleterre sous le nom de généralissime de l'armée, n'eut un protecteur naturel contre les décisions arbitraires du bon plaisir ministériel. Toutes ces garanties exigeraient des modifications profondes, mais le principe en était excellent. Elles avaient suffi pour faire une monarchie tempérée d'une monarchie absolue et pour protéger beaucoup mieux que sa noblesse dégénérée, l'ordre social contre les perturbations populaires.

Plusieurs des anciennes institutions ont disparu. Elles étaient, comme la noblesse, incompatibles avec un État démocratique. Les jurandes et les maîtrises étaient de ce nombre. En opposition avec le principe moderne de la liberté du travail, elles constituaient une sorte d'aristocratie dans la classe ouvrière. Et ce n'est pas des priviléges de cette nature qu'il nous faut. Tout privilége établi au profit d'individualités ou de familles et non au profit de la masse est un privilége inique, et un pur artifice plutôt préjudiciable qu'avantageux à la conservation sociale, parce qu'en provoquant des attaques fondées, il produit des perturbations inévitables qui exigent l'emploi permanent de la force. Les nouvelles corporations ne doivent pas avoir ce caractère, elles doivent être utiles et bienfaisantes, ou correspondre à un besoin général de la société. Leurs priviléges alors n'offrent aucun danger, et leur autonomie devient une force pour l'État. Créer partout et sous toutes les formes de ces personnes morales, les affranchir du bon plaisir ministériel en les plaçant sous la protection de la constitution et du corps judiciaire; porter ainsi la vie sur toute la surface du pays au lieu de la concentrer en un seul lieu et en une seule tête, distraire, en la reportant sur une foule de points à la fois, l'attention publique du prestige vertigieux qu'exerce le pouvoir central sur les ambitions, quand elles peuvent se flatter de s'en emparer d'un coup de main; intéresser directement ces corporations à l'existence, à la durée et à la stabilité du Pouvoir; ce sont là autant de mesures pratiques indiquées par la situation.

Le caractère général de ces mesures serait de soustraire ces corporations et les autres qui pourraient se fonder à la dépendance du pouvoir central, soit pour l'autorisation, soit pour la répression et surtout la suppression. Plusieurs éléments principaux existent dans l'État qui ont traversé sans périr toutes nos transformations sociales et même notre Révolution. Pourquoi ne pas donner à ces éléments une vie propre, une sorte d'indépendance relative? La magistrature, les communes, l'Église et le corps enseignant sont dans ce cas, pourquoi ne pas en faire des autonomies, des personnes morales vivant de leur propre vie, en les faisant de moins en moins dépendre du pouvoir discrétionnaire des ministres? Pourquoi surtout ne pas étendre leurs attributions, au lieu de les restreindre? Tout cela exigerait du temps, de la prudence, nous le savons. Mais pourquoi ne pas entrer dans cette voie féconde? Toute réforme utile et durable doit sortir des entrailles des institutions et non des conceptions particulières des personnes étrangères à ces institutions. C'est donc à ces institutions qu'il faudrait demander les priviléges et les franchises dont elles auraient besoin pour se fortifier, se développer et s'étendre. Des enquêtes conduites avec prudence seraient propres à faire connaître ces besoins. Provoquer la vie sur tous les points au lieu de l'étouffer en la reportant sur un seul, est d'une sage politique, en ayant soin de ne provoquer cette vie ou cette activité que dans des corporations réellement utiles ou bienfaisantes.

Au-dessous de ces grandes corporations essentielles, qui ont traversé nos orages politiques, il y en a d'autres en effet moins importantes, qui s'adressent à des intérêts moins généraux, mais dont le caractère charitable n'en est pas moins respectable. Qu'elles se fondent librement, et qu'affranchies de l'autorisation, de la tutelle et de la dépendance de l'administration, elles ne relèvent que de la justice ou des tribunaux. C'est un moyen de donner au corps judiciaire plus d'activité et de vie publique, et au pouvoir moins d'embarras et de responsabilité. On étouffe la vie partout avec des réglements dont la pensée est juste, mais dont les applications sont plus préjudiciables qu'utiles. Sous prétexte qu'il pourrait se fonder une association politique sur mille, on exige l'autorisation de l'État pour ces mille, et on complique encore cette autorisation de tant de formalités qu'il ne s'en fonde aucune. Et il en est ainsi de toutes les autres autorisations ministérielles dans les affaires les plus futiles comme dans les plus graves, surtout dans les affaires municipales. Pour un abus que l'on prévient et que les tribunaux auraient réprimé en cas de gravité, on étouffe la vie partout, tandis que le pouvoir étouffe de pléthore. La centralisation, conception séculaire de nos rois, facilitée par la Révolution et réalisée par Napoléon Ier, serait une grande et belle institution si elle était dégagée de la responsabilité des affaires que la liberté individuelle, ou les diverses corporations pourraient conduire d'une manière plus satisfaisante. L'encombrement bureaucratique n'est pas une force, mais un embarras et une charge qui a usé tous les pouvoirs en commençant par son propree fondateur. On sait combien on était fatigué de centralisation en 1815, fatigué en 1830, fatigué en 1848. Cela tenait aux abus et non à l'institution, et la preuve c'est que tous les partis sans exception l'ont maintenue quand ils ont été au Pouvoir, et l'ont même défendue en principe quand ils ont été dans l'opposition. Faut-il ajouter qu'aucun de ces partis, arrivé aux affaires, n'a eu le patriotisme de s'oublier lui-même pour porter la main sur ces abus? Chacun a voulu à son profit d'une forme gouvernementale qui lui assurait la dictature, avec toutes les apparences de la liberté. Et il a préféré s'exposer à périr ainsi tout d'une pièce qu'à vivre, d'une vie libre et dégagée, avec des corporations autonomes qui l'auraient fortifié et protégé de leur concours au lieu de l'affaiblir.

CHAPITRE X.

DES CORPORATIONS RELIGIEUSES ET DES ŒUVRES DE BIENFAISANCE.

Le passage de l'état aristocratique et de l'état bourgeois à l'état démocratique serait la décadence si on n'organisait chrétiennement la Démocratie. — Dieu semble entrer dans cette voie d'organisation à en juger par les œuvres religieuses et de bienfaisance fondées depuis la Révolution. — Œuvres de bienfaisance pour l'enfance, l'âge adulte, la vieillesse. — Associations religieuses. — Ces œuvres répondent à un grand nombre de besoins démocratiques, mais pas à tous. — Il manque des œuvres et des associations dont l'objet serait d'initier les ouvriers des villes aux saines doctrines de l'économie politique et à la connaissance de leurs véritables intérêts et de leurs devoirs de citoyens. — Puissance et avenir de la démocratie organisée chrétiennement. — Comment la liberté serait possible avec cette organisation.

Ne perdons pas de vue qu'en France nous sommes en pleine démocratie, depuis que l'aristocratie ayant été emportée par la tempête révolutionnaire, la bourgeoisie elle-même, débordée par le peuple, a prouvé son impuissance à le contenir par un essai malheureux qui a duré à peine dix-huit ans, sous le dernier règne, au milieu d'agitations et d'inquiétudes dont le souvenir est encore présent à la mémoire de tous. Or, le passage à l'état démocratique d'une nation populeuse et déjà vieille de quatorze siècles est un fait de la plus haute gravité, et digne de fixer l'attention du philosophe. Une situation à quelques égards analogue a conduit, sous les empereurs, Rome à la décadence, et de la reine des nations elle en a fait la tributaire. Les patriciens divisés et corrompus, étant devenus incapables de maintenir l'ordre dans la république, le peuple a dû confier ses destinées à la direction d'un seul, et la capitale du monde, après avoir pris subitement, comme Paris en ce moment, une extension extraordinaire (1) qui en a fait la sentine des nations, n'a été bientôt qu'une lice ouverte à toutes les usurpations et la proie facile de toutes les invasions.

La France pourrait subir le même sort, si les classes populaires, que les événements ont placées sur la scène politique et ont été jusqu'ici élevées à l'école sévère du prêtre, lui échappant tout à coup, venaient à se corrompre à leur tour. Qu'on se souvienne de ce que nous avons dit de la dégradation profonde de l'aristocratie et d'une partie de la bourgeoisie au XVIIIe siècle, et qu'on se représente, si on l'ose, ce que

(1) Voyez dans Dezobry les chiffres véritablement fabuleux auxquels les historiens du temps évaluaient la population de Rome.

deviendrait la société française si les masses, tombant des hauteurs vraiment sublimes de la morale évangélique à ce bas degré d'affaissement, il n'y avait plus parmi nous que des indifférents, des impies ou des débauchés. Or, cela est déjà vrai d'une partie des classes ouvrières, et le mal ne fait qu'empirer. Il y aurait donc à s'effrayer de l'avenir si les nations chrétiennes n'avaient l'heureux privilége d'être guérissables. On ne saurait d'ailleurs, sans injustice, comparer notre pays à un peuple vieilli dans les pratiques et les corruptions du paganisme, composé d'affranchis et des aventuriers du monde entier qui affluaient à Rome, les riches, pour y jouir à leur aise de toutes les jouissances d'une civilisation raffinée, et, les misérables, pour vivre des besoins, des passions, des plaisirs et des restes d'une opulence voluptueuse. On peut lire dans les poëtes du temps les mœurs singulières de cette race de parasites, vivant de leur fainéantise autour de ces proconsuls qui, engraissés des dépouilles des nations, étalaient, avec les riches familles des provinces que leurs exactions faisaient refluer à Rome, un luxe plus qu'oriental.

Notre démocratie au contraire, fondée sur la loi du travail, et éclairée par la lumière de l'Évangile, offre des garanties d'ordre et de moralisation que ne pouvait offrir la démocratie payenne de la décadence. Il y a dans le christianisme un ressort ou un principe de vie dont la vertu est de *convertir*, c'est-à-dire de ramener, en agissant fortement sur les consciences, les individus, les générations et les classes sociales, à la pratique des devoirs austères du christianisme. Il nous est aujourd'hui donné d'assister à un de ces spectacles. L'ancienne aristocratie française, dont nous avons dit tant de mal, mérite aujourd'hui bien des éloges. Après avoir cruellement expié ses torts, elle fait en ce moment oublier ses ignominies, en donnant aux autres classes l'exemple de toutes les vertus chrétiennes. Toujours prête à faire le bien, elle est à la tête de cette foule d'œuvres de bienfaisance et de moralisation dont nous allons faire le dénombrement, et où on voit avec plaisir briller, parmi les fondateurs, les premiers noms de l'ancienne aristocratie. Il y a donc dans le catholicisme une puissance de transformation capable d'opérer efficacement non-seulement sur les individus, mais encore sur les classes entières de la société, et sur les nations chrétiennes prises en masse. Or il n'en était pas ainsi des nations payennes; une fois sur le déclin elles étaient décidément en décadence, et elles s'en allaient en lambeaux sans aucun espoir de rajeunissement. Qu'on suive les progrès de la décadence des deux nations payennes les plus puissantes et les plus civilisées, la Grèce et Rome, et on verra qu'elles ont toujours été en déclinant, faute d'un principe surnaturel capable d'arrêter les effets d'une corruption dont la pente naturelle est d'aller en augmentant.

Il ne faudrait pourtant pas se faire illusion. Si le même phénomène de corruption, qui s'est jadis produit dans la royauté, l'aristocratie et même à un certain point dans la bourgeoisie, venait à se produire dans le peuple, nous ignorons si la vertu régénératrice du christianisme pourrait retirer la nation d'un degré de démoralisation qui aurait gagné la masse, et d'où la noblesse, éclairée par ses malheurs et ne représentant qu'une infime partie de la nation, a eu tant de peine à se tirer. Il serait en tous cas téméraire d'en courir la chance, et ce serait tenter Dieu que de se précipiter tête baissée dans une situation honteuse, où toute liberté étant impossible, le despotisme deviendrait une nécessité sociale, et ne ferait que hâter la décomposition en voulant l'arrêter. La première et la plus importante condition requise pour l'organisation de la démocratie, c'est donc la moralisation du peuple par le christianisme.

I. — Les obligations de la société sous ce rapport sont considérables. Voyons si elles se trouvent remplies. Une de ces obligations, c'est l'instruction et la moralisation de l'enfance pauvre ou délaissée. Or, nous devons dire à l'honneur de notre société et surtout de la religion que les institutions ici abondent :

Ce sont d'abord la plupart des communautés religieuses de femmes qui distribuent l'éducation à presque toutes les jeunes filles du peuple, dont l'instruction, grâce à ces communautés, est relativement supérieure à celle des jeunes garçons, puisqu'il y a très-peu de femmes qui ne sachent lire et écrire, quand un grand nombre de cultivateurs et d'ouvriers sont entièrement dépourvus de ce talent. Il n'y a pas de département qui n'ait quelque communauté de religieuses enseignantes, dont plusieurs s'occupent en même temps du soulagement des misères physiques. Il y a des diocèses où le plus petit hameau a sa *sœur*, tour à tour quêteuse des pauvres, garde-malade, surveillant les jeunes personnes, apprenant à lire et à écrire aux petits enfants et vivant de ce qu'on veut lui donner ;

Ce sont les frères des écoles chrétiennes, ces humbles instituteurs, ces amis du peuple, si honorés des masses, si méprisés, si calomniés par une partie de la bourgeoisie, si utiles et si persécutés. Ce sont les frères du Sacré-Cœur et de Saint-Viateur allant deux à deux, et les frères de Lamennais et de la Croix un à un pour suppléer aux frères des Écoles chrétiennes, qui ne peuvent aller moins de trois, et mettre ainsi l'éducation religieuse à la portée du plus pauvre village (1) ;

C'est l'enseignement des sœurs de Saint-Vincent de Paul, gratuit, comme celui des frères, et où les jeunes filles pauvres apprennent la lecture, l'écriture, le calcul, la grammaire, la géographie, le catéchisme, l'histoire sainte, le chant. Ce sont les ouvroirs de ces mêmes

(1) Fondés en 1681 par le vénérable abbé de la Salle, les frères des écoles chrétiennes avaient en 1851 639 établissements, 1,195 écoles, 3,687 classes, 260,000 élèves, dont 24,000 adultes. Depuis ils se sont accrus considérablement. Leur principale maison est à Paris, rue Oudinot, 27. Mais ils commencent à s'étendre en Amérique, en Asie et en Afrique. Ces mêmes congrégations de frères ont fondé de nombreuses sociétés agricoles en France et recueilli de nombreux orphelins délaissés, qu'elles occupent aux travaux des champs et auxquels elles apprennent des métiers.

sœurs, où les enfants sont exercées à la broderie, à la couture, au repassage, etc. ;

C'est, dans des proportions plus modestes, mais dans un but non moins louable, l'*Établissement de Saint-Nicolas*, fondé par monseigneur Bervenger et destiné aux enfants pauvres, auxquels leurs protecteurs veulent donner une éducation chrétienne et l'instruction nécessaire aux classes ouvrières, et à ceux que leurs familles ne peuvent faire élever qu'à un prix inférieur à toutes les pensions et institutions de Paris (1) ;

C'est la société de Saint-François-Xavier, dont le but est de procurer aux ouvriers l'instruction religieuse et des secours spirituels et matériels en cas de maladie (2) ;

C'est la société d'encouragement des Écoles chrétiennes libres dans le but d'établir des écoles dans les quartiers pauvres et populeux de Paris (3) ;

C'est l'association des institutrices, dont l'objet est de s'aider mutuellement, de chercher et de se procurer des élèves, et d'offrir aux familles tous les renseignements et toutes les garanties de moralité et d'instruction (4) ;

Ce sont les écoles gratuites de soldats où ils reçoivent des leçons d'écriture, de lecture, de calcul, d'histoire sainte, d'instruction religieuse ;

C'est la société de Saint-François Régis pour faciliter le mariage civil et religieux des pauvres de Paris vivant dans le désordre, et la légitimation de leurs enfants naturels (5) ;

C'est la société de patronage des jeunes libérés, dont la mission est de surveiller et de placer en apprentissage les enfants sortant des maisons pénitentiaires (6) ;

C'est l'ouvroir de Vaugirard et la maison de Notre-Dame de Miséricorde pour les femmes libérées dont la conduite en prison a été bonne, et qui, manifestant le désir de revenir à une vie régulière, ne

(1) Rue de Vaugirard 112. Il a été fondé, en 1840, une succursale à Issy. La pension est de vingt francs par mois pour les orphelins et vingt-cinq francs pour les autres enfants.

(2) Fondée en 1847 à l'école d'adultes des frères des écoles chrétiennes de Saint-Nicolas-des-Champs.

(3) Fondée en 1850 par Mgr l'archevêque de Paris, elle a établi un grand nombre d'écoles nouvelles, agrandi cinq anciennes et donné l'instruction à plusieurs milliers d'enfants.

(4) Rue de Sèvres, 27.

(5) Fondée en 1826. M. Gossin, rue Garancière, 10, en est le président. Elle se charge de la production de tous les actes et renseignements nécessaires à la célébration du mariage.

(6) La colonie agricole de Mettray et plusieurs autres maisons de ce genre répondent au même but.

sauraient trouver par elles-mêmes ni protection ni confiance dans la société (1);

C'est enfin la maison de refuge du Bon-Pasteur qui s'occupe de la réhabilitation morale des jeunes filles de 16 à 23 ans que leur déréglement a conduites à l'infirmerie et aux ateliers de Saint-Lazare (2).

II. — Mais il ne suffit pas d'instruire et de moraliser le peuple, de le relever à ses propres yeux et à ceux de ses concitoyens, quand il a eu le malheur de déchoir, il faut encore protéger, dans leur faiblesse, les enfants, les femmes et les êtres disgraciés par la nature, et qui, sans le secours des lois, de la religion et de la bienfaisance, mourraient abandonnés de tous, ou souffriraient de l'injustice des autres. Ce devoir sacré, commun à toutes les sociétés, est surtout obligatoire dans les démocraties, et constitue la seconde condition de leur bonne organisation.

Plusieurs lois ont pourvu à cette condition, la loi sur les heures de travail des enfants et des femmes dans les manufactures; la loi du 13 avril 1850, relative aux logements insalubres, la loi du 22 janvier 1851 sur l'assistance judiciaire, la loi du 5 août 1850 sur l'éducation et le patronage des jeunes détenus, la loi du 22 février 1851, relative aux contrats d'apprentissage. Mais c'est surtout la bienfaisance publique qui s'est montrée ici libérale et généreuse. Nous citerons :

La société de charité maternelle, assistant les pauvres femmes en couche, les aidant et les encourageant à nourrir leurs enfants (3);

L'association des mères de famille, accordant des secours aux mères et aux enfants qui ne peuvent être secourus par les bureaux de bienfaisance et la société de charité maternelle (4);

Les crèches destinées à recevoir les enfants des familles pauvres

(1) Rue de Vaugirard, 81, et grande rue de Vaugirard, 186. Mme la comtesse de Biencourt, rue Saint-Dominique, 52, est la présidente de cette œuvre qui reçoit aussi des personnes sans ressources et des jeunes filles privées d'appui, moyennant une modique pension. Elle place aussi ses protégées au dehors.

(2) Rue d'Enfer, 89. Elle a été fondée en 1821 par M. l'abbé Legris-Duval.

(3) Fondée en 1788. La Société, après l'admission, pourvoit aux dépenses de l'accouchement, fournit une layette à l'enfant, une indemnité de 5 francs par mois à la mère pendant dix mois. L'enfant dont la mère devient sérieusement malade est confié à une nourrice, et le secours mensuel peut alors être augmenté de 3 francs. Si la mère meurt, l'enfant est recueilli par la Société, qui peut lui accorder un secours de 5 francs par mois. La Société secourt par année à peu près huit cents familles. Elle reçoit du Gouvernement une subvention annuelle de 40,000 francs, et du conseil municipal de la ville de Paris 6,000 francs. Vice-présidente Mme la marquise de Lillers rue de Lille, 68, Mme la comtesse Beugnot, et Mme Baradère.

(4) Fondée en 1835. Présidente Mme Danloux-Dumésnil rue de Londres, 54.

depuis leur naissance jusqu'à deux ans, et à leur fournir les aliments et les soins convenables à cet âge (1);

Les crèches à domicile donnant les soins nécessaires aux nouveaux-nés, qu'on ne pourrait transporter sans danger aux crèches communes (2);

Les salles d'asile instituées pour recevoir pendant le jour les petits enfants des deux sexes que leurs parents ne peuvent garder et surveiller chez eux (3);

L'œuvre des enfants malades, s'occupant de la convalescence des enfants sortant des hôpitaux de Paris, et suppléant à la misère et à l'incurie de la maison paternelle : touchante inspiration rendue plus touchante encore par la pensée de confier le sort de ces petits adolescents à la charité des enfants placés par la Providence dans de plus heureuses conditions (4);

L'asile-école Fénelon, recevant, de trois à douze ans, les jeunes garçons pauvres, orphelins ou abandonnés (5);

Les deux orphelinats fondés, à Bouffarick et à Benacknoum, en Algérie, par les jésuites, qui ont eu l'heureuse idée de transporter en Afrique, sur une échelle que le gouvernement aurait pu rendre aussi large qu'il l'aurait voulu, les enfants-trouvés des hôpitaux dont l'acclimatation facile aurait donné une patrie à des enfants sans patrie; conception féconde dont chacun entrevoit la portée, et que venait heureusement compléter la pensée d'orphelinats semblables de jeunes filles dirigés par des religieuses; double institution qui, en soulageant la France, aurait puissamment contribué à la prospérité de l'Algérie et hâté sa colonisation, en peuplant rapidement ce beau pays d'une population saine et religieuse;

(1) La première crèche a été fondée par M. Marbeau à Chaillot le 14 novembre 1844.

(2) Directeur M. le curé de Saint-Severin.

(3) Mallet frères, Banquiers, trésoriers de la Société, rue de la Chaussée d'Antin, 13.

(4) Fondée en 1851 par les dames qui s'occupent des hôpitaux de Paris, elle se soutient à l'aide d'une cotisation de trois francs versée par chaque enfant associé, d'une loterie et d'une vente faite par les jeunes souscripteurs. Mlle de Gontaut, 63, rue Saint-Dominique, en est la présidente. La Société de patronage des enfants convalescents s'occupe du même objet. Elle fait instruire et patrone ces enfants et leur procure de bons apprentissages.

(5) A Vaujours, Seine-et-Oise. Cette maison a été placée au nombre des établissements d'utilité publique en janvier 1852. La pension est de 200 francs annuellement. La maison des orphelins de Saint-Vincent de Paul, rue de l'Arbalète, 39, reçoit des orphelins de sept à douze ans dans des conditions analogues.

La Société de placement, rue des Saints-Pères, 13, et celle des fabricants et des artisans, rue de la Chaise, 24, adopte et place en apprentissage les orphelins de douze ans révolus et pourvoit complétement à l'entretien de ses protégés. Nous pourrions ajouter à ces œuvres, la Société d'adoption des enfants trouvés et abandonnés.

La *Société des Amis de l'Enfance*, s'occupant de l'éducation et de l'apprentissage des jeunes garçons pauvres de la ville de Paris (1).

Mais il est surtout des êtres faibles qui ont besoin d'une protection spéciale, ce sont les jeunes filles délaissées ou sans parents. La charité, toujours ingénieuse et touchante, a donc fondé pour elles :

La maison des enfants délaissées (2), qui élève, jusqu'à l'âge de 21 ans, cent orphelines de mère ;

L'œuvre du patronage des jeunes ouvrières (3), qui adopte les jeunes filles à la sortie des écoles primaires ou des manufactures, se charge de leur placement après la première communion, règle les conditions de leur apprentissage, leur offre, le dimanche, chez les sœurs, une classe, une instruction religieuse et des récréations, donne à chacune d'elles une dame patronesse qui la visite, encourage sa bonne volonté, et entoure sa jeunesse d'une vigilance toute maternelle ;

(1) Elle prend entièrement à sa charge les enfants sans parents ou sans protecteurs.

Elle adopte aussi ceux pour lesquels la charité particulière ou d'autres associations charitables consentent à payer une partie des dépenses ; elle complète alors la somme nécessaire à l'éducation.

Enfin elle accepte le patronage d'enfants dont les frais d'éducation ne sont pas à sa charge, et s'engage à leur accorder sa surveillance et sa protection.

Les orphelins, les abandonnés, ceux qui ne peuvent sans danger rester dans leurs familles, sont placés, à ses frais et sous sa surveillance, soit à Saint-Nicolas, soit à l'Asile Fénelon.

Les jeunes garçons pauvres qui n'ont rien à craindre des mauvais exemples de leurs parents sont secourus à domicile ; la Société leur désigne un protecteur qui veille à leur exactitude à l'école et à l'église.

A douze ans, après la première communion, les protégés des Amis de l'Enfance entrent chez les maîtres que la Société choisit ; elle pourvoit à toutes leurs dépenses, et les surveille dans les ateliers.

La Société a ouvert à ses protégés, rue Culture-Sainte-Catherine, 38, sous le nom de *Maison de famille*, un refuge où ils trouvent à toute heure du jour et de la nuit, pendant leur apprentissage, un abri quand l'atelier chôme, des soins quand ils sont malades, et des vêtements régulièrement renouvelés toutes les semaines. Ils y passent la journée du dimanche. Le secrétariat est rue Saint-Germain-l'Auxerrois, 20.

(2) Établie par Mme de Carcado en 1803, elle est placée en ce moment sous le patronage de Mme la duchesse de Montmorency, rue Saint-Dominique-Saint-Germain, 119. L'adoption n'a lieu que de sept à neuf ans. Ont été fondées dans des vues analogues, la maison des orphelines de la Providence, passage Saint-Roch, 20, trente-six orphelines y sont reçues à raison de 200 francs par an ; la maison des enfants de la Providence, rue du Regard, 13, établie par Mlle Buchère.

(3) Fondée en 1851, sous la présidence de Mme de Melun rue de Grenelle-Saint-Germain, 33. L'association des jeunes économes répond à peu près au même but. Le président est M. l'abbé Surat, rue Chanoinesse, 9. L'association de Sainte-Anne place en apprentissage les jeunes filles pauvres. Mme de Rambuteau en est présidente. Nous pourrions ajouter à ces œuvres l'atelier de travail de Mme Chauvin, rue du Paon, 8, etc., etc.

L'œuvre de la visite des femmes malades et l'asile des jeunes filles convalescentes (1), dont les membres, composés de dames charitables, visitent dans les hôpitaux les femmes malades, leur apportent des secours spirituels et matériels, et assistent leurs familles pendant leur maladie;

L'asile-ouvroir, qui est destiné à recueillir les jeunes filles victimes d'une première faute, et que leur état d'abandon, à leur sortie des hôpitaux, aurait exposées à tous les dangers de la corruption et de la misère (2);

La Société des domestiques ou servantes de Marie établie pour donner aux femmes qui sont en service la faculté de persévérer dans l'accomplissement de leurs devoirs, et leur fournir un asile convenable en cas de nécessité (3);

La Société de patronage dont le but est de renvoyer dans leurs familles les femmes veuves ou délaissées par leur mari, et les jeunes filles qui viennent à Paris pour trouver une place, et qui, trompées dans leurs espérances, après avoir épuisé leurs ressources, sont exposées à tous les dangers de la misère et de l'abandon (4).

Un autre genre de faiblesse appelait la protection de la bienfaisance. Nous voulons parler des aveugles, des sourds-muets et des

(1) Elles continuent de les visiter et de les secourir à domicile pendant leur convalescence. A leur sortie de l'hôpital, les jeunes filles qui ont été visitées par l'Œuvre sont recueillies dans l'Asile, où elles achèvent leur convalescence en s'occupant à des travaux d'aiguille, jusqu'à ce que leurs protectrices leur aient trouvé une place ou du travail.

Les dames de l'Œuvre ont fondé une bibliothèque de bons livres qu'elles prêtent aux malades et un ouvroir dit *de Saint-Joseph*, où chaque vendredi des personnes charitables consacrent quelques heures à la confection de vêtements pour les pauvres malades et leurs enfants. Cette œuvre est une des plus anciennes de Paris, elle reçoit des secours du ministre de l'Intérieur. Mme de Gontaut Biron, rue Saint-Dominique, 69, en est la présidente.

(2) Elles sont nourries, vêtues, instruites, et gardées jusqu'au moment où on peut leur procurer du travail ou une place. L'Asile leur est encore ouvert lorsque, n'ayant pas cessé de se bien conduire, elles se trouvent sans place et exposées dans le monde. Une petite association a été fondée par les soins de l'aumônier, entre les femmes sorties de l'Asile. Elles s'y réunissent une fois par mois pour recevoir des exhortations et des conseils. Cet établissement a été fondé en 1839 par M. le baron de Gérando, pair de France, et reconnu comme établissement d'utilité publique par ordonnance royale du 2 août 1843. Mme Mourin, rue Cassini, en est la présidente.

(3) Rue de Sèvres, 29, M. de la Bouillerie, vicaire général, en est le directeur. N'oublions pas la maison de Sainte-Marie de Lorette, rue de Vaugirard, 101, fondée par M. l'abbé de Malet, en 1823 dans le dessein de faire de bonnes et honnêtes domestiques.

(4) M. de Cormenin a fondé cette œuvre en 1844. M l'abbé Abbadie, rue Joubert, 45, en est le secrétaire.

aliénés de l'un et l'autre sexe. Sous l'inspiration de cette pensée, et indépendamment des maisons et institutions d'aliénés, de sourds-muets (1), de sourdes-muettes (2) et des jeunes aveugles (3), il s'est fondé à Paris une Société centrale d'éducation et d'assistance des sourds-muets de Paris et des départements (4) et une société de patronage des aliénés convalescents (5).

Il restait deux autres genres de faiblesse à protéger, la faiblesse résultant d'une nature pervertie et la faiblesse résultant de l'innocence présumée, mais un moment flétrie. La charité a pourvu à ces deux genres de protection :

L'œuvre des écoles de la compassion, une des plus belles inspirations de la charité catholique, où on reconnaît la pensée profondément chrétienne de Mgr Sibour, archevêque de Paris, recueille les enfants de la rue les plus délaissés et les plus pervertis, que les autres établissements et œuvres ne voudraient pas recevoir, et qui seraient ainsi voués inévitablement au vagabondage et même au crime; et elle soustrait à la flétrissure d'un jugement ceux que leurs mauvais instincts ont amenés devant les tribunaux avant qu'ils aient atteint l'âge de onze ans. L'œuvre élève chrétiennement ces enfants et leur fait apprendre un état (6) ;

La Société de patronage des prévenus acquittés (7) prend sous sa

(1) Rue Saint-Jacques, 256.

(2) Rue neuve Sainte-Geneviève, 33.

(3) Boulevard des Invalides, 56. Il existe des maisons analogues dans presque tous les chefs-lieux de départements.

(4) La Société a pour objet de s'occuper du sort physique et moral des sourds-muets de l'un et de l'autre sexe, et de leur assurer, dans toutes les conditions et à toutes les époques de la vie, une protection et un patronage permanents ; elle procure aux enfants le bienfait de l'éducation, aux adultes des moyens d'existence par le travail ; elle suit leur destinée dans le monde, les protége, les surveille, complète leur instruction, les éclaire sur leurs devoirs, défend leurs intérêts, facilite leurs rapports avec la Société ; elle leur offre les secours de la médecine et de la religion ; assure le repos de leur vieillesse ; elle les assiste enfin dans toutes les situations difficiles où ils peuvent se trouver placés, et diminue ainsi les inconvénients de leur infirmité.

M. Dufaure, rue Lepelletier, 20, est le président de cette œuvre.

La Société pour les aveugles, dont M. Dufau, boulevard des Invalides, 32, est le fondateur, répond au même but.

(5) Elle visite à domicile les aliénés sortis guéris de Bicêtre et de la Salpêtrière, leur distribue des secours et leur assure les bienfaits d'une protection charitable. M. Daucher, rue Saint-Guillaume, 12, en est le trésorier.

(6) La première des écoles de cette Œuvre qui a été ouverte le 11 avril 1851, rue des Urselines, 23, est aujourd'hui rue Saint-Jacques, 262 ; elle a déjà produit de très-bons résultats.

(7) Fondée en 1836, son siége est rue d'Enghien, 1

protection les malheureux prévenus qui ont été reconnus innocents, et à qui une longue détention préventive a enlevé leurs ressources et leurs moyens d'existence : elle pourvoit pendant quelques jours à leur subsistance, et leur facilite les moyens de reprendre leur état.

III. — Nous avons parlé jusqu'ici des œuvres d'instruction, de moralisation et de protection, instituées pour venir au secours de la faiblesse de l'âge et du sexe et pourvoir au soulagement de certaines infirmités physiques ou morales qui sont heureusement exceptionnelles; mais il est d'autres misères dont l'homme avancé en âge et les classes ouvrières sont surtout tributaires et auxquelles il faut également porter remède. Dans un état démocratique où la concurrence fait des victimes par milliers, et où de pénibles chômages sont l'accompagnement obligé de toutes les crises sociales, l'homme du peuple vivrait en proie à toutes les angoisses d'une vie sans lendemain, et sa vieillesse ne lui offrirait que l'affreuse perspective d'un délaissement inévitable, si une foule de mesures politiques et d'institutions de prévoyance et de bienfaisance combinées ne venaient remédier à cette situation critique, rendue encore plus critique par les prédications incendiaires des socialistes de la rue, qui ne manquent jamais de rejeter les maux inséparables de la condition humaine sur l'incurie du gouvernement où le mauvais vouloir des classes aisées.

Le meilleur moyen d'atténuer les vices de cette situation, c'est de procurer à la classe ouvrière le plus de travail possible, grâce à une bonne et saine politique, veillant soigneusement au maintien de l'ordre et de la stabilité dans l'État, gouvernant avec justice et imprimant aux travaux publics et à ceux des particuliers une activité soutenue. Un second moyen d'atténuer ces vices, c'est de favoriser la fondation et le développement de nombreuses institutions de prévoyance, telles que sociétés de secours mutuels (1) et caisses d'épargne (2) et de retraite (3), ayant pour objet d'encourager les ouvriers à réaliser des économies et à les faire fructifier en prévision des maux inséparables de la vieillesse ou même de chômages anticipés. Le gouvernement et les particuliers aisés semblent être entrés résolument dans

(1) Voyez la statistique de leur développement dans notre *philosophe*, page 290. Leur nombre en 1856 s'élevait déjà à 3,123. Ces Sociétés sont régies par la loi du 26 mars 1852.

(2) La Caisse d'épargne, fondée en 1818 par M. le duc de la Rochefoucauld-Liancourt, procure aux ouvriers, aux domestiques, aux personnes qui ne vivent que de leur travail, un placement productif pour la partie de leurs gains ou de leurs gages qu'ils peuvent économiser, et qu'ils retrouvent, augmentée des intérêts, au jour du besoin.

(3) La Caisse de retraite et pensions viagères pour la vieillesse a été fondée, avec le concours et sous la garantie de l'État, par la loi du 18 juin 1850 dans le but de venir en aide aux classes les plus nombreuses, et de leur ménager des ressources pour la vieillesse. Les opérations de la Caisse de retraite sont applicables aux usines, manufactures, aux sociétés de secours mutuels, aux habitants des campagnes, aux domestiques et gens de service, à quantité de professions diverses.

cette voie, si propre à maintenir entre les capitalistes et les travailleurs la bonne harmonie nécessaire à la prospérité commune. Un des principaux objets des grandes compagnies financières, commerciales et industrielles, est de distribuer aux masses un travail abondant, en faisant refluer par le crédit les milliards d'épargnes des particuliers, dans des entreprises gigantesques que l'État lui-même aurait été incapable de commanditer, et devant lesquelles les travaux naguère si vantés des Romains méritent à peine d'être mentionnés.

Le libre échange, inauguré en principe par le Gouvernement, mais sagement tempéré par une protection nécessaire à nos jeunes industries et à notre commerce maritime, contribuera encore, grâce au développement simultané de nos grands moyens de communication par terre et par mer, à accroître la somme du travail national dans des proportions jusqu'ici inconnues, pourvu qu'à cette situation corresponde une grande sécurité intérieure, et que rien ne vienne altérer nos rapports de confiance et de bienveillance avec les nations étrangères. Mais on ne saurait se dissimuler que, même avec toutes ces conditions réunies, les infirmités, les maladies, le défaut d'intelligence ou de forces physiques, et beaucoup d'incurie quelquefois, ne rendent inévitables des misères auxquelles la charité publique devra toujours pourvoir, quelle que soit d'ailleurs la prospérité relative de la nation.

Une troisième condition d'une bonne organisation de la bienfaisance publique dans tout état bien ordonné et surtout dans un état démocratique, appelle donc un ensemble d'institutions ayant pour objet de rassurer l'ouvrier laborieux sur son lendemain, en lui donnant la certitude morale d'un secours opportun pour lui, sa femme et ses enfants en cas d'infortune ou d'infirmités.

On s'est creusé l'esprit pour trouver je ne sais quelle forme sociale où tous les intérêts étant solidaires, l'existence de chacun se trouverait à l'abri de toutes les vicissitudes de la fortune. Tout le travail des socialistes modernes a été de demander cette forme à je ne sais quelles creuses conceptions, quand il était si aisé de la chercher dans cette forme chrétienne des sociétés démocratiques modernes, où les classes laborieuses, largement pourvues d'un travail suffisamment rémunératoire, rencontrent en outre à chaque pas, à défaut de travail, la bienfaisance publique s'ingéniant à parer de son mieux à toutes les injures du sort. Tout est donc solidaire dans ces sortes de sociétés, et heureusement combiné en vue du bien-être du peuple. Elles constituent donc, à prendre leurs institutions dans leur ensemble, un socialisme de bon aloi, qui ne demande qu'à être perfectionné par le développement régulier des institutions déjà existantes, et la fondation de quelques autres qui manquent encore, en très-petit nombre, et dont nous entretiendrons le lecteur dans le paragraphe suivant. Mais en attendant, et pour en revenir aux institutions de bienfaisance dont l'objet est de rassurer le travailleur sur son lendemain, et venir au secours de ses misères, nous ne voyons pas ce qui lui manque en ce genre, quand il a à sa disposition et pour ainsi dire sous la main, tant de bienfaisantes institutions admirablement adaptées à chacun de ses besoins et à chacune des tristes éventualités de son existence, par exemple :

Les asiles impériaux de Vincennes et du Vésinet, fondés et richement dotés par Napoléon III, et destinés à recevoir les invalides du travail, comme le royal établissement de Louis XIV les invalides de la guerre;

La maison de santé des hospitaliers de Saint-Jean-de-Dieu (1) établie pour le traitement des hommes malades, le soin des convalescents et des valétudinaires ;

L'asile de la Providence, servant de lieu de retraite à des vieillards des deux sexes âgés d'au moins 60 ans (2) ;

La maison de Nazareth (3), asile préparé par la charité de quelques familles d'ouvriers à vingt vieux ménages ou personnes isolées, qui y trouvent un logement gratuit ;

Les cités ouvrières destinées également à fournir aux classes laborieuses un logement commode et à bon marché et quelques-uns des avantages de la vie commune (4) ;

L'œuvre des pauvres malades visitant à domicile les malades de Paris (5) ;

(1) Fondée en 1843. Cette maison, située rue Oudinot, 19, fait payer une pension proportionnée à la grandeur et à la position des appartements, et reçoit en outre gratuitement les personnes malades que leur position et leurs habitudes éloignent des hôpitaux.

(2) Fondé en 1804 par M. de la Vieuville. Son siége est rue Barbet de Jouy, 32. En 1817, il a été reconnu comme établissement d'utilité publique.

(3) Où chacun a une chambre séparée. Une grande salle, chauffée et éclairée en hiver, sert de pièce commune.

Cette retraite, fondée depuis plus de deux ans, sous les auspices de la Société de Saint-Vincent de Paul, est particulièrement destinée aux membres de la Sainte-Famille, association formée entre un grand nombre de familles ouvrières. Son siége est rue Notre-Dame-des-Champs, 2.

(4) Il se fonde en ce moment à Lyon, si nos renseignements sont exacts, une cité ouvrière, au milieu de laquelle s'élève une église, et où se trouveront réalisés tous les avantages d'une communauté, vie commode, agréable, plaisirs honnêtes.

(5) L'Œuvre se compose de dames spécialement chargées des visites aux malades, et de dames trésorières.

Les premières s'associent aux Sœurs de Saint-Vincent de Paul, et vont avec elles ou sur leur désignation porter des secours aux malades, en argent, bouillon, bois, sucre, sirop, etc., et profiter de la maladie pour les améliorer, apprendre le catéchisme à ceux qui l'ignorent ou l'ont oublié, et quelfois obtenir d'une seule famille le baptême, la première communion et le mariage. Fondée en 1840 sous le patronage de Saint-Vincent de Paul et la direction de M. le supérieur général des Lazaristes, Mme la vicomtesse Levasseur, rue Saint-Dominique, 40, en est la présidente.

L'Œuvre de Sainte-Geneviève remplit un but analogue dans la banlieue de Paris. Mme la marquise le Bouteillier en est la présidente, et Mme Mailly, rue de Sèvres, 23, la trésorière.

L'œuvre de la marmite des pauvres (1), dont le but est de procurer, pendant tout le cours de l'année, des bouillons aux malades et de la viande aux vieillards et infirmes ;

Les fourneaux économiques, fournissant aux ouvriers des bouillons, de la viande et des aliments à des prix singulièrement réduits ;

Les petites sœurs des pauvres (2) ayant pour but de servir, de nourrir, de consoler les vieillards des deux sexes ;

L'œuvre des sœurs infirmières allant veiller au lit des malades, des mourants et des morts ;

La Société philanthropique (3) dont le double objet est le traitement à domicile des malades qui ne sont pas inscrits au bureau de bienfaisance, et la distribution de soupes, de riz, de baricots, à cinq centimes la portion ;

L'œuvre de la miséricorde (4), secourant les familles qui, d'une position élevée ou aisée, sont tombées dans l'indigence ;

La Société des amis des pauvres (5), dont le but principal est de tirer les indigents de leur position en leur faisant des avances en outils et matériaux, en payant leur voyage et la pension de leurs enfants ;

L'œuvre du mont-de-piété venant en aide aux familles indigentes, en dégageant les effets de première nécessité, tels qu'objets d'habillement et de literie, qu'un besoin pressant les avait contraintes de déposer au mont-de-piété (6) ;

La Société des familles (7), dont l'objet est l'adoption d'une ou plusieurs familles pauvres par dix associés qui s'engagent à visiter ces familles, à patroner leurs enfants aux crèches, aux asiles, aux

(1) Elle fournit des objets de vêtement aux enfants pauvres. Son siége est rue de Vert-Bois, 50.

(2) Cette Œuvre, un des chefs-d'œuvre de l'inspiration chrétienne, a commencé à Saint-Servan, petite ville de Bretagne. Fondée en 1840 par M. l'abbé Le Pailleur, elle n'avait, au début, que deux jeunes filles et une ancienne servante, Jeanne Jugan, à qui l'Accadémie française a accordé un prix de vertu. La congrégation comptait en 1852, trois cents filles ; elles servent et nourrissent quinze cents vieillards.

(3) Cette Société a établi sous le nom de dispensaires, six établissements dans lesquels les malades recommandés par les souscripteurs reçoivent des consultations et des médicaments gratuits. Elle a été fondée en 1780 et a été reconnue le 27 septembre 1839 comme établissement d'utilité publique. Son siége est rue du Grand-Chantier, 12, au Marais.

(4) Fondée en 1833 par Mlle Dumartray sous les auspices de Mgr de Quélen. M. Caubert, boulevard Saint-Martin, 17, en est le trésorier.

(5) Elle est présidée par M. Le Meyer, quai de Béthune, 2.

(6) Mme Savignon, rue d'Isly, 9, est la vice-présidente de cette Œuvre qui a été fondée en 1849.

(7) Fondée en 1848 par M. de Melun. Son siége est rue d'Enfer, 34.

écoles, dans les ateliers, à solliciter pour elles les soins nécessaires en cas de maladie, et à leur chercher des moyens de travail et de secours ;

Enfin, la Société de Saint-Vincent de Paul (1), point de mire des attaques du faux libéralisme et de la démocratie hypocrite, et qui est la synthèse et comme le résumé de toutes les œuvres dont nous venons de parler.

Que d'œuvres, que d'institutions! Et nous n'avons pas encore parlé de la loi du 7 août 1851, relative à l'admission aux hospices des malades étrangers à la localité, ni de la loi du 10 décembre 1850, pour faciliter le mariage des indigents ; ni de l'administration de l'assistance publique, et des bureaux de bienfaisance ; ni des hôtels-dieu et des hôpitaux (2), dont l'objet est de recueillir les enfants trouvés et les orphelins, de secourir à domicile, de fournir des travaux aux femmes indigentes (3), de soigner les maladies aiguës, les blessures

(1) Elle a pour objet principal la visite des pauvres. Elle se compose de jeunes gens chrétiens qui, voulant consacrer par semaine quelques heures à faire du bien, se distribuent entre eux les familles les plus malheureuses, leur portent des secours en pain, viande, bois ; protégent et surveillent les enfants, placent les apprentis, cherchent à procurer aux adultes des emplois et du travail, et se font les intermédiaires entre les familles qu'ils visitent et toutes les ressources que la charité a préparées pour les pauvres. La Société a fondé des écoles du matin et du soir, un refuge pour les vieillards, des associations de la Sainte-Famille, dont l'objet est de réunir les pauvres pour les encourager à vivre chrétiennement, des fourneaux économiques pour la distribution de soupes, riz, légumes, bouillon, viande, et bons de pain. Elle a créé en faveur des familles ouvrières ou indigentes, une Caisse d'économie, avec faculté pour elles d'y mettre en réserve, par dépôts successifs, aussi multipliés et aussi modiques qu'elles le jugeront à propos, les ressources applicables à leurs loyers.

Des membres de la Société s'occupent spécialement du patronage des enfants des familles visitées par la Société, de leur surveillance aux écoles, et de leur placement en apprentissage. Ils sont chargés de faire aller les enfants chez les Frères, de les visiter à l'école une fois par semaine, de prendre leurs notes, et, à la fin de chaque mois, de distribuer des récompenses en livres, vêtements, etc., à ceux qui ont le mieux mérité. Des secours extraordinaires sont ausssi accordés par les conférences aux familles des enfants dont on est le plus content.

La Société a fondé dans plusieurs catéchismes de persévérance de petites conférences de Saint-Vincent de Paul. Ces conférences d'enfant vont, sous la conduite de leurs parents ou de leurs maîtres, visiter les pauvres et leur porter quelques secours. C'est pour eux un heureux apprentissage de la charité. La Société Saint-Vincent de Paul, dont le siége principal est à Paris, rue Garancière, 6, comptait, en 1852, — et depuis elle s'est considérablement accrue, — cinquante-deux conférences à Paris et dans la banlieue ; elle existait dans 296 villes, bourgs et villages de France, ainsi qu'en Angleterre, aux Pays-Bas, en Belgique, Prusse, Bavière, États de l'Église, Sardaigne, Toscane, Espagne, Turquie, Grèce, États-Unis d'Amérique, Mexique, Canada.

(2) L'Hôtel-Dieu, la Pitié, la Charité, Saint-Antoine, Cochin, Beaujon, Sainte-Marguerite, Bon-Secours.

(3) Notamment la filature en faveur des femmes indigentes, impasse des hospitalières, 2.

et les maladies des deux sexes; ni des hôpitaux spéciaux pour la galle, la teigne, les dartres, le scorbut, les ulcères, les écrouelles (1), les maladies syphilitiques des hommes (2), et des femmes (3), les maladies des enfants (4), les accouchements (5).

Ni de la fondation Monthyon pour les convalescents sortant des hôpitaux (6) ; ni des hôpitaux fondés par la charité publique et privée pour recevoir les personnes dont l'âge et les infirmités réclament un asile et des secours : l'hospice des hommes âgés (7), des femmes âgées (8), des hommes incurables, l'hospice des ménages, pour les époux de plus de 60 ans, les maisons pour les fous (9), les aveugles (10), et la maison fondée par l'Impératrice Eugénie pour les enfants, etc., etc. ; ni du mont-de-piété pour les prêts, ni des prix Monthyon, pour les pauvres vertueux, ni des secours aux noyés, asphyxiés et blessés ; ni des secours donnés par les ministres de l'intérieur et de la guerre, par la ville de Paris, et le conseil général de la Seine ; ni de l'infirmerie Marie-Thérèse pour les prêtres âgés ou infirmes (11) ; ni de l'œuvre des tabernacles pour fournir des ornements aux églises pauvres de France (12); ni de l'œuvre du Rachat pour tirer de l'esclavage les femmes et les jeunes filles noires, et en faire des chrétiennes ; ni des aumôniers des dernières prières pour accompagner les pauvres à leur dernière demeure.

IV. — Nous venons de faire, sur de nombreux documents authentiques, le dépouillement de nos principales œuvres de bienfaisance. Nous avons groupé en quelques pages, ce qui aurait pu faire la matière de plusieurs volumes, mais nous en avons dit assez pour faire comprendre à nos lecteurs qu'il y a là tous les éléments d'une bonne organisation d'assistance et de prévoyance, capable, en s'étendant et en se généralisant dans toutes les localités ou le besoin

(1) L'hôpital Saint-Louis. 800 lits. Fondé par Henri IV en 1607.

(2) L'hôpital du Midi. Fondé en 1613. 300 lits.

(3) L'hôpital de Lourcine, desservi par les *dames de la Compassion*

(4) L'hôpital des enfants malades. 600 lits. Rue de Sèvres, 149.

(5) La Maternité. Fondé en 1625 par Catherine Marion.

(6) Place du parvis Notre-Dame.

(7) Bicêtre. 3,080 lits, dont 760 pour les aliénés.

(8) La Salpêtrière. 4,883 lits, dont 1,342 pour les aliénées.

(9) Charenton. Fondé en 1642, avec pension ou sans pension.

(10) Les Quinze-Vingt, 420 lits. Fondé en 1254 par saint Louis.

(11) Rue d'Enfer, 86, fondée par Mme de Châteaubriant.

(12) La présidente est Mme la marquise de Rastignac, rue de l'Université, 33.

s'en ferait sentir, de remédier aux maux inévitables de notre état démocratique. Un travail abondant dans les conditions normales, et des secours de toute nature dans les cas exceptionnels, assurés par le libre concours de l'État et des particuliers, à la classe qui ne possède pas: tout se résume en ces deux faits qui, se correspondant, se complétant et se combinant, suffiraient amplement pour faire tomber les réclamations surannées des socialistes contre ceux qui possèdent, et contre la légitimité de leurs titres à la propriété du sol et à la possession des instruments de travail. Il y aurait même dans ce double fait, la perspective consolante d'une ère sociale pleine de grandeur, parce qu'elle serait éminemmeut chrétienne. Ère glorieuse, la plus glorieuse sans doute que l'humanité aurait à traverser avant la fin des temps, s'il ne manquait pas encore, à ces trois conditions essentielles d'une bonne organisation de la bienfaisance, qui ont fait l'objet des trois paragraphes précédents, et qui consistent à moraliser, protéger, rassurer le peuple et lui donner du travail, une quatrième condition non moins indispensable : éclairer les adultes intelligents des classes ouvrières en leur faisant connaître leurs devoirs civiques, et les saines notions de l'économie politique et sociale, afin de les mettre en garde contre l'enseignement factieux et immoral des publicistes et des romanciers de la rue qui vivent de son ignorance en exploitant habilement ses passions.

Or, nous le disons, avec regret, si les classes aisées et aristocratiques dont nous avons vu briller les noms à la tête de toutes nos œuvres de bienfaisance, ont ainsi, à leur insu et sans le vouloir, puissamment aidé la Providence à implanter dans notre organisme social les conditions fondamentales d'une démocratie désormais indestructible et d'un socialisme universel, où tous les intérêts et toutes les classes de la société tendent à devenir de plus en plus solidaires; elles n'ont pas encore suffisamment secondé cette même Providence dans la réalisation de cette quatrième condition de haute moralisation et instruction. Condition qui constitue leur devoir le plus impérieux, si elles veulent se préserver et préserver la Société des dangers inhérents à une démocratie et à un socialisme conçus sur une aussi vaste échelle, et dans lesquels la France s'est si téméraire-ment et si légèrement engagée. Les ouvriers intelligents des villes et les paysans de nos provinces qui lisent les livres empoisonnés des docteurs de la rue, et les romans obscènes des publications à un sou, ne reçoivent pas un enseignement parallèle qui soit l'antidote de cet ignoble enseignement. La presse religieuse n'existe pas, et on ne semble pas même se douter qu'elle serait nécessaire. L'instruction orale est tout anssi insuffisante, car où sont les académies ouvrières, où sont les cours d'adultes, où sont les lectures publiques pour éclairer les classes pauvres? Nous voyons bien çà et là des conférences plus ou moins publiques ou gratuites sur le magnétisme animal, sur les tables tournantes et les esprits de l'autre monde. Nous voyons bien aussi, au conservatoire des arts et métiers, une chaire d'économie politique pour les classes commerciales de ce quartier populeux, et une chaire pareille au collége de France pour les jeunes gens de famille et les personnes instruites. Nous voyons bien encore quelques efforts isolés de l'initiative privée : une association polytechnique (1) s'occupant de l'instruction des ouvriers de Paris ; une association philotechnique donnant des leçons gratuites (2) sur la mécanique, la géographie, la géométrie, la trigonométrie, l'arpentage et lever des plans, l'algèbre, la comptabilité, la grammaire, l'hygiène, l'arithmétique, la physique, la chimie, le dessin et le chant ; des bibliothèques des paroisses pour la propagation des bons livres ; un *messager* et des *annales* de la charité; une Société d'économie charitable, fondée, le 31 janvier 1848, par M. le vicomte de Melun, qu'on est sûr de rencontrer partout où il y a quelque œuvre intelligente à établir, et s'occupant de la discussion des diverses questions relatives à l'assistance publique et à la charité privée. Mais à part ces quelques œuvres isolées et visiblement insuffisantes, nous ne voyons plus rien que des hommes endormis qui ne semblent nullement se douter du danger qui les menace ; qui se bercent de belles illusions, et s'imaginent encore qu'il n'y a qu'à laisser faire pour revenir tout doucement et sans secousse à ce régime aisé du bon vieux temps, où on en était quitte avec les masses, en leur donnant du pain, des médicaments et quelques paroles de consolation religieuse, sans se préoccuper autrement de leurs besoins intellectuels si fortement stimulés aujourd'hui par une presse infâme. Il faut ajouter que notre système politique contribue puissamment à ce *far niente* de l'intelligence. N'étant pas libres de faire tout ce qu'on voudrait de généreux et d'utile, on ne fait rien du tout, on s'en repose sur l'État en apparence tout puissant. Ainsi l'on s'endort, se confiant au pilote qui manœuvre le navire à travers les écueils. Il a la main forte et sûre, les choses vont au mieux, laissons le faire! Voilà le fruit des pouvoirs trop fortement concentrés.

Peu de choses ont donc été faites sur ce quatrième chef : faire de l'ouvrier intelligent, un citoyen moral, vivement pénétré de ses devoirs civiques et suffisamment éclairé sur les éléments essentiels de toute bonne organisation économique et sociale. Cette inconcevable incurie ne doit étonner personne. Notre état démocratique est si nouveau, et nous sommes encore si pénétrés des vieilles maximes monarchiques et aristocratiques, — qu'il faut tenir la classe ouvrière dans l'ignorance du mécanisme des Sociétés et des pouvoirs même dans ce que ce mécanisme a de plus élémentaire et touche de plus près à leurs intérêts, — qu'il n'y a rien de surprenant dans cette apathie universelle des classes aisées et intelligentes à accomplir le premier de leurs devoirs si bien rempli par les classes élevées de l'An-

(1) Elle a son siége à l'école communale de la halle aux draps.

(2) Rue de Vertbois, 171, et à l'école communale de la rue Sainte-Élizabeth.

gleterre, où, quoiqu'on en puisse penser, il faut toujours aller chercher nos modèles en ce genre.

Nous sommes encore évidemment plongés dans les idées d'obéissance passive, de discipline et de sujétion aveugle des classes inférieures aux classes supérieures, idées fatales dont la conséquence inévitable serait de nous faire bientôt dévorer par le monstre de la démagogie, si nous n'y prenions garde. Que voulez-vous en effet que fasse de vous, de vos femmes, de vos enfants et de vos biens si chèrement acquis, de votre religion et de votre Dieu, un peuple imbu des enseignements d'une démagogie qui lui prêche sous toutes les formes l'insubordination et la révolte contre tous ces grands objets de vos prédilections; si vous ne lui apprenez en quoi ces enseignements sont subversifs de son bien être, de ses intérêts matériels et de sa moralité? Il ne suffit plus de lui dire : obéis, puisqu'il est libre et votre égal; mais ce qu'il lui importe de connaître, ce sont les rapports de serviteur à maître, d'ouvrier à patron, de gouverné à gouvernant. Il ne suffit pas encore de lui dire : rassure-toi sur ton lendemain, à chaque jour suffit sa peine, la Providence prend soin des petits oiseaux. Tout cela était suffisant autrefois quand il n'avait pas le Méphistophèles du socialisme, lui soufflant à l'oreille que sa situation est précaire, qu'il ne sera jamais sûr du lendemain, tant que, victime d'une concurrence effrénée, il sera exploité par le capital, par ses maîtres, par ses patrons, par le gouvernement. Ce qu'il lui faut aujourd'hui, comme antidote à ces prédications incendiaires, c'est donc un enseignement plus substantiel que celui de l'obéissance passive et de la confiance en la Providence les yeux fermés.

Il y a là bien des devoirs; que voulez-vous! « En la maison du « juste tout le monde travaille, il n'y a rien d'inutile, il n'y a rien « de paresseux. » (Saint François de Salles, *Maximes*.) Telle est la situation, elle est pénible et difficile, elle suppose un rude labeur, et une singulière abnégation, des vertus enfin. Mais il faut s'y faire, ou périr. Serait-il donc plus difficile d'instruire le peuple que de le moraliser, le rassurer, le protéger et le secourir? Vous faites tout cela noblement, avec votre argent, que ne faites-vous le reste avec votre intelligence, et en payant de votre personne? Serait-il donc moins agréable de parler et d'écrire que de donner? Vous parlez et vous écrivez, dites-vous? Non, cela est inexact. Car ce que vous dites et ce que vous écrivez le plus souvent ne sert qu'à envenimer la plaie, qu'à exciter le peuple, qu'à le rejeter dans les bras de vos adversaires en vous rendant impopulaires et antipathiques à tous ses instincts démocratiques. Quoi de plus impopulaire au monde que beaucoup d'entre vous? Et ce qu'il y a de plus désolant, c'est que vous ne semblez pas vous douter de cette profonde antipathie que vos doctrines et vos idées excitent dans le peuple. On vous accuse, injustement je le veux, mais enfin on vous accuse, sans qu'il vous ait été possible de faire tomber le reproche jusqu'ici, d'aimer ce que la France déteste, de détester ce qu'elle aime, d'être toujours en secrète intelligence avec ses ennemis, de contrecarrer, toutes les fois que l'occasion s'en présente, sa politique nationale à l'intérieur et à l'extérieur. Calomnie que tout cela, soit, mais pourquoi cette persistance séculaire d'une imputation tant de fois réfutée et se reproduisant toujours avec une nouvelle force ?

V. — La lacune des œuvres de haute instruction populaire une fois comblée, et elle le sera aisément quand la bourgeoisie et l'aristocratie auront compris leurs véritables intérêts et les exigences de leur situation, il résultera du concours de toutes ces institutions, un état social relativement parfait, parce qu'il sera fondé sur les maximes évangéliques, et la démocratie se trouvera alors solidement organisée et constituée dans ses bases essentielles, si d'ailleurs on y ajoute toutes les autres conditions dont nous avons entretenu et dont il nous reste à entretenir nos lecteurs. On peut voir en effet, en reportant les yeux sur le tableau de ces œuvres multiples de la pensée chrétienne, qu'elles prennent l'homme du peuple du berceau à la tombe, répondent à tous ses besoins, pourvoient à toutes les éventualités fâcheuses, et témoignent d'une égale sollicitude pour son corps et son âme. Elles n'ont donc besoin que d'être soutenues et développées.

Mais ce sont les corporations religieuses surtout qui sont appelées à imprimer une impulsion vigoureuse et unitaire à ce vaste ensemble d'institutions discordantes sans une âme qui les anime d'un souffle divin. Car il n'y a que l'Esprit de Dieu, ou la considération d'un devoir accompli en vue d'un autre intérêt qu'un intérêt vulgaire, qui puisse décider des hommes, des femmes, de jeunes filles à se consacrer ainsi presqu'exclusivement au bien de leurs semblables. Tout nous ramène donc à cette pensée, qui est le fondement de ce livre, que la Religion est le grand ressort de la Démocratie, ou l'âme qui la fait vivre et la féconde. Considérez ces œuvres : les plus fécondes, celles qui planent au-dessus des autres comme de divins exemplaires proposés à l'imitation des hommes, ce sont les institutions religieuses, ce sont les ordres réguliers, ce sont : les couvents, les monastères, d'où sortent ces religieux, pionniers avancés de la civilisation, qui vont défricher les terres insalubres de nos colonies (1), ce sont ces Pères de la Compagnie de Jésus, qui ont excité l'amour et l'admiration de nos officiers et de nos soldats en Crimée où ils ont payé de leur personne et de leur vie comme le dernier soldat, et qui meurent par centaines dans nos établissements pestilentiels de la Guyane française, à Madagascar, ou dans le Madhuré ; ce sont ces filles de la charité que rien n'arrête et ne rebute, ni le bruit du canon, ni ce qui est plus redoutable pour elles, les populations malsaines de l'Orient, où elles vont chercher la mort dans des œuvres obscures et dégoutantes, qu'un cœur de femme touché du souffle de

(1) Les trappistes français de Staouëli, en Algérie, renouvellent les merveilles des ordres monastiques, fertilisant, au moyen âge, les terres incultes de l'Europe.

Dieu pouvait seul affronter; ce sont les dames hospitalières de Saint-Thomas de Villeneuve, les Augustines, les Trinitaires, les filles de la charité de Nevers, les sœurs de Sainte-Marie, de Sainte-Marthe, les sœurs des écoles chrétiennes, de la Sagesse, du Bon-Secours, de Notre-Dame de la Charité, de Saint-André, de la Croix, de Saint-Charles, qui soignent les pauvres, les visitent, instruisent leurs enfants, gardent et soignent les malades à domicile, reçoivent des jeunes filles repenties, s'établissent à côté de la chaumière du paysan, comme la sœur grise, pour remplir près de lui le rôle de médecin, préparer ses médicaments, et rétablir ses membres brisés par des chutes ou d'autres accidents si communs dans cette classe.

Mais si les ordres religieux se rendent directement utiles au peuple en le comblant de bienfaits, ils ne lui sont pas moins utiles, en ouvrant leurs maisons à toutes les aptitudes, à tous les goûts, à toutes les situations morales et à tous les revers de la fortune. Que de malheureux qui, dans notre époque industrielle où tant d'existences sont soudainement flétries ou brisées, n'auraient d'autre refuge que le désespoir ou le suicide, trouvent dans ces pieux asiles une retraite honorable, une consolation et un adoucissement à chacun de leurs maux ! Que de fautes, que de crimes, que de repentirs, que de découragements ces saintes maisons préviennent ou apaisent!

Une autre utilité des ordres religieux est de mettre à la porté des classes populaires ces nobles et délicates jouissances de l'âme, un des plus beaux priviléges des classes lettrées ou aristocratiques. Les brillantes carrières du monde avec leur pompe et leurs dignités sont généralement fermées devant le peuple, les couvents, les monastères, et tous les emplois de la hiérarchie sacrée lui sont ouverts. L'aristocratie du peuple, c'est le sacerdoce, ce sont les ordres religieux où il peut déployer ses talents et donner un libre essor à ses facultés, à ses goûts : s'il est dévoré intérieurement du feu sacré de l'éloquence, ce *cri de la passion*, comme l'a définie un homme qui s'y connaît, le Père Lacordaire, il se fait Dominicain, il prêche, il enseigne ; s'il est porté à la vie contemplative, il écoute Dieu parler à son cœur, au fond des gorges sauvages des montagnes, sur les bords des torrents, ou dans le silence des grandes solitudes, au milieu des disciples de saint Bruno; s'il aime l'étude, il fouille avec les Bénédictins les manuscrits et les documents poussiéreux des époques primitives; s'il se sent porté vers la nature et les champs, il se fait trapiste; s'il sent battre dans sa poitrine un cœur de mère pour les enfants il entre dans l'institut des frères des écoles chrétiennes; et, s'il a des aptitudes universelles, une souveraine abnégation, une grande ardeur de prosélytisme pour le peuple, pour les sauvages et surtout la jeunesse intelligente et le grand monde, avec le parti pris de la lutte, de la controverse et de la persécution, il se fait jésuite, artiste consommé dans les choses divines, politique achevé dans la connaissance des Esprits, et synthèse vivante, toujours variée et toujours une, de la vie religieuse sous toutes ses formes !

La Religion répond donc à toutes les exigences, à toutes les misères, à tous les mécomptes, à toutes les vocations populaires. Elle est donc l'ancre de la Société, ou le port où elle pourra échapper, quand elle le voudra, à ces révolutions qui la rejettent périodiquement en pleine mer, exposée à tous les coups de la tempête. Sans la Religion, sans ses institutions, la démocratie française est un non sens, une impossibilité, un organisme qui n'a pas d'âme, un monstre qui n'est pas né viable; car elle a des besoins essentiels qui ne sont pas satisfaits, des misères qui ne sont pas soulagées, des causes de perturbation et de révolte, et des germes de corruption et de dissolution qui ne sont pas extirpés. La religion est l'arôme, comme dit Bâcon, le sel, comme dit l'Évangile, le complément, mieux que cela la cheville ouvrière de toute société bien ordonnée, et à plus forte raison de toute société démocratique, où les rapports sociaux étant le plus relâchés ont par cela même le plus besoin d'être re-liés par la re-ligion.

Mais les ordres Religieux ont encore une autre utilité. Leurs hommes et leurs femmes, voués à la vie parfaite, offrent à l'imitation de chacun des types ou des modèles de haute beauté morale nécessaires, surtout dans les sociétés vieillies où l'homme étant blasé de tout, son moral a continuellement besoin d'être stimulé ou remonté. Oui, les types sont là pour nous encourager à bien faire, à être dévoués, désintéressés, comme il convient de l'être dans les démocraties; et c'est là que doit aller prendre ses modèles notre société, si elle veut vivre et se développer, forte et féconde. Il faut qu'il y ait une pénétration de Dieu en elle par toutes ces institutions, fondées sur la perfection chrétienne. Le parfait seul peut servir d'exemplaire à une forme sociale qui vise à la perfection. Or la démocratie, c'est l'aspiration à la perfection, c'est le besoin de faire passer dans les lois, dans les relations civiles, politiques et internationales, cet esprit du chistianisme, que le malheur des temps, les souillures de l'ancienne Rome, les envahissements de la barbarie et les institutions défectueuses qui en ont été la conséquence, avaient empêché de s'introduire pleinement au cœur et au faîte de la société. Imbue de machiavélisme, souvent la politique était en contradiction avec l'esprit de l'Évangile. Banni du conseil des princes, et relégué dans la vie privée et domestique, le christianisme n'avait pénétré que très-imparfaitement au fond des institutions sociales, et il n'avait présidé ni à l'organisation des pouvoirs, ni aux rapports des classes. Vainement l'Église au moyen âge avait tenté l'entreprise, elle n'avait jamais pu réussir complétement. Cet Idéal de la perfection chrétienne était trop au-dessus d'esprits avides de domination, et trop en opposition avec leurs vues ambitieuses pour qu'ils consentissent à en faire le mobile de leur politique.

Mais dans les démocraties chrétiennes il doit en être différemment. Il faut que Dieu pénètre partout et anime tout de son influence, puisque le but de ces sortes de gouvernements c'est la perfection des formes et des relations sociales. Or, il n'y a que le catholicisme qui puisse porter à une hauteur convenable ce labarum de la perfection évangélique, en mettant sous les yeux du peuple ces modèles de religieux et de religieuses, exclusivement voués à introduire en eux et dans les autres cette généreuse émulation de la perfection qui semble obséder les générations nouvelles.

On ne saurait donc sans un profond dégoût toucher à ces misérables productions dirigées contre les institutions religieuses et de bienfaisance par la démagogie moderne, aussi présomptueuse qu'hypocrite, ignorante au-delà de toute expression, n'ayant pas même la notion première des conditions nécessaires à la vie et à l'existence d'une société rudimentaire, et, à plus forte raison, d'une société aussi compliquée que la nôtre. Car telle est l'idée que nous nous faisons de ces ennemis des corporations religieuses, la fleur et la couronne de la hiérarchie sacerdotale. Vieux de cœur et d'intelligence, échos affaiblis d'un libéralisme qui se meurt, instruments subalternes d'une transformation humanitaire à laquelle ils ne comprennent rien, et où, d'un air superbe, ils jouent comme Voltaire, le rôle de balayeurs, sous la main de la Providence qui s'en sert et les rejette, ces malheureux orateurs et écrivains éveillent en nous des sentiments qui débordent, et que pourtant nous ne savons comment exprimer. N'ayant rien appris ni rien oublié, s'adressant aux plus bas instincts de la multitude, et de la partie malsaine de la bourgeoisie; éveillant là des échos et des plaisanteries sans nom; survivants d'un autre âge, ayant les préjugés, les passions, les vues d'un Pombal, d'un Choiseul, d'un Condorcet, d'un Saint-Just, d'un Camus. Quelques-uns en sont encore, après XIX siècles de christianisme, au Grec et au Romain de la Convention, à l'Être suprême de Robespierre, à la déesse Raison de Mlle Maillard, ou à la philanthropie de Laréveillère Lépaux; quand tous les signes des temps nous révèlent un ordre qui sera la contre-partie du paganisme, du vieux libéralisme, du vieux démagogisme, où la religion et, à sa tête, les ordres parfaits devront jouer, mais cette fois sur une vaste échelle, le rôle d'initiateurs et d'instituteurs du peuple, afin d'élever ce peuple à la hauteur de ses nouvelles destinées!

Le vieux régime libéral, révolutionnaire et démagogique, est aujourd'hui fini; c'est de l'ancien régime, comme le vieux régime féodal et aristocratique, et ce ne sont pas quelques radoteurs qui pourraient le faire revivre. Que M. Dupin lui-même cherche à ressusciter ces vieilleries, un pied dans la tombe, c'est la flèche du Parthe, c'est le passé qui s'en va, qui n'est déjà plus. C'est l'ombre de ce qui jadis agitait les esprits frivoles et moqueurs. La démocratie française est une chose trop grave et elle a trop besoin de Religion, et ce besoin se fait sentir avec trop de force, à mesure qu'on avance, pour qu'on puisse prendre au sérieux cette équipée d'un autre âge contre le parti prêtre, contre les jésuites, contre les ignorantins, et, ce qui ne s'était jamais vu, contre les œuvres de bienfaisance populaire!

Le vent souffle à la démocratie et à la Religion, et ce ne sera pas M. Dupin, ni même M. Guéroult qui l'empêcheront de souffler dans cette direction. Le christianisme agit pendant que ses ennemis font étalage de paroles : il répond à leurs calomnies par des actes. Ils parlent démocratie, il en fait, oui, Dieu fait de la démocratie sous toutes les formes, quand ceux qui se disent démocrates la sapent sous le masque de leurs sentiments populaires. De vos paroles nous sommes las, et vos radotages nous agacent. Vos œuvres où sont-elles, beaux diseurs? Ne pourra-t-on jamais faire entrer dans vos fortes cervelles cette délicieuse maxime de saint François de Salles, qu'en « matière « de bonnes œuvres, il faut peu penser, peu parler et beaucoup faire? » Qu'elles sont les institutions démocratiques de bienfaisance, de prévoyance, d'instruction, de moralisation que vous avez fondées et que la Religion n'ait depuis longtemps réalisées, ou ne soit en train de réaliser tous les jours? Vous avez démoli, vous avez détruit, vous n'avez rien fondé, vous en êtes incapables, vous êtes des Barbares. Vous aviez à remplir une mission analogue à celle des Barbares elle est aujourd'hui finie, et on peut parler de vous au passé. Laissez-nous donc travailler sans vous à l'organisation de la démocratie, car, ayant fait table rase des vieilles institutions, votre tâche est aujourd'hui remplie: Vous êtes devenus à votre tour un obstacle, un embarras, une ruine.

Oui, pour organiser la démocratie, il faut faire table rase de l'ancien régime libéral et démagogique , comme de l'ancien régime féodal et aristocratique : c'est là notre dernier mot. La démocratie en paroles, en injures, en calomnies, c'est la démagogie ; la démocratie en action c'est le christianisme. Cette dernière démocratie pénètre la société de part en part. Elle vit, elle fonctionne , elle grandit visiblement, petit grain de senevé d'abord, elle sera bientôt un grand arbre à l'ombre duquel les malheureux, les invalides du travail, les vieillards , les femmes, les enfants abandonnés pourront se reposer.

Dieu étant visiblement complice de notre état démocratique, et toutes les institutions qui se fondent, et tous les nouveaux ordres religieux qui surgissent sous son inspiration, ayant visiblement la mission de répondre à chacune des nécessités de ce nouvel état, on peut affirmer hardiment que la France est prédestinée à donner au monde le spectacle d'une société réellement chrétienne dans toute l'acception du mot , chrétienne dans les hommes , chrétienne dans les institutions. Appelée à exercer sur les autres nations une influence salutaire, Dieu lui a donné, avec un état social qui la pousse dans cette direction, toutes les qualités requises au succès : ce qui explique ce singulier phénomène, que c'est de ses entrailles que surgissent comme par enchantement ces innombrables corporations religieuses, ayant un caractère distinct de dévouement, d'abnégation, de prosélytisme et d'apostolat qui fait défaut aux autres nations catholiques. Le schisme et l'hérésie , frappés de stérilité , et véritables branches mortes depuis qu'elles se sont séparées du tronc, n'ont pu nous donner de ces types; et même les autres nations catholiques, si fécondes en ordres religieux voués à la contemplation, à la science ou à la pénitence, n'ont jamais pu réaliser, au même degré, ces corporations actives, marquées de ce cachet particulier de sociabilité qui distingue les ordres religieux français : un frère ignorantin, l'idole de l'enfant du peuple; une petite sœur des pauvres, l'amie du vieillard et sa compagne assidue; une sœur de charité, aimée du malade et de l'infirme. Originale fécondité, qui faisait dire à Pie IX, notre vénéré Père, à qui on demandait d'autoriser une association religieuse de femmes pour les accouchements : « Ah! cela n'a rien d'étonnant, ce « sont des Françaises! » Disposition singulière qui rend nos religieux et nos religieuses si propres à toutes les œuvres démocratiques : aux asiles, orphelinats, Hôtels-Dieu, hospices, maisons de fous, prisons, ambulances, aux aumôneries des armées de terre et de mer, aux invalides du travail, aux écoles d'enfants et d'adultes, que sais-je encore. Comme si la Providence avait destiné la France à dominer le monde, par la charité, autant que par la gloire, les idées et la politique. Ainsi, pendant que nos soldats promènent notre glorieux drapeau en Europe, en Afrique, en Asie, nos missionnaires arrosent de leur sang les cinq parties du monde. Neuf sur dix de ces pieux martyrs sont Français. L'œuvre de la Propagation de la Foi, une des plus belles de ce siècle avec celle de Saint-Vincent de Paul, et dont le budget s'élève à plusieurs millions, et l'œuvre de la Sainte-Enfance, sont nées parmi nous; et les trente millions de catholiques français versent dans les caisses de ces œuvres plus de cotisations que les 200 millions de catholiques du monde entier. Les autres contrées de l'Europe nous empruntent nos sœurs hospitalières, qui vont même faire sentir l'influence de leur héroïque dévouement aux peuples de l'Asie, de l'Amérique, de l'Afrique et de l'Océanie, pour qui, religion des Francs et religion catholique sont synonymes.

VI. — Il y a donc là, dans ces œuvres de bienfaisance et dans ces corporations religieuses, si on y joint les associations ouvrières, industrielles et financières dont nous parlerons dans le chapitre suivant, tous les éléments d'une *aristocratie démocratique*, destinée à jouer dans la démocratie française le rôle que jouent dans les pays libres les aristocraties de naissance et les autres classes conservatrices de l'ordre social; car, derrière ces institutions et sous leur influence directe ou indirecte, mais parfaitement légitime, se trouvent les masses profondément intéressées à la conservation et à la prospérité de ces établissements. Qu'on laisse donc se développer librement ces éléments précieux d'ordre et de stabilité, si on aime la liberté, et si on veut que la société retrouve enfin son aplomb. Ce qui fait la force des aristocraties, de l'aristocratie anglaise, par exemple, ce ne sont pas les quelques nobles qui les représentent. Que pourraient quelques milliers de gentlemans de la noblesse devant les millions de prolétaires de Birmingham, de Manchester et des autres villes manufacturières de la Grande-Bretagne? Ce qui fait leur force, c'est donc leur clientèle, c'est-à-dire ceux qui, cachés derrière eux, profitent de leur opulence ou de leur crédit, et ont quelque chose à gagner à leurs relations et à leur importance. Qu'une menace soit faite à la liberté, ils n'ont qu'à dire un mot, et des millions de citoyens viennent se ranger sous leur bannière. Le jour où Charles Ier voulut arrêter cinq membres de la chambre des communes, Londres tout entier se souleva. La force des aristocraties, c'est d'avoir le peuple derrière elles. La force des démocraties, c'est le catholicisme, ce sont ses œuvres religieuses, ce sont les œuvres de bienfaisance, de moralisation et d'instruction, ce sont les compagnies industrielles, c'est, en un mot, cet ensemble d'institutions derrière lesquelles sont les masses, intéressées à leur conservation, à leur liberté, à la conservation et à la liberté publiques. Mais à une condition, c'est que le peuple, qui profite de ces institutions, soit fermement persuadé que ces prêtres, ces religieux, ces bourgeois, ces nobles et ces industriels, ses bienfaiteurs et ses amis, sont aussi les amis de sa liberté et non des traîtres et des hypocrites, cachant leur jeu pour mieux le contenir et l'asservir.

La liberté chrétienne est le dernier mot des démocraties, et ce qui fera leur puissance et leur stabilité. Oui, la liberté des associations religieuses et des œuvres de bienfaisance, inspirées par le christianisme et appuyées sur le peuple désabusé des prédications démagogiques, est le plus ferme boulevard des sociétés démocratiques. Ces sociétés ne peuvent vivre et se développer que par la liberté de ces institutions, que par la liberté de l'Église et sa haute influence sur les masses. Le catholicisme libre et puissant, est donc la condition première de la démocratie. On le comprendra de mieux en mieux à mesure que les peuples, devenant plus libres et plus difficiles à conduire, auront besoin de plus d'instruction, de moralité et de religion.

Mais, que ces conditions se réalisent, et le monde moderne voit s'ouvrir devant lui une perspective de grandeur et de gloire dont il serait difficile de fixer les limites. La France à la tête de ce mouvement, devient la dominatrice des nations par la pensée, par l'âme; Pie IX, noble et généreux Pontife, le Louis XVI de la Papauté, comme ce roi, initiateur et victime, trouve une immense compensation à ses douleurs dans la pensée des grandes choses qui vont s'accomplir; ses successeurs, secondant le vigoureux esprit d'initiative des Français, coopèrent à la régénération du monde, en imprimant l'impulsion du haut de leur chaire sacrée; les peuples se convertissent à ce spectacle d'union du prêtre, du magistrat, du riche et du pauvre, des races et des nations autonomes, travaillant de concert à se faire du bien, au lieu de se faire la guerre, et faisant passer non-seulement dans l'homme et la famille, mais dans l'État et le droit public universel, cet esprit du christianisme qui n'a jamais jusqu'ici resplendi d'un éclat aussi général! Car ce que nous voulons, ce après quoi nous aspirons de toute la puissance de nos convictions, ce n'est ni ce que nous avons eu, ni ce que nous avons, mais un ordre nouveau qui, étant le perfectionnement et le développement logique de ce qui est, laissera loin derrière lui toutes les formes sociales qui l'auront précédé; un ordre, où les passions régneront sans doute comme toujours, puisqu'elles sont immortelles, mais où, tout étant en harmonie, dans les individus et l'État, dans la vie privée et la vie publique, et dans les relations de peuple à peuple, les divisions intestines ne dégénéreront jamais en révolution, ni les vices en corruption sur une vaste échelle, ni les désordres des cours en impudence, ni les mécontentements en persécution! Car alors tout étant dans l'ordre dans l'État, il en résultera un ordre relatif dans les consciences, qui, inspirées par le christianisme des institutions, trouveront désormais une force pour le bien dans ce qui jadis était pour elles une cause de scandale et d'insurrection!

CHAPITRE XI.

LES ASSOCIATIONS INDUSTRIELLES ET LE SOCIALISME.

Les associations ouvrières, industrielles, financières, commerciales et agricoles. — Leur utilité dans les démocraties. — Le faux socialisme et le véritable socialisme. — L'état démocratique est et doit être très-complexe et très-varié. — Son harmonie et sa stabilité résultent de cette complexité et de cette variété. — Comment les associations industrielles peuvent, comme les institutions et les corporations religieuses et de bienfaisance, jouer le rôle libéral et conservateur des aristocraties.

I. — Le caractère distinctif d'un état démocratique, basé sur le principe de la liberté et de l'égalité des droits, c'est l'innombrable variété de ses institutions. Le caractère distinctif du socialisme au contraire, est de viser à je ne sais quelle unité chimérique, tombeau fatal de la liberté, et où périt toute spontanéité. Émanant de cette pensée fausse que le mal est dans la mauvaise organisation de la Société et non dans les hommes, sa prétention est de l'extirper au moyen d'un procédé uniforme, qui, assurant le bien-être de tous, rendrait superflues ces institutions civiles, religieuses et de bienfaisance, dont le concours, selon nous, doit produire l'harmonie de l'État et le bonheur des masses.

Le socialisme, dont le tort d'ailleurs est de n'avoir des yeux que pour une classe, est aujourd'hui généralement décrié. On s'étonne même qu'il ait pu si vivement passionner la multitude pendant cette longue période d'agitation qui s'est étendue de 1840, où M. L. Blanc introduisit dans la polémique des journaux la question brûlante des associations ouvrières, jusqu'en 1851 où le système impérial détourna les esprits de cette direction. On n'en finirait pas s'il fallait exposer ou même énumérer les conceptions bizarres où des esprits d'ailleurs fort distingués se laissèrent entraîner sous l'empire de ces idées. Nous nous demanderons donc simplement si le principe même du socialisme repose sur des données praticables, et peut se concilier avec le principe des sociétés modernes qui est, dans l'ordre politique la liberté, et dans l'ordre économique, la concurrence. D'autres avant nous se sont posé la même question et ont recherché cette conciliation, notamment les chefs du parti démocratique. Mis en demeure par les événements de donner une solution à ce problème redoutable, ils se réunirent en comité, la veille de 1848, et cherchèrent la formule de cette conciliation tant désirée. Tout fut inutile, et M. L. Blanc, dans son livre de l'*Organisation du travail*, put leur dire fièrement et sans crainte d'être démenti : Toute autre solution que la mienne n'est pas un vrai et franc socialisme, mais un vain palliatif qui, laissant subsister le *statu quo* sous une forme différente, n'est qu'une tromperie ou une hypocrisie. Vous avez décidé, à la majorité des suffrages, que le meilleur système et le seul praticable, c'était de former une association de crédit qui, présidant à la naissance des associations ouvrières, leur fournirait des instruments de travail et leur imprimerait une direction intelligente. Replâtrage que tout cela. En laissant subsister la concurrence entre ces associations et en ne leur demandant pas d'asseoir leur existence sur l'établissement d'un capital collectif, inaliénable et susceptible de s'accroître indéfiniment, vous ne supprimez aucune des causes d'antagonisme, et vous placez ces associations dans la nécessité de se dévorer elles-mêmes. Rien n'est donc changé au fond de la situation, et elle est peut-être empirée ; car, qui pourrait d'avance fixer des limites aux audaces de la concurrence entre des associations rivales intéressées à se supplanter réciproquement, et pouvant réduire le prix de leurs produits jusqu'à ne leur faire représenter que le pain strictement nécessaire à la vie de leurs travailleurs : lutte barbare d'ouvriers affamés aboutissant au meurtre de leurs frères!

« Pour nous, dit M. L. Blanc, (p. 271,) nous ne saurions nous associer à un projet semblable :

« 1° Parce que toute association d'ouvriers qui ne s'impose pas la loi de s'étendre indéfiniment au moyen d'un capital collectif et inaliénable, se trouve avoir des intérêts distincts de ceux de la masse des prolétaires, lesquels n'arriveront à s'affranchir qu'en se considérant comme une même famille ;

« 2° Aider tels ou tels ouvriers à former entre eux une association particulière et limitée, c'est créer des priviléges parmi les travailleurs, et établir des catégories là où tout doit tendre à l'unité ;

« 3° La grande et universelle émancipation des travailleurs n'aura jamais lieu, tant que subsistera la concurrence, source intarissable de haines, de jalousies, de fraudes et de désastres ;

« 4° Ajouter à la force des uns, c'est augmenter la faiblesse des autres. De sorte que, si la concurrence était maintenue systématiquement, tout appui prêté à une association particulière deviendrait funeste à ceux qui, en dehors de cette association, resteraient abandonnés à eux-mêmes. »

Ainsi, pas de milieu, ou il faut renoncer à faire quelque chose d'essentiellement différent du régime actuel de la concurrence, ou bien il faut relier les associations ouvrières entre elles en centralisant leurs intérêts et leurs travaux dans un vaste système de communauté ou de solidarité universelle, à l'enfantement sinon au développement duquel l'État, suivant M. L. Blanc, devrait présider. Liberté et coucurrence, car pour nous, sinon pour M. L. Blanc, ces deux mots sont synonymes; ou bien communisme, il n'y a pas d'autre alternative; et en cela cet écrivain avait parfaitement raison contre ses adversaires, s'il avait tort en voulant concilier à son tour son communisme avec la liberté, telle qu'on la comprend communément.

A cela les chefs du parti démocratique, réunis en comité, répondaient : Sans doute, la liberté que nous maintenons en principe, produirait entre les associations ouvrières les effets désastreux de l'individualisme, puisque chacune tendrait à accaparer le travail à son profit, en abaissant indéfiniment le prix de ses produits et par conséquent des salaires, au grand détriment de la masse des associations. Mais les fâcheux résultats de cette rivalité contre nature tendraient à s'atténuer insensiblement, à mesure que les associations se multipliant pourraient se concerter entre elles; et ils disparaîtraient même totalement au moment où le travail national tout entier étant passé entre leurs mains, elles disposeraient entièrement du marché; situation qui, leur permettant de se coaliser et de faire payer aux oisifs leurs produits à des prix exhorbitants, aboutirait à la suppression de la rente, des rentiers et des propriétaires pour ne laisser debout, sur un fond social entièrement nivelé et égalisé, que les travailleurs et leurs corporations ! Des siècles peuvent s'écouler sans doute avant que ce résultat final soit complétement atteint et avant que les belles théories de M. Proudhon sur l'abolition de la rente et des loyers puissent recevoir leur application, par le seul développement naturel de la démocratie; mais, en attendant cet heureux jour, ne serait-ce pas un résultat digne de répondre aux justes exigences du peuple, que d'ouvrir devant lui une si belle perspective et de le faire profiter d'hors et déjà et à titre d'à-compte, de tous les bénéfices que les capitalistes, les entrepreneurs et généralement les intermédiaires, qui s'interposent entre lui et le consommateur, perçoivent à leur profit et à son préjudice ?

La question ainsi posée était insoluble ou plutôt c'était la même utopie sous une autre forme et aussi peu raisonnable dans les deux cas; car si M. L. Blanc, en supprimant la concurrence aboutissait, malgré ses énergiques protestations, au communisme de M. Cabet, les autres aboutissaient au même résultat en conservant la concurrence. Au fond M. L. Blanc et M. Cabet n'ont jamais en effet voulu autre chose, sous des formes différentes et sauf la question d'opportunité, que la coalition ou la solidarisation de tous les intérêts des classes ouvrières, qu'ils auraient voulu placer au point de départ et les autres au point d'arrivée. Il y avait donc de part et d'autre un paralogisme évident, paralogisme de M. L. Blanc prétendant conserver la liberté en supprimant la concurrence et en organisant les travailleurs en communauté; et paralogisme du comité démocratique prétendant aboutir à la coalition ou à la solidarisation de toutes les associations ouvrières en conservant intacts la liberté et la concurrence, principes, selon eux, de tout progrès et de tout développement social.

Ceci est une nouvelle preuve que, dans les choses humaines essentiellement finies et imparfaites, on ne saurait, tout à la fois, avoir le bénéfice intégral de deux principes opposés, le bénéfice intégral de la liberté et celui de l'association. On ne peut vivre en communauté et rester complétement libres, ou réciproquement rester toujours libres tout en aboutissant finalement à la communauté. La seule chose possible et raisonnable est de concilier, en pratique, ce qui dans ces principes est parfaitement conciliable; de manière à produire cette sorte de résultante générale de l'esprit de liberté et de l'esprit de solidarité, qui est le propre des sociétés chrétiennes, où les principes en apparence les plus contradictoires se règlent et se balancent en se faisant de mutuelles concessions, au lieu de s'entre-détruire en voulant exclusivement dominer les uns sur les autres. *Deus caritas est.*

Les socialistes n'ont jamais pu comprendre cela. Ayant l'esprit étroit des faiseurs de systèmes, ils ont toujours été en opposition avec les larges données de la Providence. En créant l'homme sociable, Dieu a voulu le forcer à respecter, sous peine des plus sérieuses perturbations, tous les principes sans exception qui président à la formation et au fonctionnement des sociétés humaines. Et, comme ces principes sont en apparence contradictoires, et que leur conciliation est une source abondante de conflits, Dieu a donné aux hommes la Religion, dont la prescription fondamentale est l'amour : l'amour de Dieu qui leur fait un devoir de respecter et d'honorer ces principes éternels d'ordre et de stabilité, et l'amour de leurs semblables, qui leur impose l'obligation de se concilier et de se faire de mutuelles concessions, dans les nombreux conflits que ces principes ne manquent jamais de soulever.

Or, ceci a toujours été au-dessus de la compréhension des utopistes de la démocratie. Les uns, dominés comme MM. L. Blanc, Cabet, Saint-Simon et Fourier, par le principe d'ailleurs fécond de la solidarité des hommes et du fusionnement des intérêts sociaux, ont voulu faire de la société un monastère, et, chose étrange, un monastère sans religion. Les autres, au contraire, exclusivement préoccupés comme M. Proudhon, des heureux effets du régime de la liberté et de la concurrence, se sont attaqués à la propriété, qui est effectivement le boulevard ou le palladium de tous les intérêts conservateurs, et la seule institution capable d'empêcher la submersion de la société sous le flot envahissant de la classe ouvrière, qui ne ferait, de l'État si elle pouvait arriver à la suppression des autres classes, qu'un vaste atelier de travail dépourvu de toute dignité morale et de toute grandeur intellectuelle.

Entre ces deux partis extrêmes, le Cabétisme et le Proudhonisme, quelques démocrates modérés représentés alors par le regrettable général Cavaignac, auraient trouvé la véritable solution, s'ils n'avaient pas été eux-mêmes trop exclusivement préoccupés de la pensée de donner une apparente satisfaction aux convoitises surexcitées de la multitude; leur politique leur faisant un devoir de s'en tenir fermement, avec les vrais amis du peuple, au principe de la concurrence et des associations libres, sans faire briller aux yeux des masses comme une perspective décevante, cette ère de solidarité universelle de toutes les associations, rêvée par les socialistes et qui n'est en réalité qu'un mirage trompeur.

Nous pensons aujourd'hui, comme nous l'écrivions alors (1), que cette solidarité, injuste et injurieuse au profit d'une seule classe, devait être universelle pour être légitime, et résulter du concours de toutes les institutions civiles, politiques et religieuses, et de la bonne harmonie de toutes les classes de la société dans la pratique sincère des principes du christianisme. Aussi nous regrettons profondément que les hommes d'État, dont les paroles faisaient alors autorité dans le parti de l'ordre, n'aient pas compris que le meilleur moyen de dépopulariser les socialistes, c'était d'opposer ce socialisme universel de tous les intérêts et de toutes les classes de la société, à leurs mesquines et factieuses conceptions. Il leur eût été aisé de démontrer que le jeu libre et régulier de tous les éléments constitutifs de la démocratie française : un pouvoir fort, une liberté raisonnable, la famille, la propriété, le catholicisme, les institutions religieuses et de bienfaisance, et les associations ouvrières, industrielles, commerciales, financières et agricoles, suffisait amplement, non à la réalisation de cet eldorado rêvé par les songes creux de la démocratie, mais d'un état de vie propre à satisfaire même les derniers de la hiérarchie, en leur assurant une instruction assez développée, un travail abondant, et des secours dans les cas exceptionnels.

On ne saurait contester que tel ne doive être le résultat de la bonne harmonie de ces divers élèments sociaux, car Dieu nous garde d'en exclure aucun. Des associations ouvrières et agricoles viendraient à surgir du sein de la société, comme au moyen âge et sous une autre forme, que nous ne trouverions là qu'un nouvel élément de force, de liberté et de conservation, au lieu de n'y voir, comme le comité des démocrates, que l'absorption finale de la société au profit égoïste des travailleurs, ou, comme les hommes d'État du parti de l'ordre et notamment M. Thiers (2), une impossibilité ou un dan-

(1) Dans plusieurs circulaires aux électeurs et dans plusieurs articles de journaux.

(2) Voyez son livre *de la Propriété*, alors célèbre et aujourd'hui oublié. Dans cet ouvrage, M. Thiers a consacré trois chapitres à réfuter en principe l'idée même des associations ouvrières, qui ont cependant fonctionné de tout temps et fonctionnent encore en France et en Angleterre. Que M. Thiers se fut borné à dire qu'en thèse générale ces associations sont difficiles, et ne se

ger. Que des associations ouvrières se fondent et sans chercher à s'imposer, rien de mieux. La société ne sera pas absorbée par elles de sitôt qu'on le croit. Car, à côté de leurs intérêts, il y aura toujours des intérêts opposés aussi puissants et non moins vivaces, capables d'arrêter leur envahissement, alors même que de grandes difficultés intrinsèques, provenant de la difficulté de se procurer les capitaux nécessaires, d'organiser une habile gestion et de vivre en bonne harmonie, ne s'opposeraient pas à leur multiplication. Le propre de la liberté est de produire dans la société ce que les forces libres de la nature produisent dans le monde physique, une variété innombrable de types et de formes, ayant toutes leur raison d'être et leur place au soleil. Nous avons énuméré quelques-unes de ces formes sociales. Nous avons dit un mot, dans le chapitre précédent, des œuvres de prévoyance et de bienfaisance et des associations religieuses d'hommes et de femmes. Le but de ces institutions c'est la charité et la religion. Mais ce double but ne saurait suffire. L'état démocratique étant basé sur la loi du travail, il faut en outre des associations dont l'objet soit d'activer le travail national, et de rendre de moins en moins nécessaire l'obligation pour les classes ouvrières de recourir à la bienfaisance publique. Il est donc convenable qu'elles trouvent de l'occupation autant que possible. Or tel est le but des diverses formes d'associations dont il nous reste à parler et notamment des grandes compagnies industrielles et financières, qui sont les grandes artères du travail national et son principal moteur. Ces formes sociales ont donc leur raison d'être comme les autres, ou plutôt toutes ces institutions se complètent réciproquement et concourent au bien général de la société.

II — On peut lire, dans un ouvrage, sur l'*Association ouvrière*, de M. Feugueray, dont l'esprit de système n'exclut ni la science, ni le talent, les conditions et la forme de ces sortes de petites autonomies, telles que l'auteur les a vues, en 1851, fonctionner à Paris au nombre de plus de cent. Fondées dans des conditions exceptionnellement favorables, eu égard au temps, au lieu et à l'engouement dont elles étaient alors l'objet, ces associations ont depuis disparu en grande partie. Nous en concluons que si leur existence n'est pas impossible, dans de bonnes conditions, leur formation est à peu près

généraliseront jamais au point d'inquiéter la Société; nous aurions compris cela. Mais prétendre qu'elles sont à peu près impossibles, c'est aller trop loin, pouvant se faire que dans des conditions meilleures et avec des ouvriers religieux et éclairés, ces sortes de petites autonomies se multiplient, mais jamais au point de détruire ou paralyser les autres principes sociaux. De leur nature indestructibles, ces principes s'opposent invinciblement à la généralisation d'aucune espèce d'association conçue au point de vue d'un intérêt de classe. Mais nous devons ajouter, à la décharge de M. Thiers, que, depuis la publication de son ouvrage, les journaux ont assuré que l'illustre orateur avait modifié ses opinions, et était devenu favorable à l'idée d'association. Il aurait même ajouté, ce qui serait une exagération en sens opposé, si le propos était vrai : que les Sociétés ouvrières pouvaient devenir le fait capital de notre siècle.

irréalisable dans les petites localités, où les ouvriers de chaque industrie sont trop peu nombreux pour recruter leur personnel, et trouver les ressources nécessaires aux frais de premier établissement.

Nous en dirons de même des associations agricoles. Elles ne sont pas impossibles, il peut s'en produire dans des circonstances favorables ; et l'extrême morcellement du sol peut amener, comme nous l'avons dit, les cultivateurs à se concerter ou même à s'associer pour appliquer à leur exploitation les machines ou les méthodes perfectionnées de la grande culture. On a même vu, au moyen âge, car c'est toujours à cette époque qu'il faut aller chercher, si non des modèles irréprochables, du moins les principes de la véritable science sociale ; on a donc vu au moyen âge des associations isolées de paysans et de cultivateurs prospérer dans un grand nombre de nos provinces, et faire revivre à quelques égards l'âge d'or des temps primitifs, s'il fallait s'en rapporter à leurs historiens. « La France du « moyen âge, dit M. Feugueray, a eu ses associations agricoles, qui « se sont perpétuées pendant plusieurs siècles et ont contribué au « défrichement du sol et à l'émancipation du peuple. » (P. 152.) L'existence de ces associations a été savamment constatée par de nombreux jurisconsultes, au nombre desquels on peut citer M. Troplong, et même M. Dupin, l'adversaire acharné des corporations religieuses. Ils ont même célébré les vertus et les bienfaits de ces sociétés rustiques, dont M. E. Bonnemère, dans son *Histoire de l'Association agricole* a soigneusement recueilli tous les titres.

Les sociétés de paysans du moyen âge, ou les communautés, car c'est le nom qu'on leur donnait, se composaient de plusieurs familles qui se perpétuaient de génération en génération sur un vaste domaine dont le Seigneur leur avait concédé la propriété ou tout au moins l'usage. Elles le cultivaient ensemble sous la direction d'un chef élu ; et elles vivaient des fruits de leur travail, *à commun pot, sel et dépense ;* ce qui leur donnait un caractère patriarcal. Les communautés agricoles se formaient sans contrat écrit, par le seul fait *de la demeurance d'un an et jour*, qui suffisait, d'après l'ancien droit, pour constituer une société *taisible* ou tacite. On les appelait *compaings* ou *compagnie*, le pain étant l'emblème de la communauté. Aussi à la dissolution, le plus âgé de la tribu, prenait un grand pain, le *chanteau*, et le partageait solennellement entre ceux qui allaient se séparer. C'était la formule de la dissolution. Ni les vieillards, ni les femmes, ni les enfants n'étaient exclus de cette société. « En ces communautés, écrivait Guy-Coquille, il y a trois siècles, on « fait compte des enfants, qui ne savent encore rien faire, par l'espé-« rance qu'à l'avenir ils feront. On fait compte de ceux qui sont « en vigueur d'âge par ce qu'ils font. On fait compte des vieux pour le « conseil, et la souvenance qu'ils ont bien fait. Et ainsi de tous âges « et de toutes façons, ils s'entretiennent comme un corps politique « qui, par subrogation, doit durer toujours. » Tableau touchant qui rappelle les communautés chrétiennes du temps de saint Pierre.

Mais il ne faudrait pas oublier que ces temps ne sont plus où, suivant M. de Tocqueville, on faisait le dénombrement des populations par le nombre de communions pascales. Alors ces associations étaient possibles, et avec le lien religieux qui les unissait elles pouvaient et devaient être prospères.

L'indivision de l'immeuble social était un des principaux caractères de ces communautés. Quand des enfants allaient s'établir ailleurs, ils perdaient leur droit sur la succession de leur père et mère. Mais la communauté les dotait. Il n'y avait ni partage de récolte, ni attribution de bénéfices, tous les biens formaient une masse, sur laquelle on vivait avec la simplicité des mœurs antiques. Les jurisconsultes qui les ont vues à leur décadence s'accordent à dire que le travail y était bien dirigé, et qu'on y vivait dans l'abondance. Ces communautés s'étaient surtout étendues dans le centre. Les coutumes d'Orléans, du Nivernais, du Berri, du Bourbonnais, de l'Auvergne, de la Marche, du Poitou, de la Rochelle, en parlent expressément. Et M. Troplong assure que leur existence était un fait général et caractéristique qui se retrouve, au moyen âge, depuis le midi de la France jusqu'aux extrémités opposées.

Ces communautés s'étaient probablement établies à l'ombre de la féodalité sur ces immenses terres indivises où le seigneur cherchait à attirer et à fixer les populations dont il avait intérêt à favoriser le développement. C'était un excellent moyen d'opérer le défrichement de ses vastes domaines et de retirer de leurs nouveaux habitants des revenus abondants. Il est néanmoins visible que sans l'esprit du christianisme, qui remuait la Société profondément et faisait régner dans ces associations les sentiments de la justice et de la bienveillance, ces sortes de communautés n'auraient pu s'établir et longtemps prospérer. Aussi elles tombèrent en décadence au moment où le catholicisme perdit de son influence. La Réforme et la Renaissance signalèrent le commencement de leur déclin. On les vit alors dégénérer comme on vit sous l'ancien régime dégénérer toutes les autres institutions du moyen âge, les corporations d'arts et métiers et la noblesse elle-même. Cependant la puissance des mœurs résista longtemps.

Nous pourrions citer à l'appui de ce que nous disons, Ferrière, *Dictionnaire de Droit* (1740). Denis Lebrun, *Traité de la Communauté* (1709). Dunod de Charnage, *Traité de la Main-morte* (1733). Mais nous nous bornerons à extraire du *Voyage en Auvergne* de Legrand d'Aussy, la description suivante d'une communauté des environs de Thiers, existant encore en 1788, la veille de la Révolution : « Il y a dans « les environs de Thiers plusieurs de ces familles républicaines : Ta- « ranté, Baritel, Terme, Guittard, Bourgade, Beaujeu, etc. Les deux « premières sont les plus nombreuses ; mais la plus ancienne, ainsi « que la plus célèbre, est celle de Guittard. Le hameau que forme « et qu'habite la famille des Guittard est au nord-ouest de Thiers, « et à une demi-lieue de la ville ; il s'appelle Pinon. Au mois de

« juillet 1788, quand je les ai visités, ils formaient quatre branches « ou quatre ménages ; en tout, dix-neuf personnes, tant hommes « que femmes et enfants. Mais le nombre des hommes ne suffisant « pas pour l'exploitation des terres et pour les autres travaux, ils « avaient avec eux treize domestiques, ce qui portait la population « du hameau à trente-deux personnes. On ignore l'époque précise « où le hameau fut fondé ; la tradition en fait remonter l'établisse- « ment au XIIe siècle. L'administration des Pinon est paternelle, mais « élective. Le maître, en qualité de chef, perçoit l'argent, vend et « achète, ordonne les réparations, dispense à chacun son travail, rè- « gle tout ce qui concerne les maisons, la vendange, les troupeaux ; « en un mot, il est là ce qu'est un père dans sa famille. Mais ce père « diffère des autres en ce que, n'ayant qu'une autorité de dépôt et de « confiance, il en est responsable à ceux dont il la tient, et qu'il « peut la perdre de même qu'il l'a reçue. S'il abuse de sa place, s'il « administre mal, la communauté s'assemble de nouveau ; on le « juge, on le dépose, et il y a des exemples de cette justice sévère.

« Les détails intérieurs de la maison sont confiés à une femme. Le « département de celle-ci est la basse-cour, la cuisine, le linge, les « habillements, etc.; elle porte le titre de maîtresse. Elle commande « aux femmes comme le maître commande aux hommes. Ainsi que « lui, on la choisit à la pluralité des suffrages, et, ainsi que lui, on « peut la déposer. Mais le bon sens naturel a dit à ces simples « paysans que si la maîtresse se trouvait être femme ou sœur du « maître, et que ces deux préposés manquassent de la probité néces- « saire à leur gestion, tous deux réunis auraient trop d'avantages pour « nuire à la chose publique. En conséquence, pour prévenir ces abus, « par une des lois constitutives de ce petit État, il est réglé que ja- « mais la maîtresse ne sera prise dans le même ménage que le maî- « tre. Celui-ci, comme son titre l'annonce, a l'inspection générale, et « jouit du droit de conseil et de réprimande ; partout il occupe la « place d'honneur. S'il marie son fils, la communauté donne une « fête à laquelle sont invitées les communes voisines ; mais ce fils « n'est, comme les autres, qu'un membre de la république ; il ne « jouit d'aucun privilége particulier, et quand son père meurt, il « ne succède point à sa dignité, à moins qu'on ne l'en trouve digne « et qu'il ne mérite d'être élu à son tour.

« Une autre loi fondamentale observée avec la plus grande rigueur, « parce que d'elle dépend la conservation de la société, est celle qui « regarde les biens. Jamais, dans aucun cas, ils ne sont partagés : « tout reste en masse ; personne n'hérite, et, ni par mariage, ni au- « trement, rien ne se divise. Une Guittard sort-elle de Pinon pour se « marier, on lui donne 600 livres en argent ; mais elle renonce à « tout.

« Toutes les fois que leur ouvrage n'exige point qu'ils soient sépa- « rés, ils travaillent ensemble. Il y a pour les repas un lieu com- « mun ; c'est une grande et vaste cuisine tenue très-proprement...

« Dans la cuisine, on a pratiqué une niche qui forme, en quelque « façon, chapelle, et qui contient un Christ et une Vierge. Là, tous « les soirs, après le souper, on fait la prière en commun; mais cette « prière n'a lieu que le soir. Le matin, chacun fait la sienne en par- « ticulier, parce que la plupart des travaux étant différents, les heu- « res du lever le sont aussi.

« Indépendamment de la propriété du hameau, les Guittard pos- « sèdent encore un bois, un jardin, des terres, des vignobles et « beaucoup de châtaigniers. D'ailleurs ces cultivateurs, respectables « par leurs mœurs et par leur vie laborieuse, font encore dans le « lieu de leur séjour des charités immenses. Jamais pauvre ne se « présente chez eux sans y être reçu ; jamais il n'en sort sans avoir « été nourri : on lui donne de la soupe et du pain. S'il veut passer « la nuit, il trouve à coucher ; il y a même dans la ferme une cham- « bre particulière destinée à cet usage. En hiver, on pousse l'huma- « nité plus loin encore ; les pauvres alors sont logés dans le fournil, « et en les nourrissant on leur procure de plus une sorte de chauffoir « qui les garantit du froid. »

Si je n'avais fait trop de citations déjà, il me resterait encore à reproduire la très-curieuse lettre écrite par M. Dupin à M. Étienne, en 1840, et insérée à cette époque dans *le Moniteur*, où il raconte sa visite à la communauté des Jault, qui existait encore dans un coin du Nivernais, où elle avait bravé, sans y périr, tous les orages de la Révolution.

Après avoir décrit la maison principale d'habitation, avec sa grande chambre « flanquée d'un corridor dans lequel débouchent, par au- « tant de portes, des chambres séparées, véritables cellules, où cha- « que ménage a son domicile particulier, » M. Dupin ajoute les renseignements qu'il obtint sur l'histoire et le régime de cette communauté, dans une longue conversation qu'il eût avec les membres de cette grande famille, composée de trente-six personnes, tant hommes que femmes et enfants, et surtout avec leur chef qui se nommait Claude.

L'existence de la communauté des Jault datait d'un temps immémorial. Au dire de ses membres, la propriété qui avait servi de noyau à cette communauté n'était pas un bien seigneurial, mais un bien patrimonial, un bien franc « dont la possession s'était maintenue dans la même famille, et, avec le temps, elle s'était successivement accrue, par le travail et l'économie de ses membres, au point de constituer, par la réunion de toutes les acquisitions, un domaine de la valeur de plus de 200,000 francs ; et cela, malgré toutes les dots payées aux femmes qui avaient passé par mariage dans des familles étrangères...

« Dans l'origine, le père de famille avait été le maître naturel de la communauté, ensuite ses fils, et cette hérédité naturelle s'était maintenue aussi longtemps qu'on avait pu distinguer un aîné doué de la capacité convenable; mais à mesure qu'en s'éloignant la proximité de parenté s'était affaiblie, on en était venu à choisir le plus capable parmi les hommes faits pour diriger les affaires, et la femme la plus entendue pour présider aux soins du ménage. Du reste, le régime de cette maîtrise domestique était fort doux et le commandement presque nul, chacun y connaissant son ouvrage et son fait. Le maître ne faisait rien sans prendre conseil de ses communs ; car, ainsi que le disait Guy Coquille : « Eux tous vivant d'un pain, cou- « chant sous une couverture, et se voyant tous les jours, le maître « est trop malavisé et trop superbe, s'il ne communique et prend « l'avis de ses parsonniers, sur les affaires importantes. »

Quant à la moralité de la communauté, il était sans exemple qu'aucun de ses membres eût été condamné pour délit. Les mœurs y étaient pures. Une seule fois, il était arrivé qu'une de leurs filles s'était laissée séduire; mais un mariage avait aussitôt réparé ce scandale. Toute cette famille était, d'ailleurs, très-charitable. « Nous le savions, et nous en eûmes la preuve sous nos yeux, continue M. Dupin. Pendant que nous causions à l'un des bouts de la salle, deux pauvres assis près de la cheminée qui était à l'autre extrémité, tenaient sur leurs genoux chacun une écuelle de soupe, qu'ils mangeaient fort tranquillement. Aucun pauvre ne passe sans trouver ainsi la soupe ou le pain. Aussi, suivant l'expression du maître, le pain va vite à la maison.

« Aux Jault, dit en terminant M. Dupin, c'est l'aise, la gaieté, la « santé ; aux Gariots, c'était la tristesse et la pauvreté. »

Aujourd'hui la communauté des Jault elle-même n'existe plus ; elle s'est dissoute, il y a quelques années.

De toutes ces institutions antiques que la religion, au temps de sa plus grande influence, avait inspirées et soutenues, il ne reste plus rien. Cela devait être, il faut toutes les vertus chrétiennes pour maintenir dans l'ordre et faire régner la bonne intelligence dans ces groupes humains, que le plus léger nuage aurait pu dissoudre et disperser. Aussi que sont devenues les tentatives faites de nos jours, dans cet ordre d'idées. Et peut-on même comparer à ces communautés des temps primitifs, si vivantes et si intéressantes, ces pâles et froides associations de laitières, de fruitières ou de vignerons pour vendre leurs produits et se passer d'intermédiaires qui ont défrayé quelque temps l'enthousiasme des journaux démocratiques et ont bientôt disparu sans bruit ? C'est que l'esprit du christianisme n'inspirait aucune de ces prétendues associations agricoles, de même qu'il n'inspirait aucune de ces associations ouvrières, véritables commandites commerciales, fondées à la voix du socialisme, sous la seule inspiration de l'intérêt et fragiles comme tout ce qui procède de cette source.

III. — L'existence des grandes compagnies commerciales, industrielles et financières n'a pas été si précaire. Leur nature étant de reposer exclusivement sur des intérêts, elles peuvent se passer de ces vertus supérieures qui seules peuvent faire prospérer des communautés ou le capital social, se compose d'hommes et non de choses inertes, ou de valeurs monétaires. Que MM. Pereire, Rothchild, Mirès et Cie. mettent en action des mines, des canaux, des chemins de fer, tout ce que la nature possède de productions et même ce qu'elle ne possède pas; que, sous le patronage de leur nom et de leur habileté, de grandes sociétés financières s'établissent où tout repose sur les fictions du papier fiduciaire, et qu'à l'aide de ces puissants agents de spéculation ils parviennent, tout en déplaçant les fortunes et bouleversant les existences, à transformer le sol du pays, à développer sa richesse, son trafic, sa navigation et le travail national dans des proportions jusqu'ici inconnues, et qu'ils réussissent, grâce aux milliards que l'audace de la spéculation verse dans leurs caisses, cela n'a rien de surprenant. Que le pain, la toile, le drap, le papier, le sucre, tout ce que nous consommons et sert à embellir notre existence, deviennent affaire de commandite, et les tributaires de la physique, de la chimie, de la mécanique et de l'électricité; que les vieux appareils, paresseux ou impuissants, se perfectionnent ou se transforment; qu'à la faveur du crédit illimité ouvert à toute activité intelligente, les productions de la nature et celles de l'homme soient ainsi centuplées; que la facilité des échanges, des transports et des placements faciles stimule encore la production et le commerce dans des proportions indéfiniment progressives, et que, sous l'empire de ces causes combinées, l'ouvrier puisse généralement trouver du travail au-delà de ce qu'il peut donner de temps, et jouir dans une abondance relative de ce qui jadis était le partage d'un petit nombre de privilégiés; tout cela est possible, facile même, sauf les mécomptes, dans un temps dedésirs insatiables, où chacun veut s'enrichir au plus vite; parce que tout cela ne suppose que de l'habileté et une probité ordinaire. Mais des associations dont l'homme est l'apport essentiel exigent autre chose; il faut là des sentiments moraux et religieux développés, et à défaut d'une grande instruction, beaucoup de vertus; qualités indispensables que n'avaient pas les associations ouvrières qu'on a vainement essayé de fonder.

Tout nous ramène donc à la même conclusion : que la religion doit être en raison directe du radicalisme des institutions. On veut fonder des associations ouvrières et agricoles, soit. Pouvant jouer dans la constitution de la propriété et de l'industrie un rôle utile, et devenir un instrument de liberté et un élément de conservation sociale (1), c'est le devoir de chacun d'en seconder le développement. On veut établir entre les divers intérêts et les diverses classes des liens

(1) Aucune association, même une association ouvrière, fût-elle originairement un agrégat de démagogues, ne saurait se passer d'un capital. Elle serait donc propriétaire et fortement rattachée par ses intérêts à l'ordre, à la stabilité et aux libertés de l'Etat. Toute autonomie même d'ouvriers est déjà une aristocratie, mais une aristocratie légitime, une aristocratie démocratique, et une aristocratie chrétienne si la Religion est au fond.

solidaires, de manière à faire de la société une sorte de communauté hiérarchiquement mais librement constituée; nous souscrivons encore à une entreprise qui est le but même du christianisme. Mais voulant la fin, il faut vouloir les moyens. Qu'on développe donc, proportionnellement à la difficulté de l'entreprise, la religion, qui peut seule donner du liant à ces intérêts et à ces classes, et communiquer à ces associations un principe de vie. On veut des choses difficiles, des choses impossibles, on vise à la perfection, et on rejette le christianisme, qui est la perfection dernière des choses! Ah! vous avez beau faire, vous avez rêvé la perfection, vous n'échapperez pas à Jésus-Christ. Les nations modernes ont de superbes prétentions, elles veulent ce qu'on n'a jamais voulu avant elles ; qu'elles ne perdent donc pas de vue qu'en visant si haut, elles se sont imposé le rude mais glorieux labeur d'aboutir au christianisme.

IV. — En résumé, un état libre et démocratique comporte autant d'œuvres de bienfaisance, d'institutions, d'associations, qu'il a de besoins, d'idées, d'intérêts, de préoccupations. Une nécessité se fait-elle sentir, une idée se fait-elle jour, à l'instant une ou plusieurs intelligences, une ou plusieurs forces libres se mettent en jeu pour y satisfaire. Que cette complexité et cette variété étonnent les songe-creux qui, du fond de leur cabinet, rêvent une société composée d'une seule pièce, cela n'a rien d'étonnant. Mais c'est le caractère des démocraties de comporter cette singulière multiplicité de formes et d'institutions. Dans ces sociétés il y a évidemment de tout : des hommes aimant l'isolement et vivant isolément; d'autres se mariant et élevant une nombreuse famille; d'autres exploitant en commun un brevet, une usine, et transformant la matière en tous sens; d'autres commerçant seuls et d'autres en compagnie; des ouvriers travaillant à leur compte et d'autres au compte d'autrui; des prolétaires devenant marchandeurs et même, les scélérats! entrepreneurs, et, ce qui est plus criminel encore, capitalistes, rentiers, propriétaires à leur tour!

M. L. Blanc avait donc raison de dire au comité des démocrates qu'avec le principe de la libre concurrence ou de la spontanéité industrielle, l'absorption de la société par les associations ouvrières était une chimère. Voyez en effet les obstacles : indépendamment des difficultés inhérentes à leur établissement, ce sont de riches capitalistes fondant des commandites rivales contre lesquelles ces jeunes associations chercheraient vainement à lutter; ce sont des ouvriers capables et intelligents se mettant à la tête des maisons de leurs patrons ou jetant les fondements de nouvelles maisons avec l'appui d'un puissant patronage; c'est le commerce en gros et en détail voulant conserver son indépendance; ce sont les entreprises de transport par voie de terre et de mer n'ayant rien de commun avec des associations de travailleurs; c'est l'importante industrie des chemins de fer et la masse d'intérêts engagés dans les maisons de banque et de crédit; c'est la grande et la petite culture et l'isolement de la classe ouvrière dans les campagnes; — venant, de mille et mille façons, mettre une digue aux envahissements de ce socialisme impossible. L'inévitable effet de la liberté est donc d'empêcher l'absorption d'aucun intérêt ou d'aucune classe au profit d'un autre ; et c'est le plus grand bienfait de la libre concurrence, dont la conséquence serait de produire des maux incalculables, s'il n'y avait dans les sociétés chrétiennes une foule d'institutions, couronnées par la religion et ayant pour objet de protéger les faibles, et de relever les victimes des champs de bataille de l'industrie. Tout concourt donc au bien général dans ces sociétés où tout semble être contradictoire pour un esprit superficiel. Tout s'y tient et s'enchaîne, même les choses en apparence les plus disparates, en sorte que l'harmonie et la stabilité de cet état résultent de sa complexité même. Vouloir, sous de puérils prétextes et sous l'empire de je ne sais quels préjugés d'un autre âge, supprimer telle ou telle corporation, telle ou telle société de bienfaisance, c'est déranger l'harmonie de l'ensemble, c'est faire une brèche à la société, c'est mutiler cet organisme et faire au cœur du peuple une blessure irréparable.

CHAPITRE XII.

CENTRALISATION, DESPOTISME, RÉVOLUTION.

Notre éducation libérale est à faire. — La liberté est impossible avec une centralisation exagérée. — Erreur de tous les partis et du parti libéral à cet égard. — La liberté en France ne peut éviter le despotisme qu'en s'appuyant sur la Révolution. — Équilibrisme politique du parti parlementaire pour ne pas tomber dans le despotisme ou la Révolution. — Insuffisance personnelle des chefs parlementaires devant cette situation. — Utilité de la centralisation gouvernementale dégagée de ce que la liberté peut mieux faire qu'elle. — Elle est nécessaire à une nation initiatrice et exposée comme la France, tant surtout que la Révolution ne sera pas terminée en Europe. — Tout a concouru à la ruine de la liberté en France, surtout les libéraux et les révolutionnaires, partisans d'une centralisation outrée. — Un pouvoir fortement concentré était seul compatible avec la mission que Napoléon III s'est imposée. — Caractère de cette mission.

I. — Nous sommes de grands enfants en fait de liberté. Les preuves en sont frappantes : D'abord notre éducation politique n'est pas faite, et notre caractère frivole et turbulent est un obstacle à ce qu'elle se fasse de sitôt. Nous avons un tempérament qui prend feu et, comme nation catholique et monarchique depuis des siècles, nous n'avons su conserver de l'ancien régime, avec beaucoup de prétentions libérales, qu'une seule chose, qu'un seul idéal, un idéal d'unité et d'autocratie qui n'est pas précisément un idéal de liberté. Avec cela nous avons du bon sens. Nous nous sommes donc construit un édifice administratif, judiciaire, militaire et politique qui répond à cet idéal et donne au Pouvoir le moyen de modérer notre fougue. On dira ce qu'on voudra, mais nous ne trouvons pas le peuple français si sot que voudraient le faire croire ceux qui ont mis entre ses mains le suffrage universel. S'il y a eu des sots en ceci ce n'est pas celui qui a su tirer de ce fond la seule idée que quatorze siècles de traditions y avaient mise. Et cette imprévoyance des chefs avancés du libéralisme, n'est pas une des moindres preuves de l'imperfection de notre éducation politique.

Car, qu'elle inintelligence des conditions de la liberté! Le beau moyen que de grands discours pour la protéger contre un Pouvoir populaire ayant dans sa main l'administration, la police, un milliard à distribuer en salaires et une armée de 500 mille hommes pour contenir les mécontents? Et contre cette force écrasante, où était la résistance? Nulle part. La Révolution avait partout passé le niveau comme pour mieux fortifier le Pouvoir. Les parlements, la noblesse et l'Église n'existaient plus comme corps politiques. Les droits et les franchises des communes avaient été confisqués et les pays d'État supprimés. Les corporations avaient été détruites.

Il n'était donc resté depuis 1789 qu'une masse populaire, complétement nivelée, se soulevant au moindre souffle, et, au-dessus, suivant les temps, une Convention, un Roi ou un Empereur pour la contenir. Aussi du Pouvoir il fallut faire un Dieu, et tous ne penser, ne respirer, ne vivre que par lui. C'était logique!

Mais il était logique aussi que la liberté, pour ne pas se laisser dévorer par le Dieu cherchât son point d'appui dans la révolution. Aussi pendant 70 ans une lutte impie s'est établie de la Révolution contre le Pouvoir. Lutte sans résultat possible où on a vu aux prises durant ce long espace de temps deux forces indestructibles du corps social, la liberté et l'autorité. Que d'hommes et de grands hommes cette lutte a usé et combien elle en usera encore! Et cependant, phénomène bizarre, il n'est pas un seul de ces hommes qui ait clairement aperçu la cause de cette cruelle contradiction qui les tuait. Ils mouraient à la peine, qui, pour la liberté, qui, pour le pouvoir, les yeux bandés, le désespoir dans l'âme de s'être ainsi sacrifiés sans résultat appréciable! Nous en avons connus de ces hommes et des plus honorables, qui sont morts à la tâche, nous leur disions : « Vous luttez vainement contre une force supérieure qui vous em- « portera au moment où vous vous y attendrez le moins. Organisez « les communes, et les départements ou vous tomberez infaillible- « ment entre les mains de la révolution si vous échappez à celles « du despotisme. Entre les révolutionnaires des faubourgs d'une ca- « pitale de 2 millions d'habitants, et un Pouvoir unitaire armé « de toute la puissance financière et militaire d'une nation de « 40 millions d'hommes, il ne saurait y avoir de place pour la « liberté. » (1)

(1) Voyez notre proposition sur la responsabilité des ministres et du président de la République, et celle où nous demandions l'organisation des communes pour servir de point de résistance autant contre les entreprises de la *révolution* que contre celles du *despotisme*. Ces propositions nous firent une position singulière. La Droite nous repoussa comme un révolutionnaire; la

Tout le monde était dans l'illusion, la gauche, la droite, le centre, les chefs de parti, les hommes d'État! Oui, les hommes d'État, ces esprits pratiques et positifs, ces illustrations du gouvernement parlementaire étaient dans l'illusion. Toujours, jusqu'au dernier moment et encore à présent peut-être, ils croyaient pouvoir surmonter une situation impossible, rien qu'avec du courage, du dévouement, de l'intelligence, de l'éloquence. Vouloir surmonter, avec les seules ressources des facultés personnelles de l'âme, d'une part, la Révolution appuyée sur 500 mille prolétaires réunis sur un même point, et de l'autre un pouvoir ayant 500 mille baïonnettes, et les caisses du Trésor à sa disposition, quelle folie! Faut-il s'étonner que la Révolution ait emporté le Pouvoir en 1830 et 1848, et le Pouvoir la liberté en 1851, pour ne pas remonter plus haut? Que pouvaient dans cette lutte inégale des tournois d'éloquence? Que pouvaient les chaudes et émouvantes improvisations de M. Berryer, les abondantes et limpides dissertations de M. Thiers, et les graves et dogmatiques admonitions de M. Guizot! Leur gloire a été de faire, sans s'en douter, une chose impossible aux hommes, un miracle. Lutteurs obstinés, ils ont soutenu pendant 18 ou 20 ans sur leurs épaules, un édifice sapé de toutes parts et n'ayant d'autre point d'appui qu'une bourgeoisie inconsistante et sans force, parce qu'elle n'était organisée ni dans les départements ni dans les communes.

Parfois cependant, les chefs du parlement fléchissaient sous le poids. Alors pour n'être pas emportés que faisaient-ils? de l'équilibrisme politique, s'appuyant tantôt sur la Révolution pour résister au Pouvoir (1830), tantôt sur le Pouvoir pour résister à la Révolution (1848 à 1851), toujours impuissants avec une inconstestable supériorité personnelle. Quel malheur! qu'un homme d'État, qu'un homme de génie, n'ait pas alors surgi pour leur faire comprendre que nouveaux Sisyphes ils luttaient vainement contre une situation qui retombait sur eux de tout son poids. Mais l'auraient-ils écouté? ont-ils écouté ce pauvre Tocqueville qui leur disait sans cesse, encore plus à l'oreille qu'à la tribune, que cette centralisation outrée dévorerait la liberté! Comme nous, Tocqueville était un utopiste, et eux des hommes pratiques.

Gauche comme un fédéraliste, un girondin : Nous attentions à la majesté de la République une et indivisible! Or, un an après, la grande majorité de l'assemblée alla tirer du fond des cartons, où nous les croyions enterrées, ces propositions pour s'en couvrir. Mais il était trop tard d'un an. Cette reprise ne pouvait que précipiter une crise inévitable. Qu'on nous pardonne de parler de nous. Nous savons que cela est malséant. Mais nos intentions ont été si dénaturées, et nos débuts politiques si calomniés que toutes les fois que l'occasion s'en présentera nous la saisirons comme une bonne fortune, non pas pour nous vanter ou nous disculper, mais pour faire comprendre les motifs qui nous ont dirigé et nous dirigent encore. Un homme jeune et qui se respecte ne saurait être trop chatouilleux et trop fier en cet endroit; et on doit lui passer un peu d'orgueil d'avoir prévu bien des choses qu'il ne pouvait empêcher, n'ayant ni assez de talent, ni assez d'expérience pour en imposer à des hommes depuis longtemps rompus aux luttes parlementaires

II. — Qu'on ne s'imagine pas cependant que nous sommes les ennemis de la centralisation. Renfermée dans ses limites véritables, elle nous paraît nécessaire à la France, et répondre à ses aspirations. La centralisation gouvernementale, libre et dégagée de tout ce que la liberté peut mieux faire qu'elle, est une excellente chose. Ce n'est pas sans un dessein profond de la Providence que ce concours étrange du catholicisme, de la monarchie et de la Révolution, pour imprimer dans nos âmes ce besoin d'une unité puissante faisant concourir toutes les forces de la nation à sa prospérité, sa puissance et sa gloire. Ce n'est pas non plus sans une secrète permission de Dieu que les révolutionnaires de toutes les nuances, et surtout les fanatiques de la liberté, ont travaillé de leur mieux à préparer une organisation sociale qui, tout en les absorbant, assurait à la mission civilisatrice et réformatrice de la France une prépondérance décisive. La France a tous les caractères d'une nation initiatrice, elle se sent portée au dehors, vers l'humanité, avec une tendance irrésistible à tout absorber dans sa civilisation, à tout modeler à son image. Sa position géographique et son caractère sociable, ses défauts et ses qualités se prêtent singulièrement à cette mission unique dans l'histoire. L'Angleterre est riche, commerçante et industrielle; mais la France lui dispute la palme, et elle est plus régulièrement et plus uniformément civilisée.

Cette prétention du Français au cosmopolitisme est le trait distinctif de toute notre histoire. Il doit certainement y avoir quelque chose de providentiel dans cette singulière prétention, soutenue par des aptitudes réelles et des efforts persévérants, qui tranchent avec la légèreté de notre caractère, et dont notre vanité nationale, qui y est sans doute pour beaucoup, ne saurait donner une raison suffisante. Dès les temps les plus reculés, les Gaules ont été le rendez-vous général des nations. C'est ce qu'exprime fort bien Théodore de Bèze, dans son *Tractatus Linguæ Franciæ*, publié à Genève en 1584. La langue française, suivant cet auteur qui n'est pas suspect, est tellement riche et polie qu'on l'étudiait déjà partout à cette époque (1584), « à cause de son élégance ou dans l'intérêt du commerce. » J. Dubois, célèbre grammairien du XVIe siècle, écrivait sa grammaire française en latin, « afin que les principes de cette langue pussent « servir à la fois aux Anglais, aux Allemands, aux Italiens et aux Espa- « gnols, *à tous les étrangers enfin*. » Ce n'est pas, comme le fait observer M. Ch.-L. Livet, dans ses *grammairiens au* XVIe *siècle*, que l'Italie et l'Espagne ne disputassent alors à la France l'honneur d'avoir la langue la plus riche et la plus polie de l'Europe; mais il y a cette différence, entre les prétentions communes à ces trois peuples, que celles de la France ont seules fini par prévaloir. La lutte s'engagea au nom du patriotisme national et cosmopolite, dans la littérature comme dans la politique et la religion. Les Trois Étienne s'attachèrent avec une ardeur généreuse à assurer par d'utiles travaux la supériorité de nos écrivains. Henri Étienne montre que par sa conformité avec le grec, le français devait prétendre à la place d'honneur dans la littérature de tous les peuples modernes, et il s'indigne des emprunts faits à la langue italienne « sur laquelle la nôtre l'emporte autant en richesse qu'en noblesse et en gravité. » Et ailleurs, il ajoute : « Ceux qui auront veu les écrits de mon père et de mon « oncle, apercevront que ceste affection d'honorer ma patrie m'est « tellement héréditaire que je ne pourrois me la déraciner sans forligner totalement. » (*V. sa précellence du langage français*). Une des causes de la persistance de nos pères à repousser, au prix de leur sang, l'introduction de la Réforme parmi nous, c'est qu'ils sentaient instinctivement que ces nouveautés religieuses étaient la négation du grand principe de cosmopolitisme, qui est tout à la fois le caractère distinctif du catholicisme et celui de notre nation. Notre politique s'est toujours inspirée du même sentiment, et c'est encore une des causes qui expliquent la chute de l'ancien régime, et ce retour à ces sentiments universels de justice, de bienveillance et d'égalité, que la Révolution a empruntés au christianisme, et qu'elle cherche à répandre de la France, qui en est le foyer actif, dans le reste du monde. Les hommes les plus divisés d'opinions s'accordent tous sur ce caractère cosmopolite de notre pays. Ce sentiment est si fortement enraciné dans nos têtes *légères* que nous ne pouvons nous en départir, pas même au moment de nos plus grandes humiliations, où tout devrait nous rappeler à la modestie. On peut lire, dans les *Réflexions sur l'intérêt général de l'Europe*, publiées au lendemain de nos désastres, et pendant le congrès de Vienne, la singulière et patriotique proposition de M. de Bonald, qui pourtant n'était pas un esprit vaniteux, de substituer à la suprématie de la papauté sur le monde, impossible tant que l'Europe ne serait pas rentrée dans l'unité religieuse, devinez quoi....? la suprématie de la France, alors anéantie et aux pieds de ses vainqueurs! Nous avons vu que toutes les œuvres de charité et de religion entreprises en France, portent ce caractère de cosmopolitisme, et que les membres français des divers ordres réguliers ont dans leur prosélytisme religieux, les mêmes aptitudes d'expansion et de sociabilité universelles qui nous distinguent dans les lettres, la guerre et la politique. Il faut à la France une littérature, une politique, une diplomatie, et une religion cosmopolites, et c'est, sous l'empire de cette pensée et par un sentiment patriotique, que nous nous sommes proposé de tirer des entrailles même de la démocratie, de la monarchie et du catholicisme, la forme d'un gouvernement qui, résumant toutes ces tendances cosmopolites, soit l'expression fidèle du tempérament même de la France, et puisse servir de modèle aux autres peuples, au lieu d'être un emprunt ou une imitation de celui des Anglais et encore moins des Grecs et des Romains.

Grâce à la constante aspiration de la France vers l'universelle perfection, les nations modernes se sentent attirées vers elles comme vers leur pôle. Chose étrange! La fière Angleterre elle-même subit l'attraction. Elle a beau nous jalouser et nous maudire. Ses murmures et sa colère n'ont qu'un temps; elle finit toujours par revenir à nous. Mais de cette popularité du français au dehors un danger permanent pour la France. On goûte le français, on le suit, on l'imite, mais on a peur de la France, foyer actif de la Révolution autant que de la civilisation. Aussi à chaque ébranlement l'épée de la coalition se dresse sur nos têtes. Doués d'un prosélytisme ardent pour le bien et le mal nous ne pouvons rester un moment en repos, et comme si nous n'avions pas assez de nos embarras, nous courons au devant des embarras des autres. De là une source de brouilleries avec l'Europe. Entourés d'ennemis suscités par notre générosité encore plus que par notre ambition, et, nous trouvant à découvert, nous éprouvons instinctivement le besoin d'un pouvoir fort, doué d'une puissante initiative pour répandre nos idées dans le monde et nous protéger. Exposée aux premiers coups, la France aspire à se couvrir à l'Est par le Rhin, maintenant qu'elle est couverte au sud par les Alpes. Ce désir naturel est naturellement aussi un sujet d'appréhension pour les autres. De là la nécessité d'un pouvoir à cheval assez fort pour *contenir* la révolution au dedans et la faire *marcher* au dehors; pour nous servir d'une expression consacrée par le vocabulaire révolutionnaire (1). Nous aurons donc encore de rudes jours à traverser. La Révolution sera puissante tant qu'elle n'aura pas terminé son évolution. On sera surpris ensuite de la voir crever comme un ballon rempli de vent. Mais il faut qu'elle fasse son tour d'Europe. C'est une chose désolante à penser, mais elle sera formidable et po-

(1) Le mot *révolution* réveille deux idées parfaitement distinctes. Précisons-les pour éviter toute confusion. La Révolution a fait ou plutôt provoqué trois grandes choses : elle a rendu nécessaire en France un Pouvoir capable de contenir la démocratie que les pouvoirs paternels de l'ancien régime étaient incapables de maîtriser. Elle a, en second lieu, imprimé à la Société un mouvement de civilisation et d'organisation matérielle qui doit la transformer de fond en comble; elle a, en troisième lieu, contribué directement ou indirectement à répandre dans le monde certains sentiments de bienveillance et de solidarité qui ont singulièrement amélioré les rapports civils et internationaux et enlevé à la guerre sa cruauté. Entendu en ce sens le mot *Révolution* doit se prendre en bonne part. Mais sous un autre rapport la Révolution a introduit dans les âmes un esprit détestable de jalousie, d'insubordination, de révolte, de cupidité, d'ambition et d'irreligion, qui menace de vicier à sa source la vie du corps social, en faisant dégénérer les progrès matériels en dissolution, la liberté en anarchie, le pouvoir en despotisme, la démocratie en démagogie, et le christianisme en indifférence ou incrédulité. Cette distinction était nécessaire. Elle fait cesser une confusion fâcheuse qu'il est si commun de rencontrer chez presque tous les écrivains et les écrivains religieux surtout. Infestés de la logomachie du siècle, ils font à la cause des bons principes un tort immense en prêtant ainsi le flanc à des répliques écrasantes. Les coups qui portent à faux retombent toujours sur ceux qui les donnent. Quand donc nous demandons à la Révolution de *marcher* et d'accomplir son œuvre, nous entendons parler de tout ce que Dieu veut accomplir par elle. Et quand nous demandons à la force de la *contenir* et de nous en *débarrasser* au plutôt, chacun doit comprendre que c'est de son mauvais esprit qu'il s'agit. Que ceci soit bien entendu pour tout ce qui va suivre.

pulaire tant qu'il lui restera des victimes à dévorer. L'Autriche et l'Italie une fois entrées dans le mouvement de civilisation des autres peuples catholiques, et les Turcs refoulés en Asie, la Révolution n'ayant plus de raison d'être s'évanouira comme un fantôme et chacun de se dire : ce n'était que cela ? Qu'on le déplore ou non, Dieu le permet ainsi, dans des vues qui se laissent déjà clairement entrevoir, comme il a permis l'envahissement du vieux monde romain par les hordes barbares, en vue d'une civilisation plus parfaite. Aussi il a donné à la France l'arme redoutable de la centralisation avec le génie de l'initiative, et l'élan militaire, afin qu'elle pût exécuter tout ce qu'elle osera entreprendre. Ainsi va la révolution de victoire en victoire, et ses ennemis de défaite en défaite, au grand scandale des gens qui n'ont des yeux que pour voir en arrière. Deux courants providentiels nous semblent évidents : l'un qui conduit à la ruine de la Révolution par son triomphe, et l'autre au triomphe de la religion par son humiliation. L'humiliation de l'Église l'affranchira et lui rendra une puissance autrement forte que celle du moyen âge. Il arrivera alors que les peuples débordés par la démocratie viendront se jeter à ses pieds lui demandant de les sauver. Et elle les sauvera en leur disant : Vous m'avez dépouillée, eh bien ! prenez ma croix et suivez-moi. Ce jour-là ce ne sera pas seulement la Révolution qui sera vaincue, mais l'hérésie et le schisme. L'unité sera rétablie, et une ère nouvelle s'ouvrira pour l'humanité.

Il n'est pas un révolutionnaire, il n'est pas un homme religieux, grand ou petit, qui, l'ignorant ou croyant travailler à un résultat contraire, n'aient travaillé à ce double résultat. Que d'efforts les libéraux n'ont-ils pas faits pour armer la Révolution du glaive du despotisme. Que d'efforts les défenseurs de l'ancien régime n'ont-ils pas faits et ne font-ils pas encore pour s'affaiblir matériellement et intellectuellement, et se rendre ainsi incapables de résister aux forces matérielles si habilement organisées de la Révolution !

Tout marche donc à l'accomplissement des décrets divins par le concours combiné de toutes les imbécillités humaines tirant le char des événements en contre-sens du but où le souffle de Dieu le pousse. Voilà une des grandes lois de l'histoire de la Révolution qui semble avoir échappé à ses historiens. Il suffit que Dieu veuille obtenir un résultat pour que tout concoure à le produire, les attaques de ses ennemis autant que la résistance de ses amis. La révolution trouve sa mort dans les forces qu'elle développe pour écraser ses ennemis, qui périssent en s'obstinant à se défendre avec des armes vieilles et rouillées. Pourquoi ? Parce que Dieu voulant établir un ordre nouveau, toutes les volontés humaines doivent converger vers ce but en conservant leur liberté. Car quel usage plus absolu du libre arbitre que de faire la volonté divine, en s'obstinant à vouloir détruire ce qu'elle veut conserver, et conserver ce qu'elle veut détruire?

III. — Comme ses devanciers, Napoléon III travaille à son insu à l'accomplissement de cette volonté. Il a entrepris trois choses que nous nous bornerons à exposer, ne pouvant porter sur elles un jugement suffisamment libre : 1° Accomplir la Révolution en Europe en abrogeant virtuellement les traités de 1815, encore moins par les armes que par les ressorts de sa politique; 2° désarmer la Démocratie en l'organisant et en lui donnant toutes les satisfactions légitimes; 3° affranchir la Religion en la dégageant des embarras de la politique.

Annuler en Italie l'influence de l'Autriche qui est le dernier refuge de l'absolutisme; accepter des mains de l'Angleterre le principe de la non intervention en vue de l'affranchissement ultérieur du restant de la péninsule; couvrir la France d'institutions populaires, faire des départements, ce qu'il a fait de Paris, un immense atelier de travail; dégager le commerce et l'agriculture de leurs entraves pour donner à l'industrie une vive impulsion; « améliorer le sort du plus « grand nombre, marcher fermement dans le progrès, sans se laisser « arrêter ni par les murmures de l'égoïsme, ni par les clameurs des « partis, ni par d'injustes défiances; développer en paix, dans la « plénitude de son indépendance, les ressources que le ciel nous a « données. » (Discours d'ouverture de la session législative de 1860.) Voilà en quelques mots la mise en œuvre du triple programme politique de l'Empereur. Nous n'apprécions pas cette mission, nous la constatons simplement, et nous disons que, voulant faire des choses de cette importance, si difficiles et si périlleuses, il avait besoin d'un établissement politique fortement concentré. Un empereur romain, un Charlemagne, un Louis XIV n'auraient pas eu la force d'accomplir de telles choses, s'ils avaient pu en avoir la volonté. Napoléon Ier les a tentées, mais il était au-dessous de sa tâche par ses qualités autant que par ses défauts. Il n'était pas flegmatique, il ne savait pas attendre, il était impatient, il comptait trop sur son génie. Il avait trop d'orgueil. Ne se possédant pas lui-même, son but devait lui échapper. Le Dieu de la guerre devait s'ensevelir sous ses triomphes; ce qui a fait dire à son neveu, que le Christ de l'idée napoléonienne devait tomber, souffrir et mourir sur le rocher de Saint-Hélène, pour ensuite ressusciter glorieux dans sa race et ses idées. Cette pensée et le programme que nous venons d'analyser se trouvent en toutes lettres dans les ouvrages de Napoléon III.

On s'est donc posé en montant sur le trône une mission providentielle qui est, à quelques égards, le contre-pied de celle de Charlemagne, puisqu'elle a pour objet de défaire en partie l'œuvre de ce grand homme, mais qui n'est pas sans analogie cependant, puisque, en la défaisant, la pensée impériale est *de fortifier la religion*, et de réorganiser la société moderne en la retirant du chaos de la révolution; de même que Charlemagne a cherché à réorganiser celle du moyen âge en la retirant du chaos féodal. La manière dont il s'y prend peut ne pas plaire à tout le monde; mais enfin c'est là sa pensée politique, et sa vie et ses ouvrages témoignent assez de sa sincérité.

La nation n'a donc pas le droit de se plaindre. Elle savait ce qu'elle faisait en plaçant à sa tête un Prince dont les idées et le caractère résolu lui étaient parfaitement connus. Il faut donc que par respect pour elle-même et pour celui qu'elle a chargé de la représenter, elle assiste jusqu'au bout à l'accomplissement de la mission. Chose qui ne s'était jamais vue! l'Empereur a demandé à la nation un blanc-seing pour la constituer, et la nation lui a donné ce blanc-seing. Il a fait un appel absolu à sa confiance, et il lui a été répondu par une immense acclamation des Alpes au détroit de la Manche. Cette nation serait la plus méprisable de la terre, si elle ne se tenait dans une attitude calme et respectueuse devant le spectacle émouvant d'un Prince assez sûr de lui pour absorber en sa personne tout un grand peuple, en vue de la réalisation de la plus difficile et la plus extraordinaire mission providentielle, qu'il ait été donné à un homme de conduire à sa fin. Nous nous sentons en ce qui nous concerne écrasé à la seule pensée de cette responsabilité. Car enfin on a vu des dictateurs, des rois, des empereurs puissants dans l'antiquité et dans le monde moderne, mais jamais aucun dont la puissance ait approché de celle-ci. Les dictateurs disposaient de Rome, mais c'était pour quelques mois. Les empereurs romains personnifiaient le sénat et le peuple dans leur puissance sénatoriale et tribunitienne, aussi c'étaient des dieux, *divi*, et on érigeait des temples en leur honneur; mais enfin, les provinces avaient leurs municipes et les nations soumises leurs lois, leurs franchises et leurs habitudes, toujours respectées sous les empereurs comme sous la république. Louis XIV disait : L'État, c'est Moi; mais il y avait encore des parlements, une noblesse et un clergé ayant une existence politique. Il restait même quelques pays d'État s'administrant plus ou moins par eux-mêmes. Mais l'Empereur Napoléon III est la personnification absolue du peuple, du Corps législatif, du Sénat, de l'administration, de l'armée. Toutes ces choses sont si bien liées entre elles et à leur chef, que l'Empereur en est la tête et le cœur. C'est le gouvernement *représentatif* le plus *absolu* qui ait jamais été conçu, et il est vrai de dire à la lettre en retournant le mot de Louis XIV, que l'Empereur, c'est le peuple. Nous avons donc le contre-pied d'une monarchie absolue, nous avons une démocratie absolue. Il est vrai que les extrêmes se touchent, mais cette démocratie ne nous a été donnée que comme l'instrument d'une mission providentielle à accomplir. Et voilà pourquoi elle est absolue en attendant qu'elle soit couronnée par la liberté, la mission une fois remplie. Or la mission, selon nous, n'est pas encore près de toucher à sa fin, si même elle peut avoir une fin. Est-ce à dire que nous n'aurons jamais ce qui nous a été solennellement promis? A Dieu ne plaise, car il y a, même dans une mission qui n'a pas de fin, à distinguer le principal des accessoires, et à tenir compte de la durée de la vie humaine et des accidents imprévus. Il n'est pas nécessaire pour accomplir un œuvre de l'achever, il suffit d'en jeter les bases; on ne saurait tout faire par soi-même, il faut bien laisser quelque chose à faire à ses enfants.

Mais en attendant l'heureux moment marqué par la sagesse de l'Empereur, où il nous sera donné de contempler la beauté et la majesté de son édifice avec son couronnement et au grand complet, nous disons que la constitution a été éminemment sage, *une mission providentielle étant posée*, de donner au Prince une latitude suffisante pour l'accomplir promptement et résolument, afin de ne pas trop nous faire attendre ce qu'on nous a fait espérer au début.

Sans cette latitude qui a fait un seul homme d'un peuple de 40 millions d'hommes centralisés sous sa main, comment l'Empereur aurait-il pu concevoir, entreprendre et encore moins réaliser ce qu'il a conçu, entrepris et réalisé? En trois ans il a achevé le Louvre et doublé les palais de soixante-onze générations de rois ; en moins de cinq années il a donné le Bois de Boulogne à la capitale, transformée, embellie, doublée. Dans ce court laps de temps, il a à peu près complété notre réseau de chemins de fer, notre télégraphie, et il transforme en ce moment notre marine. Il poursuit sans interruption le perfectionnement de notre organisation militaire; il a élargi les cadres de l'armée et le système du recrutement et des congés, de manière à avoir, à un moment donné, le plus d'hommes possible avec le moins de dépenses possible. Il a organisé une dotation de l'armée pour arriver à la suppression du remplacement par les compagnies. Il a doté la nation d'une foule d'institutions populaires. En ce moment, il transforme notre régime économique, et il cherche à donner à l'agriculture, à l'industrie et au commerce une impulsion décisive. Il a réformé notre système d'éducation. Il a contenu ou même refoulé dans ses steppes la Russie, humilié l'Autriche, affranchi l'Italie. Que de choses en si peu de temps! Nous en concluons que nous devons tout cela à l'immense pouvoir dont il s'est investi. Comment sans ce pouvoir, pour ainsi dire illimité, aurait-il pu accomplir tant de choses et si vite? Supposez-le impliqué dans les embarras du régime parlementaire, obligé de compter avec les majorités, de les séduire pour les gagner, de négocier, de transiger à tout propos avec elles, de faire ou refaire les ministères suivant les caprices d'une assemblée mobile comme l'esprit français ; assurément il n'aurait pu réaliser la moitié de ce qu'il a fait. Il est vrai qu'il n'aurait pas fait d'autres choses que nous ne pouvons examiner, et qui sont une conséquence inévitable d'une position prise au-dessus de l'humaine condition.

C'est en effet une position sur-humaine que d'incarner un peuple en soi pour remplir une mission de Dieu. Dans ces conditions exceptionnelles, le fardeau du Pouvoir doit sans aucun doute peser à l'Empereur plus qu'à personne, aussi nous croyons à la sincérité de ses promesses, et c'est en nous confiant à cette sincérité que nous allons examiner librement mais respectueusement ce qu'il y aurait à faire pour donner un corps à ces promesses.

CHAPITRE XIII.

LA CONSTITUTION. — SON COURONNEMENT.

La liberté couronnant la mission impériale. — Dangers du pouvoir absolu. — Son peu de solidité pour fonder une dynastie. — L'octroi de la liberté par un pouvoir absolu est un miracle. — On n'a jamais vu de prince absolu assez grand pour se donner cette gloire sans y être intéressé ou forcé. — Il est temps de s'arrêter. — Le moment de donner la liberté n'arrive jamais si on ne le détermine soi-même. — Manie des constitutions aux XVIIIe et XIXe siècles. — Montesquieu, Mably, Rousseau, Syeyes, Napoléon Ier, Louis XVIII, etc.; leurs constitutions. — Dangers de l'idéologie et de l'imitation en cette matière. — La France peut, comme l'Église, avoir sa constitution originale. — Divers éléments de la véritable constitution française.

I.— Machiavel a dit, je ne sais où, que pour ne pas pousser les peuples à des actes de désespoir, et se nuire à soi-même, il fallait leur promettre beaucoup, les princes n'étant jamais obligés de tenir leur parole contre leurs intérêts. Machiavel est un misérable et en outre un détestable politique, la vraie politique conseillant au contraire de promettre peu et de tenir beaucoup.

Napoléon III a été sobre dans ses promesses. A vrai dire elles se réduisent à trois : organiser la démocratie; relever la France de son humiliation en Europe; constituer un pouvoir fort avec une liberté sage et modérée pour couronnement. Qu'on parcoure ses écrits, qu'on lise surtout ses proclamations contre le gouvernement du dernier roi et ses griefs contre sa politique, qu'on rapproche toutes les circonstances de sa conduite et de sa vie, et on verra que toutes ses promesses se réduisent à ces trois choses, faire beaucoup pour le peuple, pour la grandeur de la France, et pour la consolidation de la liberté sous un pouvoir fort et respecté.

Napoléon III a tenu les deux premières promesses, il ne saurait, sans déshonneur, faillir à la troisième. Il a fait ou il fait pour le peuple et la France ce qu'il est possible de faire, il en fera autant pour la liberté. Il le doit à sa gloire, son œuvre resterait inachevée sans cela. Son intérêt nous répond de sa bonne volonté.

Mais la nature humaine est faible et le suprême pouvoir vertigieux. C'est dangereux d'être Dieu quand on est homme et faillible. Dieu sait mettre des bornes à son empire, il s'arrête devant notre libre arbitre, devant notre responsabilité. Le Pouvoir doit empêcher le mal ; mais s'il est absolu il a ses fascinations. C'est une chose qui chatouille singulièrement l'orgueil humain de pouvoir se dire : « Je puis aller plus loin que Dieu ; mais je respecterai les droits de l'homme et de la société, la propriété, la famille, la religion, je n'empêcherai que la manifestation de vœux impies ou anti-sociaux. Je gouvernerai avec sagesse et modération. Comme la Providence, je tolérerai bien des choses déplaisantes, bien d'attaques injustes ; je tempérerai le zèle de mes agents; je mènerai à leur conclusion de grands desseins ; je ferai le bonheur et la prospérité de la nation qui s'est confiée à moi avec abandon; je ne mépriserai pas l'espèce humaine, je la releverai de son ignominie pour pouvoir l'honorer dignement; je donnerai du travail aux pauvres tout en développant à l'infini la richesse de ceux qui possèdent ; je multiplierai les communications et les échanges; j'instruirai et je moraliserai le peuple; je favoriserai la religion; enfin je ferai de la France, la GRANDE NATION. J'attirerai sur moi les bénédictions du peuple, et la postérité placera ma statue à côté de celle de Marc-Aurèle, de Charlemagne, de Napoléon Ier. Mais pourquoi la liberté? Pourquoi nous créer des entraves? Après tout nous sommes jeune, nous avons bien le temps d'y songer encore. » Voilà la séduction. Et c'est ainsi que les meilleures résolutions défaillent et que les promesses s'en vont. On aura bien le temps! Le despotisme ne lâche jamais sa proie. C'est ainsi qu'au milieu de 1813, après Bautzen, Napoléon Ier déclamant à Mayence, contre *la bande d'imbécilles qui soupiraient pour la liberté*, ajoutait : « ah! vous voulez savoir mon dernier mot! eh bien, tant « que cette épée pendra à mon côté, vous n'aurez aucune des libertés « après lesquelles vous soupirez! » (V. *Mémoires de M. Beugnot*). Aussi deux ans après, à son retour de l'île d'Elbe, obligé de faire des concessions, on n'ajoutait aucune foi à ses protestations libérales. Le despotisme finit toujours par se prendre dans ses propres piéges. Il n'a aucune foi dans les hommes, on n'a aucune foi en lui. Il s'avilit en avilissant les caractères. Le propre de la liberté au contraire est de faire des hommes et des citoyens.

Napoléon III a donné trop de preuves de l'empire qu'il a sur lui-même, pour se laisser prendre à ce piége grossier, où tant de grands hommes et le fondateur de sa dynastie se sont laissés prendre. Il ne voudra pas mourir, ni même s'exposer à mourir sans avoir ajouté son plus beau fleuron à sa couronne. Il aime la gloire, il voudra faire un miracle en nous donnant le spectacle d'un Prince absolu, se dépouillant volontairement d'une partie de son fardeau, sans autre ambition que celle de bien faire. Il se souviendra que l'éternel remords de Napoléon Ier sur son rocher a été de n'avoir rien fait, faute de temps, faute d'un moment propice. Mais ces moments propices n'arrivent jamais en cette matière. Toujours, toujours il reste quelque chose à faire. Là est le danger. L'heure n'est pas encore venue, soit. Il se fait pendant que nous écrivons des choses capitales; mais ces choses faites, le moment ne sera-t-il pas venu? Et si on le laisse évanouir, ensuite ne sera-t-il pas trop tard? Les grandes bases une fois jetées, et la politique de la France une fois engagée, il ne reste plus, à qui sait considérer les choses de haut, qu'à voir les conséquences se dérouler majestueuses de leurs prémisses. C'est le gland jeté en terre qui germe et devient un grand chêne. C'est le fruit qui se développe après la fécondation. Le génie féconde et jette le grain en terre, après quoi, sa mission extraordinaire terminée, il rentre dans les conditions communes. Et, chose étrange et digne d'être méditée par un esprit profond, les intelligences ordinaires sont même plus aptes au développement des créations du génie que le génie lui-même. Or, un gouvernement représentatif, où le Pouvoir aurait conservé assez de puissance pour se faire respecter et réaliser tout le bien qui serait dans sa pensée, est une forme singulièrement propre à produire de ces moyennes intelligences, et à développer avec constance une politique une fois donnée et acceptée par la nation, de même qu'il est le plus propre à faire vivre et durer les jeunes dynasties, en faisant épouser à la nation leurs intérêts, en les rendant solidaires de l'existence de la liberté, et en facilitant surtout les changements de règne. Une chose aussi est à considérer : tous les princes ne se ressemblent pas et sur vingt dans l'histoire il y en a quinze de médiocres, d'insignifiants, ou de détestables par leur impéritie, leurs mauvais instincts ou leur dissolution ; trois ou quatre de bons, et un possédant des qualités supérieures. Quant aux princes de génie, on en compte cinq, ou six dans l'histoire, et encore! Le pouvoir absolu serait la plus belle forme de gouvernement avec un Dieu pour empereur ou roi; mais c'est la forme la plus détestable avec un misérable pour chef. Nous avons vu de ces règnes qui sont la honte de l'espèce humaine : un Louis XV gouverné par des prostituées, pour ne pas remonter jusqu'aux monstres du XVIe siècle, du moyen âge ou de l'antiquité païenne : Henri VIII, Richard III, Tibère, Néron, Caligula.

Ces monstres, nous le savons, sont l'exception, mais il n'en est pas de même des princes insignifiants. L'histoire, on peut bien le dire sans manquer de respect à la royauté, est le long et fastidieux récit des intrigues de cour, des influences de femme, des divisions intestines, des troubles civils, des guerres légèrement entreprises et encore plus mal conduites, des tracasseries et des persécutions qui ont eu lieu sous le règne de ces princes. C'est le triste fruit du pouvoir arbitraire. Si Napoléon III n'avait succédé au gouvernement tempéré de la restauration et à celui de Louis Philippe que pour nous léguer un pareil gouvernement, il nous aurait fait, nous le disons hautement et sans crainte, le plus triste legs qu'il soit possible de faire à une nation civilisée, et ce serait le devoir de tous les honnêtes gens et de tous les hommes de cœur de se débarrasser au plutôt d'une dynastie qui, sans même avoir le prestige de l'antiquité, viendrait recommencer la longue chaîne de ces rois insignifiants, d'autant plus gouvernés par leur entourage que leur pouvoir serait plus grand, et que la nation aurait moins de part à ses affaires. Mais Dieu merci cela n'est pas à redouter au dix-neuvième siècle. Les enseignements de l'histoire et de 70 ans de révolution sont trop présents à l'esprit de Napoléon III, et les souvenirs de sa propre famille trop récents, pour qu'il puisse ainsi livrer au hasard des médiocrités, son pays et sa dynastie : « J'ai voulu l'empire du monde, disait son oncle, et pour « me l'assurer un pouvoir sans bornes m'était nécessaire... mais je « vieillis... le repos d'un roi constitutionnel peut me convenir; il « conviendra plus sûrement encore à mon fils. » (V. Benjamin Constant, *Conversation avec Napoléon Ier en 1815.*) Tout était vrai dans ces paroles, mais tout n'était pas sincère. Ne pouvant nous garantir une lignée d'hommes de sa valeur, capables de manier, sans succomber sous le fardeau, le pouvoir exhorbitant dont il a temporairement assumé la redoutable responsabilité, Napoléon III nous donnera la pratique sérieuse d'un gouvernement représentatif, sage et réglé, assez fort pour suppléer à l'insuffisance des princes médiocres, et assez contenu pour ne pas entraver l'action des princes capables et bien intentionnés.

Si donc l'Empereur a cru à la nécessité d'un pouvoir fortement concentré le lendemain d'une tempête, et pendant tout le temps nécessaire à l'organisation de la démocratie au dedans, et à la glorification de la France au dehors, il a été singulièrement bien inspiré, dans l'intérêt de la patrie et de ses propres intérêts, en nous faisant espérer la liberté comme le dernier mot d'une situation, qui pourrait bien user à la longue même le plus ferme génie, et qui très-certainement, en cas de fatal événement, laisserait la dynastie plus ou moins à découvert devant les nombreux prétendants qui guètent son héritage. La conspiration Malet vient à l'appui de ces vérités. Et il nous sera peut-être permis de rappeler ici les paroles de Napoléon Ier, encore au faîte de la puissance, quand, surpris et confondu de l'incroyable facilité avec laquelle au seul bruit de sa mort le général Malet avait consigné les ministres, arrêté le préfet de police et saisi momentanément le Pouvoir, il s'écriait devant le conseil d'État : « Quoi ! tout cela s'accomplit, tandis que l'impératrice, le roi de « Rome, mes ministres et tous les grands pouvoirs de l'État sont là ! « un homme est donc tout ici, et les institutions et les serments « ne sont rien? » Ce qu'il y a de plus surprenant c'est sans doute cet étonnement de Napoléon, le seul peut-être de son empire qui n'apercevait pas les vices de sa constitution. « Cette organisation « des pouvoirs, disait Rœderer, ne peut jouer utilement telle qu'elle « est. Elle servira sans obstacle un prince violent, et renversera sans « obstacle un prince faible. »

Ce n'est qu'après les revers de 1814, mais trop tard, que Napoléon sembla s'apercevoir « que les hommes sont impuissants pour assurer « l'avenir, et que les institutions seules fixent les destinées des na- « tions. » (Discours de Napoléon à la séance impériale des cent jours.) Napoléon III a donc été plus sage que son oncle en nous promettant la liberté et en en jetant les bases dans sa constitution.

Une autre considération à ajouter à celles qui précèdent, c'est que rien n'use les hommes autant que l'exercice de l'autorité. Mais dans les pays de centralisation où l'État est réputé pouvoir même ce qui est au-dessus de lui, et où toute responsabilité pèse sur lui, même celle des calamités de force majeure, l'usure va avec une rapidité qui devrait effrayer le plus ferme courage. On se lasse de tout même d'être bien gouverné, quand c'est toujours la même individualité qui gouverne avec les mêmes moyens. L'esprit français surtout aime le changement, et notre caractère est aussi mobile que nos pensées. Entendre constamment le même air, sur le même instrument, nous est insupportable. Les grandes choses même nous fatiguent bientôt. Nous aimons l'imprévu, mais il ne faut pas qu'il se répète trop souvent, car nous sommes artistes. Beaucoup de grandeur nous ravit, le bruit lointain des armes et la gloire des batailles nous font encore tressaillir, et les émotions de la diplomatie disposant du sort des peuples ne nous laissent pas insensibles. Mais enfin arrive un moment où nous voudrions un peu nous reposer, nous recueillir, de peur d'émousser nos sensations. On se blase de tout même des grands hommes. L'humaine nature et principalement la française est ainsi faite.

Nous ne serions pas surpris que la nation fût arrivée à un de ces moments solennels, où chacun éprouve le besoin de respirer un peu pour mieux reprendre haleine. L'extrême facilité de modifier par décret toutes les situations industrielles, commerciales et financières alarmerait un peu les intérêts matériels et empêcherait la reprise des affaires, si on n'avait une extrême confiance dans la sagesse du gouvernement. On serait également un peu inquiet à l'extérieur comme à l'étranger, sans l'extrême modération de l'Empereur. Les intérêts religieux souffriraient aussi de l'inquiétude générale si on n'avait foi dans ses intentions. Mais il y a surtout une chose qui donne sans doute à penser au Gouvernement, c'est le développement légitime, nous le croyons fermement, mais un peu trop précipité de la démocratie. On n'a pas assez réfléchi dans le public aux larges proportions que commence à prendre le budget et aux conséquences probables des grands travaux entrepris à Paris et dans les départements. Ce n'est pas que nous n'approuvions sincèrement ces grandes mesures d'intérêt populaire, qui ont été conduites jusqu'ici, il faut le dire, avec une incontestable habileté, mais nous pensons que le moment approche, s'il n'est déjà arrivé, où il faudra, sinon arrêter, du moins modérer cette impulsion, dans l'intérêt même de la démocratie, pour affermir définitivement ce qu'on a déjà fait et ranimer vivement la confiance à l'intérieur et à l'extérieur. Or ce sera le cas alors de profiter de cette trêve pour nous donner, après tant d'autres, les douces émotions de la liberté. Et ce jour-là sera sans contredit le plus beau jour de l'Empereur parce qu'il sera le plus beau de la France.

II. — Mais le moyen d'établir la liberté dans un pays où les mœurs s'y opposent, où ceux qui la demandent ne sont pas même d'accord sur sa définition, où ceux qui ont voulu la pratiquer ont pris tous les moyens pour la rendre impossible, où le pouvoir ne peut nous la donner sans s'exposer à être emporté par la révolution? Le moyen est difficile nous l'avouons. Mais s'il est difficile de donner la liberté dans la situation où nous sommes, il nous semble que nous en avons dit assez pour faire pressentir une situation où la chose serait réalisable.

1° Nous avons établi, que la France était complétement dépourvue d'un véritable esprit public, d'un esprit public conservateur ; que le défaut d'entente du pouvoir civil et du pouvoir religieux, presque toujours en lutte, l'incrédulité et l'indifférence religieuse des classes cultivées, l'insuffisance et l'inintelligence des catholiques, et l'abrutissement moral des classes ouvrières des villes, étaient la cause de l'état anarchique et révolutionnaire de l'opinion.

2° Que la France était divisée en partis factieux, visant tous à la souveraineté, avec la chance fondée de s'en emparer tour à tour, grâce à la constitution précaire d'un pouvoir concentré, siégeant au milieu de ses ennemis dans la métropole de la démagogie.

3° Que ce pouvoir placé entre les anciens partis et la révolution était forcé de demander à la dictature des moyens de le protéger et d'accomplir sa mission ; que cette dictature, l'affaiblissant et usant sa popularité, le mettait bientôt à la merci de ceux qu'il avait été obligé de comprimer ; qu'il était dépourvu de tout point d'appui dans les départements ; que faisant tout et ayant la responsabilité de tout, il finissait bientôt par mécontenter tout le monde.

Dans cette affreuse situation, où la société est tenue en échec par la révolution et où la liberté est impossible, le mieux serait de prendre son parti de la résignation, si nous n'avions prouvé que cette situation pouvait être changée :

1° En améliorant l'esprit public, et neutralisant les tendances anarchiques des factions par la création d'un parti démocratique religieux et conservateur, recruté dans toutes les classes et même dans les classes lettrées généralement hostiles à la religion et les classes ouvrières toujours disposées à donner la main à la révolution ; en réveillant, chez les catholiques, le désir de mériter les suffrages et la confiance de ces classes, par une instruction supérieure et une intelligence suffisante des besoins d'une situation aussi extraordinaire ; en faisant concourir à l'éducation des masses le pouvoir, le clergé et la partie saine de la nation ;

2° En ménageant au Gouvernement, que l'isolement et une excessive concentration rendent faible et précaire, l'appui de ces corporations civiles si propres à suppléer à son action, et le concours de ces corporations religieuses qui font la force de l'Église et la dégagent d'une partie de sa responsabilité ; en favorisant la fondation sur une vaste échelle d'institutions de prévoyance, de bienfaisance et d'instruction populaire ; en dotant les divers corps de l'État et les municipalités de franchises et de priviléges placés sous la garantie de la constitution et des tribunaux.

Il nous reste à prouver que du fonctionnement régulier de ces divers éléments, tirés des entrailles même du corps social, doit sortir le couronnement de notre constitution et son dernier perfectionnement.

III. — Ce qui a perdu la liberté en France ce sont les essais malheureux qu'elle a fait de constitutions conçues *a priori* par ses idéologues, ou empruntées par eux à des peuples sans analogie de mœurs, de caractère et de position. Montesquieu dépourvu de critique et de profondeur réelle, à au moins fait preuve de sagacité en se bornant à faire de l'esprit sur les constitutions vraies ou supposées des autres peuples. Mais Mably, Rousseau et surtout Syeyes n'ont pas été si sages. Rien ne prouve autant l'insuffisance de notre éducation libérale que la réputation de ce dernier. C'était, comme Mably et Rousseau, un faiseur de constitutions. Il en avait les poches pleines et pour tous les régimes. Cette manie de constitutions signale la seconde moitié du dernier siècle et on n'en est pas encore guéri. Que de constitutions immortelles depuis 1789! La première Constituante a fait sa constitution, bientôt suivie de celle de la Gironde qui n'a pas eu le temps d'être appliquée, celle de la Montagne, celle de l'An VIII, celle de Napoléon Ier lui-même, qui avait aussi ses chimères, celle de Louis XVIII, celle de 1830 et celle de 1848, toutes également inviolables. Enfin nous avons eu celle de Napoléon III qui, éclairé par une expérience personnelle, a eu le bon esprit, après tant de mécomptes, de nous donner une constitution progressive et modifiable.

On n'a jamais vu, depuis les origines de l'histoire, un état social aussi profondément démocratique que le nôtre. En Angleterre, il y a encore une noblesse, des aînés richement dotés, et des charges héréditaires; aux États-Unis il y a des esclaves; à Athènes, la république la plus démocratique de l'antiquité, il y avait une classe servile qui, vouée comme à Lacédémone et à Rome, aux fonctions de la domesticité, restait complétement étrangère aux affaires publiques. En France tous les hommes sans exception, sont libres et égaux, et ont les mêmes droits à participer à toutes les charges, à tous les emplois et à toutes les fonctions depuis celle de garde champêtre, jusqu'à celle de méréchal de France et de ministre. Il n'y a guère que l'Église où l'état soit plus démocratique *sous ce dernier rapport* (1), puisque le chef de la société spirituelle lui-même sort par l'élection des entrailles du corps sacerdotal, sans autre condition d'éligibilité que le mérite et la vertu. La France doit donc avoir une constitution à elle comme l'Église; une constitution originale, conforme à son autonomie, et puisqu'elle est profondément démocratique, une constitution qui soit l'image fidèle de sa démocratie. Une constitution doit être l'expression de ce qui *est*, de ce qui *existe*.

(1) « Le principe que les fonctions publiques doivent être ouvertes à tous « les citoyens et distribuées suivant le mérite, est le principe fondamental « de la constitution intérieure de l'Église, et elle l'a non-seulement mis en « vigueur, mais hautement professé. » (M. Guizot, *Révolution d'Angleterre*, p. X). On voit que c'est à l'Église et au christianisme, et non à la Révolution, qu'il faut toujours remonter pour retrouver les grands principes d'ordre et de justice, que l'ancien régime avait plus ou mois défigurés. *Sous un autre rapport*, l'Église est au contraire profondément aristocratique dans son épiscopat, monarchique dans la Papauté et théocratique dans l'origine divine de son Pouvoir. Aussi sa constitution est-elle un mélange heureusement combiné de ces divers éléments.

1o Ce qui *est*, ce qui *existe* en France, c'est l'égalité, c'est la liberté des citoyens, c'est la liberté religieuse. Voilà les principes, et nous verrons tout à l'heure ce qu'on doit entendre par ces mots et la signification toute différente qu'ils doivent avoir dans un état catholique, où tout doit être réglé et ordonné, et dans un état schismatique, hérétique ou philosophique, où tout étant déréglé, désordonné et anarchique dans les intelligences, doit l'être également dans les institutions, afin qu'il y ait une certaine harmonie entre l'état des esprits et celui des institutions.

2o Ce qui *est*, ce qui *existe* encore en France, ce sont les corps constitués et les diverses associations libres : l'armée, la magistrature, l'administration, les municipalités, les conseils départementaux, le Corps législatif, le Sénat, le Conseil d'État, les caisses d'épargne, les caisses de retraite, les asiles, les sociétés de secours mutuels, les compagnies d'assurances, de chemins de fer, etc., etc. Eh bien! puisque l'égalité et la liberté sont la base de notre constitution sociale, il faudrait, que, sous une forme ou sous une autre, ces deux principes pénétrassent dans ces diverses corporations et associations, pour leur donner une vie propre. Nous disons, *sous une forme ou sous une autre*, car plusieurs de ces corps, tels que l'armée et l'administration, dépendant essentiellement du Pouvoir ne sauraient évidemment prétendre qu'à certaines prérogatives ou priviléges compatibles avec le nerf de la discipline et de l'obéissance.

3o Ce qui *est*, ce qui *existe* en France, c'est la monarchie, et une monarchie démocratique issue du suffrage universel, et chargée de faire respecter les trois principes constitutifs de l'État, l'égalité, la liberté civile et la liberté religieuse.

4o Enfin, ce qui *est*, ce qui *existe* en France, c'est le catholicisme, et quelques communions dissidentes qui, malgré leur infime minorité, exercent une grande influence par leur accord tacite avec le parti philosophique qui domine dans l'université, dans les académies, dans les classes lettrées et jusque dans les conseils du gouvernement. Les principes constitutifs de notre société, l'égalité et la liberté civile et religieuse, doivent encore ici bénéficier à l'Église et à ses corporations, et donner au ministère sacerdotal toutes les garanties d'indépendance et toutes les facilités désirables pour constituer son autonomie.

Nous allons examiner sucessivement dans les paragraphes suivants ces quatre catégories d'éléments sociaux et les réformes qu'ils comportent. Nous verrons ensuite dans un dernier paragraphe de quelle manière ils doivent se combiner pour produire l'harmonie sociale et l'autonomie générale de l'État.

CHAPITRE XIV.

DE LA LIBERTÉ, DE L'ÉGALITÉ, DE LA TOLÉRANCE.

La liberté, l'égalité, la tolérance chrétiennes et non révolutionnaires, conditions essentielles des sociétés modernes. — L'Église injustement accusée d'avoir sacrifié les droits de la raison au moyen âge. — Du Ier au Ve siècle, c'est le raisonnement qui prévaut. — Au moyen âge, il n'y avait qu'un moyen, l'autorité, pour gouverner des barbares et les préserver de la corruption romaine. — De l'inquisition. — A qui on doit imputer ses excès. — Le moyen âge, époque odieuse sans la Religion. — Ce qu'il y a de vrai, de juste et de beau alors vient de la Religion : universités, chevalerie, industrie, arts, lettres, philosophie, théologie. — Dégager la religion de toute solidarité avec ce qu'il y a de mauvais dans le moyen âge et l'ancien régime. — Pas d'apologétique possible sans cela. — Caractères de la liberté, de l'égalité, de la tolérance chrétiennes, et de la liberté, de l'égalité et de la tolérance révolutionnaires. — Il ne doit y avoir de liberté absolue que pour le vrai et le bien. — Répression judiciaire des abus de la liberté. — Il est nécessaire qu'il y ait des contradicteurs pour empêcher ceux qui sont chargés de défendre la vérité d'abuser de leur ministère. — De là vient la nécessité de la tolérance qui n'est pas un droit, mais une licence ou une faculté. — La tolérance est une injure pour l'Eglise ; elle a droit à la Liberté. — Il en est autrement des autres cultes. — Toutes les libertés se tiennent et conduisent à la liberté politique et religieuse. —

Notre société repose, avons-nous dit, sur le principe de la liberté et de l'égalité. C'est là un fait, dont la conséquence entraîne, pour la religion, l'indépendance, et, pour les hérésies, la tolérance, considérée comme une licence et non comme un droit. Mais il ne suffit pas de constater les faits, il faut les justifier et examiner s'ils sont légitimes. Or le seul moyen de vérifier leur légitimité est de considérer s'ils sont en rapport avec la situation des sociétés démocratiques modernes, dans ce qu'elles ont elles-mêmes de vrai et de légitime; et s'ils constituent une des conditions essentielles de leur existence et de leur développement. Nous croyons fermement que les principes de la liberté et de l'égalité, offrent ce double caractère. Nous allons mettre cette vérité en lumière pour le principe de liberté, ayant déjà prouvé que le principe de l'égalité des droits était la base rationnelle et chrétienne de notre nouvel état social. Nous croyons en effet avoir établi que les priviléges nobiliaires, où la noblesse, véritable artifice social, n'ayant rien d'essentiel en soi, étaient incompatibles avec une civilisation où tout avancement, dans l'ordre politique, judiciaire, militaire, administratif, clérical, industriel, commercial et agricole, repose sur le travail et le mérite. Il nous reste donc à démontrer que le principe de la liberté constitue, comme celui de l'égalité, une des conditions essentielles de l'existence et du développement des sociétés modernes dans ce qu'elles ont de parfaitement vrai et légitime. Nous compléterons ensuite notre exposition en montrant que ce principe est aussi une des conditions de l'indépendance de l'Église et de la tolérance des autres communions.

I. — Les sociétés européennes avant la Réforme étaient généralement fondées sur le principe d'autorité. Mais ici il importe de faire disparaître une confusion déplorable, que les ennemis de l'Église ont entretenue avec soin, et qui dénoterait de leur part une grande légèreté d'appréciation, si elle n'était une exagération de l'esprit de parti et un de ces préjugés admis sans examen sur la foi des oracles du libéralisme. De ce que les sociétés du moyen âge reposaient sur le principe d'autorité, ils en concluent résolument qu'elles rejetaient *a priori* le principe de la raison. C'est là une vue superficielle de l'état intellectuel de cette époque, si mémorable au point de vue des principes d'ordre, de liberté, de justice et de sainteté, que la Papauté, qui fut la gloire, la vie et la vertu du moyen âge, avait introduit en germe dans les institutions politiques et sociales, et que les passions des princes et des grands étouffèrent ou empêchèrent d'éclore. On recule d'horreur à la pensée de ce que cette phase aurait eu de grossier, de néfaste, d'atroce sans le catholicisme. La religion, représentée par une autorité fortement concentrée, a été le seul guide possible de ces populations barbares, mêlées des restes corrompus de la vieille civilisation romaine, épuisées d'hommes par les invasions, et de ressources matérielles par l'horrible système d'exactions de la fiscalité impériale.

Ce qui avait convenu aux races corrompues du Ier au Ve siècle, c'est le raisonnement, c'est la persuasion, c'est la philosophie dans ses rapports avec la religion. On sait si les Origène (1), les Justin le martyr (2), les Clément d'Alexandrie (3) et les Augustin (4) firent

(1) Né en 185, mort en 253, considéré par quelques-uns comme l'auteur de la philosophie du christianisme.

(2) Né païen à Flavia Néapolis en Palestine, 89 ans après, J. C., mort chrétien en 165. V. Apolog. II, p. 50-51-83.

(3) Mort vers 218. Il considéra la philosophie païenne comme une préparation au christianisme. (V. ses œuvres et ses strom., VII.)

(4) Né à Tagaste en Afrique en 354, mort en 430. Il était profondément imbu des théories platoniciennes, qui lui servirent à donner au dogme chrétien sa forme philosophique sans rien lui enlever de son surnaturalisme. On voit que la tradition des Pères, favorable à la philosophie, remonte par saint Justin le martyr jusqu'à saint Jean l'auteur inspiré de la philosophie du Verbe. Plus tard quelques Pères latins considérèrent la philosophie comme une étude inutile et dangereuse, opposée à l'esprit du christianisme, éloignant l'homme de Dieu, une invention du Démon, une source d'hérésies. De ce nombre, Tertullien de Carthage devenu chrétien en 185, mort en 220, et qui appelait les philosophes les patriarches de l'hérésie; Arnobe qui enseignait l'éloquence à Sicca, mort en 326, et son disciple Lactance, le Cicéron Chrétien, maître d'éloquence à Nicomédie, mort vers 330. La scholastique, au moyen âge, cultiva la philosophie avec passion, et saint Thomas nous a laissé dans son *commentaire sur les sentences, ses opuscules, sa somme contre les gentils et sa somme théologique,* une mine inépuisable de solutions sur les questions les plus ardues de l'ontologie, de la psycologie et de la métaphysique. La philosophie a donc été aimée et honorée par les docteurs chrétiens aux deux époques les plus mémorables de l'Église, à son berceau et

défaut à ce besoin. La raison, la philosophie furent pour eux un instrument théologique de conversion, de défense, d'apologétique et de prosélytisme. Ce fut leur arme offensive et défensive de prédilection. Avec quelle habileté et quel éclat ils la manièrent, Dieu le sait! Ils dominèrent la situation par leur génie et leur savoir autant que par leur foi; ils furent ce que nous voudrions que les catholiques fussent de nos jours dans une situation à quelques égards analogue : les maîtres de l'enseignement supérieur, comme de l'enseignement secondaire et inférieur; les dominateurs, par leur supériorité intellectuelle et morale, de leurs contemporains les plus savants et les plus éminents. Quelle intelligence profonde de la civilisation, des mœurs et des sciences de leurs temps dans les apologistes! La raison a donc alors joué un rôle capital, mais la situation s'est changée du tout au tout à partir de l'invasion et de l'établissement des barbares sur les terres désertes et appauvries de la vieille Gaule. On s'est trouvé en face de gens grossiers, beaucoup plus disposés à subir les entraînements de leurs passions brutales qu'à suivre un raisonnement ou à écouter une dissertation philosophique. Rien de naïf d'ailleurs, même au temps du *grand* Alcuin, comme les conversations *savantes* dont s'ébahissait la cour de Charlemagne (1). Les nouveaux habitants des Gaules étaient donc de grands enfants, d'un caractère fier et indépendant, mais turbulent et passionné, qu'il fallait conduire en religion comme en guerre. Leur chef c'était, non celui qui leur faisait les plus beaux discours, mais le plus fort, ou le plus riche en possessions territoriales et en vassaux, et c'est la meilleure explication de la facilité avec laquelle Pépin et Hugues Capet, plus puissants sei-

au moyen âge. On a vu cet amour s'affaiblir graduellement chez les catholiques à partir de la Réforme. Deux jansénistes, Pascal et Nicole, et l'évêque d'Avranches Huet, un des premiers savants de son temps, en reproduisant sous une autre forme les diatribes éloquentes de Tertullien, Arnobe et Lactance, donnèrent le signal du déclin des hautes études philosophiques, dont le goût a fini par se perdre dans le scepticisme et l'indifférence générale de la période révolutionnaire que nous traversons. Cela devait être ; la philosophie et la foi, étant les deux grands foyers où la raison s'illumine, devaient souffrir et dépérir ensemble ; et c'est encore une des hontes de l'ancien régime d'avoir inspiré ce lâche découragement qui, en tuant la scholastique, a ruiné « cette philosophie première qui se sert des éléments de *toutes les sciences* pour arriver à ses démonstrations. » (Saint Thomas, S. Con. Gent. L. 9, c. 2 avant propos.) On peut consulter utilement à l'appui de notre thèse *La philosophie de saint Thomas*, de M. l'abbé Cacheux, un des membres éminents du clergé de France, qui cherche à relever, par des travaux d'érudition d'une véritable valeur, la philosophie chrétienne de l'état d'abandon où elle se trouve en ce moment.

(1) On peut voir dans les chroniques contemporaines de ces épanchements intimes qui prouvent surabondamment que la race franque et germaine avait encore à cette époque la simplicité de peuplades sortant de l'enfance, et qu'il fallait conduire dans les voies de la vie intellectuelle et divine, comme on conduit des enfants, par l'autorité. On peut aussi consulter l'*Histoire de la Civilisation* de M. Guizot, où il reproduit, d'après les chroniques, une de ces conversations de la cour du grand empereur.

gneurs féodaux que les rois légitimes, usurpèrent la couronne.

Pour se rendre maître de ces hommes et dans l'intérêt de la civilisation, menacée de périr avec celle de Rome, l'Église employa des moyens analogues dans l'ordre spirituel. L'Église c'était la civilisation se débattant contre la force. Les peuples éblouis par sa supériorité incontestable lui demandaient, non les raisons de leur croyance, mais de les gouverner solidement et de les délivrer au plus tôt du joug horrible de la féodalité qui leur était insupportable. Les peuples étaient complices de l'Église dans ce travail de réorganisation sociale qui devait empêcher la société de périr. Comme le plus fort moralement et intellectuellement, le clergé eut la mission de réorganiser la société en délabre. Il la réorganisa donc catholiquement autant que cela dépendit de lui; car au fond il ne put en venir à bout entièrement, les mœurs, lui ayant opposé une résistance encore plus puissante que son autorité. L'âme et le chef de cette société barbare, le Pape, c'est-à-dire l'autorité à sa source la plus haute, dut forcément la conduire par les seuls moyens qui avaient prise sur elle. La Papauté fut ce qu'elle devait être, une puissance prépondérante, une Autocratie. Et le même phénomène qui dégageait dans l'État la Royauté pour la placer au-dessus des seigneurs féodaux, dut se produire dans l'Église, pour placer la Papauté, non-seulement au-dessus des évêques, mais encore au-dessus des seigneurs féodaux et des rois à demi-barbares, qui avaient besoin d'être contenus et maîtrisés par une puissance morale, capable d'arrêter leurs envahissements, tranchons le mot, leurs brigandages. L'Europe se trouva donc forcément constituée en théocratie, tout aussi populaire alors que la démocratie l'est de nos jours. C'était le contre-poids essentiel du régime féodal ou son couronnement nécessaire. Les peuples sentaient instinctivement que la religion les affranchirait à la longue, directement ou indirectement. Et, en attendant, ils voyaient clairement qu'elle était leur seule protection, leur seul appui. Les grands « pesaient horriblement sur les peuples. Le clergé seul essayait de réclamer en faveur de tous un peu de raison, de justice, d'humanité. Quiconque ne tenait pas une place dans la hiérarchie n'avait que les églises pour asile et les prêtres pour protecteurs. Insuffisante, cette protection était immense pourtant, car elle était seule. Les prêtres d'ailleurs offraient seuls quelque aliment à la nature morale de l'homme à ce besoin de penser, de savoir, d'espérer et de croire, besoin invincible qui surmonte tous les obstacles et survit à tous les malheurs. L'Église acquit bientôt dans l'Europe entière un pouvoir prodigieux. La royauté naissante lui prêta une nouvelle force en empruntant son appui. La prépondérance passa des mains de l'aristocratie conquérante à celles du clergé. » (M. Guizot, *hist. de la Rév. d'Ang.*, p. XIV.) L'Église étant le seul refuge des peuples, ceux-ci avaient donc horreur des hérétiques qui pouvaient leur enlever ce dernier abri. Et ce qui prouve qu'ils ne se trompaient pas entièrement, c'est que plus tard les hérétiques furent soutenus et protégés par les seigneurs et les princes d'une moitié de l'Europe, quand la théocratie ayant accompli sa mission féodale, il se produisit contre elle une réaction, qui, dépassant toutes les bornes, aboutit à une séparation déplorable.

Jusque-là les auto-da-fé furent populaires ! Les hérétiques étaient des criminels d'état, des socialistes du temps, qui venaient bouleverser la société, en sapant par sa base l'Église, que les peuples regardaient comme la seule puissance capable de les délivrer d'un joug qui leur pesait bien autrement que la théocratie. Et ceci explique pourquoi la bourgeoisie, aujourd'hui hostile, était alors et jusqu'au temps de la Ligue profondément dévouée à l'Église. L'inquisition, dont la forme en Espagne et dans quelques autres parties de l'Europe soulève notre indignation, était la conséquence de cette situation exceptionnelle. On justifie ses excès, que le christianisme réprouve autant que l'humanité, en disant qu'on appliquait aux hérétiques les formes et la pénalité en vigueur dans les crimes et les délits du droit commun, mais il eût été beau de voir le clergé de ces pays barbares protester contre cette odieuse légalité, et suivre dans les causes des hérétiques l'exemple de l'inquisition romaine, obligée, par respect pour le voisinage sacré du Vicaire de Jésus-Christ, de mettre des tempéraments même dans ses extrêmes rigueurs. En dehors des États du Pape, les seuls administrés avec les formes canoniques d'une législation relativement très-douce, les hérétiques furent torturés et brûlés comme criminels d'état dans les contrées où l'hérésie, sapant par sa base le régime théocratique en vigueur, était considérée comme un crime de lèse-majesté sociale, autant que de lèse-majesté divine. Il y a eu là, dans l'application du principe de l'autorité, un emportement visible, et des abus répréhensibles, puisque, au centre même de la catholicité, à Rome, l'Église, ne se laissa jamais aller si loin. L'autorité étant exercée par les hommes, a ses passions et ses entraînements. *Aussi il est nécessaire qu'il y ait des hérésies* que l'Église a le droit de proscrire par tous les moyens en sa puissance, mais sans jamais pouvoir détruire l'économie de la Providence qui, depuis l'origine du christianisme se sert des hérésies pour développer la science théologique en la stimulant, et contenir l'autorité en lui donnant des contradicteurs.

Mais cette loi providentielle était alors très-peu connue, et la question, dans tous les cas, ne pouvait se poser de cette manière. Il fallait, coûte que coûte, venir à bout de la féodalité ou périr. La société a préféré vivre théocratiquement que périr hérétiquement ou anarchiquement, c'est là son seul crime. Or, elle aurait péri misérablement si, aux causes de dissolution sociale venant de l'invasion et de la corruption romaine, étaient venus se joindre les éléments de séparation et d'anarchie de l'hérésie.

Il n'y avait, au moyen âge, qu'une autorité fortement concentrée qui put empêcher la dislocation des membres épars de la chrétienté, en les maintenant dans l'unité religieuse. Tout était à l'état anarchique en Europe, l'Église seule présentait quelque cohésion. La civilisation bien moins avancée qu'au temps de Luther ne pouvait se suffire à elle-même, et elle eût trouvé sa ruine dans la tentative hardie de vivre sans l'Église. L'Europe, au moyen âge, livrée aux Vaudois ou aux Albigeois, quand les grandes monarchies n'étaient pas encore formées, quand tout était en travail d'organisation, et rien en état de se protéger efficacement par lui-même, serait retombée dans l'anarchie de la conquête et dans une anarchie pire encore, une nouvelle cause de division et de dissolution venant s'ajouter à toutes celles qui existaient déjà. L'Église divisée et déchirée quand tout était divisé et déchiré, et les guerres religieuses coïncidant avec les guerres sociales, c'en aurait été bientôt fait de la société et de la civilisation. Une question de vie ou de mort a donc alors été posée à la société par les hérétiques; et la société a répondu par la mort à ceux qui venaient la faire mourir. Car il ne faudrait pas ignorer que dans ces temps de meurtres et de violences tout le monde sans exception trouvait naturel qu'on tuât ou se fit tuer pour sa foi. Il est aujourd'hui facile avec nos mœurs efféminées de condamner ces siècles, où l'énergie des passions était à son apogée. On trouvait alors si naturel de tuer ou de se faire tuer pour sa foi, que les hérétiques eux-mêmes auraient brûlé les catholiques s'ils l'avaient pu, et qu'ils ne manquaient jamais de les égorger quand ils étaient les plus forts. La société avait besoin de l'unité de l'Église. Cette unité était sa vie. Elle sentait instinctivement qu'elle ne pouvait vivre sans cette unité. Obligée de se tenir en garde contre les Maures à l'extérieur, et agitée à l'intérieur par les Juifs et les mahométans convertis, mais peu sincères dans leur nouvelle croyance, l'Espagne avait politiquement un besoin absolu de l'unité de l'Église pour parer à sa dissolution. Il en a été à peu près de même en Allemagne. Chez nous, l'intolérance a fait des victimes jusqu'au moment où nous nous sommes sentis assez de force et d'unité pour nous protéger par nous-mêmes. Jusque-là nous avons fait comme tout le monde, nous nous sommes défendus avec le fer et le feu contre ceux qui venaient nous apporter le fer et le feu, en nous divisant et en empêchant la formation de notre nationalité. Il y aurait donc à faire dans l'inquisition la part de la religion et de la politique, afin de dégager l'Église. En tous cas, aucun excès n'est de l'essence de la Religion, et on ne saurait la rendre responsable de ce qu'il y avait de politique dans la proscription des hérétiques. On n'avait pas alors comme aujourd'hui isolé la religion de la société. Le corps social en formation faisait donc ce que fait tout corps en formation, il rejetait impitoyablement tout ce qui aurait pu le faire mourir. Depuis longtemps il n'y a plus d'auto-da-fé; la société étant assez forte pour vivre sans proscrire, les auto-da-fé seraient une cruauté inutile. Cela est vrai même des crimes purement politiques. On ne torture, on ne roue, on ne brûle, on ne tue même plus les conspirateurs, parce qu'on croit suffisant de les chasser, et on ne les chasserait même pas, si, devenant impuissants, il suffisait de peines moins sévères pour les réduire. Il y a donc eu beaucoup de politique et de passion dans l'inquisition. Mais il faut savoir distinguer l'homme politique du prêtre, et la religion des passions. Il s'opéra donc au moyen âge dans les divers états de l'Europe, même dans ceux qui ne voulaient pas subir l'autocratie romaine, une confusion véritable du civil et du religieux, car si les papes pour sauver Rome des Lombards voulurent se faire rois, les rois voulurent se faire papes pour mieux être maîtres chez eux et se servir de la religion dans des vues souvent criminelles. Ils en firent un instrument de règne, un prétexte à leurs envahissements et un moyen d'extorsion. Si donc il y a eu quelque part de la modération, et un sentiment vrai, du juste et du vrai, c'est à Rome, et non en Espagne ou ailleurs, qu'il faut aller chercher ce phénomène si rare à une époque où la force brutale décidait de tout.

Il faut donc savoir rapporter à chacun la responsabilité de ses actes, si on ne veut placer l'apologétique chrétienne dans une position fausse et impossible, et perdre la religion en voulant sauver la politique. Non, la religion n'est pas solidaire de ce qu'il y a eu de répréhensible alors. Son rôle au contraire a été de lutter constamment et avec une énergie vraiment divine contre ce débordement de vices, de passions et d'abus ; et si quelques-uns de ses ministres ont dépassé le but et ont fait de leur autorité un usage abusif, le seul reproche qu'on puisse leur adresser, la plupart du temps, c'est d'en avoir abusé, par un généreux emportement de zèle, et dans les intérêts même de la civilisation, inséparable alors de la religion. Le rôle de l'Église a donc été d'autant plus méritoire et plus beau que les difficultés étaient plus grandes; et la cure sociale opérée par elle d'autant plus merveilleuse que la maladie avait pénétré plus profondément dans les organes du corps social.

L'apologétique ne saurait triompher de ses adversaires qu'en adoptant ces larges et franches allures; et la défense de l'Église, nous ne le cachons pas, serait même impossible de nos jours, avec les lumières que la Critique a répandues sur l'histoire, si, rendant la religion solidaire des excès commis en son nom, on s'obstinait à lier sa cause avec un régime politiquement et socialement détestable, que l'Église n'a jamais pu dominer entièrement, et qui a toujours offert un caractère opposé à la pureté, la mansuétude et la bienveillance évangéliques. L'action de l'Église a toujours été contrariée par les rois et les seigneurs féodaux, et les papes en apparence les plus puissants et les plus résolus à soutenir la cause de l'ordre et de la justice, ont gémi ou même péri dans les prisons politiques du Monde, alors comme aujourd'hui, comme toujours, l'ennemi né de la religion et de ses ministres.

Sachons donc, si nous voulons être vrais et justes, nous affranchir des préjugés d'un autre âge, d'un âge aujourd'hui historique et que des siècles séparent de nous, et jugeons avec indépendance la mission de l'Église à travers ces âges, si nous tenons à la défendre avec efficacité, et comprendre les desseins de Dieu dans la conduite des événements. C'est une chose déplorable d'inféoder la religion à une forme quelconque de la civilisation et surtout à la forme féodale et aristocratique, qui est la moins sympathique à l'idée chrétienne de l'égalité de tous devant Dieu, et la plus antipathique à la nature française et à la nature humaine en général. Le rôle de la religion est un rôle à part. Elle n'est pas du Monde, elle est contre le Monde. Et si elle s'associe à quelque chose, c'est à ce qu'il y a de Beau, de Vrai et de Bon dans chaque forme de la civilisation ; à ce qu'il y a de Beau, de Vrai et de Bon dans les sentiments d'honneur et de chevalerie de la féodalité, et à ce qu'il y a de Beau, de Vrai et de Bon dans les sentiments d'égalité, de fraternité, de bienveillance et de solidarité des sociétés démocratiques. Mais, à part cette secrète affinité avec la Beauté morale en tout, sa mission est de lutter et de combattre, soit indirectement par son influence latente, soit directement par ses commandements, à chacune des phases de la civilisation, contre tous les vices, tous les abus et tous les désordres de l'humanité, et quels que soient les caractères théocratiques, monarchiques, aristocratiques ou démocratiques de ces phases. Loin de se mêler aux formes changeantes de la civilisation elle conserve son entière indépendance pour influer sur elle dans la mesure du Beau, du Vrai et du Bon. Voilà pourquoi elle est presque toujours à l'état de lutte. C'est ravaler le catholicisme au niveau des religions grossières de l'Europe antique ou de l'orient moderne, des schismes et hérésies de l'Angleterre, de l'Allemagne et de la Russie, que de l'associer à des formes politiques ou sociales qu'il est destiné à régir, régler, contenir ou réformer suivant les circonstances. Son rôle n'est pas de se mêler à la Société, mais de la dominer ; de se fusionner avec l'État, mais de le guider en le contredisant au besoin. Le schisme anglican et moscovite, comme le luthéranisme allemand font corps avec l'État et la Société dont ils épousent les haines, les préjugés, les faiblesses. Et c'est justice, car les schismes et les hérésies ne sont rien moins que des religions, ce sont des complices des passions humaines, c'est le Monde lui-même qui s'est fait son Prêtre et son Dieu. Il faut donc ici qu'il y ait confusion du temporel et du spirituel. Mais il ne saurait en être de même du catholicisme, il faut qu'il domine le Monde pour le conduire ou le combattre s'il ne peut le conduire. Or pour cela il faut qu'il en soit séparé et se garde surtout de toute complicité, de toute promiscuité avec lui, de toute union adultère.

Nous estimons donc qu'il ne faut pas confondre l'ancien régime et le régime aristocratique et féodal avec le catholicisme. Ce régime existait, ce n'est pas lui qui la fait, mais il en a tiré le meilleur parti possible. Il n'a pas fait les combats et les guerres judiciaires, mais la trêve de Dieu, il n'a pas fait les esclaves, mais il les a affranchis. Et, quand on lui reproche d'avoir supporté si longtemps le servage, on ignore ou on feint d'ignorer que son esprit caché et son enseignement évangélique devaient tôt ou tard en entraîner la ruine, en le minant sourdement. Ce qui fait l'originalité du catholicisme et le distingue des autres cultes et des autres religions, c'est de se tenir hors du Monde et au-dessus du Monde, avec la prétention hautement avouée de le conduire seul à sa destinée finale. Et c'est, une des preuves les plus frappantes de sa divinité, et un argument sans réplique, qu'il représente seul Jésus-Christ , et possède seul cette AUTORITÉ qui constitue, selon nous, l'essence même de la religion.

C'est cette autorité qui nous a sauvés de la barbarie et de la corruption en nous sauvant du moyen âge, qu'elle a dominé par la supériorité de ses lumières et de sa moralité. Aux ténèbres de cet âge elle a opposé ses docteurs ; à ses mœurs obscènes, ses saints. Mais est-ce à dire qu'infidèle à la tradition primitive, l'Église se soit prévalue de cette autorité pour renier la raison qui a fait la puissance des Pères du Christianisme dans leurs luttes contre les philosophes, les païens et les hérétiques des premiers âges ? Non, mais cette autorité ayant été généralement acceptée par les princes et les populations, elle n'a eu à faire usage de la raison que dans les luttes de la scolastique, et Dieu sait si elle a su faire usage ici de cet instrument ! Ses relations avec le monde laïque ne pouvaient être que des relations d'autorité, puisque son enseignement était accepté *a priori* et que ses droits à la mission divine n'étaient contestés par personne. Dans ses relationsa vecles écoleset les universités, — une de ses gloires encore, — son autorité étant également acceptée, la Raison n'avait rien à démêler avec l'Église, mais il y avait à développer les principes reçus et les points définis. Or, on sait les magnifiques développements théologiques qui ont été la conséquence de ce travail de la Raison sous sa forme logique et dialectique.

M. Guizot et bien d'autres auteurs non suspects ont prouvé que cet âge de l'humanité a été un des plus féconds peut-être, et en tout cas un des plus occupés par les travaux de l'intelligence, sous une des formes les plus hautes de la pensée, sous la forme théologique et philosophique. Il n'est pas un seul problème de métaphysique, de psycologie, d'ontologie, de théodicée, comme de religion qui n'ait été abordé, agité, discuté passionnément et souvent résolu. Rien ne saurait être comparé de nos jours à la vie et à l'activité des universités de cette époque, si ignorante, si barbare dans les masses laïques, si avancée, si éclairée relativement dans les universités et les couvents. On comptait dans les grandes universités les élèves, par dix ou quinze mille, venus pour entendre un Albert-le-Grand ou un saint Thomas, de deux ou trois cents lieues de distance dans un temps où les routes étaient impraticables et même dangereuses. Et ce n'était pas quelques universités seulement qui étaient florissantes, mais toutes ou presque toutes, en Italie, en Espagne, en Allemagne, en France. Quelle différence de ce temps avec le nôtre pour la popularité des hautes études philosophiques! On comptait par centaines de mille les clercs capables de comprendre et d'approfondir une thèse métaphysique quelconque, quand de nos jours on trouverait à peine, en cherchant bien, quelques hommes en Europe en état de suivre jusqu'au bout un raisonnement sur une question quelconque de la métaphysique. Des écoles philosophiques se sont élevées de notre temps, nous le savons, mais on compte leurs disciples, tandis qu'au moyen âge c'étaient des milliers d'auditeurs qui prenaient fait et cause pour un maître célèbre, et s'enflammaient de ses idées jusqu'à se faire tuer pour l'honneur de son enseignement.

Il est donc faux, matériellement faux, que l'Église ait jamais condamné la raison, et en ait interdit l'usage. L'Église a toujours été, au moyen âge comme au temps de saint Augustin, la grande école de la Raison. Elle l'a toujours considérée comme l'auxiliaire inséparable de l'Autorité, et elle a, dans quelques circonstances, frappé de ses censures ceux qui ont méconnu les droits de la Raison, qu'elle n'a jamais séparés de ceux du libre arbitre, et aussi ceux qui en ont fait un mauvais usage en se mettant en opposition avec la religion qui ne saurait lui être incompatible. Et si on veut, avec un peu de bonne foi, une science et une érudition parsuffisantes,courir les divagations des hérétiques et des philosophes, on rendra cette justice à l'Église que l'esprit humain, plus éclairé, a toujours fini par rendre hommage à la justesse de ses décisions dans toutes les questions théologiques et philosophiques qu'elle a tranchées, sur le libre arbitre, sur la nature de Dieu, et ses relations avec l'homme et le monde. Aussi peut-on affirmer *a prori* que tous les systèmes, qui s'écartent des définitions de l'Église sur ces problèmes, sont par cela même faux et aboutissent à l'absurde, tandis que ceux qui sont conformes à ses définitions portent avec eux le cachet souverain de la vérité et de la durée. Que sont devenues les théories des philosophes de la Grèce et d'Alexandrie ; qu'est devenu surtout l'idéologie de ces trois derniers siècles ? Tout cela a disparu ou disparaît tous les jours ; or tout cela était en opposition avec l'enseignement philosophique de l'Église. L'Église n'a donc pas été l'ennemie de la Raison puisque c'est elle qui l'a sauvée de ses propres égarements et la guide encore comme la colonne lumineuse dans le désert.

On fait, Dieu merci, usage de la Raison parmi les catholiques, et un meilleur usage que dans les écoles hostiles. Et si quelques rares exemples d'indépendance honorent notre pays, c'est encore là qu'il faut aller les chercher (1).

L'Église est la pépinière des hommes libres, des hommes de sens et de raison. Quels hommes plus dignes de respect et de vénération, même au point de vue humain de la raison, du génie et du self government que saint Augustin, saint Ambroise, saint Bernard, saint Thomas, Bossuet, Pascal, Fénelon! Ces nobles figures, les plus grandes de l'humanité, protesteraient à elles seules contre ces accusations de crétinisme et de servilisme dont ne craignent pas de

(1) MM. Lacordaire, Montalembert, Combalot, Veuillot, Dupanloup, etc.

poursuivre l'Église, les crétins et les serfs du Monde qui ne l'ayant jamais comprise se sont donné le triste rôle de toujours la méconnaître, pour toujours la travestir.

L'Église a soif de domination, parce que portant avec elle la lumière et la liberté elle voudrait en inonder le monde. Elle n'a pas d'autre tort, d'autre ambition, que de vouloir affranchir les hommes de leurs passions en les éclairant. Ses moyens d'action peuvent varier, son esprit et son but sont immuables comme la Vérité absolue. Le moyen employé au moyen âge, c'était l'Autorité. Il s'agissait bien alors de liberté civile et politique et surtout de liberté religieuse! La seule chose en présence c'était la force brutale, c'était la corruption, et en face l'autorité de l'Église, ou la justice, le droit, la sainteté. L'Église combattait la force par l'autorité, la corruption par la sainteté, livrant à la rigueur des lois, en déplorant leur aveuglement, les malheureux qui venaient mettre obstacle à cette mission de salut. La question était ainsi posée et n'était pas autrement posée. Que ses ministres aient montré dans l'accomplissement de cette mission, tantôt beaucoup de condescendance comme à Rome, tantôt une inexorable dureté comme en Espagne, le fond de la situation n'exigeait qu'une chose, un grand déploiement d'autorité, seul moyen de salut pour une Société menacée de périr avant même de s'être constituée. Et la preuve c'est qu'une confusion et une anarchie affreuses se sont perpétuées tant que l'Église a été faible, durant la déplorable période de l'humanité qui s'est étendue du ve au xe siècle. La contagion avait même gagné une partie des couvents et du clergé séculier, et elle n'a cessé qu'à l'avénement des grands papes, des papes réformateurs ; les Nicolas, les Grégoire VII. Or les moyens employés par ces papes, c'est l'Autorité, et il ne pouvait en être autrement. Cette Autorité ils l'ont maniée avec un éclat et une énergie incomparables, non-seulement contre le Monde en décomposition, mais encore et surtout contre les moines et les clercs que la corruption générale avait gagnés.

Mais la situation aujourd'hui est-elle la même, et n'a-t-elle pas au contraire une certaine analogie avec celle qui a suivi la mort de Jésus-Christ et s'est perpétuée, sous les empereurs, jusqu'à l'invasion des barbares? Aujourd'hui comme alors, l'Église est aux prises avec les rois, les hérétiques et les philosophes, et elle a en outre sur les bras les révolutionnaires qui ne sont pas les moins gênants. Que pourrait-elle faire de mieux, dans une pareille position, que ce qu'ont fait les Clément, les Athanase, les Ambroise, les Justin, les Augustin? Combattre les hérétiques avec le raisonnement, les philosophes avec la philosophie, les rois avec la liberté chrétienne. Sa règle de conduite se trouve tracée d'avance par l'exemple de ces grands hommes. Qu'on dépouille l'Église, elle n'aura qu'un trait de ressemblance de plus avec ces temps primitifs où brillèrent d'un si vif éclat tant de papes célèbres par le savoir et la sainteté. Nous avons eu César dans Napoléon Ier, et si nous sommes sous Auguste nous pouvons avoir un jour des Julien, sinon des Domitien. l'Europe a traversé sa période de barbarie, et la France, comme Rome sous Auguste, est à l'apogée de sa puissance et de sa gloire. La décadence pourra venir ensuite. L'Église n'est guère bien en cour en Angleterre, en Allemagne, en Russie, dans les États-Unis, et ailleurs. Si elle a comme alors une partie du peuple, les classes lettrées et les classes industrielles lui font défaut. Les Ariens, sous un autre nom, ont envahi la moitié de la chrétienté. L'Église a à conquérir l'Orient comme au temps des apôtres. Ne dirait-on pas que son œuvre est à refaire ou à recommencer ?

II. — Mais si ces deux époques se ressemblent par une foule de points, qui les distinguent essentiellement du moyen âge, il est d'autres points par où elles diffèrent profondément. Or, il se trouve que ces différences, au lieu de rapprocher l'époque actuelle de celle du moyen âge, la placent encore à une plus grande distance de lui que ne l'était l'époque impériale primitive. La phase scientifique, industrielle, commerciale, agricole et financière actuelle, ou la situation économique de notre société, n'a effectivement aucune analogie avec les diverses phases de civilisation qui se sont succédées depuis l'origine du monde jusqu'à nous.

L'homme aujourd'hui par les sciences positives possède les éléments ou la matière, et par l'économie politique l'art de tirer de ces éléments tous les principes de richesse et de puissance qu'ils recèlent. Les progrès en ce genre sont tels qu'au lieu d'avoir à redouter les barbares, comme la vieille civilisation romaine, les barbares ont tout à redouter de nous. Avec nos moyens rapides de transport, et grâce au régime progressif récemment inauguré par la Russie, il peut se faire que les nombreux restes de barbarie qui inondent encore l'Orient, l'Afrique et l'Océanie, disparaissent un jour sous l'ascendant de la civilisation, qui les cerne, par terre et par mer, sur tous les points du globe. Ce sera, si on veut nous passer cette expression, l'invasion renversée, ou la civilisation tirant vengeance de la barbarie envahie à son tour. Eh bien ! cette phase de la civilisation commençant à peine et destinée à fournir une brillante carrière, ne saurait se développer que par et à l'aide de la liberté. Faut-il en donner des preuves? Elles surabondent, et on n'est embarrassé que du choix. La science, par ses découvertes continuelles, provoque et stimule sans cesse les applications de l'industrie, qui appelle à son aide le commerce pour écouler ses produits, et l'agriculture pour les consommer et lui donner en échange ses matières premières. Il y a donc solidarité entre ces diverses branches de l'activité humaine. Produire le plus possible, consommer le plus possible, voilà la double loi à laquelle les générations modernes obéissent fatalement, et qui ne saurait produire tous ses fruits, si l'activité humaine ne jouissait d'une pleine et entière liberté. Supposez que la science soit soumise à un système de lois restrictives; immédiatement les industries qui vivent de ses progrès et ont besoin d'elle comme de leur pain quotidien, se trouvent en souffrance; que l'industrie au contraire soit entravée, la science va se plaindre à son tour de ne pouvoir appliquer ses inventions, et jouir de la juste rémunération de ses travaux.

L'agriculture éprouvera le contre-coup de cet arrêt dans la production. On consommera moins de ses produits, et comme elle consommera moins de ceux des autres, tout le monde souffrira de cette stagnation. Ce serait bien autre chose si on entravait le commerce, et si, au lieu de favoriser les échanges par un meilleur système de viabilité et un tarif sagement libéral, on le laissait comme autrefois s'embourber dans des chemins impraticables, ou si on l'emprisonnait dans un réseau de douanes enveloppant chaque province et presque chaque ville de ses prohibitions. Tout se tient dans le système économique, et tout y vit de liberté, non-seulement dans les relations intérieures de citoyens à citoyens d'un même pays, mais encore dans les relations extérieures de peuple à peuple. La liberté scientifique, industrielle, commerciale et agricole est donc la base évidente de notre système économique. Cela n'est pas contestable. Mais qu'on y prenne garde, la liberté ne peut mettre le pied quelque part qu'elle n'y passe bientôt tout le corps.

Toutes les sciences se tiennent. La liberté des sciences positives entraîne la liberté des autres sciences. La géologie, l'ethnographie, la physiologie touchent par une foule de côtés à la génésie, à l'unité de la race humaine, à la diffusion des langues qui intéressent la religion. L'économie politique a des rapports directs avec la science du gouvernement, avec l'organisation de son crédit et de ses finances, avec son système de traités et d'alliances internationales. Nous voilà donc sur le terrain de la politique; et il en est bien autrement si nous entrons dans le domaine de l'industrie, du commerce et de l'agriculture. Ici tout a rapport au gouvernement, à son administration, à ses impôts, au contrôle de ses recettes et de ses dépenses, à son système de législation tout entier. Nous voilà donc conduits par la force même de notre situation économique à la liberté civile, à la liberté de la presse, à la liberté politique, à la liberté de la tribune, à la liberté religieuse.

Que si on veut la contre-preuve de ceci, il suffit de porter atteinte à une seule de ces libertés pour voir toutes les autres s'évanouir à l'instant. Supprimons par la pensée la liberté civile, il n'y a plus de science libre, plus d'industrie, plus de commerce, plus d'agriculture libres. Tout dépend de celui ou de ceux de qui dépendent les producteurs et les consommateurs, qui ne sont plus alors que des serfs. On a bien encore sans doute un commerce, une agriculture, une industrie et une science, mais relevant du bon plaisir de l'aristocratie, de la monarchie ou de la théocratie, qui mesurent à leur point de vue et avec une avare parcimonie ceux de ces biens dont elles veulent bien nous permettre la jouissance. On a en d'autres termes un état économique analogue à l'état du servage et des corporations de l'ancien régime. Nous n'avons pas besoin d'ajouter ce que deviennent les autres libertés, la liberté civile, une fois supprimée ; que si la liberté de la presse vient à disparaître, la science peut se trouver arrêtée sur une foule de questions qui touchent à la religion et à la politique, et le contre-coup de cette souffrance va immédiatement se faire sentir dans l'industrie, le commerce et l'agriculture. La carrière scientifique devient une carrière ingrate, on se rejette ailleurs, et tout l'ordre économique s'en trouve affecté. Mais la suppression de la liberté de la presse a bien d'autres conséquences en politique et en religion. Elle enlève à la liberté politique sa principale force et sa plus précieuse garantie, et la religion, privée de ses apologistes et de ses défenseurs, peut se trouver à un moment donné à la merci de ses plus cruels ennemis. La liberté religieuse n'est plus qu'un vain mot, et les persécutions recommencent sous une forme déguisée. L'histoire est pleine de ces exemples. La chose n'est pas moins grave si la liberté politique vient à disparaître. Toutes les autres alors s'envolent comme une nuée d'oiseaux. On se trouve à la merci de celui ou de ceux qui gouvernent, à la merci de leurs caprices, de leurs humeurs. Un moment d'irritation nerveuse, une fièvre, un mouvement de sang peuvent vous priver de votre liberté, de votre propriété, de votre vie, de votre religion; et on vit tout au moins dans des transes continuelles, tous les intérêts étant menacés, du moment où il dépend de quelques hommes de tout changer ou modifier sans prendre l'avis des intéressés, sans discuter, transiger, et s'entendre avec eux. Toutes les libertés sont donc solidaires, on l'a dit cent fois, mais jamais assez pour les préserver de toute atteinte.

Tout l'édifice des sociétés modernes repose donc sur le principe de la liberté, et on ne saurait détruire ce principe sans détruire l'édifice tout entier, puisqu'alors ce qui *est*, ce qui *existe* au lieu de ne dépendre que du jeu libre et naturel des hommes et des choses, dépendrait de la volonté ou du caprice de quelques hommes. On peut donc être socialiste et révolutionnaire de deux manières : 1° en s'attaquant franchement et directement à la société telle qu'elle est constituée, pour en faire une autre sur un nouveau plan à la façon des socialistes; 2° en s'attaquant à notre régime démocratique pour y substituer l'ancien régime et ses institutions mortes, ce qui entraînerait la ruine complète de la société actuelle ou de ce qui *est* et de ce qui *existe*, la ruine des familles, des fortunes, de la proprieté mobilière surtout, ou la débâcle et la banqueroute de la société. Car, nous le répétons, ce qui *est* et ce qui *existe*, ou le fait même de l'organisation de la propriété, de l'industrie, du commerce, de l'agriculture, et généralement tous les rapports de la vie privée et de la vie publique, reposent sur le principe de la liberté. Nous ne voyons donc autour de nous que des socialistes et des révolutionnaires sous une forme ou sous une autre. Tous ou presque tous s'en prennent à ce qui *est*, à ce qui *existe* pour mettre à la place leur chimère, leur utopie, leur atlantide, leur phalanstère, ou leur ancien régime. Sans faire attention que ce qui *est* et ce qui *existe*, n'étant pas mauvais en soi, n'a besoin que d'être réglé et contenu dans les bornes de la moralité et de la religion. Ce qui nous perd, nous l'avons dit, c'est l'utopie, c'est l'imitation, c'est le défaut d'esprit pratique. Les régions de la politique et de la religion sont peuplées d'esprits creux, qui ne voient que le passé qu'il faut imiter ou les voisins qu'il faut copier, ou des formes chimériques qu'il faut, de gré ou de force, mettre à la place des réalités qui nous entourent.

Depuis 1789, tout le monde est plus ou moins visionnaire, ou plus ou moins socialiste et révolutionnaire. L'âme de la révolution et du socialisme c'est l'utopie, toujours poursuivie et jamais atteinte. Nous avons beau chercher autour de nous, nous ne voyons que des utopistes, et il n'est personne à notre connaissance qui ne le soit un peu. Napoléon Ier avec son corps législatif muet, son tribunal qui ne faisait que parler et son sénat qu'obéir, avec son système continental, avec sa monarchie universelle, n'était qu'un utopiste, malgré son vaste génie d'organisation. Louis XVIII et Louis-Philippe, avec leur charte à l'anglaise, n'étaient que des utopistes. Les Girondins de 1848 n'étaient que des utopistes, et les montagnards aussi. Tous les partis enfin sont à la piste de l'utopie, et Napoléon III lui-même, pourtant si positif, aurait été un utopiste, si, éclairé par les enseignements de l'histoire et une expérience personnelle, il n'avait eu le bon esprit, en organisant ce qui est, de nous promettre officiellement ce qui lui manque, ou *le couronnement*, qui peut seul en faire un tout réellement pratique et positif.

La liberté ne saurait donc périr en France sans entraîner dans sa ruine tout ce qui *est* et par conséquent le Gouvernement lui-même. Trop d'intérêts sont engagés à la conservation de la liberté pour qu'elle puisse s'en aller sans esprit de retour. Religion, Pouvoir, associations, corporations, science, industrie, commerce, agriculture, riches et pauvres, petits et grands, empereurs et papes, ont trop besoin de liberté pour qu'elle puisse disparaître sans tout entraîner avec elle. Celui-là qui voudrait la détruire serait donc, comme Samson, détruit sous l'écroulement de l'édifice qu'elle soutient, eût-il pour armée la nation tout entière, car alors l'armée tout entière se retournerait contre lui. Ce qui fait la force du Gouvernement actuel, et ce qui a fait la faiblesse du gouvernement de Charles X, c'est que l'un comprend la liberté qu'il veut nous donner, autant que l'autre comprenait peu celle qu'il voulait nous ôter. L'un vit donc en respectant ou en promettant ce qui a fait périr l'autre pour avoir voulu le détruire. Mais le jour où la nation viendrait à douter de la sincérité du Gouvernement actuel, tout se retournerait contre lui-même, l'armée dont il est si maître, et le peuple où il est si populaire. Notre état social est donc tout aussi *nécessairement* libéral qu'il est *nécessairement* démocratique; mais il nous reste à savoir ce que c'est que la liberté.

Il y a deux sortes de libertés : la liberté catholique, ordonnée et réglée, et la liberté hérétique et révolutionnaire ou la liberté anarchique, en d'autres termes, la licence. M. Proudhon a parfaitement défini cette dernière liberté, dont l'idéal est de dire : Non, aux lois du monde; non, à la voix du prêtre; non, à l'ordre du prince. Elle est le contradicteur éternel qui se met en travers de toute pensée et de toute existence; l'indomptable insurgé qui n'a de foi qu'en soi, de respect et d'estime que pour soi; qui ne supporte même l'idée de Dieu qu'autant qu'il reconnaît en Dieu sa propre antithèse, toujours soi. C'est cette liberté révolutionnaire que M. Proudhon évoque sous les traits de Satan : « Viens, Satan, viens le calomnié des prêtres et des « rois, que je t'embrasse, que je te serre sur la poitrine! Il y a long- « temps que je te connais et que tu me connais aussi, ô le béni de « mon cœur! » (*De la Justice dans la Révol.*, p. 540, t. II.)

En France, pays philosophique, la liberté aboutit ordinairement à la Révolution; il n'en est pas de même dans les pays hérétiques, en Angleterre et aux États-Unis, où la liberté est licencieuse et rarement révolutionnaire. Pourquoi? Parce que chez nous une liberté licencieuse, en rapport avec l'esprit philosophique des classes lettrées et des classes ouvrières, inféodées à la philosophie et à la Révolution, est en opposition avec l'esprit éminemment catholique de la masse. Elle y produit donc inévitablement une répulsion instinctive, des colères, des passions, des réactions en sens contraire qui amènent invariablement l'anarchie après le despotisme, ou le despotisme après l'anarchie suivant que c'est l'un ou l'autre parti qui triomphe. En Angleterre, au contraire, et aux États-Unis où tous les esprits sont dévoyés, on trouve naturel que tout le monde déraisonne. On laisse donc se produire les extravagances les plus extraordinaires qui révolteraient des consciences françaises, et nous feraient monter le sang à la tête. Un discours de Mazzini ou de Félix Pyat qui nous fait prendre feu, passe à Londres tout à fait inaperçu; ou bien on se borne à dire, pour toute appréciation, avec un flegme qui nous étonne : c'est une manière de voir comme une autre. Ces hommes sont donc là dans leur patrie naturelle, comme ils le seraient aux États-Unis. On trouve tout simple dans ce pays qu'on divague, parce que tout le monde divague, faute de critérium, et on se confie au choc et au contre-choc des opinions pour neutraliser ce que quelques-unes pourraient avoir d'excentrique ou de dangereux. C'est l'ordre avec le désordre de Caussidière, et ce mot qui a tant révolté en France aurait passé dans ce pays pour une vérité profonde. J'en conclus que l'idéal de liberté qui convient à la France, n'est pas celui qui convient aux philosophes, aux révolutionnaires et aux hérétiques d'au-delà et d'en-deçà du détroit. Et nous croyons sincèrement que la France doit trouver sous peine de mort cet idéal et s'y confier entièrement une fois trouvé puisque, d'un côté, notre état social étant profondément libéral et démocratique ne saurait se passer de liberté, et que, d'un autre, la France catholique ne saurait s'accommoder d'une liberté qui serait une insulte permanente à ses croyances, à ses mœurs, à ses idées et à son histoire tout entière.

La France, même celle qui n'est pas catholique, étant imprégnée à son insu de l'esprit catholique, porte avec elle, dans ses mœurs, dans son caractère, dans ses instincts, le sentiment profond de l'ordre ou de la règle. Cet idéal est dans tous les esprits, même dans ceux des socialistes et des révolutionnaires, qui veulent tous un ordre, une organisation, une règle, jusqu'à cette pauvre *Opinion nationale*, qui demandait naguère dans l'intérêt de l'ordre socialiste, la suppression de toutes les institutions de bienfaisance, de toutes les corporations religieuses, et de toutes les écoles libres..... catholiques. Nous sommes donc condamnés par tous les partis sans exception, même par les terroristes de 1793, à trouver la règle de la liberté, sous peine de périr en nous mettant en opposition avec l'esprit français et avec toutes ses traditions catholiques, monarchiques ou révolutionnaires.

Où donc trouver cette règle? L'*Opinion nationale*, nous le croyons sincèrement, nous a mis sur la voie. Comme elle le dit fort bien, il ne saurait y avoir de liberté contre l'ordre. Mais il y a l'ordre catholique et l'ordre socialiste. Il doit donc y avoir la liberté catholique et la liberté socialiste. La liberté socialiste consiste à supprimer la liberté catholique. Si donc nous voulions être aussi conservateurs que M. Guéroult, nous devrions demander la suppression de toute institution, de tout culte, de toute corporation, de tout journal, de tout livre qui ne seraient pas catholiques, en commençant par l'*Opinion nationale*. La mesure serait radicale, mais, la question ainsi posée, M. Guéroult n'aurait rien à nous dire, si nous étions les plus forts. Car notre ordre vaut bien le sien, je suppose. Mais soyons sérieux et voyons les choses en philosophes, en hommes politiques et pratiques, comme elles sont, et non comme on voudrait qu'elles fussent, et comme elles ne peuvent être, les passions humaines étant données et tout se faisant échec en France.

On a dit que Dieu portait en lui-même, dans sa pensée, non-seulement l'idée de tout ce qui existe mais encore de tout ce qui pourrait exister, ou en d'autres termes de tout ce qui est possible. Cette pensée vaste, féconde, infinie, cette imagination qui n'a aucune limites, et se représente une infinité de mondes, une infinité de sociétés, une infinité de formes politiques, est, ce que Platon et saint Jean ont appelé le Verbe de Dieu, ou sa pensée voyant tout, même ce qui n'est pas mais pourrait être. Eh bien! nous avons en nous, dans notre âme, image de l'âme divine, une faculté analogue à celle de Dieu, une sorte de Verbe ou d'entendement qui nous représente aussi sans cesse, à côté et au-dessus de ce qui existe, quelque chose de plus parfait qui n'existe pas, mais pourrait exister. C'est ce que nous appelons l'idéal par opposition avec le réel. Semblables à Dieu, les hommes se représentent ainsi une foule d'idéaux politiques et sociaux qui varient à l'infini suivant le point de vue où ils se trouvent placés. Perdus dans l'Océan des idéaux divins ou dans le Verbe de Dieu, ils s'approprient chacun l'idéal ou la forme sociale et politique qui leur convient le mieux. Leur rêve est ensuite de faire passer cet idéal dans l'âme des autres, afin de le réaliser dans la pratique, avec le concours de ceux qu'ils sont parvenus à passionner, en leur faisant goûter et aimer cet idéal. De là les partis, de là leur propagande active, de là leur ambition, de là aussi les troubles dans l'État. Ces divers idéaux, ou ces diverses formes politiques et sociales ne pouvant exister simultanément sont obligés, pour se faire jour et passer dans les faits, de se faire la guerre, de lutter les uns contre les autres, dans les livres, dans les revues, dans les journaux, pour arriver à se supplanter réciproquement. Le progrès est le résultat de cette lutte quand elle est contenue dans des bornes raisonnables, et la dissolution sociale en est au contraire la conséquence quand elle prend un caractère factieux et s'attaque aux fondements de l'ordre social : la propriété, la famille, l'Autorité, la liberté, la religion.

Il y a donc une liberté légitime et une liberté factieuse. Toute utopie c'est-à-dire tout idéal qui n'existe pas en pratique, Phalanstère ou Ancien régime, implique une liberté factieuse ou révolutionnaire, du moment où, au lieu de se présenter aux intelligences comme une simple conception de l'imagination, cette utopie a la prétention de s'implanter violemment dans les faits, en tout bouleversant pour se substituer aux formes établies. Que les idées se produisent avec décence, c'est le droit, qu'elles se produisent avec le dessein de tout changer ou bouleverser, c'est le crime, ou le délit suivant le degré du trouble apporté à la société. Ce qui *est* légalement, tirant de son existence même sa raison d'être et une forte présomption de sa légitimité, doit avoir pour sa défense et sa conservation une latitude infinie, ou une liberté illimitée. Ce qui *n'est pas*, ce qui *n'existe pas*, au contraire, n'ayant pas fait ses preuves et pouvant être dangereux ou inapplicable, n'a droit qu'à une latitude bornée d'exposition, c'est-à-dire à une liberté limitée par les droits et les intérêts préexistants qui se trouveraient menacés, si d'une part, ils ne pouvaient se défendre à outrance, et si de l'autre on pouvait les attaquer sans mesure ou révolutionnairement.

III. — Mais si ce qui est, a le droit de se défendre à outrance, il n'a pas le droit d'attaquer de même ce qui aspire à devenir, car alors ce serait le despotisme, la lumière sous le boisseau, l'immobilisme oriental, ou la ruine du christianisme qui a dit : *il est nécessaire qu'il y ait des hérésies*, c'est-à-dire des utopies, des idéaux, des concepts humains, des contradictions même, pour contenir dans la ligne du devoir, dans la modération, les magistrats et les prêtres : « *Peccantes presbyteros coram omnibus argue, ut cœteri timorem habeant.* »

Il est dans les vues de la Providence, toute l'histoire en fait foi, 1° Que l'Église proscrive les hérésies par tous les moyens en son pouvoir afin de maintenir l'unité de la foi et empêcher les faibles de s'égarer dans des voies tortueuses ; 2° qu'il surgisse des hérésies et des contradictions puissantes, soit pour stimuler le zèle des théologiens et développer toutes les conséquences de la doctrine sacrée en la fixant, soit pour faire rentrer dans la règle les ministres de Dieu qui se seraient momentanément écartés dans la pratique des devoirs austères de leur sainte profession. Telle est l'économie divine dans la conduite générale de l'Église et des événements. La conséquence de ceci, c'est que la proscription des hérésies ne doit jamais aller jusqu'à détruire toute contradiction. Aussi, Dieu, en armant le prêtre du droit de proscrire, lui a ôté le glaive, laissant au pouvoir civil le soin de déterminer le degré de répression matérielle qu'il convient d'apporter au trouble apporté dans l'état par les hérétiques et les factieux. Or, dans les sociétés démocratiques modernes et généralement dans toute société régulière et bien ordonnée, le magistrat civil ne doit jamais pousser la répression jusqu'à détruire l'économie de la Providence, qui veut que les abus et les passions soient contenus par la contradiction. Et cela est vrai, même de l'autorité spirituelle, parce que n'étant infaillible que religieusement, elle est essentiellement faillible politiquement. Or, les répressions matérielles, supposant des appréciations de fait et de convenance sociale, rentrent dans le domaine de la politique, et sont par cela même étrangères à la compétence du prêtre, sans quoi l'ordre de la Providence se trouverait renversé. L'Église infaillible dans son jugement doctrinal condamne et proscrit les hérésies, même matériellement si elle le peut, voilà le droit. Mais c'est le devoir du magistrat civil de les tolérer, comme il tolère souvent le mal, à moins dans les cas exceptionnels où prenant le caractère de factions elles menaceraient l'existence même de la société civile. Et même encore dans cette hypothèse, le magistrat abuserait de son pouvoir, si au lieu de prendre exemple sur Rome, toujours modérée même dans ses répressions, il prenait exemple sur la législation atroce de l'inquisition espagnole, une des hontes du genre humain. Mais en dehors de ces cas exceptionnels, qui ne doivent même jamais aller jusqu'à la suppression de toute contradiction, c'est le devoir du magistrat civil de tolérer les hérésies. Pourquoi? Parce *qu'elles sont nécessaires*, les prêtres ayant besoin comme les autres hommes d'être stimulés à bien faire et d'être tenus en éveil contre leurs passions; sans quoi le christianisme ne pourrait poursuivre sa carrière dans le monde, dans les conditions de lutte, de combat et d'efforts que Dieu lui a imposées comme nécessaires au perfectionnement de ses saints, au maintien de l'intégrité du prêtre et au développement de la science sacrée.

Ainsi nous sommes tout à la fois pour la proscription des hérésies, et pour leur tolérance; pour leur proscription, en droit, par l'autorité spirituelle; pour leur tolérance, en fait, par l'autorité civile. Et cette double formule applicable à toute société chrétienne en général, et sauf les cas exceptionnels, est impérieusement obligatoire dans les sociétés démocratiques modernes, où l'autorité religieuse doit prémunir les peuples contre l'erreur et le mensonge, mais où, en même temps, l'autorité civile doit soigneusement veiller au maintien, dans les limites d'une liberté raisonnable, du principe d'émulation, de concurrence et de contradiction, sur lequel ces sociétés reposent, et qui, faisant leur perfection et leurs progrès, est plutôt utile que nuisible à l'avancement de la religion, et à la sanctification du sacerdoce. Mais faut-il en conclure que la tolérance du mal, c'est-à-dire une certaine licence, soit *un droit sacré et imprescriptible*, comme l'enseignent les modernes docteurs de la politique? Non, mais c'est un délit que l'on subit en vue d'un résultat utile, et pour éviter de plus grands maux. Car les prêtres sont hommes et on a vu des couvents, des monastères, et le clergé de certains pays se purifier, se réformer et acquérir une science supérieure sous la pression des hérésies et quelquefois même des révolutions. Ainsi se trouve conciliée dans la vérité la doctrine de la liberté réglée et modérée, et la célèbre encyclique de Grégoire XVI. En principe la liberté de mal dire et de mal écrire et la tolérance des hérésies ne sont que des licences ou des choses mauvaises à les considérer en elles-mêmes; mais en fait, ces licences doivent être supportées puisqu'elles sont nécessaires. Grégoire XVI, au fond, n'a pu dire autre chose, l'Église universelle ayant constamment professé la maxime d'une grande condescendance pour les hommes et d'une grande sévérité pour les erreurs.

On accuse les catholiques de vouloir le renversement de l'édifice social moderne. Nous avouons loyalement que l'accusation serait fondée, si, ne pouvant supporter, même à titre de tolérance, la liberté de mal dire, ils repoussaient ce principe qu'ils peuvent récuser moins que personne, *qu'il est nécessaire qu'il y ait des hérésies*. Il est en effet évident que notre édifice social reposant sur le principe de la liberté et de la tolérance, les catholiques seraient des révolutionnaires et des plus dangereux, s'ils tendaient ostensiblement ou secrètement, à la ruine de ce principe. Leur liberté alors serait factieuse et M. Guéroult serait fondé en raison et en droit de demander la suppression des associations, des corporations et des écoles catholiques, qui tendraient, par la force la plus irrésistible parce qu'elle est permanante, la force religieuse, au renversement d'un ordre social légitime en soi. Nous avouons en outre que leur liberté serait, sinon factieuse du moins dangereuse, si, ajournant, pour des temps plus favorables, leurs attaques contre la liberté et la réalisation de leur despotisme théocratique, ils ne reconnaissaient pas en principe et d'une manière absolue l'axiôme fondamental de la tolérance évangélique *qu'il est nécessaire qu'il y ait des hérésies*. Il ne suffit pas de dire à un pouvoir et à une société constitués sur un ensemble de faits et d'intérêts solidaires parfaitement légitimes et concordant à tous égards : « Nous respectons provisoirement « le principe de votre existence ne pouvant pas faire autrement; et « nous ajournons nos attaques, bien résolus à nous débarrasser de « vous et de votre principe à la première occasion favorable. » Les intérêts sont avisés et les pouvoirs ombrageux, ils ne manqueraient donc pas de frapper sur le clergé s'ils pouvaient seulement soupçonner une arrière pensée, d'ailleurs si injurieuse. Il faut donc qu'il y ait un malentendu, une confusion.

On ne peut forcer, on ne forcera jamais les catholiques, des hommes de foi ayant un critérium, à parler de la tolérance et de la liberté comme en parlent les révolutionnaires et les hérétiques, qui n'ont ni foi, ni critérium. Jamais ils ne donneront le triste scandale d'avouer que ce qui est faux est vrai, et ce qui est mal est bien; qu'on peut attaquer et avilir, dans d'infâmes pamphlets, ce qui est saint et adorable; que la liberté de tout écrire, même ce qui est immoral, est un *droit sacré et imprescriptible* ; que les hérésies doivent non-seulement être tolérées mais encore honorées, comme une des formes légitimes de la pensée humaine. Les catholiques en un mot, parce qu'ils ont du bons sens, tranchons le mot, le sens commun, n'admettront jamais la liberté illimitée ou la liberté révolutionnaire, la tolérance illimitée ou la tolérance qui insulte à leur croyance, mais ils accepteront volontiers comme un principe immuable et pas seulement de circonstance, qu'il est nécessaire de supporter les hérésies, puisque à certains égards, *il est nécessaire qu'il y en ait.* Ils accepteront comme une chose également nécessaire, la faculté de discuter la politique, la religion, tout, dans les limites de la décence et des convenances sociales. Ils admettront même que ces limites doivent être d'autant plus larges que les idées d'ordre et de conservation seront plus développées dans les masses, que l'esprit public sera meilleur et les écarts de la liberté moins à craindre. Ils admettront en un mot la liberté, limitée par les exigences sociales, en faisant entrer dans ces exigences celles du catholicisme puisqu'il est un des éléments intégrants de la société française.

En un mot, les catholiques, pour être conséquents, n'accepteront jamais, *comme un droit absolu* que la liberté de la vérité, que la liberté de l'Église ou leur propre liberté et jamais celle des autres. Pourquoi? Parce que les autres sont dans le faux, puisqu'ils sont dans le vrai. Mais si l'heureuse nécessité de leur situation les condamne à ne pas accepter la liberté du faux et du mal comme un *droit sacré et imprescriptible*, ils l'admettront comme une *faculté*, comme une *tolérance*, comme une *nécessité sociale.* Se connaissant eux-mêmes, ils savent que, s'ils ont la vérité, ils ont aussi des passions, qu'ayant seuls le pouvoir, ils pourraient en abuser, en faisant ce qu'ils sauraient ne devoir pas faire et en ne faisant pas ce qu'ils sauraient devoir faire.

En résumé, il y a dans la question qui nous occupe, à distinguer la théorie de la pratique. Théoriquement, la vérité ne saurait tolérer le mensonge. Qui oserait dire le contraire? L'Église voit ce qui est faux. Le supporter serait son suicide; car ce serait renoncer à sa plus belle prérogative, qui est de voir la vérité et de proscrire le mensonge. Elle le proscrit donc de son mieux par les moyens spirituels qui sont dans ses attributions. Mais s'agit-il d'en venir aux moyens coërcitifs, ou à une répression matérielle quelconque, il se présente une question de fait ou d'appréciation qui touche à la politique et aux convenances sociales : faut-il punir, ou faut-il tolérer pour éviter un plus grand mal, et ne serait-il pas dangereux de supprimer toute espèce de contradiction? Toute l'économie du christianisme, que dis-je toute l'économie du développement de la civilisation s'offre alors à l'esprit; et on entrevoit clairement la signification profonde de la doctrine du Christ, si ferme dans les principes, si empreinte de douceur, de mansuétude et de tolérance dans les applications. Nous ne referons pas après tant d'autres, le tableau des progrès que les hérésies ont fait faire à la science théologique elle-même. Les plus beaux génies du christianisme n'ont vécu intellectuellement que des réfutations des hérétiques de leur temps. C'est à ces réfutations que nous devons les plus beaux livres des Pères, les variations de Bossuet, et les abîmes de science théologique et philosophique de saint Thomas. Les canons de nos conciles et les articles de nos symboles, du symbole de saint Athanase notamment, sont autant de réponses aux erreurs des hérésiarques, et autant de définitions définitivement fixées par leurs controverses. Le *fait* de la tolérance repose donc sur des principes nécessaires d'ordre, d'économie et de politique ayant leur garantie dans l'Évangile et que l'Église peut moins repousser que tout autre. Nous ajouterons que, dans les sociétés démocratiques modernes, ces principes ont quelque chose de tellement impérieux en pratique, qu'on ne concevrait pas même la possibilité de les enfreindre, sans provoquer du même coup le renversement de tout l'édifice social. Ils obligent donc en conscience, c'est notre ferme conviction, et, sauf certains cas tout à fait exceptionnels, leur violation serait une atteinte portée à la parole de Jésus-Christ et à la tradition constante de l'Église, bien que quelques ministres de Dieu dans certains pays aient quelquefois méconnu cette maxime des Saints, qu'il faut être indulgent pour les hommes et d'une sévérité inexorable pour leurs erreurs.

Commence-t-on à saisir la distinction, à comprendre que, seuls, les catholiques, ici comme partout, sont dans la vérité des principes, dans le *bon sens,* dans le *sens commun.* On peut déraisonner tant qu'on voudra, mettre sur la même ligne le bien et le mal, le vrai et le faux, non-seulement en pratique, mais en théorie; les catholiques ne peuvent aller jusque là sans se suicider. Ils sont condamnés à avoir le *sens commun.*

Ce qui existe, avons-nous dit, a le droit de se défendre, de se conserver, de se protéger à outrance. Mais il y a encore ici une distinction à faire. Ce qui a cette prérogative divine, d'une liberté défensive illimitée, c'est ce qui est de Dieu, ou, en d'autres termes, ce qui *existe légitimement.* Une société secrète dont l'objet est de renverser le gouvernement, a beau exister, comme elle existe contre le droit, elle est hors la loi. Son existence même est un crime, elle doit être supprimée. Elle n'a aucun droit à la tolérance et encore moins à la liberté. Une hérésie n'existe pas en théorie, car en réalité une hérésie c'est une négation; mais elle existe en ce sens qu'elle a groupé un certain nombre d'hommes pour *protester* contre telle ou telle affirmation catholique. Elle ne nie pas la religion d'une manière absolue; elle en conserve même ce qu'elle ne nie pas. Aussi l'Église admet que l'hérétique de bonne foi peut être sauvé. A ce titre, et, parce *qu'il est nécessaire qu'il y ait des hérésies*, on le tolère. Mais l'Église seule est libre de droit, parce qu'elle est la religion, parce qu'elle *existe* comme affirmation absolue, parfaitement légitime en soi; aussi elle a droit à une liberté illimitée dans l'ordre spirituel, tandis que les hérésies n'ont droit qu'à la tolérance, et à une tolérance naturellement bornée par les convenances sociales, qui leur font un devoir de s'interdire toute manifestation factieuse ou outrageante pour la religion. Tout nous conduit donc à cette conclusion : que la liberté et la tolérance cessent d'être des droits, sitôt qu'elles deviennent des abus notablement préjudiciables au bon ordre et à la conservation des éléments essentiels de la société; ce qui appelle comme corollaire le droit de répression, droit *sacré* et *imprescriptible* cette fois, puisqu'il ne s'exerce que dans l'intérêt du droit, de la justice et de la vérité.

Le Pouvoir, fait social par excellence, doit être armé pour sa défense d'une latitude illimitée, jusqu'à pouvoir recourir au glaive dans le cas de légitime défense, mais ce serait s'attaquer aux citoyens que d'attaquer leurs libertés s'exerçant dans la limite des lois, dans la limite des convenances sociales. L'Église, fait divin par excellence, et autorité légitime investie par Dieu de la prérogative de propager la foi, doit jouir d'une liberté illimitée dans l'ordre spirituel, mais à la condition *de rendre à César ce qui appartient à César* dans l'ordre temporel. Le catholicisme n'est donc pas incompatible avec les sociétés modernes, parce qu'il appelle les choses par leur nom : la liberté dans la vérité, un droit; la liberté dans l'erreur, une tolérance, justiciable de la loi ou des tribunaux. Quand donc, dans les constitutions modernes, incrédules, indifférentes ou athées, on met le catholicisme sur la même ligne que les hérésies en lui octroyant la tolérance, on fait une chose inconvenante et attentatoire à la majesté de la religion. La religion n'a pas besoin de tolérance, elle est le droit, la justice, la liberté. Mais au-dessous d'elle nous avouons qu'il est nécessaire de mettre dans nos modernes constitutions un article de tolérance pour tous les autres cultes. Ces cultes n'étant pas la religion, il est utile, il est même nécessaire de constater que la loi les tolère, comme elle tolère les mauvais livres, et les mauvais journaux.

CHAPITRE XV.

DE LA SOUVERAINETÉ ET DE LA PLUS BELLE FORME DE GOUVERNEMENT.

Le Pouvoir doit se décharger sur les particuliers, les associations libres et les corps constitués de ce qu'ils peuvent mieux faire que lui. — Nature et origine du Pouvoir. — Droit divin et souveraineté du peuple. — Le Pouvoir sort de la société par la force même des choses comme la tête du corps humain. — La souveraineté est forcément limitée par les droits naturels et par ceux de l'homme, des associations libres, des corps constitués, de l'Église, par le Vrai et le Juste absolus. — De la plus belle forme de gouvernement. — La France veut un Pouvoir fort.

I. — Mais s'il n'y a pas incompatibilité entre le catholicisme et la société moderne, il y a incompatibilité entre lui et la révolution. La révolution veut le détruire, cela est incontestable. De là une cause permanente de désordre dans la société. Il y a là deux adversaires puissants qui, cherchant à s'entre-détruire, placent le pouvoir dans l'obligation ou de louvoyer, ou de prendre parti, ce qui est dangereux dans les deux cas. La situation est donc forcément précaire. Comment sortir de là ? Le moyen, nous l'avons dit, c'est de créer des forces conservatrices concourant, avec le gouvernement, au maintien de l'ordre social ; c'est de diviser la révolution en détachant son personnel honnête de son personnel factieux et ambitieux ; c'est d'opposer à l'action dissolvante de ce dernier personnel l'action protectrice des corps constitués et des associations de prévoyance et de bienfaisance, soutenus, dans cette œuvre de salut public, par l'influence moralisatrice de l'Église, de ses corporations religieuses, de ses écoles et de ses universités reconstituées sous une forme appropriée aux besoins du siècle. On ne saurait venir à bout de la révolution par des mesures isolées, mais par un ensemble de mesures combinées, tendant toutes au même but : fortifier le Pouvoir et l'Église. Et le moyen c'est, avons-nous dit encore, de donner aux associations libres, aux compagnies et à l'Église une grande liberté et des droits hautement reconnus et placés sous la protection des tribunaux ; c'est de doter largement les divers corps constitués de prérogatives et de franchises en harmonie avec leurs attributions ; c'est d'alléger autant que possible la responsabilité du gouvernement en laissant faire à ces associations, à ces corps, à ces compagnies, au clergé et aux particuliers, ce qu'ils peuvent mieux faire que lui.

Le pouvoir doit être jaloux de conserver, avec ses droits véritablement régaliens, la plénitude de ses attributions gouvernementales, et avoir en outre une entière liberté d'action pour le bien ; mais la répression du mal doit, autant que possible, être rejetée sur les tribunaux. C'est là leur attribution essentielle, et il faudrait chercher à l'étendre plutôt qu'à la restreindre. Le Pouvoir enfin doit se décharger sur les municipalités de tous les soins administratifs étrangers aux intérêts généraux de l'État.

Le gouvernement ne saurait, sans déroger, s'attribuer la répression des délits de presse ; c'est l'affaire des tribunaux, arènes contradictoires de la liberté. Il serait pénible de voir un Pouvoir lisant, du matin au soir, des livres, des journaux, pour les censurer, et envoyant, dans les officines des journaux et les imprimeries, des émissaires, pour leur signifier ce qu'il veut qu'on taise, qu'on dise, qu'on pense, assumant ainsi une foule de responsabilités qui l'affaibliraient journellement, et seraient mieux placées dans les attributions de la justice. Le Pouvoir aurait donc besoin d'être fortifié non-seulement dans les pays où règne la censure, mais dans ceux où la liberté de la presse dépend du ministère. On le fortifierait encore en le dégageant des soucis et de la responsabilité des autorisations et de la tutelle administrative, pour tout ce que les particuliers voudraient entreprendre en dehors de leur pot au feu. Car, indépendamment des autorisations et de la tutelle administratives, relatives à la gestion des affaires communales et départementales, l'action du pouvoir s'étend à tout : à l'enseignement, à l'industrie, au commerce, à la science, à l'agriculture, à la police des cultes, aux associations, etc., etc., etc. Entraves de toute sorte, inconnues au moyen âge et empruntées à l'ancien régime, qui avait aussi ses inspecteurs, s'occupant des *manufactures, des fabriques, des draperies, des drogueries*, de la longueur à donner aux étoffes, des tissus à choisir, des méthodes à suivre, des erreurs à éviter dans la fabrication, le tout dans l'intérêt du public sans doute, mais aussi du fabricant ! (1) Entraves dont la suppression, dans tout ce qui ne toucherait pas à l'intérêt général, ouvrirait un vaste champ à l'initiative, à l'activité et au self government de chacun, et ferait surgir, comme par enchantement, sur tous les points du territoire, une foule de corporations et d'associations constituant autant de personnes morales, libres et indépendantes, et autant d'éléments nouveaux de force et de conservation sociales.

Protégées par les municipalités et les corps constitués, ces personnes morales les protégeraient à leur tour, en rattachant à elles, par un lien solidaire, leurs droits, leurs intérêts, leur destinée. Quelle force ne donneraient-elles pas alors au pays contre les empiétements du despotisme ou les attaques de la révolution ! Ce que les associations, ce que le clergé notamment, offre de résistance et de solidité, des exemples mémorables nous l'apprennent ; et cette force de résistance ne ferait que s'accroître si, affranchies de toute dépendance de la police et du bon plaisir ministériel, et ne relevant, comme les particuliers en général, que des tribunaux, ces personnes morales étaient en outre placées sous l'égide de la constitution et des lois. Laisser surgir du sein de la société toutes les associations que son état démocratique et libéral comporte, serait donc créer autant de valeurs sociales, si on veut nous permettre cette expression, et

(1) Voyez, dans les archives de l'intendance de l'Ile-de-France, les correspondances et pièces intitulées : *manufactures, fabriques, draperie et droguerie.*

autant de valeurs conservatrices, puisque sortant des entrailles de l'État, leur sécurité et leur prospérité seraient attachées à sa tranquillité et à sa puissance.

Les corps constitués eux-mêmes devraient avoir une certaine indépendance ou une certaine liberté d'allures dans leur sphère. Tenus en lisière par le Pouvoir, on les voit humbles et obséquieux à tous les changements de règne, attendant un signe du maître, quel qu'il soit. Mais il est trois corps sur lesquels nous voudrions spécialement appeler l'attention du législateur dans le cas hypothétique mais prévu de la révision de la constitution. Nous voulons parler des municipalités, du Corps législatif et du Sénat.

N'ayant pas le droit de critiquer ce qui est, mais ayant celui d'émettre des vœux, puisqu'on a promis des réformes et fait concevoir des espérances, nous répéterons, si l'on veut, que tout va pour le mieux en ce moment où le chef de l'État a besoin d'une puissance exceptionnelle, en vue d'une mission exceptionnelle. Mais il nous sera bien permis, dans la prévision d'un avenir solennellement ouvert à toutes les spéculations de l'hypothèse, d'exprimer éventuellement notre sentiment sur les modifications à la constitution les plus propres à fortifier le Pouvoir en le dégageant. On ne saurait toutefois aborder utilement un pareil sujet sans s'être rendu compte auparavant de la nature, de l'essence et des attributions essentielles du Pouvoir ; et ce sera l'objet de ce chapitre. Dans le suivant, nous verrons comment on peut le fortifier et le consolider en élargissant les attributions des autres corps constitués, et en faisant concourir leur action avec la sienne.

II. — Parlons d'abord de la nature et de l'essence du Pouvoir dans l'État, que cet État soit une monarchie ou une république. On a voulu faire émaner le pouvoir de deux sources : la souveraineté nationale ou le droit divin. Le principe du droit divin a toujours été pour nous une énigme, et le principe de la souveraineté nationale nous a toujours semblé chargé d'orages, faute d'être clairement défini. Le pouvoir en lui-même, abstraction faite de ceux qui en sont investis, est un organe essentiel de la communauté. Une société quelconque, Église, État, corporation intellectuelle, industrielle ou commerciale, ne peut exister sans un pouvoir qui la représente. Le Pouvoir est donc ce qui représente le corps social, son organe nécessaire. Mais le Pouvoir n'est pas une abstraction, il est exercé par quelqu'un ; il faut donc que cet organe qui n'existe d'abord que comme une éventualité nécessaire mais abstraite, finisse par devenir quelque chose de concret, par prendre un corps. Une association se forme, et spontanément, sans objection possible, on voit surgir de son sein un pouvoir, que ce pouvoir soit le produit de l'élection ou de la libre acceptation, comme chefs, d'un ou plusieurs membres de l'association. Au fond, quelque soit la forme sous laquelle le pouvoir apparaisse, il est indispensable que primitivement il soit ou choisi ou accepté par la société sous peine d'usurpation. Il ne saurait en être autrement.

Aussi, il est sans exemple dans l'histoire qu'aucune dynastie, autre que celles dont l'origine remonte à la conquête, se soit fondée, sans s'être fait accepter directement ou indirectement par la société qu'elle venait gouverner ou par ceux qui étaient censés la représenter.

Les rois des sociétés primitives et héroïques, descendant des dieux, invoquaient eux-mêmes leur divine origine pour se faire accepter par des peuplades grossières et ignorantes; et il n'y a pas eu d'autre droit divin que celui-là; car les rois francs qui prétendaient descendre des anciens dieux ou héros de la Germanie, se faisaient élever sur le pavois; c'était leur consécration royale. Pépin et Hugues Capet se firent reconnaître et accepter par les barons, c'était la société d'alors; Guillaume d'Orange, en Angleterre, s'est assuré du concours du parlement avant de régner, et la dynastie des Napoléon du suffrage du peuple. Or, comme la société a besoin d'un pouvoir pour vivre, il est toujours sous entendu qu'elle veut celui qui la gouverne, alors même que tous les citoyens n'auraient pas participé à son élévation. Nous avons beau chercher, nous ne voyons pas d'autre origine au pouvoir. Le corps social le produit librement ou l'accepte nécessairement; c'est cette production *libre* ou cette acceptation *nécessaire* par la société qui fait sa légitimité. Voilà le fait et le droit; tout le reste n'est qu'utopie, qu'idéologie pure. Le droit divin est un mot vide de sens. Il n'y a que le pape et les évêques qui aient un droit divin, un pouvoir divin, parce que leur institution remonte au divin fondateur du christianisme. Partout ailleurs je ne vois que des sociétés dont les pouvoirs ont été produits ou acceptés par elles. Toute autorité qui vient s'imposer par la force est une usurpation, et toute autorité qui ne peut se soutenir qu'en employant la violence contre les vœux, les intérêts et les droits de la nation, est une autorité illégitime.

Originairement, sans doute, le droit dérive de la nature des choses ou de Dieu, car tout descend de Dieu. Ne pouvant y avoir de société sans gouvernement, cette nécessité, au fond, est ce qui constitue la légitimité du pouvoir. « *Nolint, velint debent regi ab aliquo homines, nisi velint perire.* » Saint Thomas, Bellarmin, Suarez, sont unanimes à cet égard : pour eux le pouvoir n'est de droit divin que parce qu'il découle de cette nécessité qui en fait un droit naturel. « *Hæc potestas est de jure naturæ quod non pendet ex consensu hominum... At jus naturæ est jus divinum.* » En ce sens, mais en ce sens seulement, *le droit naturel est un droit divin.* Car ces docteurs reconnaissent, avec la même unanimité, que si, en principe, le pouvoir ne dépend pas de la volonté des hommes, le droit de le transmettre réside dans la multitude, par la raison que ce droit n'étant inhérent à personne ne peut *appartenir qu'à tous* ou à la société. A côté du droit abstrait qui vient de Dieu, il y a donc l'investiture qui vient des hommes tout aussi nécessairement que le droit vient de Dieu. « En principe, Dieu est la source du pouvoir, mais dans l'exécution les

« créatures sont gouvernées les unes par les autres. » (*Saint Thomas*, 1a, q, C III, 6.) C'est ainsi que les hommes se rattachent à Dieu par le pouvoir. Créés sociables, ils ne font qu'obéir ou se conformer à la loi de leur divin Auteur en instituant l'organe du pouvoir. L'autorité, abstraction faite de son organe matériel, est une émanation de Dieu, en ce sens qu'elle est le produit de la nécessité, ou la condition sans laquelle la société ne serait pas une société. Les légitimistes, en ne tenant aucun compte du fait de la transmission du pouvoir par les hommes, pour s'en tenir au droit qui vient de Dieu, mais qui suppose le fait, se trouvent faibles et désarmés devant un siècle positif, où tout droit séparé du fait, n'offrant à la pensée qu'un sens vague et indéterminé, n'a aucune prise sur les esprits. Légitimisme ou mysticisme sont aujourd'hui synonymes. On nuit donc à la cause des souverains en les isolant de la nation, et en les identifiant avec le droit abstrait de la nécessité divine du pouvoir, dont ils ne sont que les organes périssables. Les dynasties finissent, le pouvoir seul est immortel ; il suit toujours la société, il est incorporé à elle et non aux dynasties qui vont et viennent. Elles s'en iraient toutes, comme on l'a vu en 1848, qu'il sortirait forcément, des entrailles du corps social, un autre organe du pouvoir. La formation de cet organe est donc une des productions nécessaires de l'organisme social, au même titre que la tête est le produit nécessaire de l'organisme humain. Tout homme, toute corporation, toute race qui prétendraient tirer le pouvoir, non de la nation, mais d'eux-mêmes, seraient, *ipso facto*, illégitimes ; car, de quel droit pourraient-ils commander à des hommes libres, sortis libres des mains de Dieu ? Il faut donc, s'ils veulent être forts, qu'ils aillent chercher leurs titres dans le corps social lui-même, en disant qu'ils en sont ou le produit spontané ou le produit librement accepté, lequel a d'autant plus de force et de légitimité qu'il remonte plus haut et que l'acceptation s'est renouvelée plus de fois en se transmettant de génération en génération. Là est la force des rois, elle ne saurait être ailleurs, et là est la force et la légitimité des dynasties, car alors, représentant la société d'autrefois et celle d'aujourd'hui, elles résument en elles le passé, le présent, et par conséquent l'avenir, l'avenir devant être le produit développé et amélioré du passé et du présent.

III. — Au reste tous les Pères, après Jésus-Christ, flétrissent et proscrivent unanimement la maxime immorale et impie du pouvoir pour le pouvoir et de la domination pour la domination : « vous « savez que les princes des nations les dominent et que les plus « grands exercent sur elles leur pouvoir. Il n'en sera pas ainsi parmi « vous : mais que celui de vous qui voudra être le plus grand soit « votre ministre, et celui qui voudra être le premier, votre serviteur « à l'exemple du Fils de l'Homme, qui n'est pas venu pour être servi « mais servir et donner sa vie pour la rédemption de la multitude. » (Saint Mathieu, 20) Ces paroles du Sauveur, dit-on, supposant une vertu parfaite n'ont rapport qu'au gouvernement de l'Église et sont sans application possible au gouvernement politique des hommes. Nous repoussons cette triviale distinction, que les pouvoirs de l'ancien régime, voulant se créer des devoirs faciles et une autorité commode, avaient soigneusement entretenue. Nous ne saurions admettre dans une société démocratique, où tout doit viser à la perfection, une distinction qui tendrait à perpétuer cet éternel antagonisme de la politique et du christianisme, dont le machiavélisme est l'expression dernière. Tout doit être en harmonie, tout doit concourir au même but, dans les états démocratiques, la religion et les institutions; le magistrat et le prêtre devant, dans la mesure du possible, n'avoir d'autre Modèle dans l'exercice de leur autorité, que Celui qui, étant notre maître à tous, a voulu être le serviteur de tous. Nous repoussons donc avec indignation, nous osons presque dire, avec colère, ces lâches interprétations du texte sacré, qui ne semblent être faites que pour atténuer ou amoindrir la parole divine, quand il importe tant d'en faire ressortir les hautes exigences, en présence des passions humaines intéressées à se soustraire à ses austères prescriptions. Et nous nous en tenons à l'interprétation des Pères qui, n'étant pas impliqués dans les embarras du siècle et les intérêts des couronnes, ne se sont jamais laissés aller à ces vaines condescendances de l'adulation et du servilisme.

L'autorité, dit l'évêque d'Hippone, est à qui pourvoit « *à l'inté-* « *rêt d'autrui*. Dans la maison du juste, vivant de la foi et voyageant « encore loin de la céleste cité, ceux même qui commandent sont les « *serviteurs* de ceux à qui ils paraissent commander. Car ce n'est point « par la passion de *dominer* qu'ils commandent, mais par la loi du « dévouement; non par l'orgueil de la principauté, mais par le devoir « de la charité... Dieu ne veut pas que l'homme domine sur l'hom- « me, mais sur la brute... Une des plus cruelles passions qui rava- « gent le cœur des mortels n'est-ce pas la passion de dominer ?.... « Dans l'ordre naturel où Dieu a créé l'homme, nul n'est esclave de « l'homme ou du péché!.... » Saint Augustin, (*Cité de Dieu*, liv. XIX) démontre ensuite que l'obligation de servir vient du péché et que sans lui la domination des uns sur les autres aurait été sans raison. Il faut donc attendre que « l'iniquité passe; ensuite toute « souveraineté et toute puissance humaine étant anéanties, Dieu sera « tout en tous. » Si donc l'amour de la domination est une passion et, comme la nécessité d'obéir, une suite de notre corruption, le rôle du chrétien, par opposition au rôle du révolutionnaire, doit être de travailler de tout son pouvoir à rendre cette passion de moins en moins lourde pour les autres. Le juste, devant exercer son autorité, non par amour du pouvoir, mais « par le désir d'être utile, » (Saint Augustin, *ibid.*) doit travailler à se guérir de cette malheureuse passion, cause de presque toutes les dissensions publiques. Est-ce à dire que les gouvernements soient les serviteurs des peuples, ses commis, ses employés, dans le sens que les révolutionnaires l'entendent? Non, car cela supposerait du côté du peuple une autocratie à laquelle il n'a pas plus de droits que les rois. Les rois ne relèvent que de la Justice, de Dieu et du service public ; et s'ils sont tenus à administrer d'une manière conforme aux vœux de la communauté, cela n'implique aucune sujétion. La société étant soumise aux lois de Dieu, le Pouvoir qui la représente ne sert que Dieu tout en servant la société. La sujétion du prince au service public ne différant pas de sa sujétion au service de Dieu, constitue donc un ministère divin qui la relève à la hauteur et à la dignité du commandement. Représentants de Dieu et de la société, les princes doivent avoir la majesté de cette double représentation, et en même temps la modestie de la sujétion, qui est une conséquence de leur charge et en fait les serviteurs de la société et de Dieu.

La notion chrétienne de l'autorité diffère donc autant de la notion révolutionnaire, qui fait du prince l'esclave de la multitude, que de la notion païenne de l'ancienne royauté, qui faisait du prince une idole, et de son bon plaisir la source du droit et de la justice ; exagération si propre à faire oublier aux grands les devoirs de leur charge et que saint François de Salles flétrissait dans ses *maximes* en disant : « Il y a une grande misère aux grands de la terre, en ce que sachant « si bien ce qui leur est dû, ils ignorent ou ne pensent point à ce « qu'ils doivent, qui est beaucoup. » Le mal est donc dans cette ignorance et ce mauvais vouloir des princes et dans les exigences outrées de la multitude, et il est malheureusement à craindre qu'il en soit longtemps ainsi, les chefs étant généralement portés à abuser de leur autorité et les peuples de leur liberté, si l'une et l'autre ne sont fortement contenues. Aussi, pour un cœur réellement noble et sincèrement amoureux de la liberté et de l'égalité chrétiennes, nous ne voyons qu'un moyen de réaliser ce double rêve, c'est de se réfugier dans l'Église, et de se tenir au pied des autels, les yeux fermés, et en adoration devant Dieu. Là dans cette posture tous les hommes sont réellement libres et égaux, et encore faut-il qu'ils ne se regardent pas en face.

Mais, de ce que le Pouvoir doit représenter la société, est-ce à dire que la nation soit *souveraine*, que le peuple soit *souverain?* Dieu nous préserve d'un pareil blasphème. Ce n'est pas nous qui attribuerons à des hommes une prérogative qui ne saurait appartenir qu'à Dieu. Des hommes souverains ! un peuple souverain ! A-t-on seulement réfléchi à la signification de ce mot ? Dieu seul est souverain. L'organe investi du pouvoir n'est que l'interprète de Dieu, l'interprète de la Justice, du droit. Le peuple composé d'un ensemble d'individus comme moi, n'est ni plus ni moins souverain que moi, que qui que ce soit, empereur, roi, président de république, convention. La nation, en produisant directement ou indirectement l'organe de la souveraineté, délègue au souverain le droit de la diriger et de la gouverner, mais non un pouvoir arbitraire, qu'elle n'a pas elle-même. Le Pouvoir ne porte même le titre de souverain que par extension et à raison de sa participation à la souveraineté divine. En réalité il ne fait que remplir une fonction. Ministre de Dieu au près de la société d'où lui vient l'investiture, il ne peut la gouverner qu'en vertu de cette sorte de participation au gouvernement de la providence. Mais son autorité n'est pas, au fond, une véritable souveraineté. Elle est limitée de toutes parts, même dans les républiques. Il n'est pas jusqu'à Robespierre, dans la discussion de la constitution girondine, et Syeyes, dans la discussion de la constitution de la Montagne, qui n'aient été obligés de reconnaître que la souveraineté illimitée du peuple est une tyrannie, les individus en s'associant ne pouvant mettre en commun tous leurs droits. Ainsi le Pouvoir ne saurait sans commettre une usurpation, porter atteinte aux éléments constitutifs de l'état social, à la propriété, à la famille, à la religion, à la liberté, au droit d'association, et généralement à tous les autres éléments et intérêts légitimes. La souveraineté est beaucoup moins souveraine qu'on ne pense ; bornée de tous côtés par une foule de droits, et d'intérêts préexistants, elle n'a ou ne devrait avoir d'autres attributions que celles que les individus, les associations et corporations libres et les corps constitués ne pourraient exercer eux-mêmes. La souveraineté nous apparaît donc comme la tête du corps humain, non pour remplir les fonctions des jambes, des bras, du cœur, des poumons, mais pour combiner son action avec celle de ces organes en la facilitant, la protégeant et la développant, au lieu de l'asservir. Mais il y a cette différence, au profit de la liberté, que les membres du corps social, individus ou corporations, sont des êtres libres dont le gouvernement doit honorer et plus ou moins favoriser l'autonomie, tandis que dans l'organisme humain les divers organes semblent céder moins à leur propre impulsion qu'à celle du cerveau.

De tous les actes de la société le plus important sans contredit et celui qui a le plus de rapport avec la souveraineté, c'est la production par la nation de l'organe du Pouvoir. Or cet acte lui-même est si peu un acte de souveraineté, qu'en élisant son chef la nation fait une chose forcée, même quand elle agit librement. Il en a été ainsi en 1851, comme en 1848, et dans toutes les circonstances analogues. La société ne peut pas se passer de Pouvoir ; il faut qu'un *chef*, qu'une tête sorte d'elle, bon gré mal gré. La souveraineté nationale se trouve donc forcément limitée de toutes parts : limitée par la liberté des individus, et des autres personnes morales qui, sous le nom d'associations ou de corporations, constituent le corps social; limitée par les droits sacrés et imprescriptibles de la propriété, de la famille et de la religion; limitée dans l'exercice même du Pouvoir constituant. Mais elle est bien autrement limitée par le droit absolu, ou par l'obligation où elle est de respecter ce qui est vrai, juste et bon en toutes choses. Ainsi les démagogues qui viennent dire au peuple : vous pouvez tout, ou qui, comme Rousseau lui enseignent qu'il peut se faire du mal s'il le veut, sont de misérables adulateurs ou des utopistes dangereux qui pervertissent les populations, et déchaînent les passions en subordonnant aux caprices populaires les règles immuables de la Justice. Les droits et les devoirs disparaissent alors devant la volonté des masses, c'est-à-dire, devant la force brutale, et on a la Convention et la Terreur. La liberté s'évanouit pour faire place au despotisme révolutionnaire. Non, le peuple n'a pas le droit de se faire du mal, en opprimant les minorités et violant la justice; car il y a au-dessus de lui un Dieu dont il faut tenir compte, et une religion dont les prescriptions sont obligatoires. Aussi les révolutionnaires du XIXe siècle mieux avisés que Rousseau rejettent la Personnalité divine et divinisent le peuple, comme d'autres divinisaient les rois; conséquence forcée de toute souveraineté illimitée.

L'heureuse obligation où est le peuple de se respecter lui-même dans ce qui est juste et convenable, lui fait même une loi d'honorer et de protéger au besoin les pouvoirs qu'il a établis. Il ne peut les renverser sous de légers prétextes. Rien ne doit être arbitraire dans ses déterminations, et encore moins les changements de gouvernement que toute autre chose; étant préférable de supporter même les mauvais gouvernements, quand on a l'espoir de les améliorer, que de recourir à des révolutions qui entraîneraient des maux pires que ceux auxquels on voudrait remédier.

La souveraineté nationale, dans les monarchies et les républiques, est donc naturellement bornée dans son exercice, dans ses attributions, dans ses volontés, par les droits naturels, par les droits acquis, par les droits de la conscience individuelle, par les intérêts légitimes, par les éléments préexistants, par le droit absolu ou la justice, par les convenances sociales, par les mœurs, par les habitudes, par les traditions, par les idées reçues si elles sont justes, par les préjugés eux-mêmes, s'ils n'ont rien de contraire aux intérêts essentiels de la société. La souveraineté nationale, n'est donc, à vrai dire, que la souveraineté du Droit absolu, la souveraineté de Dieu, règle supérieure de toutes les volontés. Le peuple en effet ne saurait avoir des droits plus étendus que le pouvoir qu'il institue, or le Pouvoir ne peut qu'édicter et faire exécuter des lois justes ou convenables. Il ne fait par le droit, il le constate et le promulgue; il ne frappe pas arbitrairement les criminels, il leur applique les lois sorties moins de sa volonté que des convenances sociales. Rien d'arbitraire dans les sociétés chrétiennes. Elles ont dans le sentiment du vrai et du juste, que la religion a inculqué dans les âmes, un criterium infaillible, constituant la véritable souveraineté sociale, qui ne saurait émaner des volontés changeantes des hommes, car, au fond, c'est ce criterium qui domine et doit dominer ces volontés. Or, en fait, ce criterium a dépouillé la société du droit païen de la souveraineté, puisque le Pouvoir lui est subordonné, tout devant se faire sous l'inspiration de la pensée chrétienne sous peine de forfaiture. L'autonomie sociale, généralement reconnue aujourd'hui comme étant un droit incontestable, ne saurait signifier autre chose que cette subordination de tous et de chacun à la souveraineté divine.

V. — Appliquant à la société française ces principes de haute philosophie, la première question qui se présente est celle de savoir quelle est la forme sociale qui lui convient le mieux. On a dit que la forme républicaine était théoriquement la plus belle des formes politiques. On s'est grossièrement trompé, si on a entendu parler de ces républiques de la Grèce et de Rome, à tant d'égards défectueuses même à les considérer dans leurs beaux jours. La République romaine, suivant saint Augustin (Liv. XIX, cit. de Dieu), n'aurait même jamais existé, puisque ce mot signifie *la chose du peuple*, d'après la définition de Scipion, dans le traité de la République de Cicéron. Or il ne saurait y avoir de Peuple véritable ou des hommes véritablement associés, sur un autre principe que la *Justice* ; le droit ne pouvant consister dans les iniques institutions des hommes. Or, ajoute le saint docteur, la justice est impossible chez un peuple qui « dérobe « l'homme au vrai Dieu, en l'asservissant à l'esprit impur, » ou aux mauvaises passions. Il n'y a d'ordre et par conséquent de république possible que si le corps est soumis à l'âme et l'âme à Dieu. Il n'y a donc de république que là « où Dieu exerce sur la cité obéissante « un empire unique et souverain... tellement que cette cité ressem- « ble à un seul juste aimant Dieu, comme Dieu doit être aimé *et le* « *prochain comme lui-même.* » Jusque là il n'y a pas d'association, il n'y a pas communauté d'intérêts, il n'y a pas de république, « la chose du peuple ne pouvant être où le peuple n'est pas, et le « cité des *impies* ne possédent pas la *justice.* » Ce que les saintes écritures expriment en disant : « heureux le peuple dont le Seigneur « est le Dieu. »

Le christianisme, en nous révélant tout un ordre de vertus surnaturelles et en nous donnant le moyen de les pratiquer, a introduit dans le monde un idéal politique encore plus élevé que celui que pourrait offrir théoriquement une forme sociale où toutes les vertus naturelles de l'homme parfait seraient rigoureusement pratiquées. étant donc à la recherche de la plus belle utopie politique, nous ne voyons pas pourquoi nous nous arrêterions en chemin, au lieu de prendre, dans l'échelle des formes sociales, celle qui est sans contredit la plus parfaite. Cette forme, tout le monde en convient, c'est la république chrétienne. Mais elle est si belle qu'elle est impraticable. C'est une utopie pour tout dire. Elle suppose une abnégation absolue, un désintéressement et un esprit de sacrifice à toute épreuve, un sentiment profond de l'égalité et de la fraternité chrétiennes, l'amour de l'ordre, une charité parfaite et une foule de vertus surnaturelles que personne n'a et que tout le monde devrait avoir dans cette admirable cité. Au lieu de cela, il y à la jalousie des petits, la morgue des grands, l'envie du pauvre et l'avarice du riche, l'ambition, l'orgueil, l'égoïsme et la cupidité de tous. Il y a l'esprit d'insubordination des gens oisifs, méchants et débauchés ; les passions ardentes de la jeunesse, son amour du changement pour le changement, son impatience à parvenir, ses illusions, son inexpérience qui se prolongent quelquefois bien avant dans la vie et rendent les surprises faciles; il y a enfin l'amour du plaisir et du luxe qui est si général. Or tout cela crée autant d'obstacles insurmontables à l'établissement d'une république chrétienne, car tout cela appelle un gouvernement répressif, et comme tout gouvernement est composé d'hommes animés des mêmes passions il tend à se corrompre lui-même. De là ses usurpations et celles de son entourage; de là son avidité, son faste, ses dilapidations, son goût pour les jouissances, sa dureté contre ceux qui se plaignent. Il s'établit donc entre les gouvernés et les gouvernants une action et une réaction qui tendent à provoquer l'insubordination en bas et la tyrannie en haut. L'espèce humaine étant ainsi faite, nous ne voyons pas ce qu'une république chrétienne aurait à faire en ce monde. Son idéal est trop élevé pour qu'elle ne soit pas une pure impossibilité, une chimère. La république chrétienne ne serait en effet rien moins que la suppression complète de tout gouvernement civil, pour ne laisser de bout que le gouvernement de l'Église, qui alors suffirait surabondamment à la tâche facile de conduire des hommes qui n'auraient pas besoin d'être conduits.

On ne serait plus divisés de haine, de jalousie ou de croyance, on s'aimerait les uns les autres, on travaillerait en commun pour faire produire à la terre le plus possible, et on s'en partagerait les produits en frères. Pour un homme qui serait frappé par quelque malheur il y en aurait cent qui voleraient à son secours. On soignerait ses plaies, on le consolerait, on lui prodiguerait tout ce qu'il pourrait désirer et on irait même au devant de ses désirs. On n'aurait plus besoin de tribunaux, de gendarmes, d'armées, de gouvernement par conséquent. La religion et la famille suffiraient à tout, et tous les biens étant communs, la propriété deviendrait inutile. Mais c'est l'idéal d'une communauté chrétienne, véritable famille dont la religion règle les rapports, et vivant aux dépens du même patrimoine. Mais ce n'est là qu'une utopie, la communauté chrétienne pour se former ayant été obligée de se retirer du monde, que dis-je, de se retirer même du clergé séculier dispensé, eu égard à l'humaine faiblesse, du vœu de pauvreé, qui n'est au fond, pour les corporations religieuses, que le vœu de mettre tout en commun, pour tout se partager non pas suivant la capacité, mais suivant les modestes besoins de chacun.

Mais si cet idéal social est une chimère on ne saurait faire un reproche à ceux qui sont épris de sa beauté, de leurs généreux efforts pour faire du réel quelque chose de plus ou moins approchant de cet idéal. Or, il nous a toujours semblé qu'eu égard aux passions humaines, la forme sociale la plus propre à nous rapprocher de ce type supérieur était celle qui mettait à ces passions le frein le plus salutaire, en réprimant autant les passions qui pourraient venir des gouvernés que celles qui pourraient venir des gouvernants. Tout homme a besoin d'un frein qu'il soit prince ou sujet. De tous les freins la religion est le plus puissant, mais il ne suffit pas puisque nous venons de voir qu'on a besoin de gouvernements. Il faut donc trouver une forme sociale où les gouvernés étant contenus par les gouvernants, les gouvernants à leur tour soient contenus par certaines institutions, qui, sans les mettre à la merci de la foule, les avertissent que c'est pour elle qu'ils gouvernent, et que leurs agents sont responsables des malversations dont ils pourraient se rendre coupables. Il faut en outre qu'ils soient placés sous l'œil de la publicité, afin que les abus ne puissent prendre racine, et que les scandales des anciennes monarchies soient désormais impossibles. Il faut en un mot que le pouvoir soit assez fort pour comprimer la révolution, et les institutions assez puissantes pour faire marcher le gouvernement dans la ligne austère du devoir.

Cette double garantie est nécessaire dans les pays constitués en république, comme dans les pays constitués en monarchie. Et, sous l'une ou l'autre de ces deux formes sociales, c'est le devoir des bons citoyens de travailler à la réalisation de ces garanties. On doit donc honorer ceux qui ont travaillé dans ce but sous la dernière république, comme ceux qui travaillent dans ce but au moment même où nous écrivons, et dans l'avenir, quelle que soit la forme sociale que Dieu nous réserve. Mais les derniers événements nous semblent avoir parlé d'une manière assez claire pour nous donner l'assurance que, si la république chrétienne est théoriquement la plus belle de l'avis de tous, et si, à ce titre, tout bon citoyen doit l'aimer en théorie, il doit, à raison de la distance où nous en sommes, y renoncer dans la pratique, au profit d'une forme mieux appropriée aux besoins, au caractère, et aux traditions d'une nation depuis si longtemps monarchique. L'expérience a d'ailleurs prononcé, il faut en convenir, avec une clarté qui ne laisse aucun doute.

Voyez en effet : les révolutionnaires, en attaquant avec persévérance la religion et ses ministres, ont prouvé que s'ils avaient le sentiment vague de la liberté, sa notion vraie leur faisait complètement défaut; et ils n'ont pas donné des preuves d'une plus grande intelligence des conditions de l'ordre. L'esprit d'organisation leur était en outre tellement étranger, qu'ils n'ont pas même su fonder un pouvoir capable de protéger, pendant deux ans de suite, la forme sociale de leur choix. Ils ont montré une si grande incapacité que, maîtres un moment de la situation, il l'ont livrée à leurs ennemis le lendemain, avec de grands mots chevaleresques pour justifier leur généreux abandon. Ils ont manqué tout à la fois de sens et d'énergie. Ils n'ont pas même su être républicains à la manière antique, à la manière païenne, pour se soutenir au moins par le déploiement et l'énergie des caractères, du moment où méconnaissant les conditions de l'établissement d'une république chrétienne, ils se refusaient d'asseoir la liberté sur le concours des hommes religieux et des classes intéressées à la conservation sociale. Mais comment auraient-ils pu s'engager dans cette dernière voie, la seule solide? Ils étaient remplis de préjugés, et ils se trouvaient en face d'adversaires qui en avaient autant, pour ne pas dire plus. Une animosité profonde avait éclaté dès le premier jour. Les partis s'étaient parqués en deux camps distincts et séparés, et qui avaient pris pour devise : l'un, la révolution, la liberté et la guerre à la religion ; et l'autre, l'ordre, la religion, la monarchie. Un gâchis épouvantable régnait dans chacun des deux camps ; celui de la monarchie avait trois prétendants distincts ; celui de la révolution avait ses modérés et ses exaltés, ses républicains honnêtes et sans influence, ses socialistes et ses rouges. Et pour augmenter la confusion, je ne sais combien de systèmes religieux, philosophiques et sociaux plus singuliers, plus grotesques les uns que les autres, se disputaient la direction de cette cohue des partis. On n'était d'accord sur rien. Les notions les plus élémentaires de la politique, et jusqu'aux axiomes éternelles de l'ordre social, gravés dans toutes les consciences en temps de calme et qu'on lit à la première page de tous les publicistes graves de l'antiquité et des temps modernes, n'étaient pas même soupçonnés par cette masse incohérente de fondateurs, occupés à asseoir la société sur des passions.

Tout était passion en effet chez ces législateurs. Les uns proscrivaient la liberté au nom de l'ordre, et les autres l'ordre au nom de la liberté ; ceux-ci vous jetant sans cesse à la face les scènes de l'inquisition pour attirer sur la religion le mépris et la haine ; ceux-là les horreurs de 1793 pour rendre l'établissement nouveau impossible. Comme s'il y a une seule institution même divine qui n'ait été souillée par les hommes ! Aussi rien ne devait rester debout. Soit par les uns, soit par les autres, tout devait être démoli. La constitution avait ses vices il fallait abolir la constitution, comme la religion, la liberté, la propriété, la famille, l'industrie, le commerce, tout enfin. Car quelle institution et quelle chose respectable et sacrée qui, dans un temps ou dans un autre n'ait été l'occasion ou le prétexte des plus grands crimes ? Quelle logique ! Disons plutôt quelles passions ! Ils n'étaient pas tous des ignorants en effet, ces hommes, qui se déchiraient ainsi les uns les autres par le paradoxe, l'exagération, la confusion, les équivoques calculées ou le mensonge, quand ils n'avaient pas recours à la diffamation ! Mais où étaient les hommes justes dans cette Babel des partis ? Ils étaient en si petit nombre que leur voix était étouffée ou se perdait dans le tumulte.

Les hommes sans passion, en temps de révolution, ne sont bons à rien ; ils passent inaperçus, quand ils ne sont pas calomniés, et on les rejette de partout. Pourquoi ? Parce qu'ils ne sont pas enrégimentés dans les partis, parce qu'ils n'ont pas épousé les passions et les préjugés des agitateurs qui seuls occupent la scène, avec leur grosse voix enflée par la colère, ou leur plume chargée d'injures ou de fiel. L'homme religieux n'a rien à voir en temps de révolution. C'est un orage qui passe. Combattant obscur, les yeux fixés sur la volonté de la Providence qu'il cherche à démêler du sein de cette confusion, tout ce qu'il peut faire c'est de se comporter bravement envers et contre tous, afin de concourir au but final marqué par la Providence, et qui n'est jamais ni le triomphe des abus, défendus par les uns avec une inflexible opiniâtreté, ni la destruction des institutions religieuses et sociales que les autres sapent avec une aveugle fureur. Si donc il se fait des amis dans cette affreuse mêlée ce ne peut-être que des amis douteux ou des amis d'un jour. Car pouvant avoir à combattre contre eux le lendemain, leur méfiance est toujours en éveil. Mais l'orage passé, et les passions calmées on lui rend quelquefois justice : justice tardive et toujours accompagnée de quelque réticence. Les passions en effet couvent toujours au fond du cœur de l'homme, même quand elles reposent de lassitude. Il en est de l'homme religieux comme de Dieu dont l'empire est subi mais toujours plus ou moins contesté.

L'établissement d'une république chrétienne était donc impossible au milieu de cette mêlée des partis, des passions, des idées, où les bases essentielles de cette forme sociale, la propriété, la famille, la religion, étaient mêmes mises en question. L'expérience a donc été complète, et nous ne supposons pas que de longtemps on veuille la recommencer; tant surtout que les idées ne seront pas mieux assises, et que la scission entre les amis de l'ordre et de la religion d'un côté, et les amis de la liberté et des réformes de l'autre, persistera aussi profonde, et, disons-le, aussi incurable. Si donc on doit désirer, théoriquement, que les gouvernements civils deviennent de moins en moins lourds et s'effacent de plus en plus devant le gouvernement de l'Église, au profit de la religion, devenue la règle presque exclusive des actions humaines, il faut, en attendant et en pratique, travailler à l'amélioration de la forme politique sous laquelle on a le bonheur ou le malheur de vivre. On doit par conséquent s'efforcer d'obtenir les garanties qui lui manquent, afin de la rapprocher de plus en plus de cette démocratie chrétienne qui, pour être l'utopie des hommes profondément et réellement religieux, n'en est pas moins le but marqué à leur généreuse émulation. Mais ce but est en dehors de leur portée! Qu'importe. N'en est-il pas de même du but marqué à la perfection chrétienne? Or est-ce une raison pour ne pas le poursuivre? Et ceux-là sont-ils véritablement religieux qui condamnent d'avance toute aspiration vers un état social plus chrétien? Il ne faut donc pas renoncer d'une manière absolue à ce qui est parfait, tout en sachant en même temps se résigner à ce qui ne l'est que relativement. Voilà la vraie sagesse en politique.

Or le gouvernement monarchique tempéré par des institutions protectrices de la religion et de la liberté chrétienne, dans les états antipathiques à la forme républicaine, est un gouvernement relativement parfait, et qui, a ce titre, a droit de compter sur le concours de tous les gens honnêtes. Là tout est réglé et pondéré, et tout y est en proportion avec la nature de l'homme chez qui tout est relatif, ses vertus comme ses vices. A prendre la masse entière des hommes, on ne les trouve ni assez vertueux pour mériter de vivre en république, ni assez criminels pour mériter de vivre sous la tyrannie. Et cela est vrai surtout des sociétés chrétiennes, où les instincts païens de la nature humaine ont été singulièrement adoucis et modérés par la morale de l'Évangile. La monarchie avec des garanties éfficaces semble donc être faite pour ces demi chrétiens, qui n'ont ni l'énergie des républicains antiques, ni l'austérité et le désintéressement de la communauté des temps évangéliques. Que ceux au surplus qui aspirent à la perfection se retirent dans les corporations religieuses, ce sont autant de petites républiques où tout est réglé d'après les maximes de la perfection évangélique. Mais cet état ne saurait convenir au commun des hommes.

CHAPITRE XVI.

DE L'ORGANISATION DES POUVOIRS.

La France veut un Pouvoir fort. — Elle en a besoin contre Paris et l'étranger. — La liberté et le Pouvoir sont trop isolés faute d'un point d'appui sur les provinces. — Impopularité du régime bureaucratique. — Substituer dans les affaires les impulsions qui les facilitent, aux autorisations qui les entravent, sans préjudice des répressions judiciaires. — Le Pouvoir a ses attributions spéciales comme chaque individu, chaque association, chaque corps, comme l'Eglise ; ce sont les attributions de la souveraineté qui ne doivent pas être limitées, mais contrôlées. — Nomination du corps législatif par les municipalités. — Tous les autres corps électoraux sont artificiels et n'offrent aucun point de résistance et de ralliement. — Elargir plutôt que restreindre les véritables droits régaliens. — Elargir les attributions du sénat et celles des tribunaux et de la Cour de cassation réunie au sénat en parlement, pour juger les cas de violation à la constitution et aux franchises des citoyens, etc. — Véritable constitution de la France. — Elle doit servir de modèle, au lieu d'être une imitation. — L'ancien régime et les anciens partis sont impossibles.

I. — Cela posé, voyons qu'elle doit être l'organisation des pouvoirs dans une société chrétienne, et spécialement dans une société catholique comme la France. On reconnaît d'abord, en dehors de toute préoccupation de parti, que toutes les traditions de la France, sans même en excepter la république de 1793 et celle de 1848, ont constamment tendu et ont finalement abouti a une forme centralisée, en rapport avec sa situation géographique, sa mission initiatrice, ses goûts militaires et son idéal d'unité catholique qui domine même ceux qui, en étant épris politiquement, voudraient le rejeter religieusement. Les pouvoirs forts, les pouvoirs à cheval, Richelieu, Louis XIV, la Convention elle-même, Napoléon Ier, Napoléon III, ont été des pouvoirs populaires ; les pouvoirs faibles, divisés, conduits par des femmes, des coteries ou même des partis, Louis XV, Louis XVI, le Directoire, la Restauration, Louis-Philippe, la seconde république, ont été des pouvoirs dédaignés par les masses. Avec cela il n'est pas de peuple qui se laisse plus facilement entraîner en entendant résonner à ses oreilles les noms de liberté et d'égalité. Il est jaloux de ses libertés; s'il les possède il y tient passionnément, il les exagère même, il en abuse; et, s'il les a perdues, il cherche à les recouvrer en se laissant aller contre le pouvoir à des emportements révolutionnaires. Nos 70 années de révolution ne sont que l'histoire des actions et des réactions du pouvoir contre la liberté, et de la liberté contre le pouvoir. Si l'un ou l'autre succombe c'est pour se relever bientôt plus fort et plus exigeant que jamais. On a essayé des transactions dans les intervalles. Le Directoire a été une transaction, 1815 et 1830, 1848 même, ont été des transactions, et elles n'ont pas réussi. Pourquoi? Parce que Paris est tout et la France rien dans les influences qui font ou défont les pouvoirs, qui font ou défont la liberté. Le pouvoir et la liberté n'ont pas leurs racines en France, on les aime, on voudrait faire quelque chose pour les conserver ou les sauver. Mais on est impuissant dans les moments de crise. La France ne pèse pas d'un atôme dans les causes qui font ou défont les pouvoirs. L'influence des faubourgs de Paris, d'une part, et celle de l'armée et de la centralisation, de l'autre, disposent tour à tour de nos destinées. Il nous semble que la solution du problème serait en bonne voie si, ayant un pouvoir fort pour contenir Paris et représenter dignement la France à l'étranger, on donnait en même temps à la France une influence supérieure à celle de la capitale sur les destinées du pouvoir et celles de la liberté. L'action de l'autorité doit se faire sentir fortement, cela est nécessaire à la paix publique; mais les conseils généraux, les conseils d'arrondissement et les conseils municipaux surtout, devraient jouir de certaines prérogatives qu'ils n'ont pas.

Nous ne dirons pas qu'elles devraient être ces prérogatives. Elles peuvent s'étendre à l'infini. Entre la centralisation exagérée que nous avons et un système fédératif contraire à nos traditions, et antipathique au sentiment d'unité profondément gravé dans nos âmes, il est une foule de degrés que l'on peut parcourir successivement, en s'arrêtant à celui qui, sans affaiblir le pouvoir central, donnerait aux départements non-seulement beaucoup de vie civile mais encore un peu de vie politique. On a beau réfléchir, on ne voit pas d'autre moyen de donner au pouvoir un point d'appui contre les factions, et à la France une garantie contre les abus du despotisme. On est entré dans cette voie, en faisant de la vie municipale une émanation du suffrage universel. Mais il ne faudrait pas s'arrêter en si bonne voie, les libertés, les franchises et les prérogatives municipales pouvant singulièrement modifier et améliorer la situation. Une certaine décentralisation administrative ou bureaucratique d'abord nous paraîtrait indispensable. Les communes ne sont pas assez libres dans la gestion des affaires purement locales. Les formalités les étouffent, et on dirait qu'on a pris à tâche de les décourager dans toutes les entreprises utiles, qui demanderaient à être secondées au lieu d'être entravées. Pour un abus insignifiant que l'on prévient ainsi on fait échouer cent projets utiles et même nécessaires. Le système des autorisations surtout est devenu insupportable pour une foule d'affaires sans importance ou ne représentant malgré leur importance qu'un intérêt exclusivement local. En tout cas la lenteur des autorisations est désespérante même pour les affaires qui doivent ressortir du pouvoir central. Aussi on peut dire qu'à part le régime de la féodalité, il n'y a rien eu de plus impopulaire en France que le régime bureaucratique. La répugnance est telle qu'on préfère généralement renoncer à une entreprise fructueuse, que d'avoir des rapports ou des démêlés avec les bureaux de l'administration.

La bureaucratie paralyse la vie sociale au lieu de la développer. La centralisation capable d'enfanter des merveilles en stimulant l'activité publique et privée, est un fléau si elle ne fait que l'amortir. Qu'on renonce donc au système des autorisations, pour entrer résolument dans celui des impulsions. Qu'on intervienne pour stimuler l'initiative des communes et des particuliers, et non pour les gêner. On comprend des lois générales, traçant la marche à suivre dans les affaires locales, on comprend un certain système de règles uniformes applicables aux diverses entreprises privées et communales en vue de l'intérêt public, avec une sanction pénale contre ceux qui enfreindraient ces règles, ces lois protectrices; mais, au nom du ciel, qu'on ne tienne pas les individus, les communes et les départements en lisière comme des enfants. Qu'on réfléchisse que la société porte depuis longtemps la toge virile, et que la latitude qu'on pourrait donner aujourd'hui à l'initiative des particuliers et des administrations locales, ne saurait offrir les mêmes inconvénients qu'autrefois. Substituons la liberté aux autorisations bureaucratiques, l'impulsion aux formalités, les stimulants aux entraves, le système de la répression judiciaire au système des mesures restrictives et préventives, les réglements généraux aux réglements particuliers, la surveillance à la tutelle. Qu'on traite enfin les citoyens comme des hommes libres, et les communes et les corporations comme des citoyens. Qu'on les encourage, qu'on les aiguillonne, mais qu'on les laisse libres, sous leur seule responsabilité, sauf à réprimer sévèrement devant les tribunaux toute infraction aux réglements, aux décrets et aux lois.

Le gouvernement est alors ce qu'il doit être, il n'étouffe pas sous le poids d'attributions étrangères à sa compétence, et il n'en est que plus fort, parce qu'il n'en est que plus dégagé. La France de son côté naît à la vie civile et sociale, des citoyens de vrais et de grands citoyens se forment dans son sein. Paris n'est pas tout, la France devient quelque chose. La vie politique qu'elle n'a jamais connue sérieusement commence pour elle, et la remplit d'une généreuse confiance et d'une noble émulation à la pensée du magnifique rôle qui lui est dévolu. Appelée à tenir en échec les factions et à prévenir les empiétements du despotisme, la France, grâce à ce salutaire et nécessaire déplacement d'influences, assure à la liberté une voie régulière et tranquille, et, ce qui est encore plus précieux, elle l'a fait aimer en lui ôtant le caractère désordonné et révolutionnaire qui la déshonore, et en fait un objet de terreur pour tous les gens honnêtes.

Il serait donc beau et utile que les départements fissent, avec tous les ménagements désirables, un essai de la vie publique.

II. — Pourquoi, par exemple, les députés ne seraient-ils pas nommés par les communes ou les conseils municipaux, produits eux-mêmes du suffrage universel ; sauf à augmenter le nombre des conseillers dans les localités populeuses, de manière à ne laisser aucun citoyen considérable en dehors du corps électoral? Il y aurait à cela une foule d'avantages, d'abord le Pouvoir y gagnerait en force et en influence, les communes étant naturellement intéressées à la conservation de l'ordre social, et les élections des députés s'accomplissant en présence des maires, orateurs nés du gouvernement, chargés par lui d'exposer et de défendre sa politique. D'un autre côté si le Pouvoir, qui représente en France le corps social tout entier, les minorités comme les majorités, le passé, le présent comme l'avenir, est, à son origine, une émanation directe du suffrage universel, il serait peut-être utile et convenable qu'il n'en fût pas de même de l'origine du Corps législatif, afin qu'il fût bien compris que le Pouvoir central représente la majesté de la France, tandis que le Corps législatif n'est que le gardien des libertés, des franchises et de la fortune publiques. Les choix, d'ailleurs, ne pourraient que gagner, si, au lieu d'être abandonnés aux entraînements populaires, ils étaient publiquement discutés dans des assemblées constituées, offrant toutes les garanties désirables, et représentant le pays dans ce qu'il a de plus pur et qui lui inspire le plus de confiance.

Un seul inconvénient nous paraîtrait à redouter. Les choix pouvant être influencés par le gouvernement, il pourrait bien se faire que le produit de ces assemblées laissât quelque chose à désirer en fait d'indépendance ; ce qui serait fâcheux, une assemblée de contrôle devant être entièrement indépendante, pour n'être pas un mensonge et dégénérer en instrument de tyrannie. Mais qui empêcherait de réunir les municipalités par canton, afin de diminuer l'influence des maires, sur les membres de leur conseil. Il ne faudrait pas toutefois compromettre l'ordre public pour donner à la liberté des garanties qui seraient superflues. Nous indiquons donc les deux systèmes, afin de montrer que la voie dans laquelle on s'engagerait pourrait être féconde, et donner suivant les besoins, une mesure de liberté en rapport avec l'état moral des esprits et les progrès de notre éducation politique, qui est encore à faire.

Nous ignorons si le suffrage universel direct pourra un jour offrir toutes les garanties désirables étant impossible de se prononcer *a priori*, du fond de son cabinet, sur le degré de culture politique que les masses sont susceptibles d'acquérir. Il y aura toujours entre ceux qui exercent les professions libérales ou qui vivent dans l'aisance et le loisir, et les classes ouvrières des villes et des campagnes, assujetties à des travaux abrutissants, une différence de culture intellectuelle tellement tranchée, qu'il n'appartient réellement qu'aux utopistes de savoir d'avance quand et comment ces classes pourront user de leurs droits de citoyen avec une entière connaissance et une indépendance de raison suffisante. Nous réservons donc l'avenir qui seul peut nous dire le moment opportun où nous pourrons directement et en toute sécurité confier notre repos, notre vie, nos biens et nos libertés à ces masses populaires qu'il est si facile d'influencer. Nous ne sommes pas de ceux que les mesures radicales effrayent pourvu qu'elles viennent en leur temps, mais jusque-là il nous paraît dangereux pour le Pouvoir et la liberté de livrer au hasard des entraînements, les biens les plus chers du pays, la paix des familles, l'indépendance des citoyens, l'honneur et la gloire de la patrie. Des revers peuvent survenir, des fautes peuvent être commises, un pouvoir faible peut succéder à un pouvoir fort et être emporté un matin dans un caprice ou un emportement d'un corps électoral de dix millions d'hommes, ignorant la portée de leurs votes pouvant avoir suivant les impressions du moment, des instincts sublimes d'ordre et de conservation, comme des instincts révolutionnaires à faire frémir. Cependant, quoique le suffrage direct nous semble offrir toutes espèces de chances aléatoires heureuses ou malheureuses, nous sommes si réservés que c'est à peine si nous osons insister sur une mesure que nous avons longtemps hésité à indiquer dans ces circonstances difficiles, non par crainte d'exciter une agitation que ne sauraient éveiller ces thèses de haute philosophie sociale, mais pour ne pas être accusé de vouloir affaiblir le besoin de confiance que chacun doit avoir pour une institution qui, tout en étant réformable, n'en est pas moins la loi fondamentale de l'État. L'expérience du suffrage universel direct se poursuit toutefois sous les auspices d'un pouvoir si propre à calmer ses emportements que nos réserves n'en ont peut-être que plus de mérite.

Il ne faudrait pas cependant confondre le système de votation, qui ferait de toutes les communes de l'Empire le grand corps électoral chargé d'élire la représentation nationale, avec le suffrage universel à deux degrés, tel qu'il a été pratiqué aux Cent-Jours, et dans quelques autres circonstances de nos phases révolutionnaires. Nous avouons même ne pas comprendre ce mode de votation. Dire aux populations : Vous êtes incapables de choisir vos députés, choisissez donc des hommes qui vous soient supérieurs, et confiez-leur vos droits, vos intérêts, votre honneur, c'est leur faire une injure gratuite, et c'est en outre créer, comme sous le dernier roi, un corps électoral factice et par cela même impopulaire. Mais le peuple sachant qu'il ne peut gérer lui-même les affaires de la commune, ce n'est pas lui faire injure de lui soumettre directement le choix de ses officiers municipaux, et indirectement celui de ses députés. Sa double influence ici se trouve motivée par la nature même des choses. En principe, il est nécessaire que tous les citoyens d'une démocratie participent directement ou indirectement au choix de la représentation nationale, car Dieu nous garde de vouloir porter atteinte au suffrage universel. Mais dans l'application du principe il est également nécessaire, pour la sincérité des votes, que chacun sache ce qu'il fait. Or, tant que le peuple n'aura pas reçu une éducation politique suffisante, il est dans l'ordre qu'il s'abstienne de nommer directement des hommes qui lui sont tout à fait inconnus, et dont il ne peut apprécier la valeur et les aptitudes, pour s'en tenir à nommer ceux qu'il connaît et dont la fonction est à la portée de ses appréciations personnelles. Il agit alors en pleine connaissance de cause, et dans la mesure de l'éducation politique qu'il a pu acquérir, en voyant fonctionner sous ses yeux des magistrats dont les attributions lui sont familières et avec lesquels il a des relations journalières. Le corps électoral s'élève ainsi en intelligence, sans que le peuple puisse en être affecté, et encore moins les classes élevées et la petite bourgeoisie. Tous les citoyens et même les ouvriers capables, intelligents et bien intentionnés, ayant la louable ambition de devenir des électeurs directs, pourraient en effet prétendre à cet honneur, en méritant par leur conduite d'entrer dans les municipalités devenues, par le nombre des conseillers et l'importance des attributions, de véritables assemblées populaires. Le sentiment démocratique et libéral, qui est l'âme de notre état social, ne serait donc pas blessé, et la liberté trouverait dans des corps impérissables, comme les communes, un point d'appui et de résistance qui lui a toujours fait défaut dans nos grandes crises politiques.

Les communes et les corporations sont en effet impérissables de leur nature : elles survivent aux générations. On sait le rôle qu'ont joué les communes en France. La féodalité et l'aristocratie ont péri, comme la royauté; les communes, un moment dénaturées par nos rois, ont reparu avec quelques-unes des immenses prérogatives dont elles ont joui au moyen âge. Il y a là un élément social consistant, n'ayant rien de factice, comme les corps électoraux de fabrique humaine, censitaires ou autres, fondés sur l'arbitraire ou la sophistique des partis, qui s'affaissent et disparaissent à chaque révolution, jusqu'à ne pas laisser des traces de leur existence éphémère. Sont-ce là de vrais corps électoraux capables d'opposer une masse résistante et inaltérable? Il en est différemment des communes : elles ont une vie propre, une vie nécessaire, que n'aurait pas un corps électoral arbitraire, institué dans des vues égoïstes par un parti ou une classe. Les communes ont mille moyens de protéger leurs députés, et il en est un, le refus de l'impôt, que nous nous abstiendrons d'indiquer, fût-ce même comme un moyen de résistance à la révolution, parce qu'il constitue un de ces expédients extrêmes que la prudence politique ne permet pas de nommer et encore moins de supposer. Mais enfin les communes ont mille moyens de résister efficacement même à une insurrection de la capitale qui, ayant emporté pouvoir et dynastie, se serait constituée en Convention, de même quelles auraient mille moyens de mettre des entraves aux empiétements du despotisme.

III. — Sortons enfin de la région des utopies et venons-en à la pratique. On veut ou non l'ordre et la liberté, avec un pouvoir fort et considéré ayant ses racines dans la masse de la nation, au lieu de n'être qu'une sorte de dictature instituée pour tenir en respect une capitale turbulente de deux millions d'hommes; eh bien! si l'on veut toutes ces grandes choses, ces choses inappréciables, qu'on les rattache donc aux communes, aux départements et même aux corporations utiles et bienfaisantes, afin de leur donner une assiette large, solide, profondément consistante, n'ayant rien de factice, d'utopique, d'idéologique et de sophistique. Le moyen de fortifier le pouvoir est de provoquer la vie ou la liberté sur tous les points de la surface du pays, tout en maintenant soigneusement au centre de l'empire, et vis-à-vis de l'étranger, l'action répressive et initiatrice du Gouvernement.

On veut réduire les attributions essentielles du pouvoir, quelle folie, quand il faudrait au contraire les étendre si elles en avaient besoin! Aussi on ne saurait trop déplorer l'aveuglement des libéraux de 1830 et des démocrates de 1848 qui, au lieu de fortifier le pouvoir tombé entre leurs mains, se sont perdus et ont perdu la liberté et la république en le démantelant et le rendant incapable de se tenir debout, et de les protéger eux-mêmes contre les attaques de leurs ennemis communs. Si nous voulons sauver la liberté et la démocratie de la révolution qui les dévorerait l'une et l'autre; il nous faut, avec une grande liberté aux extrémités, un pouvoir fort au centre, un pouvoir armé de la plénitude de ses droits régaliens ou de souveraineté, et centralisant entre ses mains, non-seulement l'armée mais encore l'administration, dans toutes les questions importantes touchant directement aux intérêts généraux du pays.

IV. — Le Corps législatif, représentation concrète de toutes les municipalités de l'empire et expression de l'État libéral et démocratique de la France, ne doit pas être envoyé auprès du Gouvernement pour usurper ses attributions et exercer à son préjudice les droits régaliens, les droits du Gouvernement, mais pour y protéger et y défendre la liberté et les franchises des communes, des départements, des associations civiles, industrielles, religieuses et de bienfaisance. Le rôle de la nation, représentée par le Corps législatif, n'est pas de gouverner, puisqu'elle a institué un organe de gouvernement, mais d'empêcher les abus, de contenir le pouvoir dans ses limites naturelles, de sauvegarder la propriété en votant l'impôt, et la religion en favorisant son autonomie contre les entreprises dont elle pourrait être l'objet.

L'étendue des droits, qui entrent dans les attributions du Gouvernement, est considérable. Le droit de faire les lois serait de ce nombre, s'il ne touchait de près à la liberté, à la propriété et aux divers éléments sociaux, confiés à la sauvegarde de la représentation nationale, dont le concours est indispensable en matière de législation. Mais, cette réserve à part, la haute direction de la politique, les traités de paix ou de guerre, la direction des grands travaux d'utilité publique et les réglements de police et d'administration générale, font partie des attributions gouvernementales; le pouvoir ne devant dans aucun cas être entravé, ni empêché de faire le bien, dans l'intérêt des masses, et, sous ces divers rapports, le dernier mot devant lui rester.

Quant à définir d'une manière absolue les cas où le pouvoir devra céder au Corps législatif, ou le Corps législatif au pouvoir, nous dirons qu'il y a péril à agiter une thèse où l'idéologie seule peut trouver à glaner, mais qu'un esprit pratique et politique doit laisser dans l'ombre, comme s'il s'agissait d'une éventualité impossible. En réalité la question est oiseuse parce qu'elle est théoriquement insoluble. Admettre en principe le concours de la couronne et du Corps législatif dans la confection des lois, c'est exprimer un mensonge si l'un des pouvoirs doit céder à l'autre, car celui qui cède *subit* alors la loi au lieu de *concourir* à la faire. Ce prétendu concours n'est donc au fond qu'une tentative de conciliation. Si l'accord se fait, alors tout va pour le mieux, les deux pouvoirs concourent; mais s'il ne peut se faire, un conflit devient inévitable, et l'un des pouvoirs est obligé de céder à l'autre. Si c'est le pouvoir exécutif qui cède, il change de ministère, et s'il ne veut céder, il dissout le Corps législatif pour faire un appel au pays. Telle est la théorie parlementaire. Mais cette théorie, incompatible d'ailleurs avec le régime actuellement en vigueur ne résout pas les difficultés : elle les ajourne en attendant qu'elles reparaissent bientôt sous une forme plus irritante. Les changements de ministère et la dissolution de la représentation nationale ne sont que des expédients, qui laissent subsister, au lieu de les trancher, les difficultés inhérentes à la direction générale de la politique qui est le fond du débat. Plusieurs de ces conflits ont été dénoués par ces expédients dans la pratique de nos trente années de gouvernement parlementaire; et les causes de dissension intestine n'en ont été que plus profondes : nous pourrions en citer de nombreux exemples. En voici un des plus frappants que nous citons avec confiance et sans prendre parti, nos principes nous plaçant au-dessus de ces vaines querelles.

Sous le ministère de M. Decazes la royauté s'étant trouvée en opposition avec la majorite de la chambre des députés plus royaliste que le roi, il se produisit un singulier phénomène. On vit les membres exaltés du parti royaliste, MM. de la Bourdonnaye, de Vitrolles, de Châteaubriand, attaquer, avec une vivacité que les plus fougueux parlementaires n'égalèrent jamais, la prérogative royale vivement défendue par les libéraux, MM. Royer-Collard, Guizot, Benjamin Constant et Foy, qui, par un étrange renversement de rôles, n'avaient assez de paroles de mépris pour la prérogative parlementaire que soutenaient leurs adversaires. Il s'agissait alors de savoir si la direction de la politique resterait à M. Decazes ayant l'appui de la couronne, ou si elle passerait aux ultra-royalistes ayant la majorité dans la Chambre. Or, le triomphe des ultra-royalistes, c'était le renversement de l'ordre social établi, au profit de l'ancien régime qu'ils espéraient faire revivre en s'emparant du ministère. Il serait aujourd'hui impossible de se faire une idée de l'exagération de leurs prétentions. On croit rêver en y pensant. Ils attaquaient l'égalité des partages, voulaient rétablir le droit d'aînesse, les majorats, les jurandes, les maîtrises, un livre d'or pour y inscrire les titres nobiliaires; et M. le comte Donatien de Sesmaisons allait dans une brochure intitulée: *la Révolution doit avoir un terme*, jusqu'à proposer le rétablissement des priviléges de la noblesse, et son admission par préférence dans les diverses branches du service public et les écoles de l'État. Comme mesures de salut public, les membres de la majorité demandaient la peine de mort contre ceux qui pousseraient des cris séditieux ou arboreraient le drapeau tricolore. Et comme si ce n'était pas assez de demander leur tête, ils voulaient ajouter à cette horrible pénalité la confiscation de leurs biens. Cette confiscation devait même être appliquée rétroactivement aux régicides et aux bannis qui avaient trempé dans la révolution du 20 mars (Voyez à cet égard les discours de MM. Humbert de Sesmaisons, Pied, de Labourdonnaye, de Castelbajac, etc., etc.). Ils faisaient, ce qui ne s'est jamais vu, violence à la clémence royale en introduisant, dans la liste des proscrits, des catégories de malheureux déjà graciés par le roi. Les cours prévotales n'étaient pas assez expéditives, au gré de leur impatience, et comme si les exécutions sanglantes commandées par une justice rigoureuse mais inexorable ne leur suffisaient pas, les massacres de Nîmes et du Midi, et les assassinats de généraux ou de maréchaux à Toulouse et à Avignon les trouvaient froids ou indifférents.

De là leur haine contre la politique beaucoup plus sensée et plus avisée de Louis XVIII, et, comme ils ne pouvaient faire remonter jusqu'au Roi leur fureur, ils la faisaient retomber sur son ministère, beaucoup trop lent à servir leur animosité et à seconder leurs projets compromettants. La représentation nationale devait donc, suivant les royalistes, avoir le dernier mot; le roi devait renvoyer son ministère et en prendre un autre au sein de la majorité. Et, comme dans aucun parti, en France, on n'a jamais su avoir des principes, on voyait les libéraux, soit inconséquence, soit légèreté d'esprit, soutenir magistralement, par l'organe de M. Royer-Collard, que la chambre des députés n'était pas même une assemblée représentative, mais un pouvoir consultatif, et que le ministère comme mandataire du pouvoir royal était placé au-dessus de toutes les majorités parlementaires. Mais bientôt les rôles furent intervertis, et, sous le ministère de M. de Villèle et sous celui de M. de Polignac, les royalistes étant au pouvoir défendirent à outrance la prérogative royale, au préjudice de la prérogative parlementaire que les libéraux, exclus du ministère, défendaient cette fois avec non moins de chaleur que celle qu'ils avaient mise naguère à l'attaquer.

Que conclure de ces enseignements de l'histoire? On doit en conclure d'abord que tout homme est menteur, *Omnis homo mendax;* que le fond de tous les conflits de prérogative c'est la haute direction politique; que l'objet de toutes ces belles théories gouvernementales est de masquer la convoitise des âmes, puisqu'on voit les mêmes hommes soutenir, avec la même chaleur et la même conviction, le pour et le contre à quelques années d'intervalle. C'est bien le même M. Royer-Collard, *le sage, le vertueux* Royer-Collard, qui s'écriait dans ses deux célèbres discours de 1815 sur le renouvellement intégral de la députation, et sur le projet de loi électorale : « Le gouvernement « tout entier en France est dans les mains du roi qui n'a besoin *du* « *concours des chambres* que s'il a une loi nouvelle ou le budget à faire « voter... La chambre des députés, comme les autres pouvoirs, *fait* « *partie* du gouvernement du roi... nul doute que le pouvoir royal « ne soit celui auquel doit *appartenir la direction*... sans quoi c'est « transformer la monarchie en république. » C'est bien le même M. Royer-Collard, qui présentait quelques années après à Charles X la fameuse adresse des deux cent vingt et un qui n'était pas autre chose *qu'un refus de concours*, ou le renversement des éloquentes théories de ce philosophe. Quelle leçon de morale, et quel pitoyable spectacle offert à la conscience populaire! Disons toutefois pour être juste, que si ces hommes n'ont pas su dominer leurs passions et se placer à la hauteur de leurs principes, c'est qu'ils étaient conséquents dans leur inconséquence même, soutenant, sous une autre forme, en réalité la même politique : les royalistes, le royalisme, en attaquant le roi, en 1815, et en le défendant en 1830; et les libéraux, la liberté, en attaquant le parlement et en le défendant aux deux mêmes époques. Preuve évidente qu'on ne peut trancher d'une manière absolue, par de vaines théories, une question qui dépend des temps, des circonstances et des intérêts supérieurs qui la dominent. En 1815 Louis XVIII avait raison de résister aux projets de proscription et de renversement social de la chambre des députés, en maintenant son ministère contre le déchaînement des haines et des fureurs parlementaires. Charles X au contraire a commis une faute qu'il a payée de son trône, en tenant une conduite analogue dans des circonstances qui auraient exigé une conduite diamétralement opposée.

La conclusion de tout ceci c'est que la justice seule doit l'emporter dans les conflits des gouvernements de concours; c'est qu'il faut patienter et ne jamais recourir aux mesures extrêmes, aux coups d'état; c'est qu'il convient d'épuiser tous les moyens de conciliation avant d'en venir aux expédients de changement de ministère et de dissolution des chambres; c'est que, tantôt le gouvernement royal, et tantôt la représentation nationale doivent avoir le dernier mot, suivant que la raison est d'un côté ou de l'autre; c'est que, dans des cas exceptionnels, tout pouvoir, tout citoyen même doivent résister jusqu'au bout si réellement la conscience se trouve intéressée dans la question; c'est que, par conséquent, on ne doit jamais dire *a priori* : c'est le pouvoir royal qui devra céder ou c'est le pouvoir parlementaire.

Si nous avons placé en effet la souveraineté sociale au-dessus des majorités et de la royauté, dans le droit, dans la justice, dans l'Être divin, c'est pour qu'il soit bien entendu que la nation, fût-elle unanime, ne pourrait forcer le pouvoir à commettre une injustice, car le pouvoir est le gardien non-seulement des droits de la minorité mais encore de la vérité éternelle. Il ne gouverne pas seulement pour le présent, mais encore pour l'avenir qu'il doit protéger contre les passions qui tendraient à le compromettre. Qu'il y ait en tout ceci des difficultés d'appréciation inextricables, nous sommes loin de le nier. Mais c'est une raison de plus pour être conciliant, et ne pas trancher d'une manière trop absolue la fameuse question, la question insoluble, *du dernier mot*, sous une forme sociale dont l'essence est justement de laisser au concours des pouvoirs la solution des questions et de ne les trancher, en cas de conflit, qu'au nom de la justice éternelle.

C'est donc aux grandes considérations de haute morale, qu'il faut demander la solution des conflits de peuple à souverain. Tout gouvernement de concours est un gouvernement de difficultés qui ne peuvent se résoudre que par des transactions ou des résistances fondées en équité, et usant à la longue les prétentions injustes ou excessives. Hors de là il n'y a que des révolutions ou des coups d'état. Céder à temps quand on a tort, ou résister à outrance à des volontés injustes, mais sans jamais recourir à la violence; d'une part refuser le budget, de l'autre comprimer les insurrections mais sans jamais violer la loi; donner ainsi à la raison le temps d'avoir raison, il n'y a pas, dans les cas extrêmes, d'autre solution à la question des conflits dans les gouvernements de concours; et ce n'est voir les choses que par leur petit bout, ou par leur côté superficiel que de placer, d'une manière absolue, le dernier mot dans le pouvoir royal comme M. Royer-Collard le demandait dans ses célèbres discours de 1815, ou dans la représentation nationale, comme le voulait à la même époque M. de Châteaubriand, dans son livre non moins célèbre *de la Monarchie selon la Charte*.

Ajoutons que, dans un système d'institutions bien ordonnées et dans une organisation des pouvoirs bien réglée, ces conflits pourraient devenir excessivement rares pour ne pas dire impossibles. Il suffirait que les attributions gouvernementales, relevant exclusivement du pouvoir central, fussent clairement définies; que le Corps législatif eût presque tout à faire dans certaines questions, et rien ou presque rien sur d'autres; qu'il fût bien entendu que le dernier mot ne saurait lui appartenir dans celles qui intéresseraient directement le pouvoir, tandis qu'il déciderait en dernier ressort de celles qui concerneraient le budget. Un réglement d'attributions serait donc ici nécessaire, et rendrait une foule de conflits impossibles.

Indépendamment des changements de ministère et de la dissolution du Corps législatif, il est d'ailleurs une foule de tempéraments qui atteignent le même but et ont un rapport plus direct à la constitution qui nous régit en ce moment; car il faut bien enfin sortir de ces considérations générales et en venir à la pratique. Notre profession de foi est déjà faite : Nous sommes pour le positivisme en politique, en ce qui touche le point de départ, et pour l'idéalisme le plus parfait en ce qui touche le point d'arrivée. Obligé, comme catholique, de respecter et d'honorer les pouvoirs établis, on nous pardonnera donc de ne pas rêver l'impossible en fait de liberté, quand c'est à peine si nous pouvons avoir le nécessaire. Nous ne comprenons pas, nous l'avouons sincèrement, ceux qui veulent l'impossible, et nous les blâmons fussent-ils nos amis. C'est en poursuivant la chimère de l'impossible qu'on a de tout temps en France perdu les causes les plus nobles et les plus belles. « Partons du point où nous sommes; » ce mot charmant de Louis XVIII est notre devise politique, et nous voudrions qu'elle fût celle de tous les gens droits et honnêtes, celle de nos amis surtout. *Partant de ce point*, on arrive ensuite où l'on peut et aussi loin que l'on peut. Veut-on encore une révolution? En ayant eu douze en 70 ans, il nous semble pourtant qu'on pourrait bien s'en tenir là.

Notre forme gouvernementale étant donnée et un conflit venant à se produire, une loi d'intérêt général ou populaire étant rejetée par exemple, par le Corps législatif, alors que le gouvernement mieux éclairé considérerait cette loi comme nécessaire et son rejet comme une atteinte à une de ses attributions régaliennes, ou un déni de justice envers une classe de citoyens, nous ne voyons pas, comment et pourquoi, même après avoir tenté une dissolution qui lui aurait ramené les mêmes opposants, il lui serait interdit de saisir le Sénat d'un projet de sénatus-consulte pour faire passer sous cette forme une loi de salut public ou d'intérêt populaire majeur, si d'ailleurs cette loi était essentielle au plein exercice de ses attributions constitutionnelles. Ayant devant lui cette ressource extrême, les amis du pouvoir ne seraient pas si ombrageux à l'endroit de la liberté et de l'indépendance du Corps législatif et de la publicité de ses débats. Ce que la représentation nationale perdrait d'un côté, elle le gagnerait donc de l'autre amplement. Ou plutôt elle ne perdrait rien, le pouvoir ne pouvant, par la nature même du conflit, recourir à cette mesure extrême que dans des cas tout à fait exceptionnels et clairement définis, après avoir épuisé tout les moyens de conciliation et tous les expédients, notamment celui de la dissolution.

Il y aurait d'ailleurs bien d'autres compensations à accorder au Corps législatif pour cette concession nécessaire, qui n'aurait d'autre objet que de maintenir le pouvoir dans sa force et de lui donner, à tout événement, le moyen certain de faire le bien qui serait dans son cœur. Ces compensations au profit de la représentation nationale ne sauraient être, avons-nous besoin de le dire, la guerre aux portefeuilles, guerre immorale souvent, et toujours dangereuse, alors même qu'elle ne serait pas incompatible avec le régime impérial. Les ministres, sous ce régime, étant affranchis de toute responsabilité politique vis-à-vis des majorités, relèvent de l'Empereur qui a voulu prendre sur lui toute la responsabilité des actes de son gouvernement. Mais ne pourrait-on faire retomber sur les ministres, sinon la responsabilité politique, incompatible avec la forme actuelle, du moins la responsabilité judiciaire et constitutionnelle qui les rendrait justiciables du Sénat en cas de malversation ou de violation de la constitution?

Le Corps législatif aurait ici un rôle important à jouer, celui de requérir les poursuites, toutes les fois surtout que quelque franchise, liberté ou immunité des citoyens, des associations, des corporations ou des corps de l'État, placés sous l'égide de la constitution, seraient audacieusement violés par un ministre. Ce violateur des lois serait donc renvoyé devant le Sénat, mais afin que la haute assemblée, chargée de porter un jugement en dernier ressort sur une question de cette importance, eut un caractère plus auguste et plus solennel, nous voudrions, en souvenir des Cours souveraines de l'ancienne monarchie française, que la Cour de cassation, chargée d'interpréter les lois se réunit au Sénat, en parlement, pour juger et punir le ministre infidèle.

Grâce à cette seconde prérogative accordée au Sénat, les droits du souverain se trouveraient sauvegardés comme ceux de la liberté, et le dernier mot resterait toujours à qui il doit rester, au Pouvoir, toutes les fois qu'il s'agirait d'un droit régalien méconnu, à la liberté, toutes les fois qu'il s'agirait d'un droit constitutionnel violé.

Le Sénat, constitué en parlement ou en haute cour de justice, dans ces circonstances solennelles où la responsabilité ministérielle serait en jeu, verrait, avec son influence politique accrue, son rôle et son importance élevés à la hauteur de sa mission qui est de protéger la constitution et les lois. Le corps judiciaire de son côté, par sa participation à toutes les répressions légales protectrices de la liberté et des franchises sociales, et par la participation de la Cour de cassation au jugement des causes de constitutionnalité et responsabilité ministérielle, verrait recommencer à son profit avec son éclat parlementaire son antique prestige. Les tribunaux inférieurs, comme le parlement reconstitué sous une forme plus logique, retentiraient de nouveau des grandes luttes de la liberté, de la loi et des intérêts populaires qui firent la popularité et la renommée de l'ancien corps judiciaire. Les avocats les plus illustres, les procureurs généraux les plus savants seraient admis, dans ces grandes assises de la nation, à discuter des questions sur lesquelles ils sont condamnés au silence et à l'inaction. L'éloquence aurait encore de beaux jours; les carrières sociales se rouvriraient brillantes pour l'ambition; le pouvoir central cessant d'être le point de mire des prétendants et des révolutionnaires, chacun aspirerait à devenir un membre de ces tribunaux qui conduiraient à tout, de ces assemblées législatives qui auraient de si grands intérêts à débattre et à protéger, de ce Sénat, de cette Cour de cassation, de ce parlement, qui constitueraient l'aréopage le plus élevé de la terre. Et le pouvoir, actif, occupé, dans le plein exercice de ses droits régaliens, assisterait à ce spectacle de la liberté, se protégeant elle-même, ici, là, partout, dans les corps constitués, dans les communes, dans les corporations libres, dans les grands conseils de la nation, dans l'Église, sans qu'aucun de ses droits essentiels en fut affecté. Toujours libre et indépendant, ayant toujours le moyen de bien faire, et, sous ces divers rapports, toujours le dernier mot! quel spectacle à offrir au genre humain, et quelle gloire pour celui qui compléterait l'édifice social tel qu'il est, de manière à en faire sortir une organisation aussi noble, aussi élevée, aussi logique, aussi utile!

Car cette organisation n'est pas une utopie. Elle repose sur ce qui *est* et le développe. Elle tient compte de tous les principes d'ordre et de conservation généralement admis par les publicistes. Elle donne raison aux deux plus illustres conservateurs des temps modernes, de Bonald et de Maistre, quand ils disaient que la constitution d'un pays c'était la nation organisée et non un chiffon de papier. On aurait alors, dans un État libéral et démocratique, les conditions de stabilité et de durée que ces esprits supérieurs, se trompant d'époque, allaient chercher vainement dans les anciennes institutions féodales ou aristocratiques.

VI. — Cette forme démocratique libérale et en même temps fortement concentrée de la France actuelle est incompatible, non-seulement avec les formes de l'ancien régime, qui ne sont plus, mais encore avec les formes inutilement expérimentées par les divers partis qui se sont succédés depuis 1789. Non, comme nous l'avons dit, que ces partis ne puissent revenir dans un pays où tout est possible; mais ils ne sauraient revenir qu'en se transformant, sous peine de succomber bientôt sous l'empire des mêmes causes de dissolution qui les ont précipités plusieurs fois. Le régime parlementaire à l'Anglaise a été précipité deux fois, en 1792 et en 1848; le système républicain de même, en 1804 et en 1851; l'ancien régime monarchique deux fois au moins, en 1789 et en 1830; le premier régime impérial, en 1814 et en 1815. Ces divers régimes ont péri, non en vertu de causes étrangères, mais en vertu de vices inhérents à leur situation ou à leur propre principe. La France, profondément divisée sur la question de la direction politique et sociale à imprimer aux affaires, a vu se former dans son sein divers partis, aspirant tous au pouvoir suprême, factieux par conséquent par leur nature et leurs tendances. Faut-il s'étonner que ces gouvernements minés sourdement ou attaqués à ciel ouvert par les partis qui aspiraient à les supplanter, et avaient sous la main l'élément redoutable d'un personnel révolutionnaire aggloméré au siége même du pouvoir, aient fini par succomber sous l'empire des causes de dissolution qui les avaient déjà précipités une fois?

L'ancien régime impérial, à la vérité, est tombé devant l'étranger, mais sa chute doit être imputée à l'exagération de son principe, ou à la centralisation nécessaire du pouvoir dans la personne de l'empereur, qui, se trouvant dépourvu de tout frein alors que son caractère impétueux en aurait eu le plus de besoin, entreprit des choses au-dessus de ses forces et de son génie; ce qui faisait dire, en 1812, au ministre Decrès, dans une conversation avec M. Pasquier, alors préfet de police : « Il paraît bien fort, eh bien! il est perdu! » Mais il était si fort que ses ministres et même ses intimes qui s'avouaient cela entre eux n'osaient pas le lui dire, et il s'en allait ainsi emporté à travers le monde, comme un tourbillon que ne pouvaient pas même arrêter ceux qui se sentaient violemment entraînés avec lui dans l'abîme. Le pouvoir absolu est de tous les pouvoirs le plus faible, dans les époques où les peuples, étant sortis de l'enfance et ayant l'œil constamment ouvert sur ceux qui les gouvernent, se trouvent en même temps placés sous l'influence de divers partis ambitieux ayant chacun leur prétendant. Il se produit alors un double phénomène : ou bien celui qui a concentré en lui toute l'autorité gouverne à la satisfaction générale, et alors il neutralise l'influence des partis impuissants; ou bien, il gouverne mal, et alors ces partis, toujours aux aguets, ne manquent pas d'exagérer ses fautes, de séduire le peuple par leurs promesses, de faire luire à ses yeux des perspectives de bonheur, de prospérité et de gloire qui ne sont pas en leur pouvoir, et, à l'aide de ces appâts grossiers auxquels la masse se laisse toujours prendre, ils se créent des partisans partout, et jusqu'à des affidés et des complices dans l'armée, dans les corps constitués et même quelquefois dans les conseils du gouvernement. Le triste spectacle des défections alors commence, on voit, comme en 1814, des ministres, des maréchaux, des amis, des confidents intimes, abandonner dans la détresse et dans un moment où leur concours lui eût été indispensable, un général qui les avait fait ce qu'ils étaient, et les avait comblés, jusqu'à faire de valets d'écurie et de paysans des ducs, des princes et des rois.

Les défections et les trahisons sont en raison directe de l'avilissement des caractères. Or, il n'est rien qui avilisse les caractères comme l'adulation et le servilisme dans la prospérité. « La conviction que « l'espèce humaine n'est dévouée qu'à son intérêt, n'obéit qu'à la « force et ne mérite que le mépris, » est suivant Benjamin Constant, le dogme du despotisme. Comment avec cela former des caractères et des partisans dévoués dans la disgrâce? Avec un pareil régime on ne peut faire que des traîtres. Et le même phénomène se reproduira toujours sous l'empire des mêmes causes, comme il s'est toujours produit dans toutes les périodes de l'histoire où l'on a vu le pouvoir absolu entre les mains d'un prince faible ou ignorant, ou mal intentionné, ou seulement mal inspiré, aux prises avec des partis hostiles et une société sans affection, sans esprit public, sans croyances bien arrêtées. Le pouvoir absolu peut avoir une certaine force, une certaine vitalité, et fonder même des dynasties aux époques peu avancées de la civilisation où il est généralement accepté par cela seul qu'il n'est pas discuté. Ainsi, on a vu l'ancienne monarchie française, produit d'abord de l'usurpation, devenir d'autant plus solide qu'elle était plus absolue, soutenue par le peuple dont elle préparait l'avénement, et même par l'aristocratie intéressée à masquer ses priviléges sous le prestige d'une royauté populaire. Tout concourait à consolider son pouvoir, même l'exagération de son principe. Mais il n'en est pas de même dans les sociétés décomposées en partis factieux disposant d'un peuple mobile et sans croyances, qu'ils peuvent transformer en instrument de démolition au moindre faux pas de l'autorité. C'est ainsi que la Rome impériale et la France révolutionnaire ont si souvent changé de maîtres. Or, les princes les plus capables et les mieux intentionnés ne sauraient se flatter d'avoir toujours des successeurs qui leur ressemblent, et ils ne sont pas eux-mêmes à ce point infaillibles, qu'ils ne puissent donner prise à leurs ennemis en se laissant entraîner par leurs idées ou leurs passions. Ce n'est donc pas dans la forme politique de l'ancien régime impérial que le pouvoir pourrait aller chercher sa force. Napoléon Ier lui-même l'avait compris quand, la veille de son départ pour Waterloo, il disait aux chambres : « Les hommes sont impuissants pour assurer l'avenir; « les institutions seules fixent les destinées des nations. » Mais il était trop tard; ces institutions, faute de temps, ne pouvaient prendre racine.

En résumé, si les anciens partis ne faisaient subir une transformation profonde à la situation sous laquelle ils ont succombé, les mêmes phénomènes de dissolution qui les ont précipités, ne manqueraient pas de se reproduire avec les mêmes causes, et d'une manière autrement rapide et terrible. Le personnel démocratique s'étant considérablement accru et s'accroissant tous les jours, leur pouvoir affaibli par les discussions de la tribune et de la presse, et faiblement soutenu par une bourgeoisie égoïste ou une aristocratie sans force, parce qu'elle n'a pas su prendre racine dans les masses en se mêlant à elles et à leurs corporations, se trouverait, comme par le passé et faute de point d'appui dans les provinces, à la merci des autres partis et des coups de main de la démagogie centralisée dans la capitale de la France. L'esprit public n'est pas plus fortement trempé qu'au temps où il n'a pu les protéger. Les croyances sont aussi chancelantes, l'amour désintéressé de la loi n'a pas de plus fervents apôtres, et les nouveaux princes ne seraient certes pas plus habiles que Louis-Philippe, ni les nouveaux parlementaires plus éloquents que M. Berryer, plus avisés que M. Thiers, plus intègres que M. Dufaure, plus chevaleresques et plus religieux que M. de Montalembert, plus sagaces que M. de Rémusat, et plus profondément pénétrés du sentiment de l'ordre et de la conservation que MM. Casimir Périer ou Guizot. Car si nous en jugeons par les misérables productions de la génération actuelle, il est fort douteux que nous soyons jamais à la hauteur de la génération qui s'en va.

Avec cela on ne voit pas que les yeux des anciens chefs de parti soient complétement dessillés. Nous avons lu les trois premiers volumes de l'*Histoire du gouvernement parlementaire*, de M. Duvergier de Hauranne, et nous avons vu avec regret que l'ancien parti libéral aussi n'avait rien appris, ni rien oublié. C'est à peine si dans deux ou trois endroits cet ancien chef de parlement laisse percer le soupçon que peut-être le pouvoir était trop concentré et la liberté trop isolée sous les derniers gouvernements. Cet auteur dont pourtant la pénétration égale le caractère, a donc entrevu la vérité..... En 1859, après nous avoir fait assister au spectacle émouvant de je ne sais combien de régimes parlementaires écroulés de 1789 à 1851. Espérons que dans les volumes suivants il verra la vérité tout entière et la confessera au risque de déplaire à ses amis, en mettant en lumière leur impardonnable imprévoyance. Espérons surtout que ces amis et lui, revenant à des idées plus saines, sauront enfin comprendre tout ce qu'il y a eu d'impolitique dans leurs attaques incessantes contre le catholicisme et le clergé, qui auraient pu seuls donner au pays cet esprit public d'ordre et de conservation sans lequel on ne saurait rien fonder de durable.

Mais il faut, eux aussi, qu'ils dépouillent le vieil homme libéral et révolutionnaire, qui les a perdus et les perdrait encore, autant de fois qu'ils voudraient gouverner sous ses auspices. Qu'ils deviennent des hommes nouveaux, s'ils aspirent à gouverner une France nouvelle. Car tout doit être changé dans leur manière de voir. Leur responsabilité des ministres (1), pour en revenir à la question qui nous occupe, n'est pas la vraie, pas plus que leur liberté, et leur tolérance. Leur responsabilité n'est pas une responsabilité judiciaire, mais une guerre aux portefeuilles et un instrument de corruption et de révolution. Une nation envoie ses représentants pour prévenir et redresser les abus, et protéger ses franchises, et non pour ouvrir une large carrière à leur ambition et en faire des ministres, de hauts fonctionnaires et de grands dignitaires s'imposant au pouvoir au lieu d'être choisis par lui librement, et gouvernant au lieu de contrôler les actes du gouvernement. Ce n'est certes pas devant le Corps législatif que les ministres doivent répondre de leurs actes, c'est devant le Sénat et la Cour suprême réunis en haute cour de justice ou parlement, pour décider contradictoirement devant les avocats des parties et les procureurs généraux chargés de faire observer les lois, si les ministres ont forfait à leur devoir, ou si leur politique viole les principes

(1) Voyez la note du chapitre XII sur *notre proposition de responsabilite* et sur celle qui avait pour objet de créer *au pouvoir* et *à la liberte* des points d'appui dans les départements et les communes contre les *révolutions* aussi bien que contre *les coups d'Etat*. On voit toujours la même idée revenir sous notre plume. Nous aimons à le dire dans un temps où on voit tant de personnes changer d'idées moins par déloyauté de caractère que par défaut de conviction. Nous tenons assez peu au mode d'application de nos théories, mais nous plaçons notre amour-propre à en maintenir le fond parce que nous les croyons justes et salutaires.

essentiels de la constitution, les libertés et les franchises publiques. Hors du crime de forfaiture ou de violation de la constitution et des lois, les ministres ne relèvent que du pouvoir, et ce n'est qu'indirectement et par influence que le Corps législatif peut avoir sur eux quelque prise. La représentation nationale ayant sa tribune, et la liberté de la presse pour faire prévaloir sa politique, ne peut en effet manquer d'exercer une action décisive dans le choix des ministres, médiateurs naturels entre la nation et son chef. Mais c'est une monstruosité d'établir, en principe, que le Corps législatif peut les imposer à un pouvoir que la nation a investi de la majesté suprême.

L'erreur du parti parlementaire est de s'imaginer toujours que la nation est *souveraine*, quand personne ne l'est que Dieu. La nation, sans doute, crée l'organe du Pouvoir ou elle l'accepte si elle ne le crée pas directement. Elle fait ainsi des républiques ou des monarchies. Elle peut, comme en Angleterre, subordonner la royauté au parlement, et établir en principe que les députés du pays auront le droit de renverser les ministres. Mais si les députés renversent les ministères, ce n'est certes pas en vertu d'un prétendu droit de souveraineté qui n'existe que dans le cerveau des idéologues, mais en vertu d'un simple droit constitutionnel. La nation a attribué cette faculté au parlement qui ne fait qu'user d'une de ses prérogatives légales en l'exerçant. Mais il en est autrement dans les pays comme la France, où la nation s'étant réorganisée monarchiquement, a concentré entre les mains du pouvoir l'armée, l'administration, la justice, les finances; ce qui implique le droit de gouverner sous sa forme la plus absolue. La nation, en acceptant une forme centralisée, qui est dans ses goûts et ses traditions, s'est interdit toute action directe sur le gouvernement, sans quoi, elle aurait fait une sottise, celle de vouloir se garder en se livrant à plus fort que soi. Une nation n'est pas plus dispensée d'être logique et d'avoir le sens commun qu'un simple particulier. Si donc il y a conflit entre la représentation nationale et le pouvoir, il ne s'en suit pas nécessairement et dans toutes les hypothèses que celui-ci doive céder, même devant la nation. Celle-ci, n'ayant d'autre titre à la souveraineté que celui d'instituer son organe, est bien obligée de le subir tel qu'elle l'a institué, puisqu'elle ne pourrait le renverser sans recourir à l'arme terrible des révolutions : extrémité fatale qu'un politique sérieux ne peut même admettre hypothétiquement. Grâce à je ne sais qu'elles idées mystiques, répandues dans la société pour favoriser aux époques primitives la domination de certaines dynasties ou de certaines castes, on a fait croire au peuple qu'il était souverain, de même que la flatterie l'avait fait croire aux rois. On ne saurait protester assez haut contre cette intolérable usurpation d'une prérogative qui n'appartient qu'à Dieu. Il n'y a dans la société que des hommes, et Dieu au-dessus d'eux. Les membres de la société ne sont donc réunis en société qu'en vertu de certaines règles de justice et de convenance qu'ils sont tenus de respecter comme venant de Dieu, et non comme venant des hommes. Ces règles une fois établies obligent au même titre que celles qui lient toutes les autres formes d'associations, et non en vertu d'une espèce de prépotence ou de souveraineté qui serait innée, soit dans un seul, soit dans plusieurs, soit dans tous.

Il y a entre les sociétés politiques et les sociétés commerciales et industrielles une différence radicale. Néanmoins elles ont des analogies susceptibles d'apporter quelques lumières à la question qui nous occupe. Dans les sociétés anonymes, les associés dirigent l'affaire par un conseil d'administration qui les représente, et le directeur choisi par la société subit la loi de ce conseil dans tous les actes de son administration et dans le choix même de ses agents, c'est la forme républicaine. Mais il ne faudrait pas croire que les associés ou le conseil qui les représente pourraient, parce qu'ils ont la direction sociale, faire tout ce qu'ils voudraient. Non, car ils sont limités par la nature et les statuts de leur société. Dans les sociétés en commandite c'est au contraire le gérant qui a la direction sociale. C'est donc lui qui choisit ses agents et qui gouverne sous sa responsabilité. Les associés ne peuvent rien sur ses agents, ils sont obligés de les subir, à moins de malversation qui entraînerait la dissolution sociale. C'est le cas de la monarchie absolue, où la nation n'a d'autre alternative que de subir la direction du prince ou de le détrôner. Les gouvernements de concours offrent une forme intermédiaire entre ces deux espèces d'associations. Mais cette forme peut elle-même varier. En Angleterre, il est sous-entendu que la couronne doit céder au parlement. En France, sous le dernier roi, il était entendu que les trois pouvoirs devaient concourir, ce qui était une source de difficultés inextricables dans un pays, où tout le monde était divisé sur les questions fondamentales, et où le Pouvoir était plus fort que les Chambres et moins populaire que l'opposition. Sous le régime actuel, le concours du Corps législatif et de l'Empereur est posé en principe en matière de législation et d'impôt, mais il semble sous-entendu que dans les cas de conflit, le Pouvoir devrait avoir le dernier mot; situation dangereuse avec le suffrage universel, les députés qui votent le budget pouvant créer les plus sérieux embarras au Pouvoir s'ils étaient soutenus par le peuple. Il est évident que nonobstant le sous-entendu, ou à cause même du sous-entendu favorable à toutes les interprétations et à toutes les subtilités des partis, les guerres de portefeuilles pourraient recommencer avec un pouvoir faible. L'autorité du chef de l'État serait alors annihilée et le Corps législatif tout-puissant. Mais il pourrait arriver que le contraire eût lieu, si le pouvoir étant fort ne savait pas se modérer. Or, nous ne voyons pas comment sortir de cette impasse autrement qu'en donnant une plus grande extension aux libertés civiles, communales ou départementales; en fortifiant le pouvoir central dans ses attributions véritablement gouvernementales clairement définies et réglées par la constitution; et en agrandissant les attributions du Sénat, afin d'en faire un corps capable, dans des circonstances données, de vider les conflits qui pourraient survenir et auxquels les expédients ordinaires n'auraient pu mettre un terme.

Dans notre hypothèse la nation ne pourrait, pas plus que l'assemblée générale des associés commanditaires, influer directement sur les agents du pouvoir. Il ne saurait, en effet, y avoir de droit contre le droit, et c'est en abusant de la crédulité du peuple ou en le flattant que les factions lui ont appris qu'il était souverain et qu'il dépendait de lui de changer et de briser les ministères malgré la constitution et les lois, en vertu d'un droit supérieur à elles. Il n'y a pas de souveraineté au-dessus des convenances sociales. Or, en France, pays centralisé et concentré, les convenances sociales exigent que le Pouvoir gouverne la nation dans des limites clairement définies, et que la nation à son tour soit libre et démocratique.

VII. — L'important est donc de bien déterminer constitutionnellement les libertés et les franchises de la nation, celles des particuliers, des corporations et des corps constitués, et de donner à la société une organisation assez forte pour protéger efficacement ces libertés et ces franchises. On aura beau raisonner, critiquer et résister, il faudra bien se rendre tôt ou tard, et en venir finalement à une balance de forces et d'influences, et à une pondération hiérarchique des pouvoirs; système qui, tout en fortifiant et en maintenant le pouvoir central à la tête des autres, les contiendra tous dans les limites naturelles de leurs attributions. Cette forme tempérée, variant suivant les temps et les lieux, et sans laquelle on aura toujours un gouvernement faible et une liberté précaire, ne diffère pas au fond de celle qui a été louée d'un commun accord, par les publicistes et les philosophes éminents de l'antiquité, par les Pères du christianisme et les docteurs du moyen âge et du XVIe siècle, comme étant celle qui se rapproche le plus de l'idéale perfection, et est la plus difficile à réaliser par conséquent. Après Aristote, Cicéron (*De Repub.*, I. 45), Tacite (*Annales*, *liv.* IV, 33), saint Thomas, Bellarmin et Suarez, s'accordent à présenter la forme des gouvernements mêlés de monarchie, d'aristocratie et de démocratie comme étant la meilleure; *quod est optimum.* (*St-Thomas*, 1^a, 2e. Q. 90. A. 4), et comme la plus utile à cause de la corruption de la nature humaine : « *Propter na-* « *turæ humanæ corruptionem.* » (*Bellarmin de Rom., pont., Cap.* III).

Par aristocratie il faut entendre ici cette hiérarchie d'hommes illustres que le mérite et la vertu élèvent aux dignités supérieures des corps constitués et des associations libres, par exemple, les magistrats inamovibles des cours suprêmes dans l'ordre judiciaire, les députés et les sénateurs dans l'ordre politique, les maréchaux dans l'ordre militaire, les évêques dans l'ordre religieux, les grands bienfaiteurs du peuple dans les œuvres charitables, et ceux qui ont rendu des services signalés à leurs concitoyens dans les lettres, les sciences, le commerce et l'industrie. Voilà, selon nous, la véritable aristocratie, si on joint à l'influence naturellement attachée à ces hautes positions, celle que ces hommes tirent des corporations auxquelles ils appartiennent. Et ce n'est pas encore assez, car les corporations elles-mêmes doivent jouir de certaines franchises ou prérogatives, afin de communiquer aux hommes éminents qui les représentent cette indépendance de caractère, qui fait la force des aristocraties et grandit l'importance de ces chefs de corps, en en faisant les défenseurs nés des droits et des franchises de leurs collègues ou de leurs associés. Il n'y a de réellement légitime parce qu'il n'y a de réellement vraie, que cette sorte d'aristocratie, du moins dans un état démocratique. Et comme nous ne voudrions pas passer pour être les ennemis de cette aristocratie que nous croyons même nécessaire, nous tenons à insister ici sur cette distinction fondamentale, afin qu'on nous pardonne ce que nous avons pu dire d'amer mais de juste et de mérité contre l'ancienne noblesse française, qui n'était plus depuis longtemps une aristocratie, mais une caste odieuse et une excroissance nuisible à l'organisme social, comme l'a fort bien prouvé M. de Tocqueville, dans son bel ouvrage de *l'ancien régime et de la Révolution*. « A mesure que le gouvernement de la seigneu-« rie se désorganise, que les états généraux deviennent plus rares « ou cessent, et que les libertés générales achèvent de succomber, « entraînant les libertés locales dans leur ruine, le bourgeois et le « gentilhomme n'ont plus de contact dans la vie publique. Ils ne « sentent plus jamais le besoin de se rapprocher l'un de l'autre et de « s'entendre ; ils sont chaque jour plus indépendants l'un de « l'autre, mais aussi plus étrangers l'un à l'autre. Au XVIe siècle « cette révolution est accomplie : ces deux hommes ne se rencon-« trent plus que par hasard dans la vie privée. Les deux classes ne « sont plus seulement rivales elles sont ennemies. Et, *ce qui semble « bien particulier à la France*, dans le même temps que l'ordre de la « noblesse *perd ainsi ses pouvoirs politiques*, le gentilhomme acquiert « individuellement *plusieurs privilèges* qu'il n'avait *jamais possédés « ou accroît ceux qu'il possédait déjà.* » (Ainsi les privilèges de la noblesse augmentent à mesure qu'elle devient inutile). « On dirait « que les membres s'enrichissent des dépouilles du corps. La no-« blesse a de moins en moins le droit de commander, mais les « nobles ont de plus en plus la prérogative exclusive d'être les pre-« miers *serviteurs* du *maître*. » (La noblesse au lieu d'être un instrument de liberté devient ainsi un instrument de servilisme, une véritable domesticité). « Il était plus facile à un roturier de devenir « officier sous Louis XIV que sous Louis XVI. Cela se voyait sou-« vent en Prusse, quand le fait était presque sans exemple en France ; « chacun de ces privilèges, une fois obtenu, *adhère au sang ;* il en « est inséparable ! Plus cette noblesse cesse d'être une aristocratie, « plus elle semble devenir une caste, » (P. 156), et bientôt un obstacle, un embarras, une sangsue ; tout aussi brave sur le champ de bataille que le peuple et la bourgeoisie qu'elle s'arroge le droit de commander, mais véritable décor d'opéra dans l'État et de figurants à la cour.

Mais si la balance et la pondération des forces sociales ne doit pas résulter d'une aristocratie privilégiée, elle ne doit pas résulter davantage de ce que les anciens parlementaires appelaient l'équilibre des trois pouvoirs; véritable tour de force qui, en détruisant toute hiérarchie, plaçait constamment le gouvernement et la Chambre dans l'alternative de subir un amoindrissement ou de recourir à un coup d'État ou à une révolution, suivant que la balance inclinait à droite ou à gauche. Cette pondération des forces sociales doit être prise de plus haut, et avoir un autre appui que ces oppositions factieuses, dont l'unique occupation était d'exercer l'action centrale ou d'exciter le peuple à la révolte. Nous avons une médiocre confiance, nous l'avouons sans peine, dans l'ancien mécanisme du pouvoir considéré comme palladium de nos libertés ; et nous sommes, sous ce rapport, assez disposés à mettre sur la même ligne d'impuissance nos divers chefs parlementaires. Oui, les hommes distingués qui ont illustré nos dernières assemblées politiques nous semblent mériter aussi peu de confiance pour protéger nos libertés, que n'en méritaient les royalistes de l'ancien régime pour protéger la prérogative de leurs rois; et les Thiers, les Odilon-Barrot, les Armand Carrel, les Ledru-Rollin nous paraissent tout aussi usés, sous ce rapport, que les Blancas et les Polignac dans un sens opposé. La liberté doit émaner d'une source plus élevée que celle d'où ces hommes, d'ailleurs si remarquables par la parole et le style, la faisaient émaner. La liberté ne doit pas venir des oppositions et encore moins des faubourgs. Elle ne réside pas dans une asssemblée exclusive posée, en face du Pouvoir, comme un contradicteur hargneux et les trois quarts du temps factieux. Car, quelle garantie pourrait nous présenter une pareille assemblée, qu'un piquet de grenadiers peut dissoudre nuitamment, si elle n'a pas de profondes racines dans le pays et de puissantes ramifications dans une foule d'institutions et de corporations, ayant comme elle des prérogatives et des franchises à défendre ! La liberté n'est pas, ne doit pas être le prix d'une sorte de pugilat parlementaire, mais la résultante obligée des franchises de tous les citoyens, de tous les corps constitués et de toutes les associations libres.

C'est ainsi, au surplus, que le comprenaient les éminents docteurs du moyen âge et du XVIe siècle, qui ont, sinon formulé, du moins entrevu les principes essentiels de la forme sociale qui convient aux États catholiques, mélanges tempérés de monarchie exprimant la force, d'aristocratie exprimant la liberté, et de démocratie exprimant la bienfaisance.

Ces docteurs répudient en effet d'une seule voix la forme despotique, la plus détestable à leurs yeux, *quod est omnino corruptum* (Bell., *ib.*), et saint Thomas demande même que le Pouvoir soit tempéré de manière à ne pouvoir dégénérer en despotisme, « *sic temperetur ut in tyrannidem de facili declinari non possit.* » Le gouvernement, suivant ce docteur, doit être ainsi organisé que le roi ne trouve pas même l'occasion de faire des actes arbitraires. « *Sic disponenda est*

« *gubernatio ut tyrannidis subtrahetur occasio.* » (*De Regim. princip.*, cap. VI, lib. 1.) Pénétré des mêmes idées, Bellarmin considérait le gouvernement mixte mêlé de démocratie, d'aristocratie et de monarchie, comme supérieur à la monarchie simple « *utilior in hâc vitâ* « *quam simplex monarchia.* » (*De Rom. pontif*, cap. III.) Et, chose remarquable, l'aristocratie, suivant lui et saint Thomas, devait être une aristocratie telle que nous l'entendons, composée de chefs investis d'attributions spéciales, comme récompense de leur mérite et non en vertu d'aucun droit de naissance : « *virtute non generi de-* « *feratur.* » (*Ib.*). C'étaient des gouverneurs de province ou de ville, *præsides provinciarum vel civitatum*, occupant, dans la hiérarchie, un rang inférieur à celui du souverain, mais ayant une certaine indépendance : « *Non sint Regis vicarii sed veri principes.* » On voit percer ici l'idée de décentralisation, ou de la division d'attributions, qui est, selon nous, un des principes les plus féconds des sociétés catholiques modernes. L'utilité de l'élément démocratique dans le gouvernement entrait au surplus dans les préoccupations des savants docteurs. Saint Thomas voulait que les chefs fussent choisis par le peuple ou pris dans les rangs du peuple. C'est là son aristocratie qu'il semble avoir copiée sur celle des évêques : « *principatus ad omnes perti-* « *net tum quia ex omnibus eligi possunt, tum quia etiam ab omnibus eli-* « *guntur.* (Q. CV, 1 a 2 œ, art. 1er).

Tous les principes fondamentaux d'un gouvernement tempéré se trouvent donc consacrés par les docteurs de l'Église; et c'est là l'essentiel, les applications de ces principes pouvant varier à l'infini. Aussi nous n'avons pas besoin d'ajouter que l'idée d'un gouvernement de concours ou une balance de pouvoirs, comme en Angleterre, n'entrait point dans leurs théories. Ce qui les frappait surtout, c'était une forme politique rappelant plus ou moins la forme du gouvernement de l'Église, où ils voyaient les trois éléments combinés : la monarchie dans le souverain pontife, l'aristocratie dans les évêques, et la démocratie dans l'élection ou la nomination des membres de la hiérarchie sacerdotale, promus, y compris le chef de l'Église, en dehors de tout privilége de naissance et à raison seulement de leur mérite. La forme sociale que nous appelons de nos vœux ne diffère donc pas, en principe, de celle que les grands docteurs de l'Église considéraient comme étant la meilleure et la plus conforme à l'idée que les catholiques doivent se faire d'un gouvernement bien ordonné, « *hanc esse optimam et in hâc mortali vitâ expetendam.* » (Bellarmin, *ib.*). Aussi, nous aimons à le croire, si ces docteurs avaient vécu de nos jours, ils auraient sans aucun doute cherché à en faire l'application à l'état social actuel, en y faisant entrer les éléments que nous avons, sans se préoccuper de ceux qui ont appartenu à un régime évanoui et sont d'ailleurs assez peu compatibles avec l'idée catholique, qui exclut explicitement ou implicitement tout privilége injuste ou attentatoire à la dignité et à la liberté humaines.

Chose singulière, après ce que nous venons de dire de ces saints personnages, les Girondins et les montagnards de 1793 se sont posé le problème qui nous occupe : réaliser, sur tous les points du territoire, le principe de la liberté et en organiser l'exercice ; créer au centre un gouvernement fort et capable de résister énergiquement aux ennemis du dehors et à ceux du dedans ! Ils ont échoué, mais leurs constitutions et surtout leurs discours, qui en étaient les commentaires, font foi de ce double effort. Cela prouve que la vérité est plus forte que les hommes, et que la démocratie ne saurait se passer de ces principes d'ordre et de conservation qui fait la force et l'utilité des divers gouvernements. Les formes peuvent changer, les principes sont immuables.

Plus tard, des esprits supérieurs ont également entrevu la forme sociale qui convient à la France. Mais ils ont tous cherché à l'accommoder à leurs préoccupations politiques et à leurs préjugés de parti. Dès 1815, M. Fiévée et M. de Villèle, après de Bonald et de Maistre, en avaient saisi les conditions principales. Mais ils auraient voulu la réaliser avec les institutions de l'ancien régime. M. de Villèle, dans ses deux discours sur les assemblées départementales et les douzièmes provisoires, avait mis le doigt sur la plaie avec la sûreté de coup d'œil d'un esprit sagace et profond. Passant en revue les lois qui, depuis l'an X, avaient successivement dépouillé les départements et les communes de toute intervention sérieuse dans la gestion de leurs affaires (1), il s'écriait : « On a ainsi *détruit l'esprit public*, achevé de *désunir* et de *démoraliser* la nation, *isolé* les Français les uns des autres, *brisé* tous les liens entre les citoyens et le gouvernement, enfin préparé le retour inévitable de *l'anarchie* si le gouvernement était faible, du despotisme s'il était fort. » 1830, 1848 et 1851 sont venus confirmer les prévisions de M. de Villèle. M. Fiévée, dans sa *Correspondance politique et administrative* avec Louis XVIII, laisse éclater la même pensée : « Si l'Angleterre est libre, ce n'est ni à cause de la grande charte, ni à cause du bill des droits, c'est parce qu'en Angleterre la liberté *est partout*, dans les comtés, dans les municipalités, dans les corporations. Des conseils municipaux indépendants, des conseils départementaux et des corporations : voilà les *vrais fondements* d'une constitution libre. A cette constitution peut s'adapter le système des deux cham-

(1) La Révolution n'est pas responsable des excès de notre centralisation administrative. Mais elle l'a facilitée par la centralisation politique et militaire et en divisant la France en départements. Les véritables auteurs de la centralisation administrative ce sont les anciens rois, que Napoléon n'a fait que copier en les dépassant. N'étant pas entravé, comme eux, par les restes de l'échaffaudage féodal, et voulant organiser la nation sur le modèle d'une armée, il a détruit, dans sa constitution de l'an VIII, l'œuvre de l'assemblée constituante, qui était tombée dans un excès opposé, en faisant percevoir les impositions, maintenir l'ordre et gouverner, au moyen des pouvoirs électifs des communes et des départements ; tant il est difficile de combiner et de balancer les principes.

« bres, mais prétendre l'implanter dans un pays où il n'y a que des « *individus isolés, sans institutions locales* et *sans doctrines communes*, « c'est un acte insensé et qui doit nécessairement *conduire à des ca-* « *tastrophes*. » Les catastrophes en effet sont venues. Mais le tort de ces excellents esprits, c'était de ne voir le véritable idéal politique qu'en se retournant vers le passé, vers les parlements, la noblesse et les corporations d'arts et métiers, au lieu de chercher, dans la société démocratique nouvelle, les éléments d'ordre et de conservation qui, pour être la contre-partie des éléments constitutifs de l'ancien régime, n'en ont que plus de force et de solidité, puisque sans ces éléments sagement combinés et balancés, on ne saurait jamais avoir, suivant une expression de Napoléon Ier « qu'une chambre des dépu- « tés servile ou turbulente,» et qu'un gouvernement débile ou oppreseur, incapable de nous protéger sans confisquer nos libertés.

La France ne sera donc sauvée qu'en s'attachant fortement à cett forme politique tempérée, qui nous est donnée par toute notre tradition nationale. Cette forme est conforme à notre état moral, comme à notre état social essentiellement libéral et démocratique; elle répond à toutes nos tendances unitaires ; elle est en harmonie avec notre caractère, avec notre génie initiateur, avec notre vanité ! Elle est l'expression de la France telle que les siècles et la révolution l'ont faite. Elle donne à son autonomie un cachet original de perfection qui met notre nation en mesure de servir de modèle aux nations catholiques et de leçon aux peuples hérétiques incapables d'atteindre cet idéal. La France n'a rien à recevoir de personne. Son bon génie lui a imposé la tâche difficile mais glorieuse d'opérer en elle l'union du catholicisme et de la société civile, de la liberté et du Pouvoir, de la diffusion de la vie politique dans tout le corps social et de la concentration dans un seul de l'action politique et gouvernementale. Nous venons de prouver qu'avec un peu de bonne volonté, le problème n'est pas insoluble. Sans rien détruire ni bouleverser, mais en perfectionnant simplement les éléments que nous avons sous la main, notre régime politique peut acquérir une forme tout aussi supérieure à toute autre forme politique de l'antiquité et des temps modernes, sans en excepter celle de l'Angleterre, que notre forme sociale est déjà supérieure, sans comparaison, à toutes les autres formes sociales. Que cet idéal, depuis si longtemps poursuivi et aujourd'hui trouvé, se réalise, et les divers peuples voyant alors clairement que le catholicisme imprime aux sociétés qu'il régit un caractère de grandeur incomparable, s'empresseront de se l'approprier. Et alors il sera prouvé que si nous avons donné tardivement ce grand spectacle au monde, cela tenait uniquement à la perfection d'une forme d'autant plus difficile à atteindre qu'elle se rapprochait d'avantage de l'idéal. Notre patriotisme est donc de nous attacher fortement à cette forme, dans notre intérêt d'abord, et ensuite dans l'intérêt des peuples, à qui il devra peu coûter de nous imiter, puisque en nous imitant ils ne feront que revenir à l'antique tradition de l'Europe qui est aussi bien la leur que la nôtre.

Cette forme au surplus n'a rien d'absolu quant aux hommes, et elle est même dans les choses infiniment élastique puisqu'elle est infiniment perfectible. Ayant, pour point de départ, un état libéral et démocratique qui peut se développer en raison de l'éducation des masses et de leur perfectionnement moral, et la religion divine que nous avons le bonheur de posséder pouvant contribuer efficacement à cette éducation et se prêtant merveilleusement à ce perfectionnement, il est permis de nourrir dans son cœur de douces illusions et de peupler l'avenir d'éventualités séduisantes. Grâce au catholicisme qui purifie ce qu'il touche et jusqu'aux progrès de la matière, qui ôte à la liberté sa malice, et à l'égalité ses passions envieuses, il peut sortir de cette forme une éducation politique si achevée, que l'autonomie sociale deviendra alors une réalité, le Pouvoir et les citoyens ne faisant qu'un, et tout étant réglé dans l'état, même les passions, par le jeu libre et régulier d'institutions fondées sur une science véritable, sur la science sociale qui doit tenir compte de tout et surtout des passions.

CHAPITRE XVII.

DU CATHOLICISME DANS L'ÉTAT.

La religion catholique est la religion sociale par excellence. — Ses rapports avec l'Etat. — Sa vérité. — Nécessité sociale de la religion surtout dans les démocraties. — Il faut avec les éléments actuels reconstituer catholiquement la société. — Le catholicisme ayant seul l'Autorité et une Autorité distincte de l'humanité et des pouvoirs terrestres est, à parler rigoureusement, la seule religion qu'il y ait sur la terre. — Union et non confusion du pouvoir spirituel et du pouvoir temporel, ou système des concordats. — Rapport politique du catholicisme et des autres cultes.

I. — N'ayant pas à examiner si le catholicisme est ou non discutable théologiquement, nous nous bornerons ici à établir que socialement il est indiscutable. Notre but étant moins de rechercher les preuves intrinsèques de sa vérité que de faire ressortir ses relations nécessaires avec les sociétés modernes et principalement avec la société française, nous devrons nous attacher surtout à mettre en lumière les harmonies sociales qui en découlent, et la singulière propriété qu'il possède de favoriser les relations des diverses classes, en amortissant par sa charité toutes les causes de froissement, de moraliser les masses en leur insinuant une philosophie et une morale sublimes, et de rattacher à Dieu toutes les notions de justice, de liberté, d'égalité et de souveraineté sur lesquelles l'état repose. Le caractère du catholicisme est en effet un caractère cosmique. Nous voulons dire par là, qu'indépendamment de sa spécialité religieuse et théologique, et de sa forme surnaturelle qui constitue son essence même, il se lie par des rapports multiples avec toutes les parties du Cosmos, où on aperçoit de toutes parts ses racines, ses ramifications, et en tout cas ses tendances à tout embrasser dans son universalisme. Les autres religions et les cultes hérétiques et schismatiques qui se sont détachés de la communion Mère portent invariablement le cachet de l'exclusivisme. Ce sont des religions ou des cultes locaux, et alors même qu'ils cherchent à s'étendre au dehors par le prosélytisme, il n'en est pas un qui ne traîne avec lui péniblement la lourde responsabilité de quelque conception étroite ou de quelque négation saugrenue, qui, émanées visiblement de la pensée individuelle rendent ces cultes très-peu aptes à s'assimiler les hommes et les choses. Ces cultes au surplus n'ont pas des prétentions si élevées. Le catholicisme seul aspire à une domination universelle, dans les lettres, les sciences, les arts, la politique, l'industrie, dans tout enfin, car il veut tout modeler à son effigie.

Ainsi, M. de Châteaubriand a prouvé qu'il y a en lui une sève puissante de poésie, et qu'il est en harmonie, par ses fêtes et ses cérémonies, avec toutes les aspirations et tous les besoins de la nature humaine. Bossuet avait démontré que toutes les données de l'histoire dans l'ancien monde conduisaient à lui, et l'école catholique du XIXe siècle reprenant l'œuvre de ce grand évêque, où il l'avait laissée, s'est efforcée de rattacher au catholicisme le mouvement de la civilisation moderne. Il restait à prouver d'une manière approfondie que ses racines pénètrent partout dans le Cosmos, que son ontologie est l'ontologie des sciences positives, qu'il est l'âme de la psycologie, de la métaphysique et de la philosophie tout entière ; qu'il constitue dans l'ordre surnaturel avec ses dogmes, ses mystères, ses pratiques et sa hiérarchie un système complet, ou une science et une philosophie singulièrement remarquable et correspondant terme pour terme à la science et à la philosophie du monde naturel; lequel forme à son tour un système également complet dans son genre, bien qu'il soit pénétré de part en part par les influences ou les affinités intimes du monde surnaturel. Ces deux systèmes se prénétrant mutuellement malgré leur distinction essentielle, constituent dans leur haute majesté un vaste ensemble véritablement divin ou un tout systématique également complet et harmonique, que nous avons appelé le Cosmos. C'est ce Cosmos dont nous avons essayé de donner la synthèse ou de faire l'exposition à grands traits dans les *essais sur l'Être divin*, œuvre de notre première jeunesse, et dans le *philosophe* que nous avons publié en 1858. Nous avons terminé depuis un autre ouvrage qui est la philosophie ou la substance de ces deux productions et nous l'avons intitulé : *La Philosophie du Cosmos*. Ce livre, où nous avons recueilli le peu que nous savons sous sa forme la plus saisissante, nous serions disposé à le publier, si l'accueil qui sera fait à celui-ci nous donnait à penser que le public pourrait en retirer quelque fruit.

Mais, pour arriver à la démonstration de l'universelle pénétration du catholicisme dans le Cosmos, ou de sa divine ubicuité, il restait à prouver que ses rapports ne s'étendent pas seulement à la poésie, à la littérature, à la science du cœur humain, œuvre de Châteaubriand; à l'histoire et au mouvement général de la civilisation, œuvre de Bossuet et de l'école catholique moderne; aux sciences positives et aux sciences philosophiques et morales, œuvre de notre jeunesse; mais encore à la science sociale et à la politique, œuvre de notre âge mûr. Car alors, mais alors seulement se trouvera accomplie, — rêve sublime et présomptueux! — cette superbe démonstration, que le catholicisme est l'âme du Cosmos; qu'il a commencé comme un germe dans la Judée au milieu de l'ignorance et de la corruption de l'ancien monde, pour fleurir tout à coup avec Jésus-Christ et les apôtres, et se développer au moyen âge, en attendant qu'il s'épanouisse complétement dans tout l'univers, grâce à l'universelle diffusion de la civilisation moderne et à ses incomparables moyens de transport. Descendant de Dieu il a commencé petitement d'abord, comme toutes les choses qui, appelées à la vie, germent d'abord et se développent ensuite, et il remonte à Dieu comme à sa divine source, avec des prétentions toutes divines et qui consistent à tout envahir et embrasser dans son universelle étreinte. C'est ce glorieux envahissement et cette majestueuse étreinte qui nous a inspiré nos livres sur le Cosmos, et cette production qui les complète, en montrant que si le catholicisme est dans les sciences positives philosophiques et morales, il est aussi dans les sciences politiques et sociales, afin qu'il soit bien établi, qu'il n'y a rien dans le Cosmos, rien, absolument rien, qui ne se rattache de près ou de loin au Dieu du catholicisme, et à la divine Re-ligion qu'il a établie pour tout re-lier à lui.

Cette manière de comprendre le catholicisme, nous inspire, nous l'avouons franchement, une certaine fierté. Nous voyons d'une vue si limpide les universels rapports du catholicisme, âme du monde, avec toutes les parties du Cosmos, et Dieu est pour nous si manifestement présent à toutes ses œuvres, que nous sommes dans une sorte de colère permanente contre ceux même de nos amis, qui ne voient pas ou ne veulent pas voir, aussi clairement que nous, ce magnifique spectacle de l'agencement universel des choses au sein de Dieu et de la Re-ligion.

Quoi qu'il en soit, essayons de faire toucher du doigt pour les sciences sociales et politiques, comme nous l'avons fait pour les sciences positives et philosophiques, cette vérité, suivant nous incontestable, que Dieu a conçu et combiné le catholicisme, qui est la religion vraie, de manière à être avec la société dans un rapport intime, afin que tout en elle soit relié par les liens les plus étroits à son divin Auteur.

II. Que la religion ait ses vérités dures à croire, comme le dit Fénelon, et même ses folies comme le dit saint Paul, nous nous garderons bien de contredire ces grands et saints personnages. Mais nous ferons cependant une observation, c'est que le côté miraculeux, qui confond le philosophe, est si merveilleusement approprié à l'intelligence et au besoin de croire des enfants, des femmes et du peuple, et si plein de sublimes clartés pour les hautes intelligences; que nous ne sommes nullement surpris que Dieu, dans son extrême bonté, ait voulu présenter les vérités les plus fortes et les plus hautes du monde surnaturel et la philosophie sublime qui en découle, sous des formes et dans des récits simples et pratiques qui seuls pouvaient mettre cet admirable ensemble de doctrine à la portée de toutes les intelligences. Il est en tout cas certain que, grâce à ces récits joints aux pratiques et aux cérémonies de l'Église, on peut faire de ces pauvres intelligences, qui sans cela resteraient plongées dans une ignorance incurable, des sujets d'une piété et d'une moralité éprouvées, des citoyens dévoués et éclairés, et même des philosophes d'un ordre supérieur aux philosophes du monde, de l'aveu de Montesquieu, de Jouffroy (1) et de beaucoup d'autres écrivains non suspects.

Cette observation faite, nous laisserons aux exégètes et aux apologistes ordinaires le soin de résoudre les difficultés de détail, pour prendre ici la chose de plus haut. Le catholicisme qui se rattache à la création, c'est-à-dire à Dieu, par une tradition historique certaine, est à l'abri de toute contestation si on le considère en soi, dans ses dogmes, ses mystères, sa hiérarchie, son culte et ses pratiques; car tout cela nous révèle un monde surnaturel si clairement distinct et indépendant du monde naturel et néanmoins si manifestement en rapport avec lui; si philosophique, si savant et si propre à élever l'homme et la société au-dessus de leur condition naturelle, qu'en vérité il n'y a qu'un Dieu qui ait pu concevoir un plan aussi achevé et aussi au-dessus de toute conception humaine.

La société et l'art de la gouverner ou la politique rentrent par une foule de points dans ce plan divin. Les dogmes et les mystères, la hiérarchie et les pratiques de la religion ont leur utilité politique et sociale. La société et surtout la société française étant faite à l'image du catholicisme, sa science devrait être l'image de sa science, sa philosophie

(1) « Il y a un petit livre qu'on fait apprendre aux enfants et sur lequel on les interroge à l'Eglise. Lisez ce petit livre, qui est le catéchisme; vous y trouverez une solution de toutes les questions que j'ai posées, de toutes, sans exception. Demandez au chrétien d'où vient l'espèce humaine, il le sait; où elle va, il le sait; comment elle y va, il le sait. Demandez à ce pauvre enfant, qui de sa vie n'y a songé, pourquoi il est ici-bas et ce qu'il deviendra après sa mort, il vous fera une réponse sublime...... Origine du monde, origine de l'espèce, question de race, destinée de l'homme en cette vie et en l'autre, rapports de l'homme avec Dieu, devoirs de l'homme avec ses semblables, devoirs de l'homme sur la création, il n'ignore rien. Et, quand il sera grand, il n'hésitera pas davantage sur le droit politique, sur le droit des gens; car tout cela sort, tout cela découle avec clarté et comme de soi-même du christianisme. Voilà ce que j'appelle une grande religion; je la reconnais à ce signe, qu'elle ne laisse sans réponse aucune des questions qui intéressent l'humanité. » M. Jouffroy, *Mélanges philosophiques*, page 424.

de sa philosophie, sa hiérarchie de sa hiérarchie, ses pratiques de ses pratiques; grâce à ce principe du Cosmos que, le monde naturel est fait à l'image et à la ressemblance du monde surnaturel, étant l'un et l'autre l'œuvre et la représentation de la Trinité divine, qui leur sert de type et de lien.

III.—Nous aurions bien l'envie d'exposer ici cette universelle représentation de la Trinité dans chacun des êtres de la création : représentation entrevue d'une manière inexacte et peu scientifique par Leibnitz, dans sa célèbre théorie des monades représentatives de la Monade divine. Cette exposition, qui a fait l'objet de notre *Philosophe*, serait ici à sa place, pour la partie du moins qui concerne les relations de Dieu avec la société créée *à son image et à sa ressemblance*. Mais, sauf quelques lecteurs d'un esprit supérieur qu'un sujet aussi relevé ne rebuterait pas, le public auquel nous nous adressons n'a rien à voir à des considérations de cet ordre, et ce ne sont pas des hommes de notre temps qui pourraient goûter des vérités aussi fortes. Ils ont bien autre chose à faire, qu'à suivre avec nous, dans ses manifestations phénoménales, le Principe universel du Cosmos, aussi visible dans les êtres, les lois et les forces de l'univers que l'écrivain dans ses œuvres littéraires, l'orateur dans sa parole, ou le grand capitaine dans les manœuvres de ses armées (1). A quoi bon de la philosophie dans une société sans principes, où tout marche au hasard, où on élève la jeunesse à l'avenant, où l'on supprime du plan des études tout ce qui faisait la force, l'éclat et la profondeur de l'ensignement au moyen âge et jusqu'au XVIIIe siècle : chose inouïe et sans exemple chez aucun peuple civilisé, Grec, Romain , Indou (2)? Siècle super-

(1) « Sur un champ de bataille, disait Napoléon à Bertrand, à la promptitude, à la justesse des manœuvres on admire, on s'écrie : un homme de « génie! au fort de la mêlée, quand la victoire flottait indécise, on n'entendait qu'un cri : l'empereur! où est-il?... C'était le cri de l'instinct, c'était « la croyance générale à moi, à mon génie. Eh bien! moi aussi j'ai un « instinct, une certitude, une croyance, un cri qui m'échappe malgré moi. « Je réfléchis, je regarde la nature avec ses phénomènes et je dis : Dieu! « J'admire et je m'écrie : il y a un Dieu! Mes victoires vous font croire en « moi, eh bien! l'univers me fait croire en Dieu. » (*) Oui nous pourrions aussi, comme Napoléon, montrer Dieu se révèlant partout, se faisant, pour ainsi dire, toucher du doigt; mais ce spectacle de la divinité rendue palpable intéresserait fort peu nos contemporains, nous le reconnaissons. Ce serait pourtant de la science; mais cette science serait pour eux du mysticisme. Nous nous abstenons donc, avec d'autant plus de raison, qu'on ne nous comprendrait pas. On n'est pas philosophe dans notre société. On le voit bien à ses écoles, à ses académies, à ses universités, à ses assemblées politiques, à ses savants, à ses philosophes.

(*) Voyez les *Mémoires du général Bertrand*, publiés par Montholon. Ce bel extrait est cité en entier dans notre *Philosophe*, p. 121.

(2) On est confondu de honte pour son temps et son pays, quand on lit, dans la correspondance et la vie des jeunes patriciens de la Rome républicaine, Crassus, Pompée, Brutus, Cicéron, Atticus, la sollicitude de ces jeunes hommes, l'espoir de la République, pour former leur âme à la connaissance

ficiel et présomptueux, où les hommes sortis des écoles savent un peu de tout et rien d'une manière approfondie, où les esprits les plus en renom se glorifient hautement de leur incompétence philosophique qui seule peut donner des principes, et où enfin, pour tout dire en un mot, le plus célèbre de ses philosophes a rencontré la gloire en faisant le roman de la philosophie!

Ah! Nous ne perdrons pas notre temps à faire comprendre à ces plaisants politiques, ce que, — sans parler de Cicéron n'oubliant jamais d'invoquer la Providence dans ses discours et ses écrits, — les Pères et les docteurs, et après eux l'Hôpital, Domat, d'Aguesseau, Montesquieu lui-même dans quelques pages inspirées par la pensée antique, comprenaient et professaient publiquement, savoir: que Dieu est l'âme de la politique, par ce qu'il est l'âme de la société; que tout dépend dans le gouvernement des états d'une bonne théodicée, d'une théodicée chrétienne, puisque tout découle d'elle, morale, devoirs, justice, droit public et privé, respect des hommes et de leur dignité!

Que penser de ces profonds politiques qui croient faire de l'esprit en vous disant: moi, m'occuper de ces questions! je ne veux pas recommencer mon cours de philosophie? Ne voulant pas même vous entendre, que servirait de leur prouver que tout dans la société dépend de la notion qu'on se fait de la divinité, que le panthéisme, par exemple, c'est la révolution, c'est la démagogie, c'est la souveraineté du peuple, c'est le socialisme; que le déisme de Voltaire c'est le dieu du juste milieu, quand il n'est pas celui du despotisme; que la Trinité catholique au contraire c'est la vérité politique, c'est la balance des forces, c'est la hiérarchie et le concours des pouvoirs, et des divers éléments sociaux, c'est l'union et la solidarité de toutes les classes de citoyens. Est-ce qu'ils ont assez de philosophie pour sai-

de tout ce que la sagesse antique pouvait leur offrir de moins imparfait; quand on les voit quitter leur patrie et leurs parents, se retirer à Athènes, à Alexandrie ou dans quelque autre ville de l'Orient pour y terminer leur éducation dans l'étude et la fréquentation des philosophes, et ne se croire dignes de prendre en main les affaires de l'Etat qu'après plusieurs années de ce rude apprentissage de la vie, dans ce que Zénon et son école leur offrait de plus propre à former des cœurs austères. Tout cela était pauvre, comme tout ce que le paganisme faisait, mais la tendance était marquée, et ceux qui se conduisaient ainsi sont les seuls restes des vieux romains qui ont jeté un dernier éclat sur leur patrie en décadence.

On sait la passion des Indoux pour les études métaphysiques, études fausses et mal dirigées comme celles de la Grèce et de Rome, mais qui prouvent la naturelle propension de l'esprit humain à approfondir les questions relatives à notre destinée, et à la conduite à tenir dans la pratique de la vie; questions intéressantes, dont la solution se trouve irrévocablement fixée par l'enseignement de l'Eglise, et dont l'étude était pour nos pères une source de jouissances et une gymnastique puissante pour l'entendement. Et c'était aussi la véritable cause de leur incontestable supériorité morale sur nos contemporains, où il serait si difficile de retrouver des saint Thomas, des Bossuet et des Fénélon autant pour le style que pour la profondeur des idées, et surtout la sureté des principes.

sir ces sublimes affinités? Et comment pourraient-ils nous suivre dans nos expositions métaphysiques, quand nous chercherions à leur démontrer que les rapports de Dieu à l'âme humaine, ou les grandes questions sur le libre arbitre, qui ont si vivement préoccupé Pélage et saint Augustin, l'Église et la Réforme, les jésuites et les jansénistes, Bossuet et Pascal, portent la solution du problème, en apparence insondable, de la liberté politique, de la liberté religieuse, de la souveraineté nationale et de toutes les grandes difficultés de la science sociale? Difficultés insolubles si on n'est profondément pénétré de cette pensée philosophique, que Dieu est associé à l'homme d'une manière ou d'une autre dans tout ce que l'homme fait, qu'il s'agisse de ses actes privés ou de ses actions publiques.

Comment expliquer à ces plaisants politiques, qui croient tout être et pouvoir tout faire sans Dieu, qu'ils ne sont rien et ne peuvent rien faire en réalité qu'avec lui de ce qui, dans les diverses manifestations de notre vie sociale, appartient à notre virtualité, à notre personalité propre? Il leur importe peu de savoir que le PÈRE des créatures, principe des principes, est la cause première de toutes les substances matérielles et spirituelles; que son VERBE a déposé dans ces substances la profonde intelligence qui le distingue, leur imprimant, d'après des lois pleines de sagesse, la forme et les rapports harmonieux qui les caractérisent; que l'ESPRIT enfin leur a donné le mouvement, le souffle de vie, ou l'inspiration de l'intelligence, suivant que ces substances sont simplement mouvementées, ou animées ou spirituelles; et que, nonobstant leurs attributions spéciales, tout émane pourtant du concours de ces trois Personnes divines. Le grandiose spectacle des globes lumineux, — qui couvrent et sillonnent l'espace en tout sens, depuis l'humble satellite de la plus modeste planète, jusqu'à la comète, qui semble vouloir embrasser l'infini dans ses orbes séculaires, et n'est rien cependant à côté de ces innombrables soleils dont la lumière a mis des milliers d'années à venir jusqu'à nous, — les touche peu si même il ne les trouve indifférents. Ils ignorent, et cela leur est bien égal, que ces sphères, comme tous les êtres en général, ont une *substance* parfaitement distincte des *lois* qui les régissent et des *forces* qui les meuvent, et que néanmoins ces trois éléments constitutifs de toute existence créée ou incréée, sont unis dans un indissoluble mariage, comme le PÈRE, le VERBE et l'ESPRIT d'où ils dérivent. On ne leur a pas appris, et comment l'auraient-ils deviné, ces profonds philosophes? On ne leur a pas appris que ces corps célestes ne sont pas isolés et indépendants de Dieu, qu'ils se balancent en lui, que leur substance tire sa puissance de son incessante communication avec la substance divine, leurs lois, leur efficacité de la Sagesse éternelle, et leurs forces, leur perpétuité de la volonté de l'Esprit qui ne cesse de les mouvoir même après leur avoir dit: Allez! Infinie pénétration en tout de cet Être infini qui pénètre aussi la substance de notre âme, où le PÈRE de tout principe dépose cette virtualité, cette énergie personnelle qui, constituant le fond de notre être, engendre notre entendement d'où viennent nos idées, notre verbe, sous la lumière du VERBE divin, toujours présent dans nos âmes. Double phénomène de notre virtualité et de notre entendement qui, fécondé par notre volonté, produit, sous l'impulsion de l'ESPRIT divin, cet esprit qui nous anime, et est la source de toutes nos inspirations et de tous nos actes.

On ne leur a pas appris, à ces philosophes, à ces métaphysiciens étranges, cette psycologie, ce mariage de Dieu avec nous comme avec toutes les créatures, depuis le ciron jusqu'au séraphin, à la Vierge et au Christ, couronnement du Cosmos. On ne leur a pas appris cet accord, cette harmonie des êtres, malgré leur extrême complexité et leur variété infinie, dans l'unité du PÈRE, du VERBE et de l'ESPRIT; et la possibilité de tout concilier, de tout allier, de tout faire aimer sous l'étreinte de cet universel embrassement, dont la parfaite conscience constituera la suprême jouissance de la vision intuitive ou le ciel. On ne leur a rien dit de cette générale connexion du cosmos qui, s'étendant à tout et ne laissant rien en dehors d'elle, constitue une sorte de socialisme universel de la matière et de l'esprit, des trois règnes entre eux, de l'homme avec l'homme, des peuples avec les peuples au sein immense de l'Être infini. Comment auraient-ils pu comprendre, et comment pourrait-on leur faire comprendre, à ces politiques, délaissés par la science, délaissés par leur siècle, délaissés par les gouvernements, dépourvus même de cette éducation et de cette instruction philosophique, que les grandes dames de la cour de Louis XIV possédaient assez pour prendre feu pour ou contre Descartes, pour ou contre Fénelon, pour ou contre Pascal, pour ou contre Jansénius, pour ou contre Gassendi; comment pourrait-on leur faire comprendre que ce même Être divin, qui pénètre les mondes et notre être à chacun de nous, qui sommes le résumé des mondes, de véritables microcosmes, pénètre aussi et de la même façon la société de part en part, réglant tous les rapports sociaux de gouvernés à gouvernants, de classe à classe; reliant ainsi les sociétés humaines en elles-mêmes, et entre elles, et avec les autres êtres, et avec le cosmos tout entier? Car il n'y a aucune solution de continuité dans ce grand tout de l'univers, dont le PÈRE, le VERBE et l'ESPRIT constituent la variété dans la multiplicité de leurs hypostases, la hiérarchie dans la hiérarchie de leurs relations et l'unité dans l'unité de leur essence. Agencement de tout en tout, sans parler de cet éternel principe de génération et de procession, qui, émanant du fond de cette Trinité infiniment féconde, produit toutes les générations et végétations terrestres et célestes, tous les développements et tous les progrès des créatures considérées isolément ou à l'état de société.

Ignorant l'universelle corrélation de tous les êtres, de toutes les lois et de toutes les forces, comment expliquer à ces plaisants politiques, que les sociétés qui font partie de la cosmologie divine constituent de véritables organismes, des personnes morales, des autonomies vivantes, avec lesquelles Dieu est en rapport de la même manière qu'il est en rapport avec chacune de ses créatures, de la même manière qu'il est en rapport avec chacune de nos âmes? N'y a-t-il pas dans toute société libre et indépendante, une virtualité, une énergie personnelle constituant son originalité, son essence, manifestant le PÈRE des essences, principe des sociétés comme des individus? N'y a-t-il pas en elle des lois qui lui sont propres, un idéal qu'elle poursuit, et ces lois ne sont-elles pas, dans ce qu'elles ont de juste et de sage, une manifestation du VERBE de Dieu? N'y a-t-il pas un esprit général, un esprit public, qui est l'inspiration de tous ses actes, de toutes ses entreprises, et exprime dans ses légitimes tendances, l'ESPRIT même de Dieu! N'y a-t-il pas un Pouvoir souverain, principe de tout, un pouvoir législatif, forme de tout, une force publique epxression dernière et mode final de ses volontés? En un mot Dieu n'est-il pas visible en elle, comme en nous, comme en chaque être isolé ou associé? Et cette société n'est-elle pas heureuse ou malheureuse suivant qu'elle exprime ou qu'elle dénature cette image divine en elle? Heureuse si le pouvoir n'édicte que des lois sages, et n'impose que des volontés justes; car Dieu c'est la sagesse dans les lois et la justice dans les actes. Malheureuse, si elle dénature Dieu en elle, si ses lois sont contraires à l'ordre et ses volontés iniques. Dieu est donc partout visible, tangible, palpable, comment serait-il possible de le faire voir à ces perspicaces politiques? Pourtant ce qui les touche, ce qui les émeut, ce qui les frappe, ce qu'ils voient, la fumée ou le sifflement des locomotives, les marteaux qui résonnent sur le fer ou le cuivre, les navires qui traversent l'océan, les marchands qui échangent leurs produits sur tous les marchés du globe, le peuple qui gronde quand il est mécontent, les armées qui foulent les champs de bataille ensanglantés, les généraux qui remportent des victoires, les hommes de génie qui écrivent des livres immortels, tout cela a sa raison, tout cela exprime Dieu ou ne l'exprime pas, est juste ou injuste, vrai ou faux, suivant que Dieu anime ou n'anime pas ces énergies par sa Virtualité, dirige ou ne dirige pas ces intelligences par son Verbe, inspire ou n'inspire pas ces volontés, par son Esprit. Car si, comme l'homme, les sociétés sont libres et peuvent faire le mal sans Dieu, elles ne sauraient faire le bien sans lui.

Le fait matériel, brutal que les forces sociales expriment, ces politiques le voient comme les animaux voient les maisons sans remonter à ceux qui les ont faites et songer à ceux qui les habitent. Aussi il ne faut pas leur parler de Dieu, à quoi bon? On n'est pas un concile. C'est avec ce mot que les dernières assemblées révolutionnaires vous auraient fermé la bouche, et auraient fermé la bouche à Cicéron, ou à Démosthène invoquant les dieux immortels. A quoi bon faire intervenir la Providence de Dieu dans les affaires des hommes? Mysticisme et peine perdue que tout cela. Oui, oui, mysticisme et peine perdue de représenter aux princes, aux législateurs, aux peuples, Dieu, personnalité vivante et distincte des hommes, *éclairant toute intelligence venant en ce monde*, traçant par conséquent aux uns et aux autres leurs devoirs, juge souverain prenant acte de leurs déterminations, punissant ou récompensant individuellement les hommes et collectivement les nations ; car à quoi bon ?

Ne vaut-il pas mieux, cent fois mieux faire de la théodicée à la manière de Hégel, de Feuerbach, de Stirner, de Baüer, de Proudhon? Après avoir éliminé Dieu, comme une invention des prêtres, des aristocrates et des rois pour abrutir le peuple et l'exploiter, ces philosophes, car ils s'appellent et on les appelle des philosophes, divinisent l'homme, ses vices et ses passions. « La destinée de l'homme « et du monde peut se définir : une idoloplastie de l'absolu..., une « divinisation ou apothéose de l'humanité et par l'humanité de toute « la nature. » (M. Proudhon *La Justice*, p. 527, t. II). A la bonne heure, voilà une philosophie, une philosophie qui se comprend, une philosophie positive, pratique, et surtout singulièrement profitable à la société! Tout est Dieu ; l'homme est Dieu ; tout ce qu'il fait est bien fait. Cette philosophie n'est pas plus difficile, plus compliquée que cela. C'est bien la peine de se creuser l'esprit quand on peut devenir savant à si bon compte?

Dieu est si visible dans la société et la création, et la splendeur de sa présence est telle qu'elle nous aveugle à force de clarté. Nous sommes plongés en lui, et nous en avons aussi peu conscience que de l'air que nous respirons. Comme l'eau est l'élément des poissons, Dieu est notre élément, l'élément de tous les êtres ; voilà pourquoi personne ne le voit. Sa lumière nous le cache sans parler des passions qui, le défigurant en l'outrageant, nous empêchent de le voir dans sa sagesse qui est son essence et resplendit dans toutes ses œuvres.

IV. — Dieu est le Père, le Législateur et l'Inspirateur de la société, mais tout cela c'est de la métaphysique, et on ne veut pas entendre parler de métaphysique. Voici de la pratique ; voici de la religion positive, car enfin, faut-il vouloir quelque chose? Serons-nous plus heureux pour nous faire écouter? La chose est douteuse ; car ils ne veulent pas plus de religion, ces politiques esprits forts, et ils ne la comprennent pas davantage, qu'ils ne veulent et ne comprennent la métaphysique. Cependant, il faut bien leur dire, au risque de leur déplaire encore, que Dieu voyant leur grossièreté et leurs passions et la grossièreté et les passions de la masse humaine en général, s'est voilé pour mieux se mettre à leur portée et à celle de cette masse, en instituant une religion type où il s'est révélé sous des signes matériels et sensibles. Il s'est enveloppé de mystères, il s'est caché autant qu'il l'a pu, afin d'exciter notre émulation et d'intriguer notre curiosité. Il a donc fait des miracles, il a donc institué des sacrements, et recommandé des pratiques, afin que les hommes, *ne voyant pas* Dieu à visage découvert, *le vissent* sous des enveloppes, afin que *n'entendant pas* son Verbe parlant ouvertement au fond de chaque conscience humaine, ils pussent l'*entendre* sous une forme de chair, sous la forme d'un homme leur enseignant des paraboles. Que de bonté dans tous ces rappetissements ! Et comme il a bien compris la nature humaine Celui qui s'est fait si petit pour se mettre à son niveau jusqu'à s'effacer sous une hostie.

Car voici encore un mystère social, un sacrement social, un pur mysticisme, comme diraient nos politiques. Oui, Dieu voyant qu'il était méconnu des grands et des petits, que les grands étaient pétris d'orgueil et les petits d'envie, que l'esprit de domination des uns et d'insubordination des autres tendait à bouleverser l'état en troublant la concorde; et voulant pourtant faire comprendre aux uns et aux autres qu'ils devaient être unis entre eux et à lui comme des frères à leur père, dans un amour mutuel effaçant tous les rangs et toutes les distances,— il a fait un miracle, le chef-d'œuvre de ses miracles, réalisant sous la forme appropriée da la manducation et de l'assimilation d'un aliment, le grand précepte qui renferme toute la loi, toute la religion, tout le christianisme : aimer Dieu, aimer ses frères, s'unir à Dieu, s'unir à ses frères. Il a donc dit à tous : je me donne à vous, pour ne faire de vous tous qu'une seule et même famille en moi, à une seule condition, c'est que vous étant purifiés par l'aveu et le repentir et vous aimant, vous me receviez avec foi sous cette goutte de vin, ce grain de blé, vaine apparence, à côté de la sagesse substantielle qui veut bien se donner à vous sous cette forme accommodée à votre misère. Et le mystère d'amour, qui tend à transformer, depuis XVIII siècles, la société de mal en bien, a été consommé. Grâce à ce sacrement, il se fait depuis le Christ, au sein de tous les membres de la communauté chrétienne, un travail de régénération sociale incessant, qui porte les hommes à s'unir, à unir leurs intérêts, a établir entre eux des liens solidaires, jusqu'à ce que l'idéal divin, représenté par la communion de tous les hommes en Dieu, aura été accompli sous sa forme sociale, malgré toutes les résistances d'où qu'elles puissent descendre ou monter.

Les politiques n'en veulent pas de ce sacrement, de ce mysticisme, je le crois bien ! Il déroute tous leurs calculs, il porterait le dernier coup à leur machiavélisme. Aussi leurs philosophes ce sont moqués de ce mystère, et ils ont tendu une main fraternelle aux hérétiques, qui l'ont dénaturé, jusqu'a en faire un mot, un pur symbolisme, un rien, détruisant ainsi la substance de la Re-ligion, la substance de la politique divine, le dernier mot du progrès social, le couronnement et l'idéal de la démocratie du Christ, qui est l'amour, l'union de tous en lui. Comme si Dieu ne pouvait pas se donner à tous sous une forme quelconque, du moment que se donnant en substance, cette forme n'est plus, Dieu le voulant, que le corps spiritualisé de Celui qui, étant infiniment plus substantiel qu'elle, devient le principal, et elle l'accessoire, une vaine apparence. Un travail de sophistication et même de démolition de l'institution divine s'est donc opéré ici, comme dans tous les autres msytères, sous l'effort incessant des politiques, des philosophes et des hérétiques. Ne comprenant rien au fond des choses ils s'en sont pris à l'écorce, et afin de mettre les mystères à la portée de leur compréhension, d'un mot : le *symbolisme*, ils ont détruit la religion dans son essence, qui est Dieu se voilant, Dieu se faisant petit pour mieux arriver jusqu'à nous, jusqu'aux plus petits d'entre nous, jusqu'au plus humble enfant du peuple, afin de le mettre à côté, que dis-je, au-dessus du plus profond philosophe. Mystère sublime d'égalité qui transformera les sociétés sans détruire leur hiérarchie fondée sur la hiérarchie du Père, du Verbe et de l'Esprit; mais qui effacera dans cette hiérarchie tout ce qu'il y a de blessant et d'injuste, afin qu'elle soit consommée dans l'unité, comme le Père, le Verbe et l'Esprit : tous en un, un en tous, et chacun à sa place dans l'amour! Hiérarchie des trois règnes de la nature sur la terre, hiérarchie des globes célestes dans l'espace, hiérarchie sacerdotale dans l'Église, hiérarchie des anges et esprits bienheureux dans les cieux, hiérarchie des hypostases divines. Et, par conséquent, hiérarchie des pouvoirs dans la société, hiérarchie des associations et corporations libres, hiérarchie des classes sociales, mais union de toutes ces choses en elles-mêmes et entre elles par l'attraction, par l'amour, par une commune ressemblance à l'union des trois hypostases divines, unies et divisées, divisant tous les êtres en hiérarchies, les unissant en sociétés : voilà Dieu, voilà la religion, voilà la société, voilà le socialisme que nous cherchons!

Aussi nous avons hâte de quitter ce sujet brûlant, cette pierre d'achoppement, ce nébuleux mysticisme! Que fait la philosophie, que fait la religion aux politiques? Revenons à des idées plus accessibles à leur intelligence. Que nous servirait de leur parler du Christ, médiateur universel qui, reliant la terre au ciel, ne laisse aucune solution de continuité dans l'échelle des êtres, comblant l'abîme entre le fini et l'infini? Que leur importe le Christ, type du Pouvoir, du Pouvoir *médium* aussi entre Dieu et les hommes, serviteur du peuple, représentant tout à la fois Dieu et le peuple, la majesté souveraine et la souveraine abnégation dans le service des humbles et des petits : le Christ, âme véritable de la politique chrétienne, dont l'action immortelle est d'user à la longue et d'absorber par ses pratiques et ses sacrements tous les partis, n'importe leur orgueil et leur nom, libéraux, parlementaires, légitimistes, démocrates, afin de substituer à ces vaines appellations de l'égoïsme humain sous toutes ses formes, l'appellation auguste et sacrée de la POLITIQUE CHRÉTIENNE, la seule que les catholiques, s'ils avaient du cœur, devraient goûter, patroner et poursuivre à l'intérieur et à l'étranger, sans se préoccuper des stupides résistances des hommes à l'accomplissement de cette œuvre divine?

Mais on est dérouté par les événements, enrayé par les préjugés, embourbé dans les précédents, et on se laissera, pendant des siècles, traîner à la remorque des partis, quand il serait si facile de prendre en main la haute direction des âmes et par conséquent des affaires, dans le monde entier, ayant le Christ avec soi ! mais on n'a pas le Christ avec soi. Quel est le parti qui a le Christ avec soi ? Quel est celui qui n'ait ses masques pour couvrir ses amis, et déguiser leur faiblesse, leurs turpitudes, et quelquefois leurs crimes ? Où est l'homme dégagé, l'homme affranchi, l'homme libre, le chrétien, le catholique ? En connaissez-vous beaucoup ? Ah ! de grâce, nommez-les, le phénomène est assez rare, il mérite d'être signalé. Le vieil homme est partout, le nouvel homme nulle part. Je vois partout des idolâtres à genoux devant l'ancien régime aristocratique, ou devant l'ancien régime révolutionnaire, mais des chrétiens nulle part, des chrétiens fermement résolus, au risque d'encourir toutes les impopularités, à balayer toutes les ordures d'iniquité et d'immoralité, et à laver toutes les souillures de sang que ces deux régimes néfastes nous ont léguées. Le Christ a dit : respectez l'autorité et on ne respecte pas l'autorité. Le Christ a dit aux princes : aimez le peuple, éclairez-le, secourez-le, n'ayez pas soif de domination, faites-vous aimer, servez. Où sont les princes fidèles observateurs de ces préceptes ? S'il y en a, y en a-t-il beaucoup, et y en a-t-il un seul qui n'ait absolument rien à se reprocher ? Le Christ a dit aux princes : protégez le christianisme, mieux que cela, faites-le passer dans les institutions. Qu'ont-ils fait pour la plupart ? ils l'ont abandonné, ou ils en ont fait un christianisme inepte, ou un instrument, *instrumentum regni.*

La politique chrétienne a donc besoin de se créer un parti, chez les grands, chez les petits, partout, à l'intérieur, à l'extérieur, et chez les autres nations catholiques surtout ; car à parler consciencieusement et avec indépendance, il y a relativement plus de bien et de christianisme en France qu'ailleurs, s'il n'y a pas moins de danger, grâce à la fragilité d'un édifice qui, sapé de tous côtés par des partis factieux, cherche encore une assiette et des étais contre le despotisme et la révolution.

Le christianisme renferme donc tous les éléments d'une politique pratique et rationnelle capable de donner la vie à un parti puissant, dont la haute destinée serait de neutraliser tous les autres en les effaçant. Tout dans le christianisme a un caractère social, nous oserions presque dire politique, si ce mot n'avait été horriblement profané par le machiavélisme des sectes et des partis. Le christianisme apprend aux sociétés à bien se conduire puisqu'il a un mot, un précepte pour chacun, grand ou petit, riche ou pauvre. Son dogme de l'expiation par le sacrifice est le modèle de toute justice et de toute pénalité, la société devant frapper non-seulement pour punir mais pour amender le coupable. Son dogme du perfectionnement par l'épreuve et l'effort, qui ne diffère pas au fond de celui de l'expiation, donne la raison pratique et philosophique de tous les progrès sociaux, de tous les perfectionnements humains, de toutes les révolutions et de toutes les catastrophes des peuples. Mais comment faire goûter la beauté et la profondeur de ce mystère rédempteur? On ne nous suivrait pas, on ne nous écouterait pas, on ne nous comprendrait pas.

V. — Voici pourtant qui est à la portée de tous : la Religion est nécessaire aux sociétés, les païens eux-mêmes ne faisaient rien d'important dans l'État sans faire intervenir la Religion. Le Dieu du christianisme a cela de particulier qu'il est charité : *Deus caritas*. Ce mot dit tout; il nous apprend que toute guerre est illégitime, qui n'a pas pour objet de repousser un agresseur, et se signale par des cruautés inutiles. Il nous enseigne aussi que nous devant les uns aux autres, ceux qui ont à ceux qui n'ont pas, et ceux qui n'ont pas à ceux qui ont, toutes les institutions politiques et sociales doivent être conçues en vue d'améliorer la condition des classes malheureuses, sans néanmoins léser les intérêts des autres classes et la hiérarchie des rangs et des pouvoirs : tout trouve donc sa garantie dans le christianisme.

La hiérarchie de l'Église a toujours servi de modèle à la hiérarchie sociale. Ce qui surtout distingue cette hiérarchie, c'est l'autorité et une autorité reposant sur une tradition historique qui la rattache à Jésus-Christ. Or, ce privilége, qui fait la force de l'Église, et qu'aucune secte et qu'aucun pouvoir humain ne sauraient lui disputer, est aussi ce qui garantit, contre toute éventualité, à la société la jouissance d'une religion dont sa raison peut à bon droit être fière. Tous les abus que l'on pourrait reprocher au clergé et toutes les difficultés de détail que l'on pourrait soulever contre son divin enseignement ne sauraient en effet, si on veut être sincère, porter atteinte aux fondements essentiels sur lesquels reposent les titres du catholicisme à gouverner les sociétés. Ses dogmes, ses mystères, sa hiérarchie et ses principes, non-seulement ne sont pas contraires à la raison, mais sont en parfaite harmonie avec elle, et lui révèlent toute une philosophie d'un ordre surnaturel infiniment supérieure à la philosophie de l'ordre naturel, qu'elle agrandit et développe dans des proportions infinies. Une large inspiration règne d'un bout à l'autre des livres saints, alors même qu'on admettrait comme fondées quelques critiques insignifiantes et comme légitimes quelques répugnances encore plus insignifiantes de la raison sur des détails qui ne touchent en rien à la divine économie du christianisme. L'avénement du Christ, depuis si longtemps attendu et annoncé par toute la tradition d'un peuple; le caractère extraordinaire de sa mission, de son enseignement et de sa mort; sa morale toute divine; sa doctrine et ses règles de conduite, qui sont un renversement complet de toutes les idées reçues; la révélation si tranchée d'un monde surnaturel en opposition et en lutte avec le monde de la nature corrompue; le miraculeux établissement du christianisme, envers et contre tous les pouvoirs, toutes les passions, tous les intérêts et toutes les persécutions; la constitution de l'Église et la luxuriante végétation dans son sein des dogmes, des mystères, de la morale et des pratiques implicitement ou explicitement renfermés dans l'Évangile et dans la tradition:

tout cela forme un tout manifestement divin, parfaitement lié dans toutes ses parties, inattaquable au fond, qui renferme tout ce que les autres religions avaient pressenti obscurément. Ensemble imposant, qui donne à l'autorité de l'Église un fondement inébranlable, gage précieux d'indestructibilité qu'aucune secte ne saurait invoquer, et gage aussi d'indestructibilité pour la société, si ses hommes d'État, mieux inspirés, pouvaient enfin comprendre qu'il y a là, dans cette autorité, une force inappréciable de conservation et tout à la fois de perfectionnement social.

La hiérarchie de l'Église, type de la hiérarchie sociale, repose donc sur des titres valables. Et elle présente en outre tout un ordre de perfections particulières qui décèlent encore la divinité de son origine. Dans l'Église, le pouvoir du chef ne cesse pas d'être tempéré pour être souverain, et, si sa juridiction s'étend partout et à tout dans l'ordre spirituel, l'épiscopat imprime aux évêques un caractère sacré qui fait de chacun d'eux autant d'apôtres, ayant les prérogatives des apôtres sur la partie du troupeau confiée à leur garde par le pasteur suprême. Les corporations religieuses ont aussi leurs fonctions distinctes, quoique rattachées à celles de leurs chefs naturels. Il y a donc là de quoi répondre à tous les goûts et à toutes les aptitudes, une carrière ouverte à tous les talents et un asile à toutes les infortunes et à toutes les misères de l'âme et du corps. Aristocratie singulière de la piété et de la vertu accessible à tous quand les autres aristocraties ne sont accessibles à personne; et où l'enfant du peuple peut toujours aspirer, parce qu'il y en a toujours à sa portée, suivant qu'il a du génie ou seulement de la piété, depuis l'institut du frère ignorantin ou le monastère du bénédictin, jusqu'au pontificat suprême! Idéal de gouvernement vraiment divin où il est impossible de discerner ce qui domine le plus de la démocratie sans agitation, ou de l'aristocratie sans priviléges, ou de la monarchie sans tyrannie! car tout s'y fait sans autre force de coaction que l'amour. Quoi de mieux adapté aux sociétés chrétiennes qu'une pareille hiérarchie qui, les pénétrant en tout sens, s'identifie à toutes les joies et à toutes les misères publiques, préside à notre naissance, à notre mariage, à notre mort, à nos funérailles!

Les pratiques en effet et les cérémonies de l'Église ont toutes un caractère social. Le repos du dimanche est une halte dans la prière, qui féconde le travail en ménageant les forces du travailleur. Les prières des Rogations appellent la bénédiction de Dieu sur les travaux de l'agriculture. Les fêtes des morts, en rattachant les vivants à ceux qui les ont précédés dans la tombe, entretiennent le respect des ancêtres et préservent leur mémoire de l'oubli. Les autres pratiques et les autres cérémonies ont un but non moins social. Leur objet, malgré leur diversité, est de rattacher à ses devoirs et à Dieu, par la contemplation des dogmes et la participation réitérée des mystères sacrés, un peuple naturellement distrait, et qui, sans ces pratiques minutieuses et multipliées en apparence, perdrait bientôt le sens des choses divines, et avec ce sens le peu de philosophie et de morale qui est à sa portée. Sous les formes les plus diverses, tout concourt en effet dans ces pratiques à l'instruire et à l'améliorer. Ce sont elles et elles seules qui font l'homme religieux et social et qui, en l'unissant à Dieu, but dernier de toutes les observances, ne font de la société temporelle et spirituelle qu'une seule et même société unie à son Divin idéal. Le catholicisme est donc fait pour la société, et la société pour le catholicisme; étant visible que si Dieu a eu en vue la société quand il a conçu le plan du catholicisme, il a dû avoir en vue le catholicisme quand il a fait la société; bien qu'en réalité et à parler avec la rigueur théologique, Dieu eût pu créer la société civile sans créer en même temps cette société plus parfaite de l'ordre surnaturel qui n'est qu'un effet purement gratuit de sa munificence.

VI. — Vous voulez donc, nous dira-t-on, deux esprits, deux influences dans la société. Encore ici une confusion. Nous ne voulons dans la société qu'un seul esprit, l'esprit chrétien, et le plus grand nombre possible d'influences pour le faire prévaloir contre l'esprit révolutionnaire dont nous ne voulons à aucun prix. Que le prêtre, que le magistrat, que le gouvernement, que tout le monde enfin, dans l'ordre temporel et dans l'ordre spirituel, n'aient qu'un seul et même esprit, l'esprit chrétien; qu'il ne se forme ainsi des deux autonomies politique et religieuse, qu'une seule et même autonomie sociale pour guider et diriger l'homme vers sa double fin terrestre et éternelle; que tout soit concerté en vue de cette double fin, et que toutes les influences concourent au même dessein; quoi de plus beau, et quel plus magnifique spectacle à offrir à la terre et au ciel que ce divin concert de toutes les forces sociales contre l'erreur, le mensonge et toutes les passions conjurées!

Car s'il n'y a qu'un esprit légitime et avouable qui doive présider aux relations sociales, il y aura toujours en dehors et face à face un autre esprit, l'esprit de mensonge et d'erreur qui ne cessera d'exciter les hommes déclassés, les ambitieux, les envieux et les impies, contre la société et ceux qui la dirigent dans l'ordre temporel et l'ordre spirituel. Mais il n'y a à s'occuper de cet esprit que pour le dénoncer et le combattre. L'autonomie de l'Église ne saurait donc constituer en face de celle de l'État un dualisme dangereux. Si chacune de ces autonomies a son domaine à part, et si les fonctions et l'objet final de chacune d'elles, est parfaitement distinct et séparé, leur esprit néanmoins doit être le même. Une puissance spirituelle qui vient du ciel et dont la mission est de tout rattacher à cette divine origine, et une puissance temporelle qui tient son autorité du corps social et ne vit que pour lui et par lui, chargée de ses intérêts et de ses affaires dans le temps, et animées l'une et l'autre du même esprit, puisé à la même source, le christianisme et Dieu; quelle plus belle chaîne pour rattacher la terre au ciel et faire de tous les hommes une seule et même famille de frères, ayant le même Dieu, et étant ainsi intimement associés dans le temps, pour ne pas même se séparer dans l'éternité? Ce plan, éminemment divin, en vaut certes un autre. Nous le proposons en tout cas à la méditation des esprits sérieux et réfléchis. Ils y verront deux Pouvoirs sans doute, l'un qui émane de la société et de la nature et indirectement de Dieu, instituteur de la nature et qui a fait l'homme sociable ; et un Pouvoir qui tient directement de Dieu son institution et a reçu de lui la mission de fonder sur notre nature régénérée une société surnaturelle avec les éléments de la société temporelle. Les deux ordres sont donc parfaitement distincts, l'ordre naturel et l'ordre surnaturel, les deux Pouvoirs aussi, le Pouvoir temporel et le Pouvoir spirituel, et néanmoins les membres des deux sociétés étant les mêmes, il n'y a au fond qu'une seule et même société composée de deux sociétés distinctes, concourant au même but, qui consiste à faire parcourir à l'homme sa carrière noblement et religieusement dans le temps et dans l'éternité. Cet ordre divin, un et double tout ensemble, embrasse donc l'homme tout entier, et répond à son intégrale destinée. Le plan est donc aussi large que possible, et dépasse, de toute la hauteur et l'ampleur d'une institution divine, les plans étroits et sans élévation de toute conception philosophique. L'homme étant saisi ainsi dans tous ses besoins et toutes ses aspirations, on voit clairement qu'il n'y a qu'un Dieu qui ait pu concevoir ce plan, et surtout le réaliser, malgré toutes les complications dont il devait être l'objet.

On a dit que sous l'étreinte combinée de ce double Pouvoir toute indépendance et toute liberté devraient périr. C'est tout le contraire qui est la vérité. Là où les corps sont dans la servitude, les âmes se réfugient dans l'Église comme dans le sanctuaire inviolable de la liberté. Là où règne le privilége, le déshérité de la société retrouve au pied des autels l'égalité que ses frères, les puissants d'un jour lui dénient. Le chrétien, fût-il esclave, est essentiellement un homme libre, car il échappe par son âme à son maître, qui ne sauroit la disputer à Dieu là où le prêtre a le droit de la revendiquer comme sienne. Phénomène moral qui explique l'abolition de l'esclavage antique et entraînera tôt ou tard l'abolition de l'esclavage moderne, crime odieux que nos coréligionnaires américains ne sauraient trop expier. Les esclaves chrétiens, fils du même Dieu, frères du Christ, égaux par la grâce et rompant à la même table le pain eucharistique, sont en effet libres et égaux dans l'Église, s'ils sont esclaves au dehors. Or cette anomalie ne pouvant durer indéfiniment, l'esclavage devait disparaître et doit disparaître là où il existe encore. Saint Paul voulant consoler les esclaves, disait que chacun devait demeurer dans sa condition et garder la servitude. Pourquoi cela ? Parce que le chrétien dans la servitude est l'esclave de l'homme encore moins qu'Épictète; il n'est en réalité que le serviteur de Dieu comme son maître. La servitude pour le chrétien n'est qu'une vaine apparence, tous les enfants de Dieu étant naturellement nobles, égaux et libres, même dans l'esclavage. L'esclavage a donc été implicitement aboli par le christianisme. (V. Saint Paul, I. Cor. VII, 21, 22.)

VII. — La Religion chrétienne est donc merveilleusement appropriée à l'état social et surtout à notre état démocratique. On doit même ajouter qu'elle lui est nécessaire. Si la liberté a besoin de points d'appui pour résister aux entreprises du despotisme ou aux entraînements révolutionnaires; la moralité ne saurait à plus forte raison s'en passer pour résister aux passions humaines et surtout aux influences énervantes de la civilisation industrielle et démocratique des temps modernes. Or ce point d'appui et de résistance pour la moralité, c'est la Religion, c'est-à-dire une force extérieure à l'humanité, et destinée à la préserver de ses propres excès. Nous ne reviendrons pas sur cette vérité que nous croyons avoir suffisamment développée, que les démocraties ne peuvent se passer de religion sans se griser d'elles-mêmes, sans faire des folies, sans se corrompre, sans s'avilir, sans se matérialiser complétement, sans entraîner la décadence ou même la dissolution de l'État.

Toute l'histoire dépose de cette vérité incontestable, que l'humanité a réellement besoin d'avoir en dehors d'elle un point d'appui pour se préserver d'elle-même. L'histoire est le récit des passions humaines, se développant dans un ordre invariable; l'histoire, c'est l'humanité obligée de confesser ses faiblesses, ses hontes, ses violences et ses crimes. Il y a donc dans l'humanité des germes de dissolution et de mort qui, en se développant, finiraient par amener sa décomposition, si en dehors d'elle, de tout temps, elle n'avait confessé hautement l'existence de Dieu, ou d'une Personnalité supérieure capable de la diriger dans ses voies, par des médiateurs investis d'un caractère divin. Les formes ont pu varier à l'infini, le fond a été toujours le même : Dieu, un médiateur, ou des médiateurs, un sacerdoce, un culte, et des moyens divins pour aider l'humanité à se préserver d'elle-même et suppléer à sa faiblesse. Ce n'est que depuis Hégel que quelques idéologues, car jamais le bon sens populaire ne s'est laissé prendre à ces monstruosités, ont imaginé que l'humanité était à elle-même son Dieu, son prêtre, son roi; extrémité qui revient à dire que l'humanité est condamnée à se traîner irrémédiablemement dans l'éternelle ornière de ses passions, de sa corruption et de ses décadences. Mais si c'est là la conséquence de la doctrine de la jeune école hégélienne, le sentiment général des peuples proteste contre cet étrange aplatissement. Et l'homme, s'il est tenté dans la prospérité de se faire illusion sur sa vanité, ne manque jamais de confesser son insuffisance à la mort, et de se rattacher à Celui qui, l'ayant créé, peut seul le sauver d'une ruine irréparable. La Religion la plus haute, on peut même dire la seule vraie, sera donc celle qui se posera en face de l'humanité comme la plus indépendante, comme représentant, de la manière la plus hardie et la plus tranchée, ce point d'appui extérieur qu'il faut à l'homme, aux sociétés et à l'humanité tout entière pour se préserver de leur propre enivrement. La Religion vraie sera encore celle qui se posera face à face de nous, en ennemie de nos vices et de nos passions, et qui, pour donner plus de poids à ses paroles, se dira indépendante de l'homme, des peuples' des rois, afin de pouvoir les dominer et leur donner à tous des leçons. Enfin, ce sera celle qui, au lieu de s'inféoder dans l'espèce humaine, posera hors d'elle et au-dessus d'elle hardiment et carrément une autorité émanant directement de Dieu; une autorité qui se distinguera du Monde, au lieu de se confondre avec lui en devenant son complice, et qui n'aura des rapports avec les pouvoirs de la terre et avec les diverses formes sociales, que pour les corriger, les discipliner, les admonester, les juger, les condamner au besoin.

Que si cette religion adore Dieu avec la décence et la pompe qui conviennent à sa magnificence, si ses mystères sont empreints d'une philosophie profonde, si sa morale est irréprochable, nous ne voyons pas ce qu'on pourrait socialement demander de plus, alors surtout que son suprême pontificat, dont l'autorité repose sur des titres historiques, remonte, par une succession ininterrompue au divin Auteur du christianisme. Dans quels temples plus augustes et sous l'empire de quels pontifes plus autorisés pourrait-on adorer Dieu sur la terre? Les autres religions, à vrai dire, ne sont pas des religions, elles ne répondent pas d'une manière suffisamment nette à ce besoin des sociétés d'avoir en dehors d'elles un point d'appui à leur moralité, et elles n'ont pas d'autorité. Elles n'ont pas d'autorité! Qu'est-ce à dire? Des religions sans autorité ne sont que de purs antropomorphismes. Des hommes qui se font leur religion à eux-mêmes, qui se disent ce qu'il faut faire et ce qu'il faut croire, qui se font leur foi comme leur morale! Mais ce n'est pas une religion cela. C'est l'humanité et toujours l'humanité qui s'adore elle-même, qui voudrait se faire illusion et se tromper, à la vérité, en cherchant au dehors un point d'appui, mais comme c'est toujours elle qui le cherche, elle est toujours son juge à elle-même. Il n'y a donc pas de sanction religieuse là. Il n'y a rien que l'homme et toujours l'homme. Ce qui constitue la Religion, c'est l'autorité, rien que l'autorité, car il n'y a que l'autorité qui puisse parler avec autorité.

Or, voyez l'importance et l'inappréciable avantage d'un Pouvoir autorisé. Je suppose que quelques-uns des ministres de Dieu fussent un jour infidèles ou de mauvais interprètes, eh bien! l'autorité finirait toujours par guérir les blessures que ces ministres lui auraient faites. Car le propre de l'autorité, quand elle repose sur des titres légitimes, est de créer ou de fixer le droit d'agir et réagir sans cesse contre le mal, d'où qu'il puisse venir, afin de se conserver et conserver avec elle la religion sans laquelle elle n'aurait pas même de raison d'être. On peut donc être certain d'avance que les égarements de quelques ministres de l'Évangile, dans un pays, où à un moment donné de l'histoire, ne sauraient corrompre l'enseignement divin dans son essence, sans perdre le corps socerdotal s'il pouvait, au mépris des présomptions générales de la religion et de la morale, subir leur funeste entraînement. Ce corps a donc un intérêt personnel à conserver le dépôt sacré dans son intégrité, alors même qu'un intérêt divin ne lui en ferait pas une loi et un devoir.

VIII. — Faisant ici de la politique et non de la théologie, nous dirons donc aux hommes politiques, à qui nous nous adressons, que le catholicisme, à ces divers titres, est le gardien le plus vigilant de la démocratie moderne, et le seul qui puisse la préserver de sa propre corruption, à raison de son autorité, infiniment respectable à tous les points de vue et assez forte, pour conserver, malgré les critiques de ses antagonistes, des titres suffisants au droit qu'elle s'attribue de célébrer le culte, et de nous enseigner la morale et les divins mystères. Nous dirons aussi aux classes cultivées qu'elles ne sauraient refuser leur appui à celle de toutes les religions qui répond le mieux, socialement, au besoin qu'ont les sociétés démocratiques de s'appuyer sur une autorité extérieure visible, et sur un culte qui parle à leur raison et saisit vivement leur imagination. Nous dirons enfin aux autres classes de la société et au Pouvoir tout le premier qu'ils doivent aussi leur concours à une religion, qui seule peut mettre d'accord tout le monde et tout consolider, en faisant aimer le Peuple au Pouvoir et le Pouvoir au Peuple.

Mais voulant la fin, il faut vouloir les moyens, et savoir au besoin affronter les injures de l'ignorance et des préjugés. Or ce concours suppose la reconnaissance préalable des prérogatives divines du sacerdoce catholique. Toucher à l'indépendance de l'Église, c'est l'avilir d'autant, c'est méconnaître l'essence de la religion, qui est de rester hors du monde, dans une sphère distincte, avec une entière liberté pour le diriger et le conduire. C'est détruire la religion que de porter la plus légère atteinte à son autorité, car elle ne vit que d'autorité. Que sont les autres religions devant la philosophie moderne? Rien, car elles ne peuvent tenir contre elle, un seul de ses arguments les faisant rentrer dans le néant. Pourquoi? Parce qu'elles n'ont pas d'Autorité. Que ferait le catholicisme lui-même devant la philosophie si, par impossible, on venait à faire disparaître son autorité, son sacerdoce? Comme les sectes séparées, il serait bientôt englouti par la philosophie. « Dans l'état où se trouve actuellement l'esprit « humain en Europe, le christianisme ne peut être défendu que par « le principe catholique qui ramène tout à l'autorité. » (De Maistre, *lettres*.) La religion sans l'autorité ne serait plus qu'une affaire de spéculation, qu'une affaire purement humaine, qu'il serait loisible à chacun de faire ou de refaire à sa guise, en la faisant plier à ses caprices, à ses passions, à la nature particulière de son esprit. Or nous ne voyons là aucun des éléments d'une religion sociale, d'une religion publique, d'une religion démocratique, d'une religion pour tous, pour le peuple, pour les femmes, pour les enfants, pour les intelligences faibles, comme pour les lettrés et les esprits supérieurs. Il en est des religions séparées comme des divers systèmes philosophiques, ce sont affaires de boudoirs, de salons, d'intérieur domestique même pour les peuples qui appartiennent à ces communions. On ne voit pas au-dessus et hors de ces peuples la colonne lumineuse qui doit les diriger. Leur religion c'est eux, ou elle est en eux; mais elle n'est pas en dehors et au-dessus d'eux pour les diriger et les éclairer comme un fanal. C'est donc notre ferme conviction qu'après bien des tatonnements, les peuples reviendront à la foi, quand le catholicisme leur apparaîtra au-dessus du monde, libre et dégagé de tous les liens du monde, avec son autorité distincte et indépendante de tous les pouvoirs humains et constituant une autonomie complète et absolue. La puissance de l'Église, au moyen âge, alors qu'impliquée dans le travail d'enfantement d'une civilisation grossière, elle était entravée dans sa marche, par les embarras qui lui étaient suscités même dans les moments de sa plus grande force, serait insuffisante à une époque comme la nôtre, si le sacerdoce n'était, sous une autre forme qu'au temps de Grégoire VII, entièrement libre et dégagé, encore plus libre et plus dégagé qu'il ne l'était au moyen âge.

IX. — Les questions naguère si irritantes de gallicanisme et d'ultramontanisme seraient aujourd'hui sans raison. Avec le progrès des lumières et l'affranchissement de toutes les classes sociales, avec la liberté de la presse, avec une bourgeoisie hostile, ce qui est à craindre, ce ne sont certes pas les empiètements du clergé. Notre organisation libérale, démocratique, indusrielle et commerciale, notre organisation de la propriété, et des divers corps constitués, la sécularisation en un mot de la société tout entière, rendent impossible ce qu'on a l'air de redouter; et il y aurait une injustice flagrante à dépouiller la religion de ses franchises, alors qu'après l'avoir dépouillée de ses biens, on la dépouille encore de sa souveraineté temporelle. Il y a là quelque chose de si révoltant que la conscience se refuse à croire à une pareille iniquité. Si on dépouille le clergé de son influence politique, il est juste de lui rendre, en indépendance et en puissance religieuse, ce qu'on lui ôte en force matérielle.

La véritable question est là, et n'est que là : affranchir l'Église, lui donner toute son autonomie, lui applanir les voies, en la dégageant de toutes les entraves qui pourraient la gêner; cela fait, s'unir et se confier à elle, lui prêter même son appui dans l'accomplissement de sa mission sociale. Or, il faut bien se pénétrer de cette vérité, que l'Église étant une PUISSANCE SOUVERAINE ne saurait accomplir cette mission sous une forme dépendante. Ou il faut la rejeter entièrement et renoncer à toute religion, ou il faut l'admettre dans les seules conditions où elle puisse se donner. Les autres cultes peuvent s'inféoder à la société et à ses Pouvoirs, il ne peut en être de même de l'Église, il faut qu'elle règne et gouverne dans sa sphère, comme le Pouvoir civil dans la sienne. Ce n'est donc pas seulement la tolérance que nous demandons pour elle, c'est une reconnaissance en forme, une reconnaissance officielle, au même titre qu'on reconnait les autres Puissances indépendantes et souveraines, l'Autriche, l'Espagne, l'Angleterre, ou même à un titre supérieur, car le Pape c'est notre souverain spirituel, c'est notre père. Il faut renoncer à traiter avec elle et poser en principe , comme la Prusse , comme la

Russie, que la société française peut se passer de catholicisme, ou bien il faut de toute nécessité reconnaître qu'elle est une Puissance, ayant les mêmes droits et les mêmes prérogatives que les puissances souveraines avec lesquelles on a des relations officielles. Et il ne servirait de rien de dire qu'on ne veut pas traiter ainsi, alors qu'elle ne peut traiter autrement. Que dirait l'Autriche, que dirait l'Angleterre si, recevant leurs ambassadeurs, on se refusait à reconnaître leur souveraineté ? Qu'on répudie donc l'Église, ou bien qu'on la traite, comme elle a droit d'être traitée, en souveraine. Ce serait lui faire injure et faire injure à tous les catholiques que de la mettre dans la constitution sur la même ligne que les autres cultes. On tolère ces cultes, on traite avec l'Église, on fait avec elle des conventions, des concordats. Aussi nous ne voyons qu'un moyen d'être logiques et vrais, et de faire les choses avec convenance et dignité, sans blesser personne et en mettant chaque chose à sa place, c'est de formuler, dans les deux articles suivants, les rapports officiels de l'État avec le catholicisme et les autres communions : « 1° Les rapports de l'Église avec l'État sont réglés par des concordats; 2° Les « autres cultes sont tolérés par la loi. »

Ces deux articles exprimant tout et étant la traduction exacte et littérale des rapports actuellement existant entre l'État et les différents cultes, on ne voit pas ce qu'on pourrait mettre de mieux dans la constitution si jamais elle venait à être révisée. Toutes les autres formules sont fausses et injurieuses; celle-ci au contraire n'offense personne. Les cultes séparés en effet n'ont jamais eu la prétention de constituer une autorité souveraine même dans l'ordre de la conscience, il n'y a qu'une religion véritable qui pouvait élever cette prétention, d'être traitée en souveraine des âmes. La vieille question d'ultramontanisme et de gallicanisme qui a jadis tant agité les esprits, ne saurait donc passionner les populations, aujourd'hui qu'elle se résout en une simple question de concordat ou d'accord libre et spontané entre les deux puissances (1). La réveiller serait même un contre-sens et un véritable anachronisme avec tout ce qui est et se fait dans le monde. Avec les périls et les difficultés des sociétés démocratiques modernes, le pouvoir civil ne saurait être trop dégagé, trop indépendant, trop puissant dans sa sphère, et le pouvoir religieux dans la sienne. Ayant l'un et l'autre une mission distincte, assez grande et assez lourde pour ne pas s'impliquer dans les affaires l'un de l'autre, ce qu'ils ont de mieux à faire évidemment, c'est de s'entendre, en prenant pour base de leurs bonnes relations, la parole divine : « Rendez à César ce qui est à César et à Dieu ce qui est à Dieu. »

Cette union n'est pas une confusion. Elle met fin à toutes les que-

(1) On peut voir le développement de cette vérité dans la *question religieuse ou exposé des travaux du comité des cultes de l'Assemblée constituante de* 1848, ouvrage que nous avons publié en 1849. Jouby, rue des Grands-Augustins, 7.

relles de l'ultramontanisme et du gallicanisme dans l'ordre politique, sans rien préjuger sur la question de doctrine. Elle donne au pouvoir civil toute la force morale du pouvoir religieux, et au pouvoir religieux toute celle du pouvoir civil. Sans recourir à la contrainte, il y a action combinée des deux puissances, concourant au bien-être matériel et moral de la société, chacune dans sa sphère, et l'harmonie sociale résulte de ce concours.

Notre société reposant sur le principe de la liberté, il convient de placer les droits et les franchises de l'Église, au nombre des droits constitutionnels garantis par la loi fondamentale de l'État aux individus, aux associations et aux corps constitués, tout en tenant compte des prérogatives et des conditions que comporte une institution ayant un caractère sacré. Les franchises constitutionnelles doivent varier en effet suivant la nature des associations ou des personnes individuelles ou collectives qu'elles concernent. Les franchises de l'ordre judiciaire ne sauraient être les mêmes que celles des communes, celles des communes que celles des corporations, celles des corporations que celles des individus. Ici il y a indépendance, ailleurs il n'y a que des prérogatives définies et limitées. Dans l'Église la liberté d'action doit être absolue, souveraine, illimitée, dans l'ordre spirituel. L'Église ne saurait compromettre à moins. Il ne lui faut rien moins que cela pour être une Autorité divine. Elle abdique, elle se suicide, si elle transige en quoi que ce soit et avec qui que ce soit sur sa souveraine indépendance. Telle est la condition de son existence et de ses rapports avec l'État, et c'est à prendre ou à laisser. « La religion romaine reconnaissant un chef spirituel, et la suprématie spirituelle étant l'essence même de cette religion, vouloir lui substituer la suprématie temporelle, c'est anéantir le catholicisme. » (De Maistre, *lettres*.) Or nous disons que cette souveraine indépendance de l'Église est, pour la liberté des consciences catholiques et la liberté en général, la plus précieuse des garanties, et le point d'appui ou de résistance le plus solide contre les empiétements du despotisme. On peut être sûr que tant qu'il y aura un catholique, un vrai catholique, fût-il réduit à se cacher dans les catacombes, il y aura au moins un homme libre dans le monde, car jamais il n'acceptera, pour les directeurs de sa conscience, des hommes subordonnés et dépendants. Cette dépendance et cette subordination rejailliraient sur lui, il saura donc toujours se rallier au sacerdoce et se serrer contre lui, afin d'opposer au despotisme une barrière d'autant plus infranchissable que son point d'appui est indestructible. La liberté est donc assurée en France. Elle n'y périra jamais, on peut en être sûr, et nous ne saurions en dire de même des pays hérétiques et schismatiques. Ils pourront et ils devront même conserver la liberté anarchique ou révolutionnaire qu'ils ont ou qu'ils sont susceptibles d'avoir, mais il est fort douteux que jamais ils voient luire sur eux le jour radieux de la véritable liberté, la liberté de l'âme humaine, la liberté du for intérieur, la liberté chrétienne, la liberté dans l'ordre et l'harmonie des consciences. Nous doutons fort surtout que les catholiques de ces malheureuses contrées puissent conserver cette dernière liberté, autrement que dans la proscription, le jour prochain où ces pays auront à traverser, comme nous, la phase démocratique dans laquelle nous nous débattons en ce moment, et d'où nous sortirons sains et saufs, il faut l'espérer, grâce au catholicisme et aux idées innées d'ordre, de conservation, d'unité et d'autorité qu'il a inculquées au fond du cœur des masses populaires.

CHAPITRE XVIII

IDÉAL DE LA SOCIETE FRANÇAISE.

La nation française possède les éléments d'un ordre supérieur harmonique, capable de produire la solidarité des diverses classes de citoyens, et le bonheur et la prospérité de la société, en la rapprochant progressivement de son divin idéal. — L'idéal social de la France réside dans le concours de tous ses éléments constitutifs : sa liberté, sa propriété, ses associations, ses corps constitués, son pouvoir,sa religion, dégagés, développés et fortifiés chacun dans sa sphère.— Magnifiques attributions du corps judiciaire. — Responsabilité des agents de l'autorité. — Les conflits sont préférables aux révolutions.

I. — Tout est faible, tout est précaire, tout est à l'état de formation en France, surtout le pouvoir et la liberté. Nous sortons d'une révolution qui a tout nivelé, tout remué, tout remis en question. Et cependant tous les éléments d'une société nouvelle, accomplie en son genre, sont en présence, dans le pays, mais agités et divisés comme des éléments en fermentation. La société voudrait sortir de ce chaos; mais elle trouve partout ou des entraves ou des résistances. Chaque chose cherche à empiéter sur chaque chose, le pouvoir sur la liberté, la liberté sur le pouvoir, le peuple sur la bourgeoisie, la bourgeoisie sur l'aristocratie. L'État et l'Église se font la guerre, les corporations ne peuvent se fonder sous l'étreinte d'une centralisation qui étouffe celles auxquelles elle permet de vivre. L'industrie, l'agriculture, le commerce, se dégagent de leurs entraves, mais ils n'ont pas encore leurs franches et libres allures, et les pouvoirs constitués, les communes, les départements, les tribunaux, le Corps législatif, le Sénat, verraient sans doute avec plaisir leurs attributions s'étendre et se développer, et avec elles leur activité, leur vie et leur importance s'accroître. Le Gouvernement lui-même est toujours menacé dans ses attributions essentielles que les partis lui disputent, quand il faudrait les fortifier, en proportion directe de la liberté, des franchises et des attributions *spéciales* que la constitution devrait reconnaître et garantir, comme étant légitimes et ressortant de la nature des choses, en faveur des individus, de l'Église, des associations, des compagnies utiles et des différents corps constitués dont nous venons de parler.

Tout est donc en souffrance dans l'État quand tout devrait être dans l'ordre et concourir. Car rien d'arbitraire, rien qui dépende des caprices et des passions humaines, dans les sociétés chrétiennes. Tout doit y être réglé et ordonné d'après l'essence des divers éléments sociaux, rien ne doit y être livré au hasard des événements, des révolutions. Tout doit y être solidaire. Chaque individu, chaque association, chaque corps, doit y avoir, dans sa sphère distincte, sa fonction, son autonomie, son existence immuable. Les développements, les changemements ne doivent y porter que sur les individus, le fond doit être invariable et former la constitution sociale, où tout doit se tenir par des liens solidaires, afin que chaque chose se protège individuellement par le concours des autres, par le concours de la masse intéressée à venir au secours de la partie souffrante ou menacée.

Dans une société organisée démocratiquement et chrétiennement les tribunaux ne doivent pas seulement y représenter le pouvoir mais aussi la liberté. Ils doivent la justice à tous même aux particuliers contre les actes abusifs des agents de l'Autorité. Ils doivent constituer le corps social le plus important peut-être, après les grands pouvoirs de l'État, car tout étant libre dans un pareil État, et tout cependant réprimé, tout doit finalement ressortir des tribunaux, jugeant et réprimant les infractions contre les personnes, les propriétés, l'honneur des citoyens, et les troubles apportés aux associations et aux corporations. Noble sujet d'ambition et d'émulation légitimes du Barreau, du Parquet et de la Magistrature, relevés dans leurs fonctions, avec la perspective de pouvoir siéger au sein même du Sénat et de la cour de cassation, réunis en parlement, pour juger les causes politiques et constitutionnelles les plus hautes, attribution suprême qui placerait ce corps infiniment au-dessus des anciens parlements.

Dans un pareil État, le Pouvoir aurait ses attributions *spéciales*, celles qui concernent le gouvernement, l'impulsion, la direction souveraine, le droit de faire le bien, promptement, résolument, sans entraves. Mais il ne pourrait porter atteinte aux libertés individuelles, à la propriété, à la famille, à la religion, aux droits et franchises des corporations, des compagnies, des pouvoirs constitués, de l'armée, des communes, placés sous la protection et la garde vigilante des tribunaux, du Corps législatif et du Sénat. L'Église serait affectée dans une de ses prérogatives, de ses libertés, le dernier de ses ministres, de ses religieux, serait menacé dans son droit constitutionnel de remplir ses humbles fonctions librement; le plus infime des magistrats, la plus modeste commune de l'empire, la plus insignifiante association de bienfaisance, la plus pauvre compagnie financière, le plus petit des citoyens seraient molestés, qu'ils auraient le droit d'en appeler à ces gardiens vigilants du droit et requérir leur protection, autant contre les attaques des agents de l'Autorité que contre celles des particuliers (1).

(1) Toujours notre *responsabilité des agents du pouvoir* qui revient. Il ne faut pas nous en vouloir. Là est la liberté légale, la liberté chrétienne réglée et ordonnée, et la ruine de la liberté factieuse et révolutionnaire.

II. — Cette immense responsabilité morale et effective de tous et de chacun ranimant et faisant circuler partout la vie sociale avec la liberté, rendrait leur trempe aux caractères et aux hommes leur dignité, et, par une diversion utile, affranchissant le Pouvoir des embûches de l'opposition et des attaques des factions, elle le rétablirait dans sa force et assurerait son indépendance et ses franches allures, en le dégageant de mille détails insignifiants pour ne lui laisser que les grandes affaires. Les attributions de chaque corps politique ayant été fixées et l'autorité étant délivrée des embarras parlementaires, la centralisation plus puissante parce qu'elle serait concentrée dans son véritable rôle, deviendrait une force d'impulsion et de progrès, au lieu d'être une cause d'étouffement. Des difficultés, des conflits d'attributions, qu'un tribunal placé au-dessus de tous, par son indépendance et la supériorité sociale de ses membres, aurait bientôt tranchés, pourraient surgir sans doute, mais ce ne seraient jamais des conflits de gouvernement. Or, ne vaut-il pas mieux dix conflits et mille libertés qu'une Révolution ou un Despotisme ? Dix procès pour cause d'abus qui retomberaient finalement sur ceux qui les intenteraient mal à propos, que mille abus, mille vexations injustes, mille insolences, mille impudences, mille mauvais vouloirs, mille lenteurs, mille formalités? A-t-on peur que les tribunaux aient un faible pour la liberté contre le pouvoir? Cela serait, qu'il faudrait vivre avec cette peur salutaire, ayant pour se protéger 500,000 baïonnettes, 5000 commissaires de police, 90 préfets, une administration concentrée, une autorité gouvernementale presque illimitée, un budget de deux milliards, et la nomination à deux cent mille emplois salariés. On peut avec toutes ces forces effectives avoir peur de la Justice sans être bien à plaindre! Car s'il y avait encore des conflits, on n'aurait plus au moins le déplorable scandale encore possible aujourd'hui avec un pouvoir faible, d'assemblées à l'assaut de portefeuilles ou faisant queue au tour des bancs ministériels, de ministres défendant leur position à outrance, *unguibus et rostris*, découvrant au besoin le souverain pour mieux se couvrir eux-mêmes ; de guerres civiles au sein même des hautes sphères gouvernementales, ou l'unité fait la force et la dignité; de faubouriens se passionnant pour ou contre le Pouvoir, pour ou contre le corps législatif, et jetant au besoin leurs pavés dans la balance! Scandale dont nous avons été témoins pendant 70 ans, et que nous reverrons encore, si on ne fortifie tout à la fois et le pouvoir et la liberté, en bien définissant et développant les droits, les attributions et les franchises de chacun, suivant la nature des choses!

Que des conflits surgissent, et de nombreux conflits, sur tous les points de la France; que tous les tribunaux en retentissent; que partout la liberté ait sa voix, ses avocats, le mal recevra de cet accroissement de vie politique une compensation suffisante. L'attention publique, au lieu d'être constamment fixée sur le pouvoir pour le tenir en échec, se portera sur les querelles de la localité, et l'esprit d'opposition, au lieu d'être toujours à guetter le gouvernement comme le chat sa proie, se passionnera pour ou contre de nouveaux Calas persécutés dans leur province, dans leur village, mais, plus heureux, se défendant avec succès et librement devant les tribunaux de leur département et au besoin devant le parlement de l'Empire. Il y aura, sous ce régime, des abus et de grands abus. Quelque garde champêtre traduit injustement devant le juge de paix par quelque justiciable malin ! Quel malheur! Il s'élèvera, ça et là et de loin en loin, quelques associations nuisibles ou dangereuses, dont le procureur impérial ou le commissaire de police auront bientôt raison, en requérant leur dissolution devant les tribunaux où elles pourront se défendre et faire du scandale; mais pour un cas de ce genre, mille associations utiles et bienfaisantes, qui ne peuvent sourdre aujourd'hui sous la lourde étreinte des formalités administratives, surgiront, comme par un enchantement magique, sur tous les points de l'empire, et viendront donner à la liberté, avec une vie et une activité toujours croissantes, des âmes et des champions de plus. On aura certes bien autre chose à faire qu'à attaquer le Pouvoir et les ministres, qu'à leur faire une sotte guerre, qu'à les culbuter pour se mettre à leur place, qu'à harceler les divers agents de l'administration, alors que le désir de réussir et de bien faire dans toutes les carrières libres, stimulera toutes les émulations et absorbera toutes les ambitions.

Les diverses charges publiques n'étant plus aussi dépendantes du Pouvoir n'en seront que plus honorables et plus recherchées, et un siége au sénat, alors, deviendra un but suprême, capable de passionner ceux que la vue d'un portefeuille empêchait de dormir. Car là sera la vie sociale et politique sous sa forme la plus haute. Là tout viendra aboutir, car là sera le grand régulateur des pouvoirs, et le grand redresseur des griefs populaires. Et il en sera de même à un moindre degré des cours et des tribunaux inférieurs.

Que de belles carrières aussi pour l'ingénieur, pour le polytechnicien, pour le mécanicien, dans les compagnies industrielles, commerciales et agricoles ! Que de belles carrières pour une armée ayant son code, sa constitution, ses attributions spéciales, son maréchalat, sa connétablerie peut-être !

Que de belles carrières enfin pour le Religieux, pour le Prêtre ! Car quel bien ils auront à faire ! Chargés d'entretenir la paix, l'ordre et la bonne harmonie, au sein de toutes les corporations civiles, au milieu de tous les ouvriers de l'industrie et de tous les paysans du labour, ils auront aussi à les préserver des mauvaises influences d'un état exclusivement libéral, démocratique et industriel. Quelle carrière pour les évêques, pour le Pape, libres enfin et dégagés ; pouvant tout pour la religion, comme le Pouvoir pour le gouvernement ; sans entraves d'aucune sorte ; animant de l'esprit religieux les écoles, les facultés, les universités et les académies de l'État ; en constituant de libres sous toutes les formes ; fondant des écoles d'adultes et des cours religieux du dimanche pour les ouvriers ; régénérant la société, l'empêchant de se corrompre; élevant surtout le niveau intellectuel des classes lettrées, des demi-savants qui sont de tous les plus ignorants, en les dominant par un enseignement supérieur à celui de leur siècle! Que de belles choses à faire dans une pareille démocratie, ainsi organisée par la liberté et dans la liberté, par le pouvoir et dans le Pouvoir! Par la liberté et dans la liberté des individus, des communes, des associations et des Corps constitués; par le Pouvoir et dans le Pouvoir, de l'Empereur d'une part, et du Pape de l'autre!

III. — Car, la liberté ne peut se constituer ainsi que par le pouvoir et dans le pouvoir, et le Pouvoir que par la liberté et dans la liberté. Il faut que des individus, que des personnes morales, libres, pullulent librement sur tous les points de l'Empire, autour de ces deux pouvoirs, formant le centre de la société universelle des corps et des âmes, aussi forts dans leur indépendance, dans leur impulsion gouvernementale et religieuse, que ces individus, que ces personnes morales seront libres de leur liberté propre. Il faut que l'union et non la confusion s'opère ainsi par la liberté et dans la liberté. Sous l'ancien régime l'union du pouvoir civil et du pouvoir religieux, de l'empereur et du Pape avec la société, ne pouvait s'opérer que par l'autorité et dans l'autorité. On ne savait depuis les communes libres du moyen âge, ce que c'était que la liberté; ce nom n'existait même pas dans le vocabulaire politique. Le paysan alors était le serf ou l'homme de son seigneur, et l'ouvrier de son patron. Tout était servitude dans l'agriculture, et entraves dans le commerce et l'industrie qui n'existaient pas sérieusement. La liberté, et encore moins l'égalité, n'étaient nulle part; le servage et le privilége sous toutes les formes étaient partout. Comment le Pape aurait-il pu transformer une société ainsi faite qu'en s'unissant à elle par l'autorité et dans l'autorité? Le travail d'affranchissement ou la destruction de la féodalité a donc commencé par l'autorité, si la liberté lui a porté le coup de grâce. Mais aujourd'hui tout est changé. L'Église et le Pouvoir civil, doivent s'unir à la société par la liberté, par l'égalité dans la liberté et dans l'égalité, ou périr. Notre état libéral et démocratique, l'état des personnes comme de la propriété de l'industrie et du commerce le veulent ainsi. Oui, il faut périr ou s'unir aux sociétés nouvelles par et dans la liberté et l'égalité. Il n'y a pas de milieu. Le salut n'est pas ailleurs, ne saurait être ailleurs; à moins qu'on ne voulut, par hasard, rétablir l'ordre ancien, en détruisant révolutionnairement tout, absolument *tout* ce qui *est*, et en rétablissant sur cette immense ruine, le servage, le patronage, le droit d'aînesse, les substitutions, les biens de main-morte à l'infini, la féodalité du moyen âge, avec ses chevaliers et ses barons bardés de fer. Il ne suffirait pas en effet de rétablir l'ancienne noblesse de Louis XV, avec ses priviléges, ses droits sans devoirs, avec le désordre des finances, avec la ruine des cours, avec la corruption des blasons, car tout cela nous conduirait aux mêmes catastrophes. Oui, il faut rétablir la féodalité tout d'une pièce, sans oublier ses repaires crénelés, ses herses et ses mâchicoulis, et la rétablir encore révolutionnairement en détruisant tout ce qui *est* tout ce qui *existe* : des centaines de millions d'existences dans toute l'Europe qui vivent de l'industrie, du commerce, de l'agriculture; des centaines de milliards de valeurs mobilières et de valeurs immobilières, divisées entre des centaines de millions de petits rentiers et de paysans : oui, il faut détruire tout cela et rétablir toute la féodalité; ou bien accepter franchement cette condition absolue, sous peine de mort, de s'unir aux sociétés modernes par et dans la liberté et l'égalité, afin de les rendre chrétiennes, d'impies et de révolutionnaires qu'elles sont.

IV. — Les temps sont changés, tout est changé dans l'état des personnes et des propriétés, tout doit changer dans les moyens de gouverner politiquement et religieusement les sociétés modernes. Les difficultés sont plus grandes; les Pouvoirs doivent être plus forts. Naviguant sur un océan d'hommes libres et égaux, il faut des dieux pour pilotes. Dégagez donc pour mieux les concentrer les attributions de l'Empereur et du Pape. Au lieu d'impliquer les deux puissances l'une dans l'autre et les mettre toujours aux prises, il faut les dégager l'une de l'autre, en déterminant leurs fonctions par la nature même de leur institution, afin qu'elles puissent s'unir à la société d'une manière d'autant plus intime qu'elles seront plus indépendantes et plus puissantes chacune dans sa sphère. Qu'était le pouvoir du pape et de l'empereur au moyen âge! Ah! nous rêvons pour ces deux puissances un pouvoir autrement fort, autrement décisif. Que deviendraient la liberté et l'égalité, que deviendrait tout ce qu'il faut sauver, préserver et garantir dans nos sociétés démocratiques, composées de paysans et d'ouvriers libres et égaux par centaines de millions, avec un pouvoir aussi faible, aussi précaire, aussi disputé que le pouvoir des rois et des papes du moyen âge!

La liberté et l'égalité chrétiennes périront et le monde avec elles, ou il faut que les deux Puissances libres, absolument libres et fortes, ayant un pouvoir illimité *dans leur sphère*, prennent en main la protection et la conservation de notre état social libre et démocratique, et l'organisent catholiquement, afin d'empêcher la liberté et l'égalité chrétiennes de dégénérer en liberté et en égalité révolutionnaires, en dissolution, en décadence, en fin du monde.

La ruine est dans la division, le salut est dans l'union de tous les éléments sociaux, constitutifs de notre état libéral, démocratique, monarchique, catholique. Que ces éléments avec leurs franchises et leurs attributions distinctes, s'unissent et concourent, sans empiéter les uns sur les autres, sans chercher à s'entre-détruire, à se supplanter, à faire aboutir leurs conflits à des révolutions, et non-seulement la société est sauvée, mais elle est rajeunie, et elle entre dans une ère de paix, de tranquillité, de conservation, de développement qui en fera la plus belle de l'humanité. Car elle sera conforme à la vérité des choses, à Dieu, à l'ordre qu'il a voulu établir dans la société chrétienne ; ordre qui n'a jamais encore existé, ni sous les empereurs persécuteurs, ni sous les rois francs assassins des leurs ; ni sous les barons féodaux chargés de brigandages ; ni sous les papes prisonniers des princes du moyen âge, ou obligés de fuir de leur siége ; ni sous l'esclavage et le servage des anciens temps ; ni sous les guerres religieuses de la réforme ; ni sous les maîtresses de Louis XIV, ni sous les orgies, le libertinage, la lubricité et l'impiété du siècle du Régent et de Louis XV !!!

V. — Les éléments constitutifs de la société chrétienne n'ont été depuis Jésus-Christ, jusqu'à nous qu'à l'état de fermentation. Il est temps, grand temps que la formation commence. La base est bonne : les hommes sont libres et égaux comme des chrétiens doivent l'être, il est temps, grand temps que les pouvoirs, que les corporations et les associations, que les corps constitués se forment, s'organisent, se fortifient et se développent, avec l'originalité et la puissance qui leur conviennent pour présider à ce grand travail de formation des sociétés nouvelles. Elles ont, avec cela, toutes les conditions d'un avenir magnifique, la société fançaise surtout possède en elle les germes d'une grandeur et d'une prospérité idéales. Elle est catholique, un idéal de liberté, d'égalité, d'ordre et de moralité peut sortir de sa Religion bien comprise. Elle a, dans ses institutions de bienfaisance et de prévoyance, dans ses corporations financières et industrielles, dans ses corps constitués et ses pouvoirs politiques, de quoi développer un vaste système de solidarité sociale, où tous les intérêts seront sauvegardés, où toutes les misères pourront trouver un soulagement, où toutes les richesses pourront s'activer réciproquement.

Dans cet ordre social une industrie prospère appelant des consommateurs et des producteurs en abondance, le commerce est florissant et l'agriculture aussi par contre coup. Le travail national y manque de bras, les salaires y sont élevés et assurés, les chomages y sont rares, et les invalides du travail secourus. Toutes les classes sociales y sont par conséquent intéressées à la prospérité les uns des autres, au lieu d'être placées dans un état perpétuel d'antagonisme. L'ordre social y est la condition de la prospérité de toutes ces classes, et l'élévation et la stabilité des salaires en dépendent. Le peuple y est donc le plus intéressé à la conservation sociale, et si son éducation politique est bien faite et bien dirigée par le clergé, il devient, par intérêt autant que par principe, la classe la plus dévouée aux deux pouvoirs souverains, et le plus ferme appui du *Trône et de l'autel.* « Ceux qui possèdent le sol ne veulent pas que le sol tremble, » ce mot de Napoléon est encore plus vrai du traveilleur, si on veut bien se donner la peine de lui faire comprendre que le tremblement du sol est aussi le tremblement de la chaumière et des salaires. Ce serait donc là, dans les classes ouvrières et agricoles suffisamment moralisées et éclairées, que les deux pouvoirs devraient aller chercher les points d'appui qu'ils trouvaient autrefois dans l'aristocratie et les classes lettrées, aujourd'hui plus ou moins hostiles, si la noblesse et la bourgeoisie elles-mêmes, ayant un intérêt identique à la conservation sociale, ne devaient s'entendre avec le peuple et le réconcilier avec le clergé, quand elles seront persuadées qu'il a la claire intelligence des besoins modernes.

Tout peut donc, tout doit donc concourir dans notre société ; et c'est la preuve qu'elle est en travail d'un idéal divin. Ajoutons que les facilités des échanges et des communications par terre et par mer, rendant de plus en plus intimes les relations internationales, les guerres et les famines, les deux plus grands fléaux de l'humanité dans l'antiquité et sous l'ancien régime, deviennent de moins en moins probables. Il est donc permis de supposer, sans être un visionnaire, que les rapports solidaires qui tendent à unir entre eux tous les citoyens et toutes les classes d'un même pays, et à rendre les guerres civiles de plus en plus rares, tendront aussi à rattacher entre elles solidairement les diverses nations en les forçant à vivre en paix.

Des maux inévitables, naturellement attachés à notre condition, viendront jeter quelque ombre dans le tableau ; mais on pourra les atténuer. Les ouvriers des manufactures sont encore les esclaves des machines, et la misère et la corruption les avilit et les décime. Mais le mal n'est pas incurable. Les chefs d'industrie, secondés par le clergé et les corporations religieuses, peuvent y apporter remède, et il en est déjà qui sont résolument entrés dans cette voie.

Il y a donc tout *un socialisme chrétien* à faire sortir des éléments sociaux aujourd'hui existants, sans en forcer un seul, sans en compromettre un seul, et en les respectant et les développant au contraire, pratiquement, sagement, progressivement, de manière à faire de la société une grande famille d'amis et de frères, bien organisés, bien constitués, ayant tous des intérêts solidaires, et étant également intéressés à la prospérité matérielle, à la beauté et à la grandeur morales et religieuses de la communauté.

C'est en vue de cette *information* de la société française par le christianisme que nous avons composé ce petit livre. Puisse-t-il être compris par le Pouvoir, par les amis de la liberté et de l'egalité, par les anciens partis, par le clergé surtout. Les noms des hommes nous sont assez indifférents ; que les ministères se recrutent dans les anciens ou les nouveaux partis, cela n'a pour nous qu'une importance secondaire qui s'efface devant les grands intérêts de la patrie. Qu'elle se forme chrétiennement et qu'elle se développe de même, voilà l'essentiel ; les instruments qui s'emploieront à cette œuvre seront toujours les biens venus du pays.

VI. — Il nous reste cependant à exprimer un vœu, c'est que les catholiques s'unissent et s'entendent dans une sphère supérieure à tous les préjugés, afin de constituer un parti social et national, conservateur, sympathique au génie, aux institutions, et à la politique intérieure et extérieure de la France. Cette entente nous paraît nécessaire, car nous voyons approcher le moment où les intérêts catholiques les plus élevés se trouveront sérieusement menacés par la Révolution. Pour qui sait voir les effets dans les causes, un orage se forme sur les corporations religieuses et les sociétés de bienfaisance. Elles sont attaquées dans la Presse, et même au Sénat ! (1) Les mots de *jésuite*, de *capucins*, de *frères ignorantins*, de *sacristains*, de *congréganistes* reviennent à l'ordre du jour des partis, et on sait ce que cela veut dire. La société de Saint-Vincent de Paul, chef-d'œuvre de la bienfaisance moderne, est publiquement dénoncée comme étant la résurrection, sous une autre forme, de la Congrégation qui a fait tant de bruit sous Charles X. Le vieux parti libéral et le vieux parti démagogique reforment leurs phalanges et se donnent la main. Et il se passe, dit-on, des choses d'une telle gravité que nous ne pouvons les croire. Autant de signes des temps. Qu'on sonde sa conscience, qu'on remonte de quelques années seulement dans l'histoire, et ce qui est arrivé nous dira ce qui arrivera encore. Au lieu de s'isoler de son pays, de ses mœurs, de son état démocratique surtout, ne vaudrait-il pas mieux concourir avec lui pour le sauver et avec sa démocratie pour l'empêcher de dégénérer, tout en se préparant à une résistance énergique contre toute tentative qui aurait pour objet de nous faire perdre les libertés religieuses si chèrement acquises? Mais pour se préparer à cette résistance, il faut commencer par se dépouiller de ses préjugés, et faire tomber la défiance que le pouvoir pourrait nourrir contre nous. Ce qui nuit à l'action religieuse du prêtre, ce qui fait sa constante impopularité, sans exemple dans l'histoire, ce sont les tendances politiques qu'on lui suppose. Or, ici, il y a un malentendu, nous l'affirmons, nous qui avons fait de ce corps vénérable une étude approfondie, soutenue par vingt ans d'observations, entièrement libres et dégagées de préjugés et de parti pris. Il est impossible, nous le disons ici sans crainte de recevoir un démenti, il est impossible que le clergé français, sorti des rangs du peuple, soit foncièrement hostile à un état qui fait du peuple le fond commun où l'Église, aussi bien que la société, recrute sa hiérarchie. Accuser le prêtre de vouloir, dans l'organisation de la hiérarchie civile, des priviléges dont il ne veut même pas dans l'organisation de la hiérarchie sacerdotale, c'est le supposer ou bien sot ou bien coupable. Et cependant il est impopulaire ! Comment en serait-il autrement? Toutes les notions sont confondues ; on ne sait pas ou on ne veut pas distinguer la démocratie de la démagogie ; l'égalité civile de l'égalité de Babœuf; la liberté et la tolérance chrétiennes de la liberté et de la tolérance de MM. Proudhon, Dupin et Guéroult. Et, grâce à cette grossière confusion que la conduite politique ou plutôt impolitique de bien

(1) Voir le célèbre discours prononcé au Sénat, le 29 Mars 1860, par M. Dupin, procureur général à la Cour de cassation, dans lequel il a signalé à la vigilance des lois les corporations religieuses et les associations de bienfaisance.

des catholiques tend à perpétuer, on vous insulte, on vous bafoue, et l'existence même des corporations, des institutions et des écoles religieuses, reconquises, après une lutte glorieuse de dix-huit années de liberté sous le dernier règne, se trouve de nouveau compromise. La race française est cependant assez avisée pour comprendre que le concours de la Religion est nécessaire à l'organisation de sa démocratie. Mais comment confierait-elle cette organisation aux catholiques, si au seul mot de démocratie, ils se troublent et s'effarouchent, comme s'ils voyaient se dresser devant eux le spectre sanglant de la Terreur? Le peuple ne saurait se donner à des gens timides, à des gens qui ont peur de lui. La démocratie chrétienne n'est pas plus la démagogie que la théocratie du moyen âge, ou l'aristocratie de l'ancien régime n'étaient la seule forme sociale compatible avec l'ordre. La démocratie, telle que nous l'entendons et telle qu'il faut l'entendre, est un régime comme un autre et tout aussi légitime ou plus légitime qu'un autre. Que faire donc? Comprendre, agir, concourir au lieu de s'isoler; « CONFORMER SA CONDUITE AVEC SES MAXIMES » (Lettre de M. de Maistre); mettre son action politique en rapport avec son action religieuse; combiner ces deux actions au lieu de les annihiler en se rendant antipathiques; constituer, en un mot, un parti national ayant pour devise : La France du XIXe siècle, c'est-à-dire : démocratie, monarchie, catholicisme, puisque ces trois mots résument ses tendances séculaires. Et puis, après avoir tout fait pour faire tomber les méfiances, attendre les événements de pied ferme et prêts à tout, au concours plutôt qu'à la résistance, mais sans jamais reculer devant un devoir, à l'exemple des Ambroise, des Léon, des Bernard, des Thomas de Cantorbéry, des Affre, glorieux apôtres ou martyrs du devoir et de la charité et nos modèles à tous!

Tels sont nos vœux, et telles aussi nos craintes et nos espérances!

. . . .

TABLE.

Paris, imprimerie AUBRY et Cie, rue de l'Église-Vaugirard, 6.

PARIS

Maison MÉQUIGNON Junior. A. JOUBY, libraire-éditeur, 7, rue des Grands-Augustins.

Les publications de M. Pradié, comme philosophe et publiciste catholique, se composent d'une série d'ouvrages tendant tous au même but, et depuis longtemps connus et appréciés par les personnes qui s'occupent de haute philosophie et de haute politique. La maison Méquignon Junior a donc cru faire une chose utile en se chargeant d'éditer ces ouvrages, et en donnant une grande publicité à des travaux, fruit de vingt ans d'études et de méditations persévérantes, et consacrés par les suffrages des personnes les plus illustres et les plus compétentes, et le témoignage de NN. seigneurs les évêques les plus éminents et de notre Saint-Père le Pape, Pie IX.

Tous les journaux religieux de France et quelques-uns de l'étranger se sont occupés de ces publications, aujourd'hui indispensables dans toute bibliothèque et pour toute personne qui s'occupe de haute philosophie et de haute science religieuse. Car ce qui distingue l'œuvre de M. Pradié, suivant les juges distingués dont nous citerons les noms à propos de chaque ouvrage, c'est autant la forme de ses travaux que l'originalité, la profondeur et l'élévation des idées qu'il développe. Et si on veut porter un regard attentif sur les sommaires de ses divers ouvrages que l'on trouvera ci-après, on verra que de l'ensemble de ces travaux résulte, pour la science, la philosophie et la politique, la tentative sérieuse d'une Réforme, dont l'objet est de rechercher, dans les principes, le moyen de relever le haut enseignement des écoles profanes, et d'imprimer une utile impulsion aux études philosophiques des écoles catholiques. On remarquera, en lisant ces sommaires, que M. Pradié essaye de faire pour l'univers entier, en y comprenant la religion et ses réalités, ce que la science, après Newton, a fait pour le monde physique, dont elle a formulé la loi générale. Selon M. Pradié, ce qui manque aux générations actuelles c'est la connaissance approfondie du **PRINCIPE UNIVERSEL** des choses, et du jeu et du mécanisme du Cosmos, au physique et au moral, dans l'ordre naturel et l'ordre surnaturel. Ce qui manque, en d'autres termes, à ces générations, c'est une théodicée et une philosophie catholiques tirées des entrailles de la religion, et aussi de la science moderne au point où les découvertes physiques, physiologiques, ontologiques et psycologiques de ce siècle l'ont conduite. Cette théodicée serait une réponse péremptoire au panthéisme allemand et au positivisme français, et répondrait à un besoin social; toutes les questions de philosophie, de morale et de politique dépendant d'une bonne théodicée.

Les ouvrages philosophiques de M. Pradié qui, suivant l'*Univers*, dont nous reproduisons ici des extraits, ont fait faire un pas à la science comparée de l'Etre divin et de son œuvre, ne sont sans doute pas à la portée de tous les esprits, mais ils sont indispensables à NN. seigneurs les évêques et aux professeurs de philosophie et de théologie des collèges, des lycées et des séminaires, et généralement à toutes les personnes intéressées à se tenir au courant du mouvement philosophique qui s'opère sous leurs yeux, et sur lequel ils sont appelés à porter un jugement et à exercer leur action.

Il n'y a qu'une voix, parmi les catholiques et les journaux religieux, comme on le verra par les extraits que nous en donnons ici, pour louer les travaux philosophiques de M. Pradié. Nous espérons qu'ils accueilleront avec la même bienveillance et la même distinction ses travaux politiques, dont les principes se trouvent largement exposés et développés dans le nouvel ouvrage que nous livrons aujourd'hui au public, sous le titre de la DÉMOCRATIE FRANÇAISE. La pensée de M. Pradié ici, c'est que la politique a presque toujours fait fausse route pour s'être détachée du christianisme, ce qui explique suivant lui le travail persévérant de la Providence, consistant à châtier les rois infidèles aux préceptes de l'Évangile par les peuples révoltés, et les peuples révoltés par le désordre et les souffrances inséparables de ces actions et réactions révolutionnaires qui se succèdent périodiquement depuis 70 ans. M. Pradié applique ici ses principes philosophiques, et prouve qu'on ne sortira de la révolution qu'en organisant l'État chrétiennement et en réglant de même les relations internationales ; et il donne les moyens pratiques pour arriver à cette organisation et à ce réglement de la société par le christianisme. Tel est l'objet de la *Démocratie française*.

I.

ESSAIS SUR L'ÊTRE DIVIN

Ou Recherches scientifiques des lois universelles.

(Paris, 1844 et 1845, 2 vol. in-8).

Cet ouvrage a été traduit en allemand. Il a produit une véritable sensation au moment de son apparition, et il a valu à l'auteur les suffrages de NN. seigneurs les archevêques et évêques de Paris, Lyon, Cambrai, Chartres, Rodez, etc. Tous les journaux religieux, non-seulement de Paris mais des départements, s'en sont occupés ; nous citerons entre autres : l'*Univers* des 13 et 20 novembre 1847 ; l'*Ere Nouvelle* des 24 et 29 février 1849 ; le *Périgord*, dans deux de ses numéros de la fin de 1845 ; le *Réveil du Midi* du 28 avril ; le *Journal de Rennes* du 19 mai ; l'*Écho de l'Aveyron*, dans une suite de numéros de la même année ; le *Journal de l'Aveyron* du 1er avril ; le *Mémorial Agénais* du 11 avril 1846 ; le *Commerce de Dunkerque* du 18 avril ; le *Monde Catholique* du mois de septembre 1844 et du mois de mars 1845 ; la *Gazette de France*, dans plusieurs de ses numéros, et notamment dans celui du 16 avril 1846 : la *Quotidienne*, dans son numéro du 3 août 1846, etc.

Sommaire des *Essais sur l'Être divin.*

INTRODUCTION. — De la certitude en philosophie. — De l'ordre hiérarchique des connaissances humaines. — Esquisse d'une classification des sciences avec un tableau figuratif de leur ordre hiérarchique. — Rapports de la religion avec la philosophie et la civilisation contemporaine. — Vue générale de l'univers.

Ier *Essai. — De la création.* — Preuves scientifiques de la création. Création des êtres organiques, des êtres inorganiques et des substances spirituelles. Preuves métaphysiques de la création.

II. *Essai. — Génésie.* — Preuves géologiques des révolutions et de l'antiquité du globe. De la distribution des espèces végétales et animales dans les diverses formations géologiques. De l'empire des lois actuelles de la nature sur les êtres inorganiques et organiques des périodes antérieures aux six jours de Moïse.

III. *Essai. — Accord de la science et de la religion révélée.* — Le récit de Moïse confronté avec la géologie. Divers systèmes de concordance. Du délnge et de la fin du monde. De le raison philosophique des diverses révolutions géologiques, et de leurs rapports avec les révolutions morales.

IV. *Essai. — Théorie générale des corps.* — Théorie de l'être, des lois et des forces. De l'universalité des lois et des forces au sein des êtres matériels. Rapports, au point de vue de ces lois et de ces forces, des solides, des liquides, des gaz et des fluides impondérables. Des mystères de la science en parallèle avec ceux de la religion. Des rapports de la théorie générale des corps avec la théorie générale des esprits, et des forces et des lois qui leur sont communes.

V. *Essai. — De la composition des corps, et des opérations intimes de la nature dans les corps.* — Des atomes, des forces et des actions chimiques.

VI. *Essai. — Mécanique céleste.* — De la mécanique générale et de l'universalité de ses applications sur la terre et dans les cieux.

VII. *Essai. — Système du monde.* — Du système planétaire. Du soleil, de la terre, de la lune, de Saturne et de ses anneaux, des autres planètes ; de leur évolution autour du soleil. Grandeur et distance relative des planètes. Système sidéral. De la distance, de la grandeur et du nombre des étoiles. De leur formation. Les lois et les forces de notre système régissent aussi les systèmes des étoiles. De la petitesse physique de l'homme et de sa grandeur morale.

VIII, *Essai. — Transition des règnes inorganiques aux règnes organiques et Théorie générale de l'univers.*

IX. *Essai. — Rapports des êtres organiques avec les êtres inorganiques.*

X. *Essai. — Rapports des végétaux avec les animaux..* — Théorie de la vie, théorie des formes.

XI. *Essai. — Théorie de l'association et de l'universalité de ses applications.*

XII. *Essai. — De l'universalité des lois du règne végétal et du règne animal.*

XIII. *Essai. — De l'homme physique ou de l'organisme et de la physiologie de l'homme.* — Principe constitutif et vue générale de l'organisme humain. De la génération. Du jeu de la circulation. Du système nerveux et des appareils des sens.

XIV. *Essai. — De l'homme moral, ou de l'âme et de la psychologie de l'homme.* — De l'âme des animaux et de celle de l'homme. Du siége de l'âme, de la nature de l'âme et de son union avec le corps. Théorie des idées et des passions. De l'immatérialité et de l'immortalité de l'âme. — Réfutation du matérialisme et de la phrénologie.

XV. *Essai. — De l'homme considére comme membre de la famille de l'Etat, de l'Eglise; et comme citoyen de l'univers.*

XVI. *Essai, — Des diverses phases de la destinée humaine dans cette vie et dans l'autre.* — Du mal. De l'Enfer, du Purgatoire, du Paradis.

XVII — *Essai. — Du Christ et de l'union en lui du fini et de l'infini.* — De l'incarnation et de la Mère de Dieu. De la rédemption et de la loi du sacrifice. De la communion. Théorie de la vision intuitive par le Christ.

XVIII. *Essai. — De la Trinité.* — Du Père, du Verbe et de l'Esprit. — De leur nature, de leurs rapports, de l'unité de leur substance et de l'absolue participation de leurs attributs.

XIX. — *Essai. — Le Code divin, ou recueil résumé des lois universelles.*

Cet ouvrage est complétement épuisé.

II.

LES ORDRES RELIGIEUX.

(Paris, 1846, 1 vol. in-12).

Sommaire *des Ordres religieux.*

INTRODUCTION. CHAPITRE Ier. De la vocation religieuse. — CHAP. II. De la vie religieuse. — CHAP. III. Des travaux du religieux. — CHAP. IV. De l'influence de la vie religieuse sur le développement de l'individu, les progrès de la science et le perfectionnement de la société. — CHAP. V. De la grandeur de l'homme en religion : § 1er. Politiques. Suger et Ximenès ; § 2. Illustrations militaires. Jean de la Valette ; § 3. Philosophes, théologiens. Saint Thomas d'Aquin ; § 4. Religieux législateurs et papes ; § 5. Saint Bernard, la gloire des moines et l'âme de son siècle. — CHAP. VI. De la grandeur de la femme en religion : § 1er. Marie ; § 2. Sainte Hildegarde ; § 3. Sainte Thérèse ; § 4. Rôle social de la femme en religion ; § 5. La sœur de Charité et la sœur Grise. — CHAP. VII. De l'origine de la vie religieuse, de ses institutions et des services qu'elle a rendus à l'humanité : § 1er. Moines de l'Orient, les Pères du Désert ; § 2. Services rendus par les Ordres monastiques de l'Occident à l'agriculture et aux beaux-arts dans les siècles de barbarie ; § 3. Services rendus par les mêmes aux lettres et aux arts ; § 4. Ordres mendiants ; § 5. Fin du moyen âge. Ordres religieux suscités contre la corruption du clergé et les hérésies ; § 6. Les Ordres religieux dans les siècles modernes. — CHAP. VIII. De la Société de Jésus : § 1er. Origine de la Société ; § 2. De l'Esprit et de la Fin de la Société ; § 3. De l'organisation de la Société et de l'éducation de ses membres ; § 5. Du gouvernement de la Compagnie de Jésus ; § 6. De son enseignement ; § 7. Des reproches que l'on fait à la Compagnie. — CHAP. IX. Des Ordres religieux dans le présent et dans l'avenir. — CHAP. X. Des rapports des Ordres religieux avec l'Eglise et avec l'Etat : § 1er. Rapports des Ordres religieux avec l'Eglise ; § 2. Rapports des Ordres religieux avec l'Etat. — CHAP. XI. Du temporel des couvents. — CHAP. XII. Des préjugés répandus contre les Ordres religieux.

Cet ouvrage est encore complétement épuisé.

III.

RAPPORTS DE L'ÉGLISE AVEC L'ÉTAT.

De l'éducation et de la liberté d'enseignement.

(Paris, 1847, 1 vol. in-12).

Sommaire des *Rapports de l'Eglise avec l'Etat.*

AVANT-PROPOS. Des rapports de l'Eglise avec l'Etat. — CHAPITRE Ier. Du nouveau droit public européen par rapport à l'Eglise et à l'Etat. — CHAP. II.

De l'ultramontanisme et du gallicanisme. — CHAP. III. De l'avénement providentiel de Pie IX. Appel autour de son trône de tous les partisans sincères d'une vraie et sage liberté. — CHAP. IV. Ce que la religion a à gagner au régime de la liberté et à la séparation des deux puissances.

DE L'ÉDUCATION ET DE LA LIBERTÉ D'ENSEIGNEEENT.

CHAPITRE Ier. De l'élément d'une bonne éducation; § Ier. La religion doit servir de base à l'éducation; § 2. Du programme des études; § 3. Du corps enseignant. — CHAP. II. De la liberté d'enseignement : § 1er. Des moyens de concilier la liberté avec l'autorité; § 2. De l'autorité de l'Eglise et de l'Etat en matière d'éducation; § 3. De l'autorité du père dans l'éducation; § 4. De l'Enseignement par les corporations religieuses; § 5. Des petits séminaires; § 6. Tentatives de sécularisation de l'éducation des filles.

MÉLANGES.

1° Coup d'œil sur la société contemporaine; 2° De la politique extérieure qui convient à la France? 3° Pensées.

Cet ouvrage est encore épuisé.

IV.

LA QUESTION RELIGIEUSE

en 1682, 1790, 1802 et 1848. Historique complet des travaux du comité des cultes de la constituante de 1848. (1 fort vol. in-8).

Ce livre, qui renferme tant de documents précieux inédits, offre non-seulement l'historique des travaux si curieux du Comité des Cultes, mais encore la solution de toutes les questions qui se rattachent aux rapports de l'Église et de l'État. M. Pradié y expose le véritable système de l'alliance des deux puissances et les situations comparées où l'Église de France s'est trouvée placée aux quatre phases principales de son histoire, avec les lois, discours et rapports à l'appui.

Cet ouvrage est un document curieux à consulter, à cause des hommes compétents qui ont pris part aux discussions et aux délibérations du Comité des Cultes, entre autres Mgr. Fayet, évêque d'Orléans, Mgr. Parisis, évêque d'Arras, Mgr. Graveran évêque de Quimper, et, dans un sens opposé, M. Isambert et M. Vivien ancien ministre, sans parler de M. Arnaud de l'Ariège et de l'auteur qui était le secrétaire du Comité. Ce qui donne de l'importance à cet écrit, c'est la reproduction fidèle de documents officiels importants et utiles à étudier, et les travaux inédits d'un Comité qui avait préparé une solution à toutes les questions qui intéressent l'Église dans ses rapports avec l'État. Le comité, présidé par Mgr. Parisis qui a confirmé l'exactitude des comptes rendus du Comité par une lettre publiée en tête du livre, avait réellement préparé un code religieux complet auquel il ne manquait que la sanction du souverain pontife et celle de l'assemblée nationale, quand cette assemblée a été dissoute. On est aujourd'hui surpris, en lisant ce livre, des idées larges et libérales en faveur de l'Église que le Comité avait votées et qui avaient rapport à l'abrogation des organiques et des anciennes ordonnances contre les ordres religieux, aux officialités diocésaines et à l'inamovibilité des desservants, aux fabriques, à la nomination des évêques, au traitement du clergé, aux pensions ecclésiastiques, à la séparation du spirituel et du temporel, aux concordats, aux rapports des différents cultes avec l'état, à la police des cultes, etc., etc. On ne saurait s'occuper de ces matières à l'avenir sans consulter les travaux de ce comité qui renferment bien des leçons et méritent à beaucoup d'égards de faire autorité. Il était dans tous les cas intéressant de les mettre, comme l'a fait M. Pradié, en regard des travaux du Comité des Cultes de l'assemblée constituante de 1789, résumés par Camus, dans son célèbre rapport du 31 mai 1790 et conçus dans un esprit si différent.

Cet ouvrage n'est pas encore épuisé. PRIX 5 FRANCS.

SOMMAIRE :

Observations préliminaires. — Lettre du Pape à l'Evêque de Liége. — Rapport de M. Pradié. — Discussion. — Résolution du Comité. — Proposition de MM. Isambert, Pascal Duprat, Gavaret, Mispoulet et E. Quinet, développée par eux. — Lettre de M. le Ministre et son opinion. — Négociation avec le Saint-Siége. — Rapport de M. Chapot ; résolution définitive.

CHAP. XVI. — De l'Esprit des Législations antérieures sur les rapports de l'Eglise avec l'Etat, comparé à l'Esprit de l'Assemblée nationale de **1848**, sur le même sujet.

Observations préliminaires. — Législation de 1682 ; Déclaration du Clergé de France et Edit de 1682. — Législation de 1790; Discours de M. Camus à l'Assemblée constituante de 1789, fait au nom du Comité des Cultes de cette époque. — Constitution civile du Clergé. — Loi sur la Dotation du Clergé. — Résumé des travaux du Comité. — Appréciation de la période religieuse actuelle. — Noms des Membres du Comité des Cultes et de ceux composant son bureau. — Désignation des Membres qui ont pris part aux diverses discussions.

V.

PRINCIPES DE LA PHILOSOPHIE CHRÉTIENNE

Sur les rapports de Dieu avec le monde et de la religion avec la science.

(Paris, 1854. Brochure in-8 épuisée.)

VI.

LE PHILOSOPHE DEVANT LE COSMOS.

Sa profession de foi devant le magnifique spectacle du monde naturel et du monde surnaturel. Nécessité d'une réforme dans le haut enseignement et l'apologétique.

Avec cette épigraphe de l'auteur :

« L'erreur de ce siècle a été de tout envisager partiellement et sans aucune « vue d'ensemble, et de tout effleurer successivement sans jamais rien « approfondir. — Aussi, il n'est ni assez savant pour être profondément « religieux, ni assez religieux pour être profondément savant. — Ce n'est « que par la religion que les sociétés de l'avenir pourront éviter leur déca- « dence, et ce n'est que par une science supérieure que la religion, recou- « vrant son antique ascendant, fera de nouvelles conquêtes. »

(Paris, 1858. Un vol. in-8.)

Cet ouvrage n'est pas encore épuisé, on peut se le procurer dans notre librairie au PRIX DE SIX FRANCS.

SOMMAIRE :

Ce livre a produit dans le monde philosophique une aussi grande sensation que les ESSAIS. La pensée de l'auteur a été, comme le R. P. Lacordaire le reconnaît dans une lettre qu'il a écrite à M. Pradié, le 5 mai 1858, de donner « un ouvrage complet de philosophie « chrétienne destiné à l'enseignement des écoles catholiques et qui « manque à la génération actuelle. » L'éminent dominicain dans cette lettre rend hommage au talent de l'auteur dans des termes que nous sommes heureux de pouvoir reproduire : « Je n'ai pas voulu « répondre à votre lettre du 24 avril dernier avant d'avoir lu d'un « bout à l'autre le volume que vous avez eu la bonté de me faire « parvenir. J'ai reconnu dans cet ouvrage une intelligence élevée, « une foi profonde, des sentiments généreux, des idées larges et « fécondes, l'âme enfin d'un chrétien et la tête d'un philosophe. « Mais la métaphysique appliquée à la religion et à la science ne « s'adresse qu'à un petit nombre de lecteurs, ce qui n'exclut pas « l'action sur les esprits et même une action remarquable. Je « trouve en vous la virilité d'un penseur, vous seriez en Allemagne « un professeur remarqué de haute philosophie, etc., etc. »

Le Père Passaglia, un des plus illustres docteurs de la catholicité, investi de la confiance de notre Saint Père le pape, et élevé par lui à la plus haute chaire de philosophie de l'université romaine écrivait à M. Pradié, le 3 janvier 1859 :

« Très-illustre monsieur, (*vir clarissime*).

« Quoique je n'aie pas lu votre livre d'un bout à l'autre, il ne m'a « pas cependant été difficile de porter un jugement sur ce qu'il faut « penser de votre œuvre en entier. Il m'a donc semblé, et il me sem- « ble toujours qu'il y a en elle un grand nombre de choses pleines « d'éclat, et à peine aucune qui mérite d'être notée pour être re- « tranchée (*quod merito notes*). Aussi j'ai pensé que votre œuvre était « entièrement digne de l'approbation et des suffrages des docteurs « (*doctorum*). Mais je prends peut-être sur moi de porter un juge- « ment au-dessus de mes forces et de ma compétence. Aussi veuillez « attribuer mon appréciation à la bienveillance avec laquelle vous « m'avez fait savoir qu'il y aurait de l'ingratitude à ne pas vous don- « ner franchement mon opinion. Maintenant que vous l'avez, sou- « venez-vous de moi. »

Une autre pensée de l'auteur a été comme l'exprime Mgr Pie, évêque de Poitiers, dans une lettre du 19 février 1859, de réagir fortement, « en posant le principe de l'union, contre la méthode de sépa- « ration de l'école moderne, système opiniâtre qui isole deux choses « historiquement inséparables : la nature et la grâce, la raison et « la révélation. »

Mgr Pie rend également hommage au talent de M. Pradié, en des termes que le public religieux lira avec l'intérêt qui s'attache à tout ce qui émane de cet évêque éminent : « J'ai lu et fait lire, par « un homme très-compétent, cette belle production. Je ne puis assez « louer tout ce qu'elle renferme d'idées élevées, de tendances géné- « reuses, de nobles aspirations. C'est l'œuvre d'une âme pro- « fondément chrétienne qui voit de très-loin et de très-haut, etc. »

D'autres évêques ont été frappés de la portée des écrits religieux et philosophiques de M. Pradié, et enfin, comme le lui écrivait, le 24 décembre 1858, Mgr Foulquier, évêque de Mende, « le plus précieux des suffrages » est venu couronner tous les autres. Nous voulons parler de la lettre que Notre très-Saint-Père le Pape a fait écrire à l'auteur, et que l'*Univers* a reproduite en ces termes :

« Nous avons donné dernièrement des extraits du beau livre publié par M. Pradié, ancien député de l'Aveyron. L'auteur ayant obtenu la permission de faire hommage à Notre Saint-Père le Pape d'un exemplaire de cet ouvrage, a reçu de Mgr Fioramonti, au nom de Sa Sainteté, une lettre dont on a bien voulu nous donner communication et que les nombreux amis de M. Pradié nous sauront gré de mettre sous les yeux du lecteur.

« Qu'on nous permette de profiter de cette occasion pour constater le succès du livre; la presse catholique l'a loué d'une voix unanime, et si certains journaux ont cru devoir formuler ou plutôt insinuer des réserves, ceux-là même n'ont pu s'empêcher de rendre hommage aux intentions, au zèle ardent de l'auteur pour la vérité, et de reconnaître l'étendue, la profondeur de sa science, l'élévation de son talent.

« Comme tous les philosophes catholiques éminents de ce siècle, comme Joseph de Maistre, de Bonald, Balmès, Donoso Cortès, M. Pradié combat les doctrines en vertu desquelles on prétend constituer la philosophie dans un état de séparation et d'indépendance vis-à-vis de la religion. Il est naturel que les partisans de ces doctrines (il y en a encore en France parmi les catholiques, mais grâce à Dieu ils ne sont puissants ni par le talent, ni par le savoir, ni par le nombre qui est petit et va en diminuant tous les jours); il est naturel, dis-je, que les hommes de la philosophie séparée ne fassent qu'un froid accueil à son œuvre. Quelques-uns d'entre eux ont laissé entendre que M. Pradié pourrait bien être un *ennemi de la raison*, car pour eux il semble que ce soit vouloir anéantir la raison que de la soumettre à la foi. Loin de vouloir l'anéantir, M. Pradié prétend au contraire accroître par cette soumission son énergie et sa puissance, la tirer de la chambre obscure où la tient captive la philosophie séparée, la relever de sa dégradation, la laver de ses souillures, l'ennoblir, la diviniser.

« Nous verrons, en rendant compte du livre de M. Pradié, par quelles voies il marche pour atteindre ce but; aujourd'hui, nous n'avons voulu que rappeler le caractère général et les tendances de ses travaux. Du Lac.

« Voici la lettre de Mgr Fioramenti :

« *Illme Dne Dne Coldme P. Pradié.*

« Votre ouvrage publié à Paris cette année et intitulé : *Le Philosophe, sa profession de foi devant le magnifique spectacle du monde naturel et du monde surnaturel,* est parvenu il y a peu de jours, avec votre lettre du Ier août dernier, entre les mains de notre très-Saint-Père le Pape Pie IX. Il a éprouvé une vive satisfaction (*plurimùm delectatus*) du zèle et de la rare piété qui vous ont porté, très-illustre Monsieur, à composer cet ouvrage, comme il l'a appris par votre lettre. Et bien qu'étant continuellement distrait par les grands soins et les nombreuses occupations du suprême pontificat, il n'ait rien pu apprécier (*degustare*) par lui-même de votre ouvrage, cependant il a approuvé (*probavit*) le dessein que vous avez formé de faire l'étude comparée des plus belles données de la philosophie, afin de les unir plus étroitement à la Vérité catholique (*validiora comparandi philosophiæ præsidia, quæ arctiùs cum Veritate catholicâ devinciantur*), et il m'a donné l'ordre de vous en féliciter en son nom, très-illustre Monsieur, et de vous adresser les remerciments qui vous sont dus pour le livre que vous lui avez offert. Il prie Dieu cependant, et il fait des vœux pour qu'il daigne entretenir et conserver (*foveat et tueatur*) les forces de votre esprit et de votre âme (*ingenii animique vires*), afin que vous puissiez d'une manière distinguée (*præclarè*) bien mériter des études philosophiques et de la Vérité catholique. Enfin, il a confirmé son amour paternel pour vous par le don de la bénédiction apostolique qu'il vous a accordée, comme gage de l'appui céleste, du fond intime de son cœur et fort affectueusement, *intimo cordis affectu ac peramanter*.

« Tout en m'acquittant des ordres de Sa Sainteté, je profite avec plaisir de cette occasion de vous offrir l'expression de mes sentiments distingués, très-illustre Monsieur, en priant le Seigneur de vous accorder tout ce qui peut vous être utile et contribuer à votre bonheur.

« Votre très-humble et très-dévoué serviteur,

« DOMINICUS FIORAMENTI, SSmi D. N.,

« *ab epistolis latinis*

« Donné à Rome; le 20 novembre 1858. »

Tous les journaux religieux ont également rendu compte du *Philosophe*, notamment l'*Ami de la Religion*, l'*Univers* du 24 janvier 1860, le *Monde* du 24 février et 4 mars 1860, la *Gazette de France* du 28 juin, 13 juillet et 2 août 1858, l'*Union* du 19 novembre 1858, etc., etc. Et la plupart de ces journaux ont rendu compte de ce livre dans une série d'articles qui prouvent la haute importance qu'ils attachaient à cette œuvre que l'*Univers* a qualifiée de magistrale. Voici au surplus des extraits de ces journaux. Nous signalons au public ceux de la *Gazette, de l'Univers* et du *Monde*, émanant d'hommes éminemment capables de porter un jugement éclairé sur les questions philosophiques traitées par l'auteur.

Extraits de la *Gazette de France* du 28 juin, 13 juillet, 2 août 1858.

...Nous abordons enfin l'analyse du *Cosmos divin* dont nous venons de faire pressentir la portée. L'auteur de ce livre, M. Pradié, appartient à cette grande lignée des apologistes des dogmes révélés qui, depuis les Origène et les Tertullien jusqu'aux penseurs de nos jours, ont opposé à la persécution du glaive, à la persécution du sophisme et de l'hérésie, à la persécution du sourire — selon le mot d'un de nos orateurs sacrés — ont opposé, dis-je, à toutes ces persécutions ce courage indomptable que donne la science unie à la foi... C'est cette union de la philosophie et de la révélation, du monde naturel et du monde surnaturel, que se propose de cimenter l'auteur du *Cosmos divin*, qui accepte ainsi pour mission de concourir, avec toutes les ressources de son beau génie philosophique, à l'œuvre entreprise et poursuivie depuis trente ans par les publicistes de la *Gazette de France*, soutenus en cela par l'élite de l'épiscopat français et quelques grands esprits de ce temps.......

Nous poursuivons notre appréciation de l'œuvre de M. Pradié. Les éloges que nous lui avons décernés dans notre précédent article sont justes et mérités. Nous signalons ce livre à la jeunesse éclairée. Que l'auteur du *Cosmos divin* se glorifie — non en lui, mais en Dieu — d'avoir eu le courage d'exprimer publiquement d'aussi hautes vérités que bien des docteurs et de prétendus sages du libre examen trouveront dures peut-être. Le *Cosmos divin*, par son apparition et son succès probable dans cette société qui cherche ses voies hors des systèmes étroits des *impuissants de l'ordre* et des athées du Verbe, nous paraît un symptôme heureux.

Extraits de l'*Univers* du 24 janvier et du *Monde*, du 24 février et 4 mars 1860.

(Nous recommandons aux lecteurs ces extraits d'une série d'articles remarquables publiés dans ces journaux, par M. L. H. Martin, et où il expose les théories philosophiques de M. Pradié, avec une clarté qui ne laisse rien à désirer, bien que ces articles soient nécessairement incomplets, faute d'une étendue suffisante pour embrasser toutes les matières traitées par l'auteur:)

« Les lecteurs de l'*Univers* connaissent déjà l'ouvrage de M. Pradié. De longs extraits de ce livre ont été mis sous leurs yeux. Ils savent qu'il a été honoré des suffrages d'hommes éminents et des encouragements du Saint-Père. Nous croyons néanmoins qu'on nous saura gré d'en faire une étude approfondie et en rapport avec les graves matières traitées par l'auteur.....

« Ce n'est pas une chose facile de dire, et encore moins d'apprécier à sa valeur une œuvre aussi remplie de science et de métaphysique que le *Cosmos*. Et ce n'est pas une petite affaire non plus de suivre l'éminent philosophe dans ses sublimes pérégrinations à travers le Cosmos tout entier. Il ne faut certes par une médiocre application d'esprit pour démêler ce qu'il peut y avoir de vrai et de fécond dans ses belles théories : théorie de la connaissance, théorie des idées, théorie du Verbe, théorie de la Trinité, théorie de l'union béatifique, théorie de la vision intuitive, sans oublier cette majestueuse échelle hiérarchique des êtres que l'auteur remonte d'échelon en échelon, depuis l'atôme jusqu'à Dieu. L'ontologie, la psycologie, la trinologie de M. Pradié, comme sa théorie sociale et sa philosophie de l'histoire, supposent des connaissances spéciales, que très-peu de personnes peuvent avoir. Nous allons essayer cependant de donner un aperçu de ces savantes théories et du merveilleux agencement du Cosmos divin, dont elles sont la lumineuse exposition. Nous tâcherons ensuite de porter un jugement impartial sur l'œuvre véritablement magistrale que M. Pradié a entreprise avec tant de courage et de persévérance.

« Il est impossible d'apprécier un système philosophique sans jeter un coup-d'œil rapide sur les systèmes des diverses Ecoles qu'il vient compléter ou remplacer. La méthode de M. Pradié étant de prendre tout ce qu'il y a de positif dans les autres philosophies et d'affirmer tout ce qu'elles nient, pour faire de ces diverses affirmations une vaste synthèse, doit aboutir, lorsqu'on la suit fidèlement, à la philosophie *catholique*, c'est-à-dire à cette philosophie qui s'inspire des principes de la foi et ne se met jamais en contradiction avec les enseignements de l'Eglise. Le sensualisme a du vrai, mais à condition qu'il se complète par le spiritualisme, et réciproquement. L'idéalisme de Hégel n'est pas autre chose que le Concept de l'univers dans le Verbe ; mais il faut y ajouter le Positivisme d'A. Comte, ou le réalisme, pour avoir le Cosmos sous sa double face : l'idéal et le réel. Et ainsi des autres systèmes.

« Cette large méthode, appliquée à la connaissance de l'Etre divin qui domine toute la philosophie et lui imprime son véritable caractère, conduit l'auteur, éclairé des lumières de la foi, à une théorie dont nous allons essayer d'indiquer l'idée principale.

« Dieu, pour A. Comte, est une hypothèse, puisque sa connaissance étant au-dessus de la capacité d'une créature finie, ne saurait avoir rien de positif. M. Pradié pense, au contraire, avec raison que toute science positive implique cette connaissance. Toute science positive, en effet, repose sur trois choses : elle étudie des *êtres*, elle en dégage les *lois* ou les formes qui les régissent ou les caractérisent, enfin elle saisit et calcule les *forces* que le mouvement ou le développement de ces êtres lui manifeste. La connaissance de l'Etre en soi, de la Loi en soi, et de la Force en soi, est donc la condition première de toute science positive, bien loin d'être une hypothèse. Or, il se trouve que cet Etre, cette Loi et cette Force sont souverainement puissants, intelligents et aimants, à en juger par le merveilleux agencement du Cosmos et sa bienfaisante appropriation au bonheur des créatures raisonnables qui le peuplent. La personnalité divine est alors démontrée, et la formule de la science devient en même temps celle de la religion. Et comme cette formule resplendit dans tous les êtres, n'y ayant pas un seul *Etre*, fût-ce un atôme, qui n'ait sa *loi* et ne soit soumis à une force, on arrive à cette conclusion qui est le résumé de toute la philosophie de Leibnitz et le seul côté solide de son système, *que tout est représentatif de tout*. Conclusion éminemment catholique, puisqu'elle nous ramène à la notion biblique de l'homme, image de Dieu, et qu'elle renferme toutes les affirmations des divers systèmes philosophiques sur la nature divine. L'école matérialiste des atômes, comme l'école spiritualiste de Rosmini, semblent se préoccuper presque exclusivement de la notion de l'Etre, à laquelle elles voudraient tout ramener. Hégel et les idéalistes en font de même de la notion d'Idée, qui est leur seule préoccupation. Enfin, Leibnitz semble vouloir faire reposer tout son édifice des monades sur la notion de Force. Selon M. Pradié, la Vérité absolue n'est pas autre chose que la synthèse de ces trois notions fondamentales, ramenées à la divine Trinité. Tout devient ainsi représentatif de l'Etre divin. L'âme représentative de Dieu voit à la lumière divine les choses qui le représentent, et les idées se forment en nous grâce à la triple affinité : 1° de l'âme qui perçoit, 2° des choses qu'elle perçoit, et 3° de Dieu qui *illumine tout homme venant en ce monde*.

« Mais il y a cette différence entre la théorie représentative de Leibnitz et celle de M. Pradié, que les monades étaient une pure conception, tandis que la formule de l'Etre, des Lois et des Forces, sort des entrailles du Cosmos et est tout à la fois l'expression dernière de la science et de la religion dans ce qu'elles ont de plus positif. La monade de Leibnitz était le rêve du génie, la formule de M. Pradié est tout simplement le produit de l'observation. Mais, cette différence à part, c'est avec une secrète satisfaction que l'on voit Leibnitz se rapprocher de si près de la Vérité catholique par une de ces intuitions qui lui étaient familières et donnent à penser qu'il est mort dans la Foi.

« On aperçoit sur-le-champ ce qui fait la supériorité de cette philosophie sur celle de M. Cousin. Sa Trinité, qui n'est autre chose que le Fini et l'Infini, et le rapport du Fini à l'Infini, n'exprime aucune réalité en soi, mais simplement une relation. On ne saurait donc prendre au sérieux cette prétendue Trinité. Mais la supériorité de la philosophie de M. Pradié éclate surtout sur la philosophie spiritualiste de MM. Simon et Saisset, représentée par le *Journal des Débats* et qui prend aujourd'hui le titre de philosophie chrétienne. Une philosophie qui ne sait pas aboutir au catholicisme ne saurait être une philosophie chrétienne, et il y a ici usurpation de titre. Cette philosophie, sous son masque, n'est pas autre chose que la philosophie de l'Etre suprême de l'école du XVIIIe siècle, et ce n'est pas la peine d'en parler. Elle n'a ni grandeur, ni éclat, ni profondeur. Dépourvue de toute originalité, elle n'a qu'une valeur relative, faute d'aboutir, en ontologie comme en psycologie, à la formule catholique que les sciences positives et la religion combinées nous donnent comme étant le premier et le dernier mot des choses. La ruine de toutes ces philosophies serait donc la conséquence de la philosophie de M. Pradié, si elle pouvait prévaloir dans les écoles.

« Nous n'entrerons pas dans les détails des diverses théories dont l'ensemble forme la philosophie de M. Pradié ; nous n'en mettrons que les grands résultats sous les yeux de nos lecteurs.

« La religion est ou devrait être l'âme de tout. Elle occupe le premier rang dans l'ordre des réalités ; elle doit occuper le même rang dans l'ordre de la science. La religion est à la tête du Cosmos. Son objet, le monde surnaturel, est le modèle éternel suivant lequel le Verbe a conçu et réalisé l'univers. Dieu a autant fait le monde pour la religion que la religion pour le monde. Ce sont là deux choses corrélatives qui s'appellent mutuellement. Dieu eût pu faire autrement, mais les ayant ainsi faites, elles se trouvent avoir besoin l'une de l'autre, le monde naturel étant la matière de l'ordre surnaturel, et celui-ci la forme finale de l'autre, sa forme déifiée, grâce à l'incarnation du Verbe, auteur et consommateur du royaume des cieux. « Le

« royaume des cieux est semblable à un homme qui a semé une bonne se-
« mence dans son champ.... Celui qui sème la bonne semence, c'est le Fils
« de l'homme ; le champ, c'est le monde ; la bonne semence, ce sont les en-
« fants du royaume. » (Saint Matth., ch. 13.)

« Les rapports du monde naturel et du monde surnaturel sont frappants. Le Cosmos n'est pas une dissonnance, c'est une harmonie ayant Dieu pour type à tous les degrés de l'échelle hiérarchique des êtres. Nous regrettons de ne pouvoir suivre M. Pradié, s'élevant, sur cette magnifique échelle, de l'atôme au minéral, du minéral au végétal, du végétal à l'animal, de l'animal à l'homme, de l'homme à l'ange, de l'ange à Jésus-Christ, de Jésus-Christ à Dieu. Tout est lié et coordonné dans cette échelle, le fini et l'Infini, naturellement séparés par un abîme, venant se joindre surnaturellement dans la personne du divin médiateur, de même que dans l'homme viennent se joindre la matière et l'esprit, la bête et l'ange. Chaque créature, pour si humble que soit son rang sur l'échelle, est ainsi tout à la fois en relation avec les autres créatures et avec Dieu, dont elle exprime les attributs généraux ; ayant comme lui son *être*, comme lui sa *forme*, comme lui sa *force*. Sa marque d'origine est dans cette empreinte profonde de l'Etre, du Verbe, et de l'esprit divin en elle. Cela avait été dit par saint Thomas (1ª pars. q. 45. a. 7, et 1ª q. 5. a. 5. — in 1° lib. sent. quest. 3ᵉ. q. 2. a. 1. 2. 3 et in quat. lib. sent. dist. 3° q. 2. a. 2. —) ; par le maître des sentences (lib. 1ᵉʳ dist. 3ª) ; par saint Augustin (liv. VI de Trin.) ; par Duns Scot. (in 1ª dist. 13. q. 5, n° 6), et par bien d'autres, qui avaient ainsi, par un sublime pressentiment, devancé la science de plusieurs siècles. Mais la gloire de l'auteur du *Cosmos* sera, non pas seulement d'avoir énoncé, mais d'avoir, en mettant toutes les sciences à contribution, démontré cette vérité par une puissante analyse et une savante dissection de l'œuvre divine tout entière.

« M. Pradié, en effet, ne s'est pas borné à dire avec tout le monde que Dieu est le principe, la raison et la fin de tout, mais il l'a fait voir pièces en main et en détail, en décomposant et recomposant une à une les diverses parties du Cosmos, tel que le dernier état de la science l'offre à nos méditations. Pénétrant profondément dans la nature divine, M. Pradié nous a dévoilé, à chacun des progrès faits dans cette connaissance, un progrès correspondant dans la connaissance des choses : « A mesure donc que l'on plonge plus
« profondément au sein de la nature divine, à la lumière de la révélation,
« l'univers se montre à nous sous de nouveaux aspects. Chaque pas que l'on
« fait dans la connaissance de Dieu nous fait faire un nouveau pas dans la
« connaissance des créatures. La formule ontologique universelle de l'*être*,
« des *lois* et des *forces* ne nous avait révélé que le Dieu des philosophes et
« tout au plus le Verbe purement philosophique de Platon. Les attributs gé-
« néraux des créatures et du Créateur nous avaient seuls apparu jusque là.
« Mais voilà que la révélation nous a dévoilé les opérations génésiaques de
« Dieu, et alors, à la clarté du nouveau dogme, le Cosmos nous est apparu
« avec les évolutions intimes de chacun de ses êtres. En voyant plus haut
« dans les splendeurs divines, nous avons vu plus clairement dans les pro-
« fondeurs des créatures et surtout dans la nature humaine, faite non-seule-
« ment à l'image de la divinité philosophique, mais encore à l'image de la
« Trinité théologique. Alors le rapport superficiel et éloigné que nous avions
« remarqué entre les créatures et Dieu nous est apparu beaucoup plus frap-
« pant, plus profond, plus direct. La théologie a doublé la portée de vue de
« notre raison. Et la beauté et la raison des choses se montrant à nous dans
« Celui qui en est l'archétype, le Cosmos nous a été enfin manifesté dans
« son ensemble et dans ses profondeurs. » (P. 221.)

« Evidemment, grâce aux connaissances encyclopédiques modernes dont il a dégagé les lois cosmiques, M. Pradié a fait faire un pas, non à la science de Dieu, supérieurement faite depuis longtemps, mais à la science comparée de l'Etre divin et de son œuvre. L'homme, étudié à la clarté de cette science, est le microcosme de l'univers, puisqu'il résume en lui, dans son organisme, les perfections des règnes inférieurs qui en dépendent, et dans son âme en relation avec les idéaux, la Trinité divine dont il est une image. Aussi est-ce en lui que le Verbe de Dieu a opéré son Incarnation. Voulant relier les êtres inférieurs à Dieu, il ne pouvait mieux faire que de prendre pour trait d'union celui qui relie en lui la matière à l'esprit. L'homme est le grain de sénevé sur lequel Dieu a fondé son royaume céleste, composé de tous les êtres déifiés de la création, et qui, grâce à Jésus-Christ, incarné en lui, s'est développé et se développe indéfiniment comme un grand arbre où les oiseaux du ciel, les anges, pour si innombrables que soient leurs légions, viendront se reposer comme perdus dans ses rameaux. Tout cela est magnifique, et néanmoins la parabole et le mystère ne sont qu'un faible aperçu des réalités de ce monde divin dont ce petit bas-monde est le point de départ et le lieu où il s'élabore.

« Nous voudrions pouvoir reproduire ici quelques-unes des expositions scientifiques et théologiques de la concordance de ces deux mondes. Mais c'est dans le Cosmos qu'il faut aller chercher la description de cette chaîne hiérarchique de la nature dont la science moderne a découvert tous les anneaux, et qui vient si exactement se ressouder à la chaîne des choses divines, dont les scolastiques, et saint Thomas entre tous, nous ont donné le merveilleux tableau. M. Pradié ressoude ainsi l'époque moderne au moyen âge, en prenant dans ces deux époques ce qu'elles ont de plus beau, pour en former l'œuvre divine dans son idéale perfection. Nous ne le suivrons pas davantage dans ses théories psychologiques et physiologiques, toujours déduites de ces deux sources fécondes, la science et la religion. Ce serait pourtant une chose curieuse que de suivre l'auteur dans ses investigations sur l'homme qu'il nous montre doué des attributs divins, ayant, comme le père de la création, une virtualité, une spontanéité puissante qui le porte vers l'être et la lumière des choses avec une irrésistible tendance. Doué d'un entendement capable de concevoir les êtres, à la lumière du Verbe qui les inonde, l'homme perçoit en lui le Verbe ou l'idéal de ce qu'il est et de ce qui l'entoure. Doué d'une volonté persévérante, toujours et constamment associée à sa spontanéité et à son entendement, il réalise des actes conformes à ses conceptions ou à son Verbe : sublime miniature de Dieu, capable d'engendrer en soi par la logique ce que les idées renferment, et de les produire au dehors par une volonté et un esprit source de tous ses actes ; véritable représentation de Dieu enfin, qui arrache à M. Pradié cette exclamation d'un cœur reconnaissant : « Oh! merveilleuse trinité de l'âme humaine, je vous adore dans Celui « qui est votre type de perfection, et je m'incline respectueusement devant « cette image lumineuse de l'ineffable beauté ! » (P. 208.) Cette conformité au type divin présent en lui et dans les choses, est le moyen de communication de l'homme à Dieu et par Dieu avec la nature. Oui, c'est parce que Dieu, présent partout, illumine tout et a tout fait en se prenant pour modèle, que l'homme, doté d'attributs divins, perçoit Dieu et les créatures à raison de cette affinité de famille et d'origine. M. Pradié explique ainsi la formation des idées en nous. Tout est dans ces mystérieux rapports de l'homme et des choses avec Dieu. Car rien n'est isolé. Malheur donc à l'homme qui isole! malheur à l'école qui sépare ! son premier châtiment est de tomber dans les ténèbres, et son crime d'y entraîner les multitudes.

« La théorie physiologique de l'homme n'est pas moins digne d'attention. M. Pradié met encore ici largement à contribution les découvertes de la science moderne, depuis Bichat jusqu'à M. Flourens. C'est une chose intéressante de le suivre dans la description des différentes parties de l'organisme humain qui ont un rapport direct ou éloigné avec les opérations de notre âme. C'est merveille de voir les relations intimes de chacune de nos trois grandes facultés intellectuelles, ou facultés maîtresses, comme M. Pradié les appelle, avec les systèmes généraux du corps humain, que Dieu a mis à leur service pour leur donner le moyen de percevoir les choses comme de s'exprimer et de se communiquer au dehors. Mais les détails sont trop techniques pour que nous puissions les reproduire. Qu'il nous suffise de dire avec l'auteur que la Trinité divine nous manifeste également ici sa présence, tant l'organisme est merveilleusement approprié à la *Trinité en petit* qu'il est destiné à desservir.

« Mais, dit M. Pradié, il ne faudrait pas prendre cette expression à la lettre.
« Les hypostases divines étant incommunicables, notre âme et notre orga-
« nisme, et à plus forte raison les êtres inférieurs, sont infiniment éloignés
« de leur divin idéal. Ils en sont d'autant plus éloignés qu'ils occupent un
« rang moins élevé dans l'échelle de la création. L'homme n'est une trinité
« en petit que dans un sens figuré ; il ne peut y avoir des trinités en petit.
« Nous sommes des images finies de la Trinité infinie. Il est dans la possi-
« bilité des choses que des êtres finis portent l'image ou simplement quelques
« vestiges de l'infini. Il serait contradictoire que ces êtres finis fussent des
« *infinis en petit.* » (P. 220.)

« Vient ensuite une vue générale du ciel. L'homme doué de divines aptitudes a été appelé par un bienfait purement gratuit à une sorte de déification. Unis à Jésus-Christ, les saints sont des êtres divins, des dieux. Mais il faut lire dans le livre de M. Pradié ces deux belles théories de l'union béatifique et de la vision intuitive. A cette occasion, l'auteur du *Cosmos* nous donne sa théorie des mystères. Empreints d'une philosophie profonde, ne disant qu'une infime partie des réalités qu'ils renferment, les mystères constituent le fond des choses. Tout en maintenant l'intégrité du dépôt sacré et en écartant les hypothèses et les vues hasardées, l'Église a déroulé les conséquences théologiques des mystères avec une richesse qui étonne, quand on songe avec quelle prudence elle s'en est tenue aux dogmes purs. Aussi, au lieu de rester inféconde, comme l'hérésie, elle a produit successivement, avec une logique irréprochable, des choses en apparence nouvelles, quoique toujours puisées dans les riches fonds de son antiquité, « semblable au père
« de famille tirant de son trésor des choses nouvelles et des choses ancien-
« nes. » (S. Matth. ch. XIII.)

« Cette manière d'envisager et de comprendre la religion nous fait désirer que M. Pradié publie son *Plan d'Apologétique au XIX*e *siècle,* qu'il annonce dans la préface de son livre et dont il nous a donné ici un aperçu. Indépendamment des autres motifs de crédibilité et des témoignages ordinairement invoqués par les apologistes, la religion repose, suivant M. Pradié, sur trois grandes lois, vérifiées par la science, l'histoire, la philosophie et la politique, et que la théologie, dans sa divine intuition, a posées depuis des siècles. Voici la formule de ces trois lois, que l'auteur appelle *cosmiques* ou *universelles*, tout se rattachant à elles dans l'ordre naturel et dans l'ordre surnaturel :

1° Le Cosmos, dans son ensemble et dans ses individualités, est, comme nous l'avons dit, la représentation de la Trinité, qui préside à tous les mouvements, comme elle a présidé à toutes les formations ;

« 2° Tous les êtres sont associés entre eux hiérarchiquement, et le monde surnaturel, associé au monde naturel, est la raison comme le couronnement de cette association hiérarchique des êtres ;

« 3° Tout développement est le résultat d'une épreuve, et tout perfectionnement la récompense d'un effort.

« Ces trois lois universelles embrassent tout et expliquent tout, depuis les grands cataclysmes génésiaques, dont la géologie a mis à nu les ruines gigantesques, jusqu'aux révolutions des empires, que la philosophie de l'histoire est incapable d'expliquer sans la loi du perfectionnement par l'épreuve. Les êtres supérieurs vivent aux dépens des inférieurs dans les trois règnes de la nature, et paient à leur tour leur tribut à cette inexorable loi de l'épreuve ou de la mort.

« C'est une chose curieuse à observer que les applications, constantes dans leur variété, de cette loi aux événements de l'histoire, et surtout à la genèse des peuples et au développpement de leur civilisation. Les révolutions, qui étonnent tant de petits esprits et émeuvent tant de petits cœurs dépourvus de religion, trouvent dans cette loi une explication aussi facile que satisfaisante. Les révolutions sont de terribles châtiments qui emportent la société si elle est complètement dégénérée, ou la régénèrent si elle est guérissable. Quelquefois elles ont pour effet de détruire des abus et de rendre meilleurs ceux qui le sont déjà ; mais presque toujours elles dépassent leur but et provoquent des réactions en sens contraire, se signalant tantôt par l'anarchie, tantôt par le despotisme ; car le despotisme est toujours une des formes des révolutions, s'il l'est quelquefois des réactions. Au fond, c'est toujours Dieu qui gouverne et maîtrise les événements au moyen de sa grande loi du perfectionnement par l'épreuve, du redressement des injustices et des violences réciproques par le châtiment respectif des partis injustes et violents, tour-à-tour par terre ou triomphants. La religion s'interposant au milieu de toutes ces iniquités, réagissant à son tour quelquefois même contre ses ministres infidèles, toujours pure et sainte, modérant, tempérant les dissensions quand elle ne peut les prévenir, et Dieu planant au-dessus de la mêlée pour conduire les hommes où il veut, sans violer leur liberté, développant ainsi peu à peu, dans ces chocs et ces contre-chocs, le petit grain jeté en terre par le Christ et destiné avec les siècles à devenir le royaume des cieux ; toute l'histoire est dans ces quelques mots. Et telle est la belle théorie catholique de l'histoire, dont nos modernes historiens, si fiers pourtant de leur philosophie, ne semblent pas même avoir soupçonné la loi fondamentale, de la Province, conduisant les hommes et les choses à leur fin par l'épreuve et l'effort.

« Or, il se trouve que cette loi du monde est aussi la loi fondamentale du christianisme. Le Christ a souffert, et tout a souffert à son exemple. La fleur qui s'effeuille au printemps et la feuille qui tombe en automne pour servir d'aliment à d'autres vies ; les animaux qui souffrent et meurent pour se nourrir les uns des autres et assurer le roulement des existences ; la tempête qui gronde avant le ciel bleu ; l'homme qui gémit et soulève péniblement le poids de sa destinée ; les anges eux-mêmes, cruellement éprouvés à l'aurore de la création, tout semble rendre hommage au Dieu du Calvaire. Le Christ est donc, comme la Trinité, le modèle du Cosmos ; et si la terre, ce chétif avorton au milieu du splendide cortége des sphères qui l'écrasent de leur immensité, a été choisie pour servir d'autel à l'auguste Victime, c'est encore en vertu de cette loi de l'humiliation qui éclate à chaque ligne de l'Evangile et qui, du grain de sénevé, fait le royaume des cieux ! Encouragement consolant pour les petits, et avertissement redoutable pour le superbe !

« On doit entrevoir déjà toute la grandeur et la beauté du Cosmos catholique tel que la science et la religion nous le donnent. Il ne restait à M. Pradié, pour compléter ce grandiose panorama, que de nous révéler le rapport des lois universelles du Cosmos avec la société. Sa théorie sociale, qui achève cette exposition de l'ensemble des choses, viendrait donc se placer ici naturellement. Mais ce sera l'objet d'un prochain et dernier article. . . .

. . . .

« La philosophie de M. Pradié c'est l'*union* : son triomphe serait donc la ruine de la philosophie moderne, qui est la *séparation*. L'auteur du *Cosmos* reprend la grande tradition catholique au point où le XVIIe siècle l'a abandonnée pour se mettre à la remorque de Descartes. Aucun élément du Cosmos, et encore moins la religion que tout autre, ne doit être négligé : la lumière est à ce prix. Non que la religion n'ait sa sphère distincte ; non qu'on ne puisse faire une philosophie valable avec la raison ; mais une pareille philosophie est sans grandeur et sans éclat si elle s'isole de la révélation, qui seule peut la compléter en lui donnant pour perspective des horizons infinis. Le monde surnaturel, l'archétype du monde naturel, est un fanal dont la lumière dominant tout s'étend à tout, et dissipe de sa vive clarté les profondes ténèbres de la raison perdue dans sa chambre obscure ; ce sont les expressions de M. Pradié. L'isolement tue, l'union vivifie. Faire, comme Descartes, de la séparation un système, c'est étouffer la science en emprisonnant l'idée dans un cercle de Popilius. Cela serait assez peu important si les idéologues seuls devaient rester emprisonnés dans le cercle. Mais il n'en est malheureusement pas ainsi : Descartes est pour tout une école, un drapeau, et cette école est l'ennemie jurée de la religion et de l'Eglise. Ce n'est pas impunément qu'on étrangle la philosophie. Les conséquences d'une pareille mutilation se font bien vite ressentir dans l'ordre pratique.....

« L'action de l'Eglise, d'après M. Pradié, doit être d'autant plus étendue que les sociétés sont plus démocratiques. Il s'agit ici d'une balance d'influences que l'auteur nous semble avoir parfaitement comprise, et qui forme un des traits originaux de sa théorie. Là où l'Etat a moins d'action sur la société et où la liberté des citoyens s'exerce d'une manière presque illimitée, il faut, pour contrebalancer, régler et contenir l'activité sociale, une Eglise fortement constituée, une Eglise jouissant de la plénitude de ses prérogatives, une Eglise placée à la tête de l'éducation, des institutions de bienfaisance, ayant ses écoles, ses académies et ses universités, inspirant la science et la philosophie, ayant un clergé supérieur, par son instruction et la profondeur de ses connaissances, aux classes lettrées qui lui disputent l'influence, une Eglise enfin respectée, honorée, au lieu d'être contrariée.......

« M. Pradié ne désespère pas de la société, mais à condition que le catholicisme pourra se développer à son aise, et faire sentir à la société la souveraine efficacité de sa force et de sa puissance divine. Le catholicisme est le sel de la terre, il empêche de se corrompre ce qui de soi tend à la corruption. Or, tout tend à la corruption. La science, le commerce et l'industrie ne sont pas à l'abri de cette loi fatale : la science dégénère en orgueil; en matérialisme et en impiété, le commerce en cupidité, l'industrie en vices de toutes sortes ; la démocratie en démagogie, le presse en école d'immoralité, de même que dans l'ordre physiologique tout organisme dégénère en pourriture. Le rôle de l'Eglise est d'introduire dans tous les éléments sociaux le sel qui conserve. Aussi, M. Pradié veut qu'elle pénètre partout, qu'elle *informe* tout, qu'elle empêche la richesse de dégénérer en un luxe désordonné, le confort en mollesse, la spéculation en agiotage, et les agglomérations d'êtres humains en promiscuité et en libertinage. Le mal est profond, le remède doit être héroïque : l'Eglise ne devrait pas être attaquée, insultée, mais adorée, par les grands, les petits, les riches, les pauvres, les peuples, les rois, car, seule, elle peut les sauver tous, en sauvant la civilisation de la corruption de son propre principe. Mais M. Pradié veut en même temps qu'on seconde l'action de l'Eglise en faisant beaucoup pour le peuple. Il estime que tout est solidaire dens les sociétés chrétiennes, qui ne sont, à les bien considérer, qu'une vaste famille. « La tranquillité des classes supé« rieures, dit-il, dépend du bien-être des classes inférieures, et on doit faire « l'impossible pour améliorer leur condition physique et morale. » Et il énumère lés institutions conçues par l'Eglise dans ce but et que l'ingénieuse sollicitude de la pensée moderne est venue compléter sous son inspiration.

« En résumé, le but poursuivi par M. Pradié est de nous donner la formule de la philosophie catholique. Dédaignant les procédés exclusifs des philosophes, qui sont faux parce qu'ils sont exclusifs, sa méthode est l'emploi rationnel de tous les procédés légitimes, sans en exclure aucun : la raison, la tradition, l'observation, l'intuition, la révélation, etc. Si la méthode de M. Pradié est large, le principe de sa philosophie ne l'est pas moins, puisque ce principe, c'est la Trinité. Enfin, son système répond à la largeur de sa méthode et à la hauteur de son principe, puisqu'il embrasse le Cosmos ou l'ensemble des choses dans leur majestueuse complexité, ou leur hiérarchique association au sein de Dieu. La politique n'est pas étrangère à cet ensemble que la religion couronne. Et afin que tout soit lié et qu'il n'y ait rien d'isolé dans le Cosmos, il se trouve que trois lois universelles, que M. Pradié appelle, a raison de cette universalité, la DIVINE TRILOGIE, le dominent et l'enchaînent de toutes parts. Enfin, et comme dernier mot de son système, M. Pradié établit que ces trois lois du Cosmos ont leur archétype, 1° dans la Trinité, 2° l'Eglise, 3° le Christ : confirmation éclatante de la vérité du catholicisme, puisque tout aboutit à lui, les sciences, l'histoire, la politique, la philosophie; et perspective consolante qui nous donne le droit d'espérer qu'après bien des tâtonnements et après avoir essayé de tout, l'esprit humain reviendra enfin vers ce fanal de toute lumière ! La conséquence de cette haute synthèse catholique, si elle pouvait prévaloir, serait en effet la ruine de l'école moderne en philosophie comme en politique; et c'est ce que M. Pradié appelle soumettre la Révolution en la dominant. Il y a pour lui deux manières de venir à bout de la Révolution. La première consiste à la combattre corps à corps : c'est la manière ordinaire. Il trouve plus expéditif de prendre une position culminante, pour de là l'écraser. Et cette position culminante est une science, une philosophie et une politique tellement supérieures, que rien ne puisse leur résister. C'est au surplus la méthode des Pères de l'Eglise, qui détruisirent le paganisme en le noyant dans des torrents de lumière.....

« C'est donc avec une véritable impatience, et, nous ne le cachons pas, avec une vive curiosité, que nous attendrons les ouvrages annoncés par M. Pradié (1). Nous sommes persuadé qu'ils achèveront d'éclaircir sa pensée pour ceux qui, l'ayant moins méditée que nous, pourraient, malgré le style limpide et élevé de l'auteur, désirer de plus amples développements. M. Pradié, au surplus, est de notre avis. Il a soin de nous avertir dans sa préface que son livre n'est, à vrai dire, que le spécimen d'un ensemble de travaux déjà réalisés. Disons toutefois que ce spécimen ressemble singulièrement à un ouvrage capital, d'autant plus digne d'appeler l'attention des personnes compétentes, qu'il est comme le pérystile ou la préface d'une œuvre de philosophie, de science, de politique et d'apologétique, dont les proportions seraient faites pour étonner toute autre intelligence que celle de l'intrépide auteur du *Cosmos*.

L.-H. MARTIN.

(1) La publication que nous mettons en vente aujourd'hui sous le titre de la *Démocratie française*, répond en partie aux vœux du *monde*. M. Pradié publiera prochainement les autres ouvrages annoncés dans son *Philosophe*.

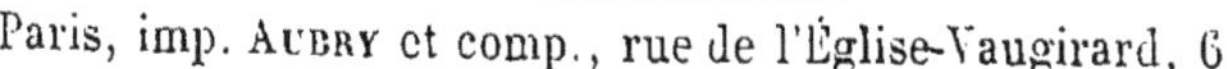

Paris, imp. AUBRY et comp., rue de l'Église-Vaugirard, 6.

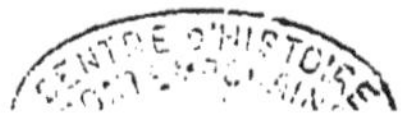

A la même Librairie :

OUVRAGES DU MÊME AUTEUR :

LE PHILOSOPHE

SA PROFESSION DE FOI DEVANT LE MAGNIFIQUE SPECTACLE DU MONDE NATUREL ET DU MONDE SURNATUREL

OU

DU COSMOS DIVIN

NÉCESSITÉ D'UNE RÉFORME DANS LE HAUT ENSEIGNEMENT ET L'APOLOGÉTIQUE.

1 *vol. in*-8. *Prix :* 6 *fr.*

(Voyez le Prospectus à la fin du volume de *la Démocratie française*.)

LA QUESTION RELIGIEUSE

En 1682, 1790, 1802 et 1848

et

HISTORIQUE COMPLET DES TRAVAUX (inédits) DU COMITÉ DES CULTES DE L'ASSEMBLÉE CONSTITUANTE DE 1848;

Augmenté de

RAPPORTS, DISCOURS, TEXTES DE LOIS ANNOTÉES ET COMMENTÉES PAR LA JURISPRUDENCE :

Documents *inédits* pour la plupart et très-importants à connaître pour l'étude de la QUESTION RELIGIEUSE depuis le XVIIe siècle.

1 *vol. in*-8. *Prix :* 5 *fr.*

(Voyez le Prospectus à la fin du volume de *la Démocratie française*.)

Paris-Vaugirard, imp. AUBRY et Cie, rue de l'Église. 6.

www.ingramcontent.com/pod-product-compliance
Ingram Content Group UK Ltd.
Pitfield, Milton Keynes, MK11 3LW, UK
UKHW020105200726
13856UKWH00002B/382

9 782011 617361